TOURISM POLICY

한국 관광의 현재와 미래를 論하다

관광정책론

장병권 저

(주)백산출판사

권두언

필자는 대학에서 관광학을 전공하고 그 결과를 바탕으로 1996년 '한국관광행정론'이라는 책을 출간한 적이 있다. 당시 많은 관심을 받았지만 지속적인 개정 노력을 하지 못하여 아쉽게 절판되었다. 이후 학술적인 연구보다는 현실적인 관광정책 현안에 관심을 갖고 해결책을 모색하는 데 많은 노력을 하였다. 이 책은 저자가 2000년대 이후 주로 지난 10여 년간에 걸쳐 수행했던 각종 연구 보고서와 자문보고서, 학술지에 게재된 졸고, 그리고 각종 매체에 기고했던 논단과 각종 세미나에서 발표했던 발표자료를 바탕으로 작성된 것이다. 그리고 일부 원고는 최근에 신규로 작성한 것이다. 따라서 일부 오래전에 작성된 원고들은 '시의성'이 부족하여 제외하였다.

이 책을 쓰게 된 동기는 지난 10여 년간의 연구 성과물을 집대성하여 2010년대 한국관광이 처하였던 '고민거리'를 정리해 보고, 2020년대 관광대국 도약을 위한 새로운 '아이디어'를 도출하는 데 초점을 두었다. 따라서 이 책은 고도의 학술적인 측면에서의 접근이 아니며, '실사구시(實事求是)'에 방점을 두고 현실적인 관광이슈를 해결하는 것을 모색하였다. 그리하여 '한국의 관광정책을 논하다'라는 측면에서 책명도 관광정책학보다 관광정책론으로 정하였다.

이 책의 구성은 총 7편으로 구성되어 있다. 제1편은 관광정책의 전망과 추진방향을 논의하였으며, 제2~6편은 관광정책, 국제관광, 관광자원, 산업혁신, 지역관광에 초점을 두었으며, 제7편은 2020년대 관광대국 시대의 정책방향을 국제관광 선도에 초점을 두고 글로벌 역할을 수행하자고 주장하였다. 먼저 제1편은 '관광역사에서 미래를 찾자'는 제목으로 한국 관광정책의 미래를 전망하고 미래형 관광정책을 살펴보는 데 초점을 두었다. 그리고 2010년대까지의 관광정책의 변동을 개관하고 2020년대의 관광정책의 방향을 탐색하였다.

제2편은 '미래형 관광정책을 찾자'는 제목으로 관광산업을 둘러싼 패러다임의 전환에 따라 미래형 관광정책을 찾자는 의미에서 창조경제 시대의 관광산업정책, 고부가가치 관광산업의 육성정책, 지속가능한 관광발전 거버넌스 구축, 관광법제 개편에 대하여 심층 논의하였다.

제3편은 국제관광에 초점을 두고 '동북아 관광동맹을 결성하자'는 제목으로 관광국익의 증진을 위하여 동북아 관광교류 활성화를 모색하는 데 초점을 두었으며, 한중일 3국 간 자유로운 여행을 보장할 수 있도록 하자고 하였다. 특히 중국관광시장에 대한 연구성과를 정리하여 중국 아웃바운드 관광동향과 시장개척, 지속가능한 유치방안, 관광 온-디맨드 솔루션 개발방안을 살펴보았다.

제4편은 관광자원에 초점을 두고 '한국형 관광콘텐츠를 엮자'는 제목으로 설정하였다. 특히 한국의 관광매력 창조를 위하여 관광레저형 기업도시의 추진방안, 한국형 관광클러스터 육성방안, 한국형 복합리조트 조성방안에 논의를 주력하였으며, 다소 미진한 관광산업 분야의 투자활성화 방안을 논의하였다.

제5편은 산업혁신에 초점을 두고 '융복합 기술을 배양하자'는 제목을 설정하였다. 관광 분야에서 다소 미진한 산업분야의 혁신성장 정책을 논의하였으며, 관광산업 여건변화에 따른 관광테크놀로지(TT)의 육성방안을 제시하였다. 나아가 관광산업 분야의 청년 일자리 창출의 중요성과 방향성을 검토하였으며, 정부가 의욕적으로 육성하고 있는 관광두레사업과 두레PD 역량 강화방안을 논의하였다.

제6편은 지역관광에 초점을 두고 '글로컬 관광을 키우자'라는 제목을 설정하였다. 최근 정부정책의 최대 관심사는 지역관광의 활성화이다. 이와 관련하여 광역경제권별 효율적인 관광개발 전략이 모색될 필요가 있으며, 외래객의 지역분산을 통하여 지역의 글로컬 관광성장을 유도하는 데 초점을 두었다. 그리고 국제적 화두인 '포용성장'을 관광에 접목하여 포용적 지역관광발전 방안을 모색하였다.

제7편은 국제협력에 초점을 두고 '글로벌 역할을 수행하자'는 제목을 선정하였다. 이는 세계관광에서 차지하는 한국의 위상이 점점 커짐에 따라 국제협력형 관광정책의 추진방향과 과제를 도출하는 것이 시대적 과제이기 때문이다. 특히 개발도상국을 대상으로 한 한국형 관광ODA 사업의 현황과 문제점을 살펴보고 개선방안을 제시하였다. 또한 3,000만 명 시대에 도달한 국민 국외여행의 가치를 재인식하고 바람직한 정책추진방안을 제시하는 데 초점을 두었다.

이상에서와 같이 이 책은 필자 혼자만의 연구성과로 만들어진 게 아니다. 각각의 주제에 대하여 정부기관, 공기업, 연구기관, 학회 등과의 협업을 통하여 합리적인 정책대안을 모색하는 과정에서 고민했던 것을 담은 것이다. 일부는 정책사업으로 채택된 것도 있으며, 일부는 추진 중인 사업에 대한 개선방향을 제시하는 내용도 있다. 물론 정책과제로 채택되지 못한 내용들이 더 많다.

따라서 이 책에 담긴 각기 다른 주제별로 연구파트너들에게 우선적으로 감사드리고 싶다. 제1편에 실린 글은 한국문화관광연구원의 계간지 '한국관광정책'에 게재되었던 글이며, 서울대 국가리더십센터와 연구원 관계자들에게 감사드린다. 제2편에 실린 글들은 박근혜 정부 초창기 창조경제 시대 관광산업 정책방향을 모색하는 세미나에서 발표되었으며, 또한 문화예산 세출구조 개혁 포럼에 발제를 허락해 준 문화체육관광부, 한국관광공사, 한국문화관광연구원 관계자에게 감사드린다.

제3편의 글 중에서는 한국문화관광연구원과 한국경제연구원의 지원과제가 있으며, 포스코경영연구원의 기고 원고, 머니투데이 주최 포럼의 발표 자료가 있다. 이들에게도 감사드린다. 제4편에 실린 글 중에는 '복합관광레저도시의 육성방안'에 대한 국민제안을 실시한 문화체육관광부, 관광투자 뉴스레터에 원고를 게재해 준 한국관광공사, 한국문화관광연구원 한국관광정책 편집위원회에 감사드린다.

제5편에서는 혁신성장을 통한 관광산업 발전방향을 게재해 준 한국문화관광연구원 편집위원회, 관광테크놀로지 발표기회를 부여해 준 한국관광공사, 청년일자리 대토론회 발제를 허락해 준 문화체육관광부, 그리고 관광두레사업에 대해 자문원고를 받아 준 한국문화관광연구원 관광두레사업단 관계자에게 감사드린다. 제6편의 글 중 2편이 한국문화관광연구원 계간지 한국관광정책에 게재되었으며, 그중 1편은 국가균형발전위원회 주최 '2019 대한민국 국가비전회의'에서 발표한 것이다. 발표와 게재를 허락한 두 기관에 감사드린다. 제7편의 글 중 관광ODA 활성화 방안을 발표하게끔 기회를 준 문화체육관광부와 한국관광공사, 그리고 한국문화관광연구원의 관계자에게 감사한다.

이들 기관 및 단체 외에도 개별적으로 감사해야 할 분들이 너무 많다. 우선 대학과 대학원에서 연구 지도를 해 주신 은사님들, 학술활동을 장려해 주신 한국관광학회 역대 회장님과 회원들, 정책과제를 수행하며 같이 고뇌했던 연구원 박사님들, 30년 이상 변함없이 지도편달을 해 주신 (주)백산출판사 진욱상 사장님, 그리고 30년간 재직하면서 강의 및 연구 외에 사회활동을 왕성하게 하도록 격려해 주신 호원대학교 강희성 총장님에게 감사드린다. 이 연구는 "호원대학교 교내 학술연구비를 지원받았음"을 밝혀둔다.

2019. 12.
저자 장병권

차 례

PART

1

관광온고지신: 관광역사에서 미래를 찾자

제1장 관광정책의 과거와 현재, 그리고 미래

제2장 관광정책의 중장기 전략과 추진과제

PART 1의 구성과 주요 내용

한국관광의 발전과제를 논의하기에 앞서 "관광온고지신: 관광역사에서 미래를 찾자"라는 주제를 잡았다. 해방 이후 현재에 이르기까지 70여 년 동안 전개된 관광정책의 단계별 추진과정을 개관하면서 2010년대 관광정책을 마무리하고, 2020년대의 중장기 정책방향을 살펴보는 데 초점을 두었다.

제1장

2010년 한국문화관광연구원 개원기념 문화 · 관광정책 심포지엄에서 발표한 '관광정책의 미래, 미래의 관광정책'을 보완하여 연구원의 계간지 한국관광정책 제42호에 실린 '관광정책의 미래비전과 전략'에 2015년 서울대 행정대학원 국가리더십센터에서 '문화정책의 역사적 변동과 전망' 연구를 수행할 때 필자의 연구과제인 '관광정책의 역사적 변동과 전개'를 현실에 맞게끔 수정하여 통합한 연구로서 한국관광정책의 변동과 2020년대 관광정책의 당면과제를 이해하는 데 도움이 될 수 있다.

제2장

2017년 한국문화관광연구원의 계간지 한국관광정책 봄호에 실린 '한국 관광정책의 중장기 추진방향'에 이후 진행된 상황을 추가하고 수정 · 보완하여 작성한 글이다. 당시 문재인 정부의 출범에 따라 새로운 관광정책의 방향을 모색하기 위한 취지의 기획특집에 실렸다. 그리고 2016년 5월 문화체육관광부 관광공무원을 대상으로 특강했던 자료를 수정 · 보완하여 통합하였다.

제1장
관광정책의 과거와 현재, 그리고 미래

1. 머리말

관광정책은 보는 관점에 따라 여러 가지로 정의될 수 있다. 그동안 국내에서는 일본의 영향을 받아 관광정책을 '관광행정 활동을 종합적으로 조정하고 추진하기 위한 시정의 기본방향을 명시한 여러 가지 방책'으로 정의되고 있었다(안종윤, 1997). 이는 관광정책이 공공차원에서 어떤 목표로 가지고, 어떤 기능을 행사할 것인가를 나타내 주는 것이다.

그러나 이러한 정의에서 다소 부족한 점은 관광정책을 둘러싸고 있는 환경변화에 대한 대응방안을 충분히 고려하지 못하고 있다는 것이다. 따라서 관광정책의 환경대응성을 감안하여 '관광환경의 변화에 대응하여 중앙정부 및 지방자치단체가 관광의 수요 및 공급요소를 종합적으로 조성 · 촉진 · 규제하여 관광발전을 도모하기 위한 일련의 행동'(장병권, 2009)으로 정의하는 것이 바람직하다.

이는 관광정책이 공공차원에서 어떤 목표를 가지고, 어떤 기능을 행사할 것인가를 나타내 주는 것이다. 그리고 관광정책의 핵심과제가 환경변화에 대한 적극적인 대응력을 확보하는 것임을 보여준다.

따라서 '관광정책의 미래, 미래의 관광정책'을 강구한다 함은 단기든 장기든 일정한 기간을 염두에 두고 미래상황을 예측하면서 효율적으로 대응할 수 있는 전략과 시스템을 마련함을 의미한다. 그렇다고 기존에 추진하는 시책을 폐기하거나 도외시한다는 것을 의미하지는 않는다.

미래형 관광정책은 현재 추진되고 있는 정책 중 그 중요성으로 인하여 지속적으로 추진되어야 할 시책을 계속 견지하거나 미래 상황에 맞게 수정 또는 확대(보완)를 하는 것까지도 포함한다. 그동안 정부차원에서 수립 · 시행하고 있는 '관광개발기본계획'(10개년)이나 '관광진흥 계획(5개년)'이 대표적인 예이다. 이들 계획은 향후 5~10년 앞을 전망하면서 중장기 전망에 부응한 정책추진 방향을 설정하고 조직구조 및 예산편성 등을 마련한다는 점에서 미래 관광정책의 방향을 결정짓는 데 중요한 작용을 하고 있다.

따라서 '관광정책의 과거와 현재, 그리고 미래'와 관련하여 제1~4차 관광진흥 5개년 계획의 수립과정에서 나타난 미래에 대한 준비와 대응책 강구 노력을 살펴보며, 그 시사점을 도출하고자 한다. 또한 향후 5~10년 뒤의 핵심 정책키워드를 도출하여 바람직한 정책방향을 제시하고자 한다.

2. 한국의 관광발전과 정책변동

1) 국내외 관광발전의 추이

세계관광은 제2차 세계대전 이후 급속한 성장추세에 있으며 21세기에서도 가장 큰 '빅(BIG) 3' 산업으로서의 위상을 유지할 전망이다. 관광은 세계 GDP의 9%를 차지하고 있으며, 2014년 관광수입 규모는 1.3조 달러로 세계 서비스 수출의 30%를 차지하였다. 그리하여 관광은 2013년 연료, 화학, 식료품, 자동차에 이어 5번째로 큰 산업이었으나 2018년에는 화학과 연료에 이어 세계 3대 산업으로 부상하였다(UNWTO, 2015; 2019). 이에 따라 사실상 전 세계 모든 국가들이 관광부문에 높은 정책 우선순위를 두고 육성하고 있다.

2009년의 경우 전 세계 경제에 대한 관광의 기여도는 5%를 차지하였으며, 전 세계의 일자리 중 관광부문이 6~7%의 직간접 기여하였다. 10년이 지난 2018년의 경우 관광수입 1.5조 달러와 승객운송 2,560억 달러를 포함 총 1.7조 달러의 지출로 세계수출(world exports)의 7%를 차지하고 있는 것으로 나타났으며, 세계 서비스 수출에서 차지하는 비중이 29%를 점유하고 있다(UNWTO, 2019). 또한 세계관광기구는 2030년경 18억 명이 국제관광을 할 것으로 보고 있는데, 2019년 현재 15억 명으로 예상치를 웃돌고 있다(UNWTO, 2020).

선진국의 경우 국민의 높은 가처분소득과 여가시간을 효율적으로 활용하기 위하여 관광을 연계 육성하고 있으며, 개도국들은 막대한 자본투입 없이 기존 자원을 활용하여 부족한 외화를 획득하기 위하여 관광산업을 육성하고 있다. 이렇듯 관광정책에 관심을 갖게 되는 이유는 여러 가지가 있을 수 있으며, 각국이 처해있는 사회경제적 여건 및 상황과 밀접한 관련이 있다.

우리나라의 경우 그동안 급속한 경제발전과 사회변화를 겪어 왔으며, 그러한 여건 속에서 정부의 관광부문 육성정책도 다양한 변동을 거쳐 발전하여 왔다. 그런데 다른 여러 나라들과 비교할 때, 우리나라의 관광발전의 특징은 국가가 적극 관여하여 관광의 성장목표를 설정하고 이를 달성하기 위하여 다양한 정책수단을 강구하여 체계적으로 육성하는 소위 '국가주도형' 육성전략이 주효하였다는 점이다. 특히 역대 정부가 관광산업을 '국가전략산업'으로 집중 육성할 정도로 관광의 중요성이 커지고 있으며, 최근 모든 지자체들도 관광산업을 주력산업으로 삼고 지역경제 활성화를 적극 모색하고 있는 상황이다.

또한 1945년 해방 이후 지난 70여 년의 짧지 않은 기간 동안에 이루어진 관광정책의 추진과정을 살펴보면, 관광발전의 단계별 여건에 부합할 수 있도록 다양한 제도(법률, 조직, 예산 등)를 시의 적절하게 마련하고 이를 통하여 성과의 극대화를 위한 체계적인 노력을 전개해 왔음을 볼 수 있다. 우선 관광정책의 추진주체가 과거 교통부에서 문화체육부(현 문화체육관광부)로 이관하여 하드웨어에서 소프트웨어에 대한 관심을 제고하는 계기가 되었다.

관광정책의 수혜대상도 관광정책 초기 외래관광객 일변도에서 벗어나 해외여행객, 국내관광객 등으로 폭이 확대되었다. 관광정책의 추진제도 역시 관광관련 다양한 입법을 통하여 법제를 완비해 왔으며, 관광예산도 한정된 일반예산에 대한 의존에서 벗어나 관광기금 도입을 통하여 관광산업 지원을 확대하는 계기가 되었다. 또한 관광정책의 공간적 범위도 과거 외래객 유치를 통한 국내관광의 육성 차원에서 벗어나 그동안 외국과의 쌍무협력을 확대해 왔으며, 최근에는 관광부문의 공적개발원조(ODA) 사업과 관광관련 국제기구 설립을 통하여 글로벌 관광리더십을 강화하고 있다.

이에 따라 관광정책의 변동과 전개양상을 효과적으로 파악하기 위해서는 한국관광의 발전단계를 세분화하는 것이 필요하며, 각 시대별로 관광부문에 부여했던 역할과 기대에 근거해서 다양하게 구분할 수 있다(장병권, 2015). 보통 해방 이후 국가발전의 시대구분을 산업화 시대, 민주화 시대, 정보화 · 세계화 시대로 구분하는 것이 일반적이며, 각 시대별 관광정책의 가치도 시대적 요구를 충분히 수용하여 구현해 왔음을 부인할 수 없다. 예를 들어 산업화 시대에는 경제발전을 위한 외화획득 수준으로서의 역할을 충분히 수행하였다.

그리고 민주화 시대로 진입하면서 국민해외여행을 단계적으로 자유화하여 시대정신에 부응하고자 하였다. 그리고 정보화 · 세계화 시대에는 당초 IT연계 관광이 관광관련 모든 부문과의 융합관광 정책으로 확대되었으며, 그 결과 한류관광, MICE, 의료관광, 복합리조트 등이 글로벌 시대 한국관광의 미래 성장동력으로 부상하고 있다.

2) 관광정책의 변동과 시대 구분

보통 정책(policy)이라는 관점에 기초할 경우 관광정책은 '관광목표 달성을 위한 정부와 공공기관의 행동(이연택, 2012: 53; 오용수, 2014, 15)', 또는 '관광과 관련하여 시행할 것과 시행하지 않을 것을 선택한 행동(장병권 역, 2002: 29)'을 말한다. 더 구체적으로 보면 '관광환경의 변화에 대응하여 국가나 지방자치단체가 관광의 수요와 공급을 종합적으로 조성 · 촉진 · 규제하여 관광발전을 도모하기 위한 일련의 행동(장병권, 2009: 740)'으로 규정할 수 있다.

이는 관광정책이 국내외 환경변화에 대한 대응능력을 확보하고 관광발전의 추진주체로서 공 · 사 부문의 역할분담과 더불어 공공부문의 적극적인 역할이 필요하며, 관광수요 및 공급규모의 확대와 균형을 통하여 양적 성장과 동시에 경제적 · 비경제적 성과를 극대화하기 위한 적극적인 행동임을 보여준다.

이러한 관광정책은 각 시대별로 주어진 여건과 환경변화에 부응하기 위하여 그 추구하는 가치와 정책목표, 수혜대상, 핵심 정책수단, 정책주도자 등을 새롭게 모색할 수밖에 없으며, 그것을 정책변동(policy change)이라고 할 수 있다(이연택, 2012: 344~352). 관광정책 부문의 경우 정책변동이 발생하는 가장 1차적인 이유는 국내외 관광정책환경의 변화에 대한 대응이다.

또한 관광정책변동은 선거제도와 정권이 지향하는 속성에 따라 발생될 수 있다. 특히 보수정권과 진보정권의 교체 출현에 따라 관광정책의 방향과 추진방식도 큰 변화를 겪었다. 가장 대표적인 사례가 노무현 정부와 이명박 정부의 관광정책 비교분석 결과로 노무현 정부가 균형발전, 복지정책 등 균형과 복지에 초점을 두었다면, 이명박 정부는 관광산업 규제완화, 관광융복합 등 친기업적 관광정책을 추진하였다(박양우, 2008).

그런데 관광정책의 발전단계에 대해 학계에서는 아직까지 공감대가 형성되어 있지 못하고 이론적 논의도 충분하지 못한 상태이다. 관광정책의 시대별 변화를 도입기, 기반확충기, 성장기로 구분하고 있는 경우에는 각 시대별 관광정책변동을 정확히 파악하지 못할 수 있다. 또한 편의상 10년 단위 또는 각 정권별 정책단계로 구분하고 있지만, 이는 관광정책의 거시적인 메가트렌드(mega trend)를 파악하는 데 부적절하다. 따라서 관광의 발전양상, 관광발전을 주도했던 핵심정책, 정책변동 요인, 각 정부의 국정방향 등을 종합적으로 고려하여 관광정책변동의 시기를 구분하는 것이 필요하다.

해방 이후부터 현재까지 70여년 기간 동안 전개되어 온 한국 관광정책의 발전과정을 탐색하는 데 있어서 '산업화 시대→민주화 시대→정보화 · 세계화 시대'로 대분(大分)되고 있는 한국사회의 변동과 각 시대별 가치 및 패러다임의 변화를 적극 반영하고자 한다.

그리고 실체는 있으나 연구성과가 부족했던 해방 이후부터 경제개발 이전의 초기 산업화 시대를 새롭게 발굴하였으며, 다가오는 2020년대의 성과와 전망에 대한 정확한 예측에 의거하여 미래의 관광정책 변화방향도 추가적으로 탐색할 수 있다. 다만 관광정책의 특수성에 따라 관광발전단계의 시기적 구분이 약간 다를 수 있다.

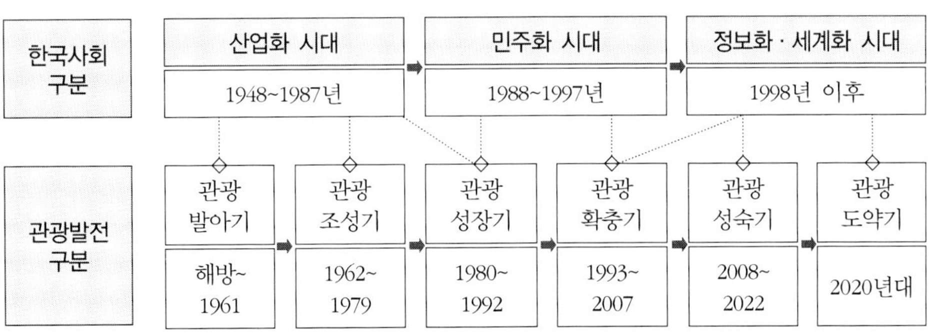

자료: 장병권(2015), '관광정책의 역사적 변동과 전개', 박광무외 9인 공저, 문화정책의 역사적 전개와 변동, 서울대학교 국가리더십연구센터 연구총서 7. (재작성).

[그림 1-1] 한국사회의 구분과 관광발전 단계의 연계

그리하여 관광정책의 변동내용을 산업화 시대의 경우 사업참여형 관광정책, 기반조성형 관광정책, 민주화 시대의 경우 간소·개방형 관광정책, 분산·분권형 관광정책, 그리고 정보화 및 세계화 시대의 경우 융복합형 관광정책, 국제협력형 관광정책으로 각 시대별 2개 정도로 세분(細分)하였다.

그리고 6단계의 관광정책 변동과 관련하여 관광발아기부터 관광성숙기까지 진행된 정책변동 요인, 정책변화 주도자, 핵심정책내용, 정책성과 등을 정리하면 다음과 같다.

〈표 1-1〉 한국 관광정책의 발전단계 및 주요 특징

관광발전단계		관광발아기 (해방~1961년)	관광조성기 (1962~1979년)	관광성장기 (1980~1992년)	관광확충기 (1993~2007년)	관광성숙기 (2008~2022년)	관광도약기 (2020년대)
정부		이승만·장면 정부	박정희 정부	전두환·노태우 정부	김영삼·김대중·노무현 정부	이명박·박근혜·문재인 정부	차기 정부
관광정책 명칭		사업참여형 관광정책	기반구축형 관광정책	간소·개방형 관광정책	분산·분권형 관광정책	융복합형 관광정책	국제협력형 관광정책
정책변동 요인		6·25 전쟁 발발, 주한 미군 주둔	5·16 군사 정변, 한·일 국교정상화	'86 아시안 게임, 통행 금지해제, '88올림픽 개최	지방선거, IMF 사태, 월드컵, 나의 문화유산 답사기, 주5일제	한류 확산, 親기업형 규제 개혁, 창조경제, 문화융성, 국민행복	남북관광협력, 동북아 관광확대, 신북방 정책, 신남방 정책
정책변화주도자		정치인, 정부	정부(관료), 외국전문가	정부, 민간 관광협회	정부, 지자체, 시민단체, 여행전문가	정부, 관광 기업, 관련 협회 등	정부, 국제 관광기구, 연구기관, 학계 등
핵심정책 내용		관광호텔 및 여행업의 공영화	관광법규 제정, 관광 공사 설립, 관광기금 조성	관광사업체 등록제 시행, 해외여행 자유화	문화관광축제 지원, 스토리텔링, 관광특구, 구석구석 캠페인	고부가 관광 산업 육성, 관광R&D, 창조관광, 복합 리조트, 관광두레	국제기구 협력, 관광ODA 포럼, 관광 위기관리, 남북관광 협력
관광정책 수혜계층		외래객 (주한미군 등)	외래객 (미·일 관광객)	외래객+국민 (해외여행객)	외래객+국민 (관광객, 주민)	외래객+국민 (관광객, 주민)	관광객+국민+ 개도국
정책성과	In-bound	저성장 (1만명 이하)	고도성장 (1.5~112만명)	고도성장 (97~295만명)	안정성장 (295~644만명)	고도성장 (689~1,740만명)	고도성장 (3,000만명 시대)
	Out-bound	저성장 (미상)	저성장 (미상~29만명)	고도성장 (33~204만명)	고도성장 (241~1,332만명)	고도성장 (1,199~2,870만명)	고도성장 (3,000만명 시대)

자료: 장병권(2015), '관광정책의 역사적 변동과 전개', 박광무외 9인 공저, 문화정책의 역사적 전개와 변동, 서울대학교 국가리더십연구센터 연구총서 7. (재작성).

3. 관광정책환경의 예측과 정책개발

1) 관광정책환경 예측 현황

먼저 정부차원에서 추진코자 수립한 관광진흥 5개년 계획을 중심으로 논의하고자 한다. 제1차 관광진흥 5개년 계획의 경우 관광정책의 환경을 국제환경과 국내환경으로 구분하고 있으며, 각각의 환경은 또다시 일반환경과 관광환경으로 구분하고 있다.

그러나 당시의 계획에서 관광환경 분석은 극히 형식적으로 이루어졌으며, 정책환경 분석의 결과가 정책과제를 선정하는 데 직접 연결되지 못하였다. 그리고 일반 거시환경에 대한 분석도 정치적 환경, 사회문화적 환경, 경제적 환경 등 3가지로만 분석함으로써 기술적 측면, 생태적 측면 등에 대한 논의가 부족하였다. 그리고 분석내용도 당시의 현재 상황에 집중되고 장래에 예상되는 상황에 대해서는 소홀히 하였다.

제2차 관광진흥 5개년 계획에서는 관광환경 변화에 대한 분석과 전망을 국제관광환경과 국내관광환경에 한정하여 논의하고 있으며, 정치 · 경제 · 사회문화 · 생태 · 기술 등 다양한 외부 환경적 변화를 충분히 고려하지 못하였다. 다만 이 계획은 이전과는 달리 관광환경분석의 결과를 통하여 정책적 시사점을 도출하고 있으며, 정책환경의 변화와 비교한 한국관광의 잠재력과 제약요인을 도출함으로써 이후 정책과제를 선정하는 데 기여하였다. 나아가 노무현 정부의 정책적 요구를 반영하기 위한 노력을 포함하였다. 그리고 이러한 정책환경분석은 제1차 계획보다는 양적 · 질적으로 개선되었다.

제3차 관광진흥 5개년 계획에서는 관광환경의 분석을 국제관광시장의 변화와 전망, 미래 환경변화와 관광, 한국관광시장의 변화와 전망, 관광산업 내부변화와 전망으로 구분하여 논의하고 있다. 그리고 미래 환경변화를 사회변화, 경제변화, 정치변화, 기후 · 환경변화로 세분하여 논의한 후 정책적 시사점으로 각각의 변화가 관광에 미치는 영향을 다루고 있다. 그리고 관광산업 내부변화는 관광산업의 현황은 물론 변화요인과 전망을 다루고 있다. 3차 계획을 수립하면서 이전보다도 관광정책환경에 대한 충분한 검토와 SWOT 분석을 통하여 대응책을 합리적으로 강구하려는 노력이 돋보였다.

4차 계획에서는 관광여건 변화와 전망과 관련하여 관광정책환경 분석, 국내외 관광시장 변화와 전망, 한국관광의 경쟁력 분석, 국내외 정책사례 분석 등을 실시하여 이전의 계획들보다 더 광범위한 환경분석을 실시하였다.

관광진흥 5개년 계획을 수립하는 데 있어서 관광환경 분석의 비중은 점차 개선되었다. 1차 계획의 경우 전체 보고서 212페이지 중 6페이지로 2.7%의 분량을 차지하였으나, 2차 계획의 경우 전체 페이지 252페이지중 25페이지로 9.9%의 분량을 차지하였다. 그리고 3차 계획의 경우에는 전체 보고서 406페이지중 70페이지로 17.2%의 분량을 차지하였다. 4차 계획에서는 전체보고서 263페이지중 41페이지로 15.6%의 분량을 차지하였다. 이에 따라 계획의 환경대응력이 점차 향상되는 계기가 되었다.

2) 관광정책 비전 및 목표 설정

제1차 관광진흥 5개년 계획에서는 향후 관광정책의 비전을 '21세기 관광대국으로의 새로운 위상 확립'에 두고 정책목표로 국제관광수요, 고용인구, GDP 기여도 등 정량적 지표에 집중하였다. 그리고 계획의 기조를 '저비용 · 고효율 사업집중 육성', '관광의 문화지식기반 구축', '민 · 관 협력체계 강화', '지속가능한 관광개발 실현', '고용창출 및 외자유치 촉진' 등 5가지로 선정하였다.

이는 김대중 정부 출범 이후 관광자원 및 상품개발의 국제경쟁력이 미흡하고, IMF 이후 관광산업의 경영난 심화와 민간투자 감소에 대응하여 관광산업을 통한 경제위기의 극복을 모색하며, 관광수용여건의 개선이 미흡함에 따른 대응책으로 볼 수 있다.

제2차 계획에서는 관광정책의 비전을 국민의 풍요한 삶의 기초가 되는 창의적인 생활과 문화 속에서 편안하고, 재미있고, 행복과 만족을 느낄 수 있는 누구나 살고 싶고 찾아가고 싶은 매력적인 관광선호 목적지를 실현하기 위하여 '창의적이고 매력적인 관광한국'으로 설정하고 정책목표로 '세계인이 매력을 느끼는 관광한국', '생활 속에 스며드는 국민관광', '내실있는 관광산업', '지역성장과 어우러진 관광'을 선정하였다.

정량적 정책목표가 제1차 계획의 3개에서 제2차 계획에서는 5개(국민관광총량, 국민관광횟수, 외래관광객수, 관광수입, 고용창출)로 늘어났다. 그리고 정책의 기조로 기초강화, 균형화, 다양화, 고품질화, 자율역량강화 등 5가지를 선정하였다. 그러나 노무현 정부 관광정책의 핵심키워드인 '혁신' 콘셉트가 이 계획에서는 반영되지 못하였으며, 계획수립 이후에 후속사업을 활발히 모색되었다.

제3차 계획은 관광정책의 비전을 '동북아 지역의 매력적인 관광부국'으로 선정하고 정책목표로 'Tourism 150% Project(2008년 대비 2013년 달성목표)'를 설정하여 종전과는 달리 관광산업 경쟁력, 브랜드 경쟁력, 외래관광객, 관광수입, 국민관광 참여일수, 국내관광 소비액, 관광산업 일자리 창출 등 7개 정량지표를 설정하여 이전의 제1, 2차 계획보다 다각화하였다.

제3차 계획에서는 '혁신'이라는 용어 대신에 '경쟁력', '녹색관광'이 새로운 핵심키워드로 작용하고 있으며 정책목표에서도 산업경쟁력, 브랜드 경쟁력에 대한 정량적 목표가 설정된 것이 특징이다.

제4차 계획에서는 인바운드 육성과 국내관광 활성화 및 일자리 창출에 초점을 두었다. 구체적으로 외래관광객수 1,700만 명 유치, 관광수입 255억 달러 달성, 국민국내관광 총량 108만 일 달성, 국민 국내관광소비액 32조 원 달성, 관광일자리 100만 개 창출을 목표로 설정하였다.

3) 관광전략 및 추진사업 선정

제1차 계획에서 관광정책의 추진전략으로 국제적 수준의 한국적인 관광자원 개발, 특색있는 관광상품 개발, 체계적인 관광 홍보활동 전개, 관광수용체계의 선진화, 관광산업의 국가 전략산업화, 국민생활관광의 실현, 국제협력 및 남북관광교류의 확대 등 7가지를 설정하고 34개의 세부 추진과제와 112개의 세부 추진사업을 선정하였다. 그러나 세부 사업추진 과제별 추진일정이 불분명하며 소요예산도 사업별로 구체적으로 책정되지 못하였다.

제2차 계획에서는 국내외 관광환경변화와 한국관광의 현주소 분석 그리고 관광정책변화 추세와 노무현 정부의 관광정책요구를 종합 분석한 결과에 기초하여 설정된 비전과 목표를 달성하기 위하여 14대 추진전략을 설정하였다. 그리고 세부추진사업은 총 117개(사업추진일정 기준)이며, 이 가운데 신규 사업이 82개로 전체의 70.1%를 차지하였다.

제3차 계획에서는 관광정책의 추진전략으로 신관광산업 육성과 관광수요 확대를 통한 발전체계 구축, 민간중심의 관광산업 기반 구축, 녹색성장을 통한 지속가능한 발전기반 구축, 명품 콘텐츠의 관광자원화로 관광매력도 제고, 관광한국의 국제적 인지도 제고, 관광선진국에 걸맞은 수용태세 구축 등 6가지를 선정하고 총 58개의 추진과제를 선정하였다. 그리고 세부추진사업은 215개를 선정하였으며, 이 중 신규 사업이 156개(사업추진일정 기준)로 전체의 72.6%를 차지하였다.

제4차 계획에서는 관광정책의 추진전략으로 관광산업 경쟁력 강화 환경 구축, 동북아 관광리더 위상 확립, 관광자원 및 상품의 매력도 제고, 고부가 융복합형 전략관광산업 육성 등 5가지를 선정하고 총 18개의 추진과제를 선정하였다. 그리고 164개의 세부추진사업을 선정하였다.

제1차 계획은 5개년간 총사업비가 6조 8,895억 원이며 주체별로는 민간이 총투자비의 78.3%인 약 5조 3천억 원을 투자했으며, 지방정부가 12.1%인 8천억 원, 중앙정부가 9.6%인 7천억 원을 투자하였다. 제2차 계획은 5개년간 총사업비는 8조 3,173억 원이며, 이 가운데 국고 1조 7,705억 원(21.3%), 기금 7,884억 원(9.5%), 지방비 1조 8,946억 원(22.8%), 민자 3조 8,637억 원(46.5%)으로 책정하였다. 제3차 계획은 5개년간 총사업비가 4조 4,939억 원이며 이 가운데 국고(기금 포함) 2조 6,697억 원(59.4%), 지방비 1조 6,679억 원(37.1%), 민자 1,563억 원(3.5%)로 구성되었다. 제4차 계획에서는 재원의 구분없이 총사업비를 1조 5,397억 원이 책정되었다. 제3~4차 계획에서 총예산이 크게 줄었는데 이는 민간유치와 관련된 사업을 크게 축소하였기 때문이다(문화체육관광부, 1~4차 관광진흥 5개년 계획, 각년도).

4) 종합 및 시사점 도출

관광진흥 5개년 계획은 정부의 관광정책 수립 및 실행과 밀접한 관련이 있다는 점에서 그 계획수립의 프로세스나 추진성과 평가 등도 중요한 연구과제가 될 수 있다. 그러나 관광진흥 5개년 계획이 미래관광의 트렌드와 이슈를 분석하고 이를 기초로 하여 정책목표 및 추진과제를 선정하는 데 초점을 두었다.

그리고 계획수립 대비 사업추진성과에 대해서는 논의가 충분하지 못하였다. 이에 따라 관광진흥 5개년 계획에서의 관광환경 예측현황, 관광정책 목표설정 현황, 그리고 관광전략 설정 및 추진사업의 선정현황에 대해서 개략적으로 검토하였으며, 그 결과를 다음과 같이 정리할 수 있다.

〈표 1-2〉 제1~4차 관광진흥 5개년 계획의 목표 및 과제선정 추이

구분	제1차 계획 (1999~2003)	제2차 계획 (2004~2008)	제3차 계획 (2009~2013)	제4차 계획 (2014~2018)
관광정책 환경분석	외부환경에 대한 간단한 분석	관광환경분석 및 정책적 시사점 도출	환경분석, 정책시사점 도출, SWOT분석	정책환경분석, 종합분석, 시장변화 전망, 국제경쟁력 분석, 경쟁국 정책분석
관광정책 비전	21세기 관광대국으로의 새로운 위상 확립	창의적이고 매력적인 관광한국	동북아 지역의 매력적인 관광부국	관광으로 행복한 국민, 융성하는 대한민국
관광정책 목표(정량)	3개 영역(국제관광수요, 고용인구, GDP 기여)	5개(국민관광총량, 국민관광횟수, 외래관광객수, 관광수입, 고용창출)	7개(관광산업경쟁력, 브랜드 경쟁력, 외래관광객, 관광수입, 국민관광 참여일수, 국내관광 소비액, 관광산업 일자리 창출)	5개(외래관광객수, 관광수입, 국민 국내관광참여일수, 국민 국내관광소비액, 관광산업 일자리 창출)
관광전략 및 추진과제설정	7대 전략, 34개 추진과제, 112개 추진사업	14대 전략, 117개 세부추진사업	6대 전략, 58개 추진과제, 215개 추진사업	5대 전략, 18개 추진과제, 164개 추진사업
총소요 예산	6조 8,895억 원	8조 3,173억 원	4조 4,939억 원	1조 5,397억 원

자료: 문화체육관광부(각년도), 관광진흥 5개년 계획(연구), 재정리.

첫째, 관광정책 및 계획수립 과정에서 환경분석 역량이 점차 크게 개선되어 오고 있다. 제1차 계획에서는 관광환경분석 노력이 미진하였으나 이후 점차 개선되어 제3차 계획에서는 관광정책을 둘러싼 환경변화에 대해 충분한 검토를 하고 있음을 알 수 있다. 제3차 계획에서는 기존과 달리 관광시장 변화 및 전망과 국제관광경쟁력 분석과 경쟁국의 관광정책 분석까지 다각도로 실시하였다. 다만 각 정책환경 분야별 전문가가 참여하는 학제적 접근이 아직 활성화되지 못하고 있다.

둘째, 제1차 계획의 관광정책환경의 분석은 장기적 관점보다는 당시 상황에 기초하여 추진하였으며 그에 따라 미래 환경변화에 따른 정책과제를 도출하지 못하였다. 이

후 제2차 계획에서는 정책적 시사점을 도출이라는 진전이 있었고, 제3차 계획에서는 SWOT 분석을 추진함으로써 프로세스 측면에서 분석이 보다 철저하게 이루어졌다. 그러나 제4차 계획에서는 SWOT 분석이 제외되었으며, 다만 지난 정부의 관광정책 추진현황에 대한 성과 평가와 전문가 조사를 신규로 실시하였다.

셋째, 관광진흥 5개년 계획을 수립하면서 객관적 예측결과에 의한 대책수립 못지않게 정부의 관광정책에 대한 요구가 크게 반영되었다. 선거의 결과로 정권이 탄생하고 해당 정부별로 중점 추진 국정과제가 설정되면서 관광부문도 그러한 정부의 요구를 수용하지 않을 수 없었으나 기존에 추진된 사업들이 축소 또는 폐지됨으로써 정책의 일관성을 확보하지 못한 경우도 있다. 이전 정부에서 추진되던 사업 중 사업효과가 클 것으로 예상되던 사업이 전 정부에서 추진되었다는 이유만으로 제외되기도 하였다.

넷째, 관광정책의 비전과 목표설정이 '스텝바이스텝'처럼 단계적으로 추진되어야 하나 비전이 오히려 축소되고 있다. 즉 제1차 계획에서는 정책비전을 '21세기 관광대국'에 두었으나 제2차 계획에서는 '창의적이고 매력적인 관광한국', 제3차 계획에서는 '동북아 지역의 매력적인 관광부국', 그리고 제4차 계획에서는 '관광으로 행복한 국민, 융성하는 대한민국'으로 설정하여 비전이 상호 연계성을 확보하지 못하고 있다.

다섯째, 정책기조 및 목표설정을 보면 해당 정부의 특징이 잘 반영되고 있다. 즉 IMF 체제를 겪은 김대중 정부는 관광의 경제적 기여도 측면이 강조되고, 노무현 정부에서는 관광의 혁신과 국민생활 기여도 측면이 강조되었으며, 이명박 정부에서는 관광의 경쟁력과 녹색성장 측면이 강조되었다. 4차 계획에서는 기존의 정량적 지표중심에서 벗어나 5개의 정성적 지표를 제시하고 있다.

여섯째, 관광정책적 차원에서 달성하려고 하는 정량적 정책목표의 범위가 3개→5개→7개→5개로 계속 확대·축소되었으나 목표의 실현가능성을 염두에 두지 못하였다. 또한 세부 사업도 112개→117개→215개로 늘어났는데 기존사업의 계속추진 또는 확대·보완 추진보다 신규 사업의 도입 비중이 많아 70.1%(2차 계획)→72.6%(3차 계획)로 증가하고 있다. 이는 정책추진의 단절과 일관성 부재를 초래할 수 있다는 점에서 향후 신중을 기할 필요가 있다.

끝으로, 관광계획의 성과평가에 대한 모니터링과 개선방안의 도출 노력이 필요하였지만 제1~4차 계획에서는 이에 대한 논의가 미흡하였다. 다만 제5차 관광진흥 기본계획 수립을 위한 연구에서는 제4차 관광진흥 계획의 추진현황과 전문가 중간평가를 실시하여 계획의 실효성 제고를 위한 노력이 추진되었다.

4. 미래사회의 전망과 관광정책의 키워드 도출

1) 미래사회의 전망과 정책이슈

중장기 관광정책의 방향설정과 관련하여 해외자료를 활용하여 그 미래사회를 전망하고 정책적 이슈를 파악하고자 한다. 국내에서 실시된 미래전망 자료를 분석대상에서 제외함에 따라 다소의 한계성을 지닐 수 있다.

먼저 The National Intelligence Council(NIC, 2008)는 미국 정부 내 전문가와 함께 2015년 세계에 영향을 줄 수 있는 주요 요인 및 트렌드를 도출한 적이 있다. 7개의 도출된 요인은 인구구조 변화, 자연자원 및 환경, 과학과 기술, 글로벌 경제화, 국내 및 국제적 거버넌스, 갈등, 미국의 역할이 그것이다. 이들 요인들은 국가나 사회의 정책우선순위 및 행태에 영향을 줄 것으로 예상하고 있다.

미국 소셜 테크놀로지(Social Technology)社의 '2020년 10대 메가트렌드'를 주목할 필요가 있다. 전 세계 미래학자들이 2020년까지 진행될 것으로 전망한 10대 메카트렌드는 아시아의 부상, 지역화의 진행, 고령화와 여성주도권 시대, 물과 에너지 부족, 지구온난화, 대체에너지 개발, 문명통합의 시대, 핸드폰으로 연결되는 사회, 책읽기의 종말, 사이버학습 등을 들고 있다(박영숙, 2010). 주목되는 것은 아시아의 부상이며 세계화 대신 지역화를 선정하고 있으며, 기술발달에 따른 삶의 변화에 크게 비중을 두고 있다.

Ian Yeoman(2008)은 런던에 본부를 둔 미래재단(Future Foundation)의 지원을 받고 추세분석을 통해 작성된 '미래의 관광객: 시나리오 및 트렌드(Tomorrow's Tourist-Scenarios & Trends)'라는 저서에서 2개의 메가 드라이브 요인(mega drivers)들이 세계관광에 영향을 줄 것으로 보고 있다. 먼저 정치경제적 요인으로 풍요와 여유로운 삶, 기술진보로 접근성 향상, 이벤트의 증가, 문화자본 축적, 글로벌화와 경쟁가열, 기후변화를 거론하고 있다. 다음으로 소비자 동향으로 건강과 안전 지향, 인구통계적 변화, 이미지와 브랜드의 지향, 기술향상, 환경보호, 개인화, 시간압력 가중, 체험경제 대신 고유성 선호,

쾌락주의 지향, 명품의 재인식 등을 들었다.

한편 세계적인 컨설팅 기관인 딜로이트(Deloitte, 2010)는 관광정책의 성공적 추진을 위해서 감안해야 할 영향요인으로 신흥시장(중국, 인도)의 부상과 영국, 일본, 프랑스의 쇠퇴, 인구통계적 변화(중국과 인도의 베이비부머의 노령화 및 신흥 중산층 출현), 소셜미디어를 통한 브랜드 관리 중요, 높은 이직율로 인해 인력관리의 중요, 소비자 요구에 부응할 수 있는 기술의 도입, 인구증가와 자원희소로 지속가능한 관광산업 추구, 위기관리가 새로운 도전이자 기회로 작용 등을 제시하고 있다.

Frost & Sullivan Research Service(2010)는 2020년까지 세계 경영, 경제 및 문화에 영향을 줄 수 있는 메가트렌드로 도시화(스마트 도시 및 인프라), 사회(Y세대 부상, 여성 부상, 중산층 세력화, 개발도상국의 역 두뇌유출), 경제(브릭스의 부상, 아웃소싱 확대, 신무역지대 부상), 기술(SMART Clouds, SPACE JAM, Virtual World 등), 에너지, 인프라스트럭처 개발, 비즈니스(신사업모델, 건강, 웰니스, 웰빙), 산업(헬스케어, 환경 등) 등 8가지 부분에 걸친 미래전망을 하였다.

〈표 1-3〉 미래사회의 변화와 정책이슈

구분	주요 관광트렌드
NIC(2008)	① 인구구조변화 ② 자연자원 및 환경 ③ 과학과 기술 ④ 글로벌 경제화 ⑤ 국내 및 국제적 거버넌스 ⑥ 갈등 ⑦ 미국의 역할
Social Technology (2009)	① 아시아의 부상 ② 지역화의 진행 ③ 고령화와 여성주도권 시대 ④ 물과 에너지 부족 ④ 대체에너지 개발 ⑤ 문명통합의 시대 ⑥ 핸드폰으로 연결되는 사회 ⑦ 책 읽기의 종말 ⑧ 사이버학습
Deloitte (2010)	① 신흥시장(중국, 인도)의 부상 ② 인구통계적 변화(베이비부머의 노령화 및 신흥 중산층 출현) ③ 사회매체(social media)를 통한 브랜드 관리 중요 ④ 높은 이직율로 인해 인력관리(Talent)의 중요 ⑤ 소비자 요구에 부응할 수 있는 기술의 도입 ⑥ 인구증가와 자원희소로 지속가능한 관광산업 추구 ⑦ 위기관리가 새로운 도전이자 기회로 작용
Frost & Sullivan Research Service(2010)	① 도시화(스마트 도시 및 인프라) ② 사회(Y세대 부상, 여성부상, 중산층 권력화, 개발도상국의 역 두뇌유출) ③ 경제(브릭스의 부상, 아웃소싱 확대, 신무역지대 부상) ④ 기술(SMART Clouds, SPACE JAM, Virtual World 등) ⑤ 에너지(E-Mobility 등) ⑥ 인프라스트럭처 개발(전력, 교통 등) ⑦ 비즈니스(신 사업모델, 건강, 웰니스, 웰빙) ⑧ 산업(헬스케어, 환경 등)

이상에서 국제적인 기구나 연구기관에서 제시된 미래사회의 변화요인에 대한 논의를 종합할 때, 인구구조의 변화, 기후변화와 환경보전, 지속가능한 개발, 세계화와 지역화의 동시진행, 문화의 고유성 · 다양성 확보, 기술의 발달, 소비자의 기호변화, 아시아의 부상, 스마트기술 확산, 청정에너지 확산 등이 미래의 관광정책을 추진하는 데 있어서도 중요한 이슈로 등장할 것으로 보인다.

2) 미래관광 트렌드와 시사점

향후 2020년대를 대상으로 한 미래 관광트렌드에 대한 연구도 많이 수행되고 있다. 먼저 세계관광기구는 2006년 766개의 자료에 대한 내용분석을 통하여 아시아 태평양 지역 관광의 메가트렌드를 15가지로 제시하였다. 이 분석에 의하면(UNWTO, 2006), 목적지보다는 활동지향적 관광패턴이 강화되고, 중국과 인도가 부상하며, 저가항공이 활성화되고 항공사들은 저비용 산업화(low-cost industry)되며, 여행사들은 관광컨설턴트 기능으로 전환되며, 관광기호 및 소비의 극화(polarization), 온라인 거래의 지속 증가, 사회적 · 환경적 자각과 인식 증가, 국제관광협력 및 경쟁, 체험형 여행의 증가, 비즈니스 여행증가, 아시아의 컨벤션 허브화, 노인층 및 여성층의 여행증가, 관광안전 및 건강의 증대, 부정적 관광영향 억제를 위한 시의적절한 의사소통의 중요성 증대 등을 들었다.

Edgell, Allen, Smith, Swanson(2008)은 '관광정책 및 기획'이라는 저서에서 향후 관광정책은 여러 가지 요인에 의해 영향을 받게 될 것이며 그 주요 정책이슈로 관광안전, 관광의 경제영향, 지속가능한 관광, 학제적 관광전략기획, e-관광 도구의 활용, 관광교육 및 훈련, 신흥 관광시장의 부상, 관광상품 및 경험의 질적 관리, 관광 파트너십 및 전략적 제휴, 보건 · 자연재해 · 기후변화 대응 등을 제시하였다.

Joachim Willms(2008)는 향후 2025년까지 전개될 미래의 세계관광 트렌드로 새로운 관광판도 변화에 따른 중국과 인도의 부상, 저가항공의 급부상(2010년 저가항공의 점유율 40% 차지), 유럽의 노령화(2050년 유럽의 노령화율: 40%), 글로벌 친구친척 방문(VFR-Tourism) 증가, 기후변화(서유럽과 중유럽의 지중해화)를 제시하였다.

Ian Yeoman(2009)은 2005년 대비 2030년의 세계관광을 전망하면서, 앞서 제시한 메가 드라이브 요인(mega drivers)들이 세계관광 트렌드의 변화에 영향을 줄 것으로 보았다. 그리고 2030년경에는 관광분야에 승자(터키, 미국, 마카오, 호주, 말레이시아, 중국)와 패자(특히 유럽)가 나타날 것이며 관광객 수는 19억 명, 관광수입은 2조 달러에 이를 것이며, 중국이 세계 최대 관광객 도착국이 되며 미국은 최대 관광수입국이 된다고 예상하였다. 주요 트렌드로는 건강 및 웰니스의 활성화, 관광산업의 녹색화, 음식관광의 부상, 스포츠 · 이벤트 관광의 부상, 여행 비즈니스의 여성화 등을 들었다.

전계성(Chon, 2010)은 향후 20년 동안에 전개될 세계관광의 트렌드를 10가지 제시하였다. 첫째는 생태적이고 문화적으로 상품을 구매하는 '의식있는 소비(conscious consumption)의 확산'이다. 둘째는 역내형 및 단거리 여행의 증가이다. 셋째는 책임관광 및 기업 사회책임의 확산이다. 넷째는 목적지 지향적이기보다는 활동지향적인 목적지 선택이다. 다섯째는 저가항공의 활성화이다. 여섯째는 관광산업의 온라인 마케팅 및 유통전략이다. 일곱째는 국가 간 전략적 제휴에 의거한 공격적 마케팅 전략의 구사이다. 여덟째는 안전한 관광의 모색이다. 아홉째는 의료 및 웰니스(wellness) 관광의 증가이다. 열째는 중국의 부상이다. 이들 10가지 요소들은 어느 것 하나 주목하지 않을 수 없다. 그리고 관광소비자, 관광산업, 국가의 역할, 국제적 관광판도 등 모든 측면을 강조하였다.

Williams(2010)는 '세계 관광트렌드: 혁신과 도전'이라는 연구에서 2020년까지 세계관광 트렌드를 11가지 제시하였다. 첫째, 관광수요의 높은 탄력성으로 성장과 위기가 반복될 수 있다. 둘째, 국내관광의 비민주화(소득별, 지역별)이다. 셋째, 세계관광의 불균등 성장과 아시아의 부상이다. 넷째, 인 · 아웃바운드 간 불균형 고착화(특히 한국)이다. 다섯째, 더 넓어진 사회적 변혁(개인화, 여가의 극화, 환경주의)이다. 여섯째, 관광의 글로벌화와 동시에 대권역화(macro-regionalization)의 동시진행이다. 일곱째, 관광의 역동성 증대(충성도 약화 및 관광지 다양화의 요인)이다. 여덟째, 관광시장의 세분화(생태, 문화, 크루즈, 업무, 친구친척 방문 등)이다. 아홉째, 개인과 집단의 포트폴리오와 다양성으로 인해 관광도 다면적 양상(multifaceted tourism)을 띨 것이다. 열째, 세컨드홈, 친척방문, 이주 등 기동성(mobility) 증가이다. 열한째, 관광객의 걱정거리(환경, 건강, 테러 등) 증가이다.

이상에서 세계적 차원의 미래 관광트렌드에 대해 살펴보았다. 여러 미래예측 연구에서 공통적으로 나타난 트렌드로는 아시아(중국 및 인도)의 부상, 저가항공의 활성화,

국가 간 관광협력 및 경쟁, 노년관광층 증가, 관광안전 및 건강중시, 녹색관광과 지속가능한 개발, 글로벌화 및 지역화, 관광소비의 극화, 관광객의 자각과 의식향상, 고유성(이벤트, 음식 등)의 중시, 관광시장의 세분화, 온라인 관광활성화 등을 들 수 있다.

〈표 1-4〉 세계관광의 미래 트렌드 전망

구분	주요 관광트렌드
UNWTO (2006)	① 목적지보다는 활동지향적 관광패턴 강화 ② 중국과 인도의 부상 ③ 저가항공의 활성화 ④ 항공사들은 저비용 산업으로 변신 ⑤ 여행업의 관광컨설턴트 기능 전환 ⑥ 관광기호 및 소비의 극화(polarization) ⑦ 온라인 거래의 지속 증가 ⑧ 사회적·환경적 자각과 인식증가 ⑨ 국제관광협력 및 경쟁 가열 ⑩ 체험형 여행의 증가 ⑪ 비즈니스 여행증가 ⑫ 아시아의 컨벤션 허브화 ⑬ 노인층 및 여성층의 여행증가 ⑭ 관광안전 및 건강의 증대 ⑮ 부정적 관광영향 억제를 위한 시의적절한 의사소통의 중요성 증대
Edgell, Allen, Smith, Wanson (2008)	① 관광안전 ② 관광의 경제영향 ③ 지속가능한 관광 ④ 학제적 관광전략기획 ④ e-관광 도구의 활용 ⑤ 관광교육 및 훈련 ⑥ 신흥 관광시장의 부상 ⑦ 관광상품 및 경험의 질적 관리 ⑧ 관광 파트너십 및 전략적 제휴 ⑨ 보건·자연재해·기후변화 대응
Willms (2008)	① 새로운 관광판도 변화로 중국과 인도의 부상 ② 저가항공의 급부상 ③ 유럽의 노령화 ④ 글로벌 친구친척 방문(VFR-tourism) 증가 ⑤ 기후변화(긍·부정적 효과 수반)
Ian Yeoman (2008)	① 고령화 사회로 건강과 웰니스, 의료관광의 활성화 ② 가족구조가 수직적 모델로 바뀌어 아동이 중요한 시장이 됨 ③ 세컨드홈 관광객의 증가로 저렴한 생활이 가능하거나 골프장, 휴양지가 많은 지역이 주요 목적지화 ④ 관광산업의 녹색화(greening)가 진행되고 지속가능한 개발 ⑤ 쇼핑관광의 증가로 관광지들의 디즈니화(Disneyfication) ⑥ 야생동물 애호가의 증가 ⑦ 영적인 순례관광의 증가 ⑧ 음식관광의 부상 ⑨ 스포츠이벤트 관광의 부상 ⑩ 새로운 명품관광으로 우주관광의 부상 ⑪ 중국 중산층의 확대로 마카오가 세계최대 도박도시화 ⑫ 축제참여(퍼레이드, 파티 등)가 활성화되어 문화자본이 중요시됨 ⑬ 관광시장의 세분화 ⑭ 여행과 비즈니스의 여성화(feminization) ⑮ 안전한 여행의 선호 ⑯ 지구온난화와 기후변화로 관광상품의 변형 ⑰ 세계관광이 난폭한 즐거움(assault on pleasure)을 추구할 경우 종언을 고함
Kaye Chon (2010)	① 생태적이고 문화적으로 상품을 구매하는 '의식있는 소비(conscious consumption)의 확산' ② 역내형 및 단거리 여행의 증가 ③ 책임관광 및 기업 사회책임의 확산 ④ 목적지 지향적이기보다는 활동지향적인 목적지 선택 ⑤ 저가항공의 활성화 ⑥ 관광산업의 온라인 마케팅 및 유통전략 ⑦ 국가 간 전략적 제휴에 의거한 공격적 마케팅 전략의 구사 ⑧ 안전한 관광의 모색 ⑨ 의료 및 웰니스(wellness) 관광의 증가 ⑩ 중국의 부상
Williams (2010)	① 관광수요의 높은 탄력성으로 성장과 위기의 반복가능성 ② 국내관광의 비민주화(소득별, 지역별) ③ 세계관광의 불균등 성장과 아시아의 부상 ④ 인바운드와 아웃바운드 간 불균형 고착성(특히 한국) ⑤ 더 넓어진 사회적 변혁 ⑥ 관광의 글로벌화와 동시에 대권역화의 동시 진행 ⑦ 관광의 역동성 증대 ⑧ 관광시장의 세분화 ⑨ 관광의 다면성 확대 ⑩ 관광의 기동성(mobility) 증가 ⑪ 관광객의 걱정거리 증가

3) 미래관광정책의 키워드 도출

앞서 향후 전개될 미래사회의 전망 및 관광트렌드에 대해서 살펴보았다. 각각의 트렌드들은 별개로 작동하는 것이 아니라 상호 긴밀한 연계성을 갖고 있다는 점에서 트렌드를 나열식으로 분류하기보다는 통합적으로 검토할 필요가 있다.

그리고 먼저 논의한 미래사회의 전망을 논의하면서 복수로 지목된 요인들을 정리하면 인구구조의 변화, 기후변화와 환경보전, 지속가능한 개발, 세계화와 지역화의 동시진행, 문화의 고유성 · 다양성 확보, 소비자의 기호변화, 아시아의 부상, 스마트기술 확산, 청정에너지 보급 등 9가지를 들 수 있다.

이와 동시에 관광부문에 더 한정하여 향후의 세계관광 트렌드를 종합할 경우 아시아(중국 및 인도)의 부상, 저가항공의 활성화, 국가 간 관광협력 및 경쟁, 노년관광층 증가, 관광안전 및 건강중시, 녹색관광과 지속가능한 개발, 글로벌화 및 지역화, 관광소비의 극화, 관광객의 자각과 의식향상, 고유성(이벤트, 음식 등)의 중시, 관광시장의 세분화, 온라인 관광활성화 등 12가지로 집약할 수 있다. 이들 각각의 정책이슈와 트렌드들을 상호 연계시킬 경우 다음의 8개 핵심 키워드를 도출할 수 있다.

첫째는 '아시아'이다. 특히 중국과 인도의 관광시장이 부상할 것이다. 둘째는 '글로컬'이다. 세계화가 지속 진행하는 가운데 지역화(고유성 확보)도 강화되어 결과적으로 지역의 세계화로 연결될 것이다. 셋째는 '경쟁력'이다. 국가 간 · 지역 간 협력은 물론 자기 혁신과정을 통하여 관광의 경쟁력 제고를 지속 추진하게 된다. 넷째는 '기후대응'이다. 각국마다 기후변화에 따라 선제적으로 저탄소형 녹색관광을 강구하게 된다. 다섯째는 '위기관리'이다. 각종 테러는 물론 자연재난과 전쟁, 질병 등을 예방하거나 신속 대응할 수 있는 노력이 증대될 것이다. 여섯째는 '공정성'이다. 환경을 존중하고 절제된 소비를 지향하며 지역주민과 현지문화를 배려하는 패턴이 증가할 것이다. 일곱째는 '스마트'이다. 관광사업에 온라인 기술이 확산되고 즉각적인 정보수집 및 활용이 보편화될 것이다. 여덟째는 '웰니스'이다. 그동안 웰빙 위주의 삶에서 향후에는 노령화 등으로 건강, 체력을 뜻하는 피트니스(fitness)까지를 포함하는 웰니스로 전환될 것이다.

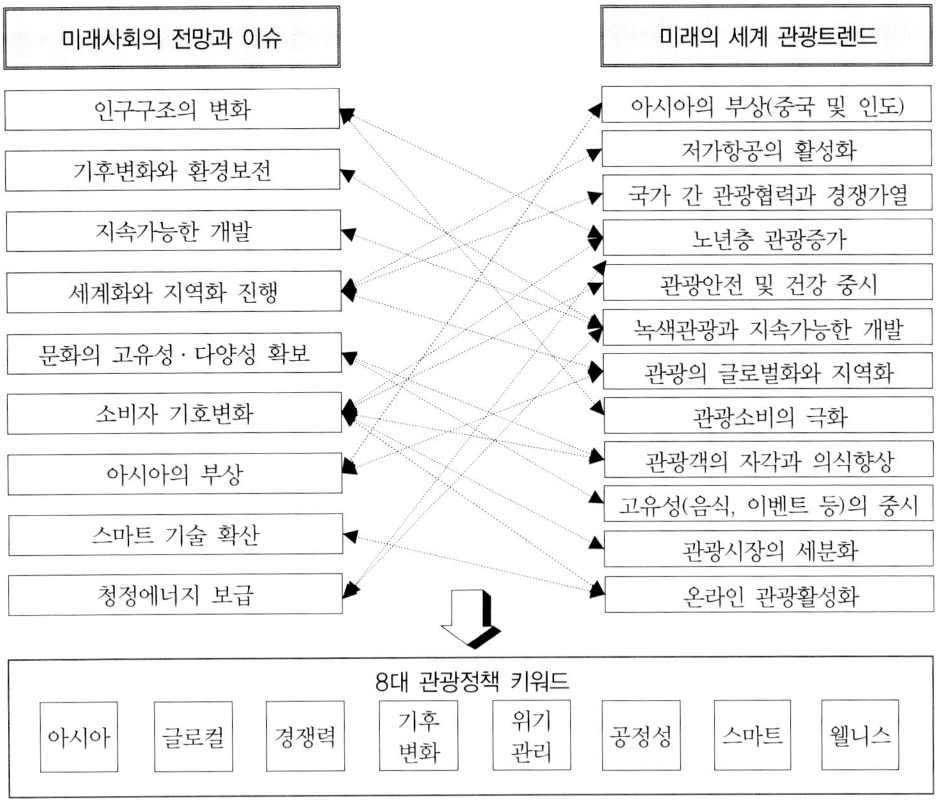

자료: 장병권(2010), 관광정책의 미래, 미래의 관광정책, 한국문화관광연구원, 한국관광정책. 겨울호.

[그림 1-2] 미래사회의 관광트렌드 변화에 따른 정책키워드 도출

5. 미래형 관광정책의 추진방향

'미래의 관광정책'은 정책비전 및 목표설정, 기조와 전략설정 등 정책 프로세스의 혁신을 의미하며, 나아가 미래사회에 전개될 트렌드를 정확히 예측하고 그에 상응한 대응책을 수립하여 지속적으로 실천해 나갈 수 있는 능력이 요구된다. 따라서 향후 한국관광의 양적 · 질적인 측면을 모두 고려하여 관광정책의 비전을 '세계 관광대국으로서의 위상 확보'에 두고 다각적인 전략을 전개할 필요가 있다.

1) '아시아' 지향적 관광수용태세 확충

한국은 과거 구미지역의 관광객 유치를 위한 시장다변화 시책을 강구하였으나 최근 들어 그 성과는 오히려 줄어들고 아시아 역내 방문객의 비중이 계속 증가하고 있다. 즉 외래객의 지역별 분포를 보면, 아시아의 비중이 2000년에는 74.9%였으나 2009년에는 77.7%로 늘어났고, 2018년에는 82.1%로 더욱 늘어났다. 그리고 전 세계국제관광의 80%가 역내관광을 중심으로 이루어지고 있다는 점(UNWTO, 2019)에서 관광수용태세의 구축 시 아시아 지역의 관광객을 우선적으로 배려해야 한다.

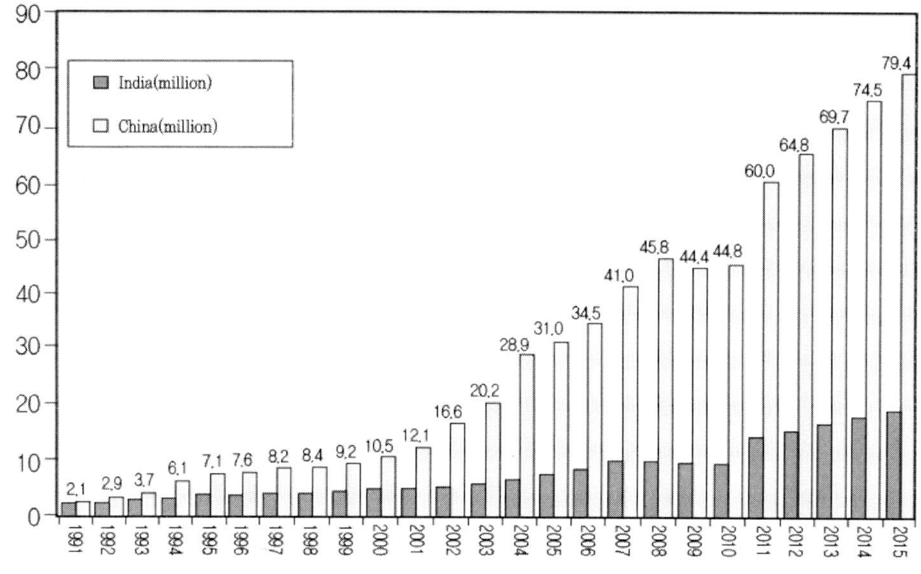

자료: 장병권(2010), 관광정책의 미래, 미래의 관광정책, 2010 한국문화관광연구원 개원기념 문화 · 관광정책 심포지엄 자료집.

[그림 1-3] 중국 · 인도의 해외여행자 전망

일례로 2010년대 중반 중국관광객이 증가추세에 있으나 만반의 수용태세를 확보하지 못함에 따라 숙박시설, 음식 등에서 불만이 증가하였다. 또한 유망시장에 대한 지속적인 조사분석을 통하여 대응책을 강구해야 한다. 향후 세계관광시장에서 인도가 큰 비중을 차지할 것으로 예상됨(2015년 2,000만 명으로 증가예상)에 따라 인도관광시장의 개척과 수용태세 구축에도 만전을 기할 필요가 있다. 정부의 관광통계 집계결과를 보면, 방한 인도관광객은 2000년 51,368명에서 2005년 58,560명, 그리고 2009년 75,978명에서 2016년 195,911명으로 계속 증가하고 있다.

2) '글로컬' 시대 지역관광의 세계화 지원

그동안 세계화(globalization)의 지속적인 전개과정에서 그 문제점이 나타남에 따라 최근 다시 탈세계화(deglobalization)가 진행되어 지역화(localization)로 회귀하려는 경향이 강해지고 있다. 또한 각 지역들도 더 이상 중앙정부에 의존하지 않고 자기 지역에 부존된 장소자산을 활용하여 지역의 세계화, 즉 글로컬라이제이션(glocalization)을 추진하고 있다. 이는 지역성을 강화하고 나아가 지역문화의 정체성을 확립하려는 움직임이다.

물론 21세기에 들어와 문화는 더 나은 미래를 창조하기 위한 국가발전전략이 된 지 오래이며, 지역의 세계화를 주도하는 강력한 동력이 되고 있다. 이에 따라 중앙정부의 역할이 과거의 관광발전의 '주도자'에서 현재는 '조정자' 기능을 담당하고 있다면 향후에는 지역관광의 세계화를 위한 '지원자' 기능으로 전환되어야 할 것이다.

예를 들어 제주 올레길, 전주 한옥마을, 순천만 자연생태공원 등 기존의 성공사례를 더욱 확산시키는 것이 중요하다. 또한 세계문화유산으로 등재된 하회마을과 양동마을의 관광객이 증가하고 있듯이 세계수준의 지역문화유산을 지속적으로 발굴 · 육성하여 '한국의 세계문화유산 관광자원'으로 활용할 수 있도록 지원책을 강구하여야 한다.

3) 대한민국 관광브랜드 이미지의 '경쟁력' 확보

관광정책의 핵심 키워드는 역시 '경쟁력'이다. 정부는 관광산업의 경쟁력 제고를 위하여 범정부 차원에서 다각적인 노력을 경주하고 있다. 그럼에도 한국의 국제관광경쟁력은 여전히 다른 부문의 경쟁력에 비하여 상대적으로 낮은 것이 사실이다.

세계경제포럼(WEF, 2008, 2009, 2010)에서 전 세계 국가를 상대로 평가한 '여행 · 관광경쟁력 지수'를 보면, 한국 관광산업은 기술 경쟁력, 인적자원 경쟁력, 사회적 경쟁력 등 소프트 분야에서만 약간의 경쟁력을 갖추고 있고 가격 경쟁력, 환경 경쟁력, 개방성 경쟁력 등은 하위 수준으로 나타나고 있다.

또한 Anholt사의 2008년 국가브랜드 평가(관광, 문화와 유산 등 포함)에서도 한국은 33위로 일본 5위, 호주 9위, 싱가포르 24위, 중국 28위 등에 비해 낮게 나타나고 있다. 정부 차원에서도 관광브랜드를 과거 'Korea Sparkling'에서 'Korea, Be inspired'로 변경하여 홍보사업을 추진하고 있으나 여전히 브랜드 이미지가 상승되지 못하고 있다.

2010년부터 '한국관광의 별'을 선정하고 있으나 다양한 분야에 걸쳐 시상함으로써 국내용 이벤트로서의 한계성을 벗어나지 못하고 있다. 따라서 한국관광의 이미지 제고를 위한 (가칭)'한국관광의 10대 랜드마크'를 자원유형별로 주기적으로 선정하여 해외관광 홍보에 활용하는 방안을 검토할 필요가 있다.

4) '기후변화' 대응형 녹색관광정책의 추진

기후변화로 말미암아 우리의 생활방식, 경제활동, 건강과 사회복지 등이 영향을 받을 것이며, 국가와 경제주체들은 기후변화로 인한 새로운 도전에 직면하여 적응해 가야 한다. 관광부문도 예외가 아니다. 기후변화가 관광발전과 관리에 영향을 미치는 중요한 의제로서 점차 부각되고 있다. 관광은 농업, 보험, 에너지 분야와 더불어 기후에 매우 민감하게 반응하는 경제부문으로 간주되기 때문이다.

지구온난화로 인한 다양한 기후적 영향이 직 · 간접적으로 관광패턴과 목적지에 중대한 변화를 초래할 것이 명백하므로 이를 대비하기 위한 기반조성이 관광정책의 최우선 과제이다. 관광부문은 온실가스 배출을 통해 지구 온난화에 원인을 제공하기도 하므로 관광업계는 온실가스 감축에 동참해야 하는 과제도 안고 있다.

향후 기후변화는 관광부문에 부정적 · 긍정적 영향을 모두 발생시킬 것이며, 이들 영향은 시장별 · 지역별로 다양하게 나타날 것이다. 기후변화로 인해 초래될 위험을 최소화하고 새로운 기회를 확보하기 위해서는 관광부문의 모든 이해당사자들이 기후변화에 대한 적응능력을 키울 수 있어야 한다.

5) 관광 '위기관리' 시스템 구축

세계관광의 두드러진 특징은 국제관광객수의 지속적인 증가에도 불구하고 각종 위기로 인하여 높은 수요탄력성을 보이고 있다는 점이다. 특히 20세기 후반까지 크고 작은 위기가 발생하였어도 50년간 세계 관광객 수는 감소(전년대비 기준)하지 않았지만,

21세기로 들어와서는 SARS의 발생과 세계경제의 침체 등으로 인하여 관광감소현상이 3차례 있었다(장병권 · 강문호, 2009). 이는 향후에도 각종 위기상황이 관광산업에 악영향을 줄 것임을 예고하는 것이다.

한국의 경우에도 2010년대 들어와 관광규모가 지속성장하고 있지만 북한의 연평도에 대한 군사도발, 2015년 메르스 발병, 2017년 사드사태로 인한 금한령, 2019년 신종코로나19 발병 등과 같이 인바운드 부문은 각종 위기에 매우 민감하다. 정부차원에서 '해외관광객 안전대책 위기대응 실무 매뉴얼'을 만들며 나름대로 노력을 하고 있지만, 국내의 경우에도 미래에 발생할 수도 있는 위기에 대비한 관광위기관리시스템의 구축은 물론 군사적 도발, 경제위기, 전염병 발생, 관광지 오염, 해상사고, 경제위기 등 다양한 위기를 상정하여 효과적인 대응책('관광위기 대응 매뉴얼 및 보상규정' 작성 · 활용)을 강구하여 '안전한 관광한국'이라는 이미지를 심어주는 것이 중요한 정책과제가 될 수 있다.

6) '공정성' 확보를 위한 착한여행 제도의 도입

최근 공정사회를 구축하려는 사회적 분위기가 확산되고 있다. 이는 일시적인 슬로건이라기보다는 소비자의 자각과 인식확대에 기초한 시대적 요구이기도 하다. 이에 따라 관광부문에서도 '공정관광'이라는 용어가 등장하였다. 그러나 관광부문의 경우 이미 책임관광(responsible tourism), 착한 여행(good travel), 윤리관광(ethic tourism)의 용어처럼 이전부터 문제제기가 되어 왔고, '관광산업 윤리강령'이 업계에서 제시되기도 하였으나 아직 제도화되지 않고 있다는 점에서 공정여행의 활성화를 위한 제도적 기반을 마련해야 할 시점이다.

공정관광이 활성화되기 위해서는 현재 관광객들의 덤핑관광상품에 따른 피해, 관광개발에 따른 갈등과 환경파괴에 대한 우려, 건강과 안전에 대한 염려 등 소비자와 지역주민의 불만과 요구사항을 적절히 반영하여야 한다. 이에 따라 공정관광을 담보할 수 있는 관광객과 관광사업체간 건전한 상거래는 물론 관광객과 지역주민 간의 공생적 관계 확보, 관광객의 윤리성 강화, 관광업계 간의 공정성 증진, 관광기업의 사회적 책임 확보, 자원봉사자의 역할 등 공정관광을 위한 공감대를 형성하는 것이 시급하다. 그 첫 사업으로 국민(또는 대학생)을 대상으로 '착한 공정여행 실현을 위한 공모'

사업을 추진할 필요가 있다. 이를 통해 공정관광이 일회성 정책에서 끝나기보다는 지속적으로 추진하여 '관광산업계의 건전성'을 정립하는 계기로 삼아야 한다.

7) '스마트' 관광사회의 조성

최근 스마트폰의 도입 이후 일어난 모바일 빅뱅은 다양한 사회 시스템과 융합해 경제, 국민 생활, 일하는 방식, 공공 행정시스템 등 국가 사회 전체를 혁신적으로 변화시키고 있다. 이러한 '스마트 혁명'은 스마트 비즈니스, 스마트 라이프, 스마트 워크, 스마트 정부 등으로 확대되고 있다(KT 경영연구소, 2010). 스마트폰 보급이 확대되면서 일상 생활정보를 활용하는 라이프스타일과 커뮤니케이션 방식도 '스마트 라이프' 형태로 변화되고 있다. 언제 어디서나 무선인터넷에 접속해 원하는 정보를 이용하게 됐고 트위터, 페이스북 등 실시간 커뮤니케이션이 확산되고 있다.

관광부문에서도 관광객 정보제공, 관광자원 관리, 관광업계의 e-Tourism 확대, 정부의 관광정책 홍보 등을 위하여 정부차원에서 '스마트 관광사회 실현을 위한 종합대책'을 강구할 필요가 있다. 이럴 경우 한국은 세계 최고 수준의 스마트 관광국가로 자리매김 할 수 있다.

8) '웰니스'형 복지관광 기반 확충

지금까지의 복지관광은 사회적으로 취약계층인 소년소녀가장, 노약자, 장애인 등 소외계층을 대상으로 정부가 여행경비를 보조하여 관광기회를 제공하는 데 초점이 맞추어져 있다. 그러나 관광을 보는 관점이 휴식(rest)이나 기분전환(relaxation)에서 재창조(recreation)로 승화되고 있으며, 최근 웰빙, 로하스에 이어 체력증강의 의미까지 가미된 웰니스(wellness) 개념이 확산되면서 복지관광도 더욱 확대된 개념으로 인식할 필요가 있다.

최근 아시아 지역에서 가장 빠르게 증가하고 있는 관광상품은 바로 헬스투어리즘이다. 헬스투어리즘은 육체적, 정신적, 정서적, 직업적, 지적, 영적 등 인간생활의 모든 영역을 개선하고 균형을 맞추는 것을 목표로 하는 관광활동이다. 이러한 헬스투어리즘에는 의료관광, 영성관광, 웰니스관광 등이 모두 포함된다(한국문화관광연구원, 2019).

정부차원에서 추진하고 있는 '슬로시티' 사업도 웰니스 사업과 깊은 연관성이 있다. 여기에 고령사회로 진입하면서 노인층의 관광참여가 증가하고 있는 상황을 감안할 때 관광지의 웰니스 기능 수행도 점차 중요해질 것으로 보인다. 유럽 등 선진국에서는 관광지 자체가 휴양 · 치유 · 건강관리 등 복합기능을 수행하고 있으나 우리나라의 경우 2016년에 와서야 웰니스관광 국제포럼을 개최하고, 2017년 '웰니스관광 25선'을 선정해 발표하였다.

6. 맺음말

이 글은 바람직한 관광정책을 어떻게 수립하고, 중장기적 차원에서 추진되어야 할 미래형 관광정책의 방향을 제시하는 데 초점을 두고 있다. 전자가 관광정책의 과정, 구조, 기능 등 주로 시스템적인 것에 초점을 두고 있다면, 후자는 환경변화 혹은 트렌드에 부응하는 시의적절한 정책가치를 찾아내고 대응책을 강구함을 뜻하기 때문이다.

이에 따라 문화체육관광부 차원에서 그동안 미래형 관광정책을 주기적으로 수립해 왔다는 점에서 그동안 관광진흥 5개년 계획의 수립과정에서 나타난 미래에 대한 준비와 대응책 강구 노력을 살펴보며, 그 시사점을 도출하였다.

먼저 관광진흥 5개년 계획은 정부의 관광정책 수립 및 실행과 밀접한 관련이 있다는 점에서 미래관광의 트렌드와 이슈를 분석하고 이를 기초로 하여 정책목표 및 추진과제를 선정하는 데 있어서 적절하게 대응해 왔는가를 분석해 보았다.

우선 관광정책 및 계획수립 과정에서 환경분석 능력이 점차 크게 개선되어 오고 있다. 각 정책환경 분야별 학제적 접근이 미흡한 상황이다. 그리고 미래정책환경의 분석기법은 점차 개선되었으며, 정책목표 설정 시 정부의 관광정책에 대한 요구가 크게 반영되었다.

그러나 관광정책의 비전과 목표설정에 상호 연계성 및 일관성이 미약하였다. 정책기조 및 목표설정을 보면 해당 정부의 특징이 잘 반영되고 있으며, 관광정책적 차원에서 달성하려고 하는 정량적 정책목표의 범위가 계속 확대되었으나 목표의 실현가능성을 염두에 두지 못하고 있으며, 신규 사업의 도입 비중이 많아 정책추진의 단절과 일관성 부재를 초래할 수 있는 것으로 보인다.

그리고 중장기 관광정책의 방향설정과 관련하여 해외자료를 활용하여 그 미래사회를 전망하고 정책적 이슈를 파악하였다. 또한 2020년대를 대상으로 한 미래 관광트렌드에 대한 연구를 선정하여 살펴보았다. 그리고 각각의 전망과 트렌드를 통합적으로 검토하여, 아시아, 글로컬, 경쟁력, 기후대응, 위기관리, 공정성, 스마트, 웰니스 등 8가지의 핵심 정책키워드를 선정하였으며, 이를 바탕으로 향후 추진될 관광정책의 방향을 8가지를 제안하였다.

첫째는 '아시아' 지향적 관광수용태세 확충이다. 둘째는 '글로컬' 시대 지역관광의 세계화 지원이다. 셋째는 대한민국 관광브랜드 이미지의 '경쟁력' 확보이다. 넷째는 '기후변화' 대응형 녹색관광정책의 지속 추진이다. 다섯째는 관광 '위기관리' 시스템 구축이다. 여섯째는 '공정성' 확보를 위한 착한여행 제도의 도입이다. 일곱째는 '스마트' 관광사회의 조성이다. 끝으로 '웰니스'형 복지관광 기반 확충이다.

제2장
관광정책의 중장기 전략과 추진과제

1. 머리말

관광산업을 둘러싼 국내외 환경요인의 민감성으로 인하여 향후 10년간의 관광정책 과제를 제시하는 것은 쉽지 않다. 따라서 현재 우리가 처해 있는 관광여건과 이를 타개하려는 정부의 정책의지, 그리고 관광행태 변화 및 트렌드 등을 종합적으로 고려할 필요가 있다.

정부가 2009년 11월 발표한 제3차 관광산업 선진화 전략에서 설정된 2020년 관광정책의 정량적 목표가 국민의 관광참여 일수 연 30일 확대, 외래객수 2,000만 명 유치, 관광수입 300억 달러 획득, 관광경쟁력 15위 달성이었다. 10년이 지난 현재 그중 일부 목표가 달성되었지만 여전히 개선할 점도 많다. 그리고 관광정책 목표 전체를 종합적으로 통합하지 못하고 제각각 추진되었다. 이와 관련하여 향후 추진될 관광정책의 핵심과제로 '관광선진화'를 설정하여 살펴보고자 한다.

일반적으로 '선진화'(advancement)란 문물의 발전 단계나 진보 정도가 다른 것보다 앞서게 됨을 의미한다. 선진화를 보는 관점은 정치, 사회경제, 정신행태, 문화 등의 측면에서 다양할 수밖에 없다. 관광선진화를 보는 관점도 사람마다 제각각일 수 있다. 다만 그동안의 선진화에 대한 논의에 입각할 때, 관광선진화(advancement in tourism)를 '정부 · 기업 · 시민의 협력을 통하여 관광산업의 양적 성장과 질적 향상을 모색하면서 높은 브랜드 이미지와 글로벌 경쟁력을 확보하여 세계 관광을 선도할 수 있는 역량'으로 정의할 수 있다. 그리고 관광선진화는 관광의 양적 성장과 질적 향상, 높은 브랜드 이미지, 글로벌 경쟁력, 트렌드선도 등의 개념적 요소가 복합적으로 내재되어 있다고 볼 수 있다.

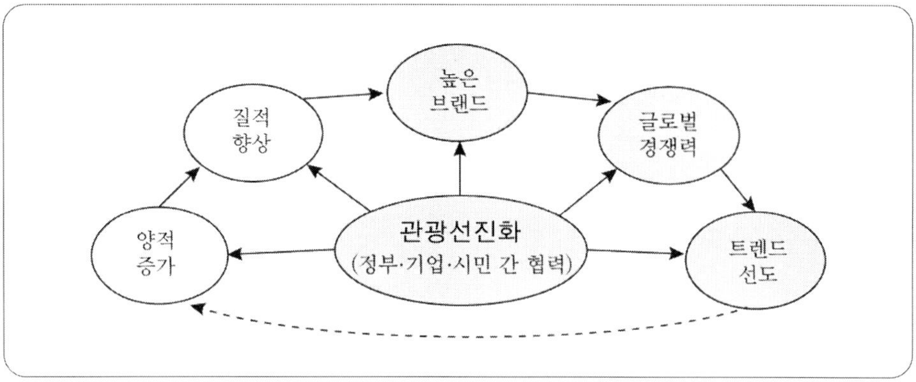

자료: 장병권(2016.5.16.), 관광대국 달성을 위한 5대 전략과 10대 과제, 문화체육관광부 공무원 특강자료.

[그림 2-1] 관광선진화의 개념적 요소

첫째, 관광의 양적 증가(growth in quantity)는 관광선진국이 되기 위해 기본적으로 관광총량이 지속적으로 증가하고, 공급규모(관광기업, 인력 등)도 충분히 확보되어야 함을 의미한다. 둘째, 관광의 질적 향상(increase in quality)은 양적 성장을 기반으로 하여 관광서비스의 질적인 개선을 통한 관광객의 만족도와 가치가 제고되어야 함을 의미한다. 셋째, 관광의 높은 브랜드(high brand)는 국가, 지역 등의 관광브랜드가 확립되고 독특한 정체성과 차별화된 이미지를 형성하고 있어야 함을 뜻한다. 넷째, 글로벌 경쟁력(global competitiveness)은 국가의 관광자원과 시설, 서비스, 인프라, 환대 등이 국제적 경쟁력을 확보하게 됨을 말한다. 그리고 관광의 트렌드선도(trend-setting)는 관광산업의 발전을 통하여 국제 관광을 선도할 수 있는 강점을 보유하게 됨을 의미한다. 이러한 다섯 가지 요소에 초점을 둘 경우 향후 추진해야 할 관광선진화 정책의 5대 추진전략은 다음과 같다.

2. 관광선진화 달성을 위한 5대 추진전략

첫째는 양적 성장과 융복합 전략이다. 무엇보다 관광의 선진화를 도모하기 위해서는 관광산업의 양적 성장을 유지할 튼튼한 관광산업시스템을 구축해야 한다. 그러나 한국관광산업의 양적 성장은 국민해외여행 부문에서 두드러지게 나타나고 있으며, 반면 외래관광과 국내여행은 상대적으로 저조 또는 둔화 현상을 보임에 따라 관광산업

생태계(tourism industry ecosystem)의 선순환 체계가 매우 불안정하고 심지어 저가상품, 과당경쟁, 기업도산 등의 악순환이 반복되고 있다. 따라서 국내외 관광위기에 효율적으로 대처할 수 있는 위기관리능력이 필요하며, 관광경제효과(고용 및 GDP)의 제고를 위해서는 관광산업과 타 산업과의 융복합을 지속적으로 확대해 나갈 필요가 있다.

둘째는 질적 향상과 고객만족 전략이다. 관광의 질적 성장을 위해서는 관광행복지수를 높이는 동시에 관광의 부문별로 고객만족을 위한 관광기술(TT)을 지속적으로 개발할 필요가 있다. 예를 들어 국내관광 만족도의 경우 2006년은 3.79점에서 2008년은 3.83점(5점 척도)로 개선되었으나 교통, 볼거리, 숙박, 식당에 비해 쇼핑, 관광정보, 관광편의시설에 대한 만족도는 상대적으로 낮다. 2018년은 100점 만점에 78.4점에 그쳤다. 해외여행 만족도는 2005년 3.63점에서 2008년 3.78점으로 나타났으며, 숙박, 식당, 안내, 코스에 비해 쇼핑, 관광편의시설, 관광비용의 상대적 만족도가 낮다. 2018년의 경우 100점 만점에 79.7점으로 국내관광 만족도보다 약간 높다. 그리고 외래관광 만족도는 2006년 4.08점에서 2008년 4.09점이며, 출입국절차, 숙박 등에 비해 관광지 매력도, 관광안내의 상대적 만족도가 낮게 나타났다. 2018년의 경우 100점 만점에 93.1점으로 국민의 국내외 여행에 비해 높게 나타났다. 그러나 2016년의 95.0점, 2017년의 94.8점과 비교할 때 만족도의 비율이 낮아지고 있다. 따라서 내국인이든 외국인이든 한국관광의 만족도를 제고하고 상대적으로 미약한 부분을 만회하기 위한 서비스 개선 노력이 강구되어야 한다.

셋째는 우수 브랜드 이미지 구축전략이다. 관광선진화를 도모하기 위해서는 국가브랜드 수준과 대등한 관광브랜드 이미지 제고 노력을 지속적 추진해야 한다. 2009년 국가브랜드위원회와 삼성경제연구소의 국가브랜드 조사결과, 전체 50개국 중 국가전체의 이미지브랜드 지수는 프랑스 1위, 한국 20위이나, 관광과 관련된 전통문화 · 자연은 37위를 기록하는 데 그쳤다. 세계적으로 유명한 안홀트(Anholt) 국가브랜드 지수(NBI, Nation Brands Index)상의 한국의 국가브랜드 지수(NBI)는 2014년 27위에 그쳤으며, 상품신뢰도를 반영하는 수출 범주에선 13위에 올랐지만, 관광과 관련있는 국민의 친근감과 역량 범주에서는 34위에 그쳤다(한국경제, 2014.11.14). 따라서 세계인들이 매력적으로 느낄 수 있는 문화와 역사적 유물, 자연유산 등을 집중 발굴하여 이를 관광브랜드로 육성할 필요가 있다.

넷째는 글로벌 관광경쟁력 확보전략이다. 한국관광의 선진화를 위해서는 국제적으로 경쟁력을 확보하기 위한 노력이 필요하다. 그러나 여전히 글로벌 관광경쟁력이 요소별로 불균형적이며, 강 · 약점이 극명하게 나타나고 있다. 따라서 글로벌 스탠더드에 부합하는 관광수용태세의 확충을 통하여 관광경쟁력의 상승을 위한 레벨업(level-up) 전략을 강구할 필요가 있다. 앞서 세계경제포럼(WEF)의 평가결과를 보면, 한국은 2007년 42위, 2009년에 31위에서 2019년에 16위까지 올랐지만 세부지표에서 사업환경(42위), 안전(30위), 인적자원 및 노동시장(36위), 관광 우선순위(53위), 가격경쟁력(103위), 자연자원(102위) 등 18개 지표 중 6개 지표가 여전히 30위권 아래에 있다는 점에서 관광경쟁력 지표상 제기되고 있는 약점의 극복전략을 꾸준히 전개할 필요가 있다.

다섯째는 세계관광 트렌드선도 전략이다. 관광선진화의 최종 성과는 한국 관광이 세계관광을 리드할 수 있는 역량을 갖추는 것이다. 1990년대 후반 이후 한류관광 등 트렌드 선도형 관광패턴이 등장하였으며, 향후 저탄소 녹색관광도 한국이 글로벌 관광트렌드를 선도하는 데 기여할 수 있는 분야이다. 예를 들어 관광두레사업, 녹색관광사업 및 인증제 도입, 여행상품의 탄소중립 프로그램 도입 지원, 오버투어리즘 예방사업 등이 그것이다. 또한 세계 최고수준인 IT를 활용하여 관광산업의 체질(e-tourism, 관광안내체계 등)을 획기적으로 개선하고, 관광산업과 인접산업과의 접목을 시도할 경우 새로운 관광트렌드를 창조하여 선도할 수 있으며, 관광수용태세도 획기적으로 개선할 수 있다. 정부에서 고부가가치 신성장 산업으로 MICE, 의료관광, 공연관광, 생태관광, 음식관광 등의 육성에 박차를 가하고 있으나 아직 국제적인 경쟁력과 시장지배력을 확보하지 못하고 있다는 점에서 지속적인 투자가 필요하다.

이상에서 향후 관광정책의 추진과제로 관광선진화를 선정하고 이를 달성할 5대 전략을 살펴보았다. 관광선진화는 단기간에 이루어질 수 없다. 정부가 당초 2020년의 정책목표를 세계 15위로 설정하였지만 2019년 16위로 조기 달성하였듯이, 향후 10위권 진입을 위하여 중 · 장기적인 관점에서 지속적으로 개선 노력을 추진해야 한다. 그리고 무엇보다 중요한 것은 '범 관광선진화 추진 네트워크'를 구축하여야 한다. 관광산업의 성장과 질적 향상, 그리고 융복합 강화를 통한 트렌드 선도형 관광여건 조성을 위해서는 정부, 기업(협회), 시민단체, 대학, 연구기관 등이 '한통속'처럼 협력적 거버넌스를 구축하고 강력한 추진력을 확보할 필요가 있다.

나아가 2016~2018 한국방문의 해 사업에 이어 2020년 도쿄 하계올림픽, 2022년 베이징 동계올림픽, 2023년 새만금 세계잼버리 개최 등 향후 대형이벤트와 국제행사를 계기로 관광의 선진화를 도모하기 위해서는 정부 내에 '관광산업 선진화 기획단'을 구성하여 관광산업의 미래 비전을 제시하고, 이를 달성하기 위한 세부전략의 수립 · 시행, 추진성과의 모니터링 실시 등이 필요하다. 최근 국격에 대한 사회적 논의가 활발히 전개되고 있다. 관광부문도 더 이상 현재의 위상에 안주해 있어서는 안 된다. '국가' 전체의 선진화 수준을 앞서가지는 못할망정 대등한 수준으로 끌어올려야 한다. 관광선진화를 통하여 국위(國威), 국격(國格), 국력(國力)을 증진하는 토대를 구축하는 것이 향후 10년의 핵심과제이다.

3. 국제관광 경쟁력 추이와 시사점

국제관광의 규모가 지속적으로 확대되고 있다. 2000년 6억 7,400만 명에서 2010년 9억 5,100만 명까지 늘어났고, 2019년에는 15억 명까지 늘어났다(UNWTO, 2020). 국제관광수입도 2005년 7,300억 달러에서 2018년에는 1조 4,510억 달러까지 늘어났다. 세계관광기구의 2030년 관광전망(Tourism Towards 2030)에 의하면, 이 규모는 2030년경 18억 명까지 증가할 전망이다(UNWTO, 2011).

2000년 이후 현재까지 선진국보다 개도국의 관광성장률이 상회하였으며, 대륙별로 보면 아시아 · 태평양 지역이 세계 관광성장을 견인하고 있다. 세계관광객 4명 중 2명은 유럽으로 가고 나머지 2명 중 1명은 아태지역을 방문하고 있는 셈이다.

그 결과 세계경제에서 관광산업의 위상이 지속적으로 상승하고 있다. 세계관광협의회(WTTC, 2017)에 의하면, 관광산업은 7.6조 달러의 매출을 기록하여 전 세계 GDP의 10.2%를 차지하고 있으며, 관광부문이 전 세계 고용의 10%에 해당하는 2억 9,200만 개의 일자리를 제공하고 있다. 특히 국제관광소비에 의한 관광 총수출은 2016년 세계 총 수출액의 6.6%를 차지하고 있으며, 세계 총서비스 수출의 20%에 육박하고 있다.

주목할 점은 한국이 중국, 미국, 독일, 영국, 프랑스 등에 이어 세계 9번째 관광지출국(2015년 215억 달러 → 2018년 284억 달러)으로 부상하였다는 점이다. 한국의 아웃바운드 규모는 2014년 1,608만 명으로 세계 18위를 기록하였지만 2016년에는 2014년 기준 10위권에 진입하였다. 인바운드 규모는 2015년 1,323만 명으로 세계 24위에 그쳤고, 관광수입도 167억 달러로 세계 18위 수준이다. 이러다 보니 우리나라는 세계관광시장에서의 순위 상승을 지향하는 정책을 추진할 수밖에 없었고, 의도하지는 않았지만 양적 성장에만 매달려 내실을 다지지 못하는 원인이 되고 있다.

그 대표적인 것이 세계경제포럼(WEF)이 제공하는 한국의 국제관광경쟁력 지수이다. 2009년 31위에서 2013년 25위로 상승하였지만 2015년에는 29위로 하강하였는데, 평가분야 중 관광정책 및 기반조성이 세계 141개국 중 82위에 그쳤기 때문이다.

2017년에는 19위로 10계단 올라섰으며, 2019년에는 16위로 가장 우수한 관광정책 성적표를 획득하였다. 국제관광경쟁력 지수는 2013년까지는 3대 지표로 구성되었으나 2015년부터는 4대 지표로 확대되었다. 부문별 순위를 보면 관광환경조성은 2011년 50위였으나 2019년 19위까지 개선되었으며, 관광정책 및 기반조성은 2015년 82위에서 2019년에는 31위로 개선되었으나 상대적으로 개선도가 다른 지표에 비해 떨어지는 것으로 나타났다. 그리고 인프라 지표는 2015년 40위에서 16위로 크게 개선되었으며, 자연 및 문화자원은 2009년 26위에서 2013년 20위까지 개선되었으나 2019년에는 24위로 뒤처졌다.

〈표 2-1〉 한국의 국제관광경쟁력 순위 변화

(단위: 위)

<table>
<tr><th colspan="2">구 분</th><th>2009</th><th>2011</th><th>2013</th><th>2015</th><th>2017</th><th>2019</th></tr>
<tr><td colspan="2">종합순위</td><td>31</td><td>32</td><td>25</td><td>29</td><td>19</td><td>16</td></tr>
<tr><td rowspan="4">부문별 순위</td><td>관광환경조성</td><td>41</td><td>50</td><td>38</td><td>28</td><td>24</td><td>19</td></tr>
<tr><td>관광정책 및 기반조성</td><td rowspan="2">35</td><td rowspan="2">28</td><td rowspan="2">17</td><td>82</td><td>47</td><td>31</td></tr>
<tr><td>인프라</td><td>40</td><td>27</td><td>16</td></tr>
<tr><td>자연 및 문화자원</td><td>26</td><td>27</td><td>20</td><td>22</td><td>22</td><td>24</td></tr>
</table>

자료: WEF(각년도), The Travel & Tourism Competitiveness Report.

중요한 것은 국제관광경쟁력 순위가 협의의 관광부문만을 대상으로 하지 않는다는 점이다. 관광과 관련된 환경조성의 세부지표 중 관광환경조성 지표는 비즈니스 환경, 안전 및 보안, 보건 및 위생, 인적자원 및 노동시장, ICT 준비수준으로 구성되어 있다. 관광정책 및 기반조성 지표는 관광우선순위, 국제개방성, 가격경쟁력, 환경지속가능성으로 구성되어 있으며 여기에서도 관광관련 주변 환경이 중요한 비중을 차지하고 있다. 인프라 지표는 항공운송 인프라, 육성 및 항만운송 인프라, 관광서비스 인프라로 구성되어 있으며, 자연 및 문화자원 지표는 자연자원, 문화자원 및 비즈니스 여행으로 구성되어 있다.

한편, 세계경제포럼(2019)은 그동안 축적된 관광산업의 역량으로 2020년대 국제관광은 새로운 성장의 계기, 즉 티핑포인트(tipping point)가 형성되었다고 진단하며, 저렴한 여행, 관광지의 디지털화, 관광정책의 중요성 확대, 관광안전 및 보안 강화, 지역관광 분야 점검, 지속가능한 관광발전 등 6개 부문의 중요성을 강조하였다(정광민, 2019).

아태 지역의 관광성장을 주도하고 있는 동남아 지역 국가뿐만 아니라 동북아에서도 중국의 관광굴기(觀光堀起) 정책과 일본의 관광입국(觀光立國) 정책이 강력한 성과를 내고 있는 상황이지만 우리나라는 미래 관광발전을 위한 확실한 정책비전조차도 구축하지 못하고 있다.

게다가 관광정책을 중장기적 관점보다는 5년 단위의 정부 임기에 국한하여 추진함에 따라 단기적인 양적 성과에 그칠 수밖에 없는 상황이다. 따라서 관광정책 추진체계의 구조적인 문제점을 극복하지 못한다면 앞으로도 한국 관광의 지속가능한 성장과 내실화도 기대하기 어렵다.

현재 우리나라의 관광정책은 2020년대 예상되는 국제 및 국내 관광환경에 적극 대응하기 위하여 법, 조직, 예산, 계획 등 관광정책 추진체계를 전면적으로 재검토하고 혁신적으로 개선해 나가야 할 단계이다. 그 이유는 관광산업이 정부의 강력한 이니셔티브를 바탕으로 민간부문과 견고한 거버넌스를 구축하여 체계적으로 육성되어야 함에도 불구하고 여전히 관 주도적인 성격이 강하며, 각종 관광시책과 민간사업도 정부예산에 대한 의존도가 지극히 높은 수준을 보이고 있기 때문이다.

현재 우리나라 관광정책의 추진체계가 안고 있는 문제는 관광입법의 시의성 부족, 관광관련 조직 및 이해당사자 간 거버넌스 체계 미흡, 민간전문가의 관광정책 참여 부족, 계획의 추진동력 확보 미흡, 관광정책의 비전-전략-과제 간 연계성 부족 등을 들 수 있다.

첫째, 관광관련 법률의 제·개정 노력이 급변하는 관광정책 환경의 변화를 충분히 따라가지 못하고 있다. 글로벌화되는 관광산업의 트렌드를 선도하기 위해서는 범정부적 접근과 초당적 노력이 필요한 상황임에도 불구하고 정치적인 이슈와 논쟁으로 인하여 국회에서 처리되는 법안이 극히 한정적이다.

관광정책을 원활히 추진하기 위해서는 기존의 관광법제에 대한 종합적인 조사 · 분석이 시급히 필요하며, 관광의 양적 · 질적 발전은 물론 관광산업 육성, 지자체 관광 육성 등에 대한 지원책도 필요하다. 과거 관광진흥법을 관광산업법과 관광자원법으로 나누는 분법화에 대한 논의가 제기되었지만 국회에서 낮잠만 자다 흐지부지되었다.

둘째, 관광산업의 경제적, 사회적 중요성이 커지면서 정부 내 관광조직도 격상되고 있지만 정부 간 관광정책 거버넌스는 구체적으로 추진되지 못하고 있는 상황이다. 관광산업이 지속적으로 성장하고 경제적 위상이 커짐에 따라 박근혜 정부 시기 문화체육관광부에 관광정책실이 독립되어 신설되고 관광정책과 국제관광정책을 추진하였으나 이후 문재인 정부에서는 관광정책실이 폐지되고 관광정책국과 관광산업정책관으로 축소되었다.

더 큰 문제는 부처 간 효율적인 관광정책 거버넌스를 구축하지 못하고 있다는 점이다. 2016년 6월 대통령 주재 '문화관광산업 경쟁력 강화회의'를 개최하고 산업 간 융합과 부처 협업을 추진하기 위해 '국가관광전략회의'의 신설을 발표하였지만 2017년에서야 구체화되었다. 일본이 2013년 '관광입국추진각료회의'를 신설하여 총리가 주재하며 관광진흥을 위한 다각적인 액션 프로그램을 결정하고 있는 상황과 크게 비교된다.

셋째, 관광정책의 수립과 결정, 집행과 평가 등의 일련의 과정(process)이 여전히 관 주도적인 특징에서 벗어나지 못하고 있다. 관광정책 수립을 위해서는 공공부문과 민간부문이 긴밀한 거버넌스 체계를 구축하여 다양한 협치 노력을 전개해야 함에도 불구하고 산업계의 요구가 충분히 반영되지 못하였다. 일본의 경우 관광입국추진을 위한 전문가 회의체를 구성하여 민간과 학계의 의견을 충분히 반영하고 있으나 우리의 경우에는 이를 뒷받침할 만한 장치를 갖추지 못하고 있다.

또한 공공과 민간 부문간의 관계에 있어서도 여전히 일방적이다. 예를 들어 관광진흥법 제78조(보고 · 검사)는 지방정부의 중앙정부 예속화, 민간부문의 공공부문에 대한 예속화 조항이 여전히 규정되어 있는 상황이다.

〈표 2-2〉 제1~5차 관광진흥 5개년 계획의 비전 · 목표 · 전략 · 과제(요약)

구분	비전	목표	전략	주요 추진 과제
1차 (1999~2003)	21세기 관광대국으로의 새로운 위상 확립	• 외래객 700만 명 달성 • 관광수입 120억 달러 달성 • 신규 고용 11.6만 명 달성 • 관광GDP 37.89조 원 달성	• 저비용-고효율 사업 집중육성 • 고용창출 및 외자유치 • 관광의 문화지식기반 구축 • 지속가능한 관광개발 실현 • 관계기관 및 민관협력 체계 강화	• 국제수준의 관광자원 확충 • 특색있는 관광상품 개발 • 국제경쟁력을 갖춘 관광 인프라 구축 • 체계적인 관광홍보 활동 전개 • 관광수용체계의 선진화 • 밀레니엄 관광이벤트 • 국민생활관광 실현 • 국제협력 및 남북관광 교류
2차 (2004~2008)	창의적이고 매력적인 관광한국	• 국민관광총량 6.5억 명 달성 • 국민관광횟수 12회 달성 • 외래객수 1천만 명 달성 • 관광수입 100억 달러 달성 • 관광고용창출 330만 명 달성 • 관광GDP 8.0% 달성	• 국민관광을 관광발전의 중심축화 • 지역이 관광환경과 여건의 토대화 • 관광산업이 관광진흥의 원동력화 • 관광매력 증진과 국제 관광 선도	• 생활 속에 스며드는 국민 관광 • 지역성장과 어우러진 관광 • 내실있는 관광산업 • 세계인이 매력을 느낀 관광 한국
3차 (2009~2013)	동북아 지역의 매력적인 관광부국	• 관광산업경쟁력 21위 달성 • 관광브랜드 29위 달성 • 관광객 1,100만 명 달성 • 관광수입 150억 달러 달성 • 국민관광참여일수 16일 달성 • 국내관광소비액 24조 원 달성 • 관광일자리 170만 개 달성	• 관광수요 확대로 산업 발전 기반마련 • 관광산업 경쟁력 강화 • 녹색성장으로 지속가능한 국가발전 기여 • 명품콘텐츠 창출로 관광매력 제고 • 관광한국 이미지 창출로 관광객 유치확대	• 신관광산업 육성과 관광수요 확대를 통한 발전체계 구축 • 민간중심 관광 발전 기반 구축 • 녹색성장 통한 지속가능한 발전기반 구축 • 명품콘텐츠의 관광 자원화 • 한국관광의 국제적 인지도 제고 • 관광선진국형 수용태세 구축
4차 (2014~2018)	관광으로 행복한 국민, 융성하는 대한민국	• 외래객수 2,200만 명 유치 • 관광수입 330억 달러 달성 • 국내관광참여일수 15일 달성 • 국내관광소비액 32조 원 달성 • 관광일자리 150만 개 창출	• 한국관광의 매력도 향상 • 한국관광시장의 규모 확대 • 관광산업의 경쟁력 강화 • 관광산업의 국가경제 기여도 제고 • 관광을 통한 국민행복 증진	• 관광산업 경쟁력 강화 • 외래객유치확대로 한국관광의 위상강화 • 한국관광의 매력도 제고 • 고부가 복융합형 전략 관광산업 육성 • 국민관광활성화 기반강화 • 관광정책 추진기반 정비
5차 (2018~2022)	모두를 위한 관광 선진사회로의 도약	• 국민 국내관광객: 4억 3천만 일(日) • 외래관광객: 2500만 명 • 관광종사자 수: 36만 명	• 쉼표가 있는 삶, 관광 복지 사회 실현의 시작 • 신성장 역량강화로 관광 산업 경쟁력 제고 • 함께하는 지역관광 만들기 • 외래관광객 유치의 다변화, 고도화	• 국민 관광 향유의 제도적 기반 마련 • 국민체감형 관광서비스 품질 개선 • 관광산업의 4차 산업 혁명 대응체계 구축 • 관광산업 경쟁력 강화를 위한 지원체계 구축 • 지역관광 매력 및 서비스 고도화 • 지역관광 협력 및 네트워크 강화 • 방한시장별 전략적 마케팅 강화 • 외래관광객의 지역방문 촉진

주: 제5차 계획은 관광진흥 기본계획으로 명칭을 변경하여 2017년 12월 18일 제1차 국가관광전략회의에서 심의 의결되었고 계획기간은 2018~2022년으로 변경됨.
자료: 문화체육관광부(각년도), 관광진흥 5개년 계획(연구)을 요약함.

넷째, 정부의 관광발전을 위한 각종 계획이 충분한 실행력을 확보하지 못하고 있다. 관광진흥법 제49조에 의거, 관광자원을 효율적으로 개발하고 관리하기 위하여 전국을 대상으로 10년 단위 관광개발기본계획을 수립하도록 하고 있으나 관광자원 및 인프라 확충에 그치고 있다.

그동안 대통령 선거를 전후에 수립되었던 관광진흥 5개년 계획은 2017년 관광기본법 개정을 계기로 2018년 관광진흥 기본계획으로 명칭이 변경되었지만 추진동력을 확보하지 못하고 발굴된 추진과제를 정권의 입장에서 취사선택할 수밖에 없었다. 더욱더 문제가 되는 것은 새 정부의 관광정책은 새롭게 다시 짜야한다는 그릇된 인식으로 인하여 종전 정부에서 추진된 우수한 사업들이 계속 추진되지 못하고 있다.

다섯째, 관광정책의 비전을 달성하기 위해서는 목표와 추진전략 및 추진과제 간 연계성을 높게 확보하는 것이 중요하나 정책비전은 새롭게 정하고 있음에도 추진과제는 여전히 뒤따라오지 못하고 있다. 일례로 관광진흥 5개년 계획이 지난 1999년부터 5차례에 걸쳐 수립 · 시행되고 있는데, 정책비전에 따라 정책목표도 새롭게 설정되어야 하나 큰 변화가 없었으며, 다만 추진전략과 선정된 정책과제의 연계성은 어느 정도 일치하고 있다.

관광계획의 목표 설정 시 측정지표가 일관되게 확보되어야 함에도 불구하고 관광브랜드 지수, 관광경쟁력 지수 등 일회성 목표를 설정하고 있다. 그뿐만 아니라 관광일자리 창출에 대한 정의가 확립되지 않음에 따라 제2차 계획에 비해 제4차 계획의 고용창출 목표가 오히려 감소하기도 하였다. 그러나 제5차 계획에서는 국민 국내관광객, 외래관광객수, 관광종사자수로 목표의 수가 축소되었다.

4. 중장기 관광정책의 추진방향과 과제

향후 정부의 관광정책에 기대할 수밖에 없는 과제들이 적지 않다. 우선 정부의 관광정책은 관광경제를 중시하면서도 관광을 통한 지역의 글로벌화와 국민 삶의 질 향상 등을 중시하는 복합적 정책기조를 요구받을 가능성이 있다. 저성장 시대의 한국경제를 이끌어 갈 관광산업의 위상을 강화하고 현재 5.8%에 그치고 있는 관광의 GDP 기여도를 OECD 국가의 평균수준인 9.9%까지 지속 확대하여야 한다. 또한 한중일 관광교류 협력을 지속적으로 확대하면서도 인 · 아웃바운드 간 균형을 유지하고, 아웃바운드 관광수요의 지속적 증가와 포화점 도달에 따른 관리방안을 강구해야 한다.

관광산업은 지속적으로 성장하고 있는 산업이지만 질병, 테러, 외교분쟁, 악천후 등의 외부적인 요인에 의해 큰 영향을 받고 있다는 점에서 정책 개발 시 이에 대한 만반의 대비책을 강구할 필요가 있다. 또한 관광벤처기업을 육성하고 있지만 4차 산업혁명 시대와 온-디맨드(on-demand) 경제시대에 부응한 가상현실(VR), 증강현실(AR), 혼합현실(MR), 경험현실(EV)의 관광산업 접목을 통하여 새로운 고객가치를 창출하고 고객맞춤형 여행서비스를 창출하는 데 초점을 두어야 한다.

이상에서 논의된 여건변화를 감안할 때, 우선적으로 향후 정부의 중장기 관광정책을 수립하는 데 있어서 고려해야 할 사항으로는 인바운드 의존에서 국내관광 중시 정책기조의 견지, 경제적 가치 의존에서 비경제적 정책가치의 포용, 관광위기의 사후관리에서 사전예방으로의 전환, 단기계획에서 탈피하여 장기계획 수립 및 법적 근거 확보 등을 적극 모색할 필요가 있다.

첫째, 관광정책 추진 시 국내관광의 확고한 기반 위에서 인바운드 관광이 추가적인 기여를 할 수 있도록 해야 한다. 2017년 중국정부의 금한령(禁韓令) 조치로 인하여 외래관광객을 타깃으로 한 관광거점과 관련 산업들이 막대한 피해를 보았듯이 내국인 중심의 국내관광 활성화 기반을 견실하게 조성하는 것이 필요하다. 중앙선데이의 티버즈(TIBUZZ) 분석결과, 국민의 새해 소망 중 여행의 순위가 2016년 4위에서 2017년 2위로 부상하고 있으나 여가시간 및 마음의 여유 부족이 가장 큰 제약요인이라는 점에서 국내관광 총량을 지속적으로 확대하기 위해여 휴가제도의 개선 노력을 더 경주하여야 한다.

둘째, 관광의 여러 가치 중 경제적 측면을 간과할 수 없으나 과중한 근로여건과 저성장 경제 여건상 관광정책의 추진 시 사회문화적 가치, 즉 국민의 삶의 질, 행복, 힐링, 웰니스, 가족단합 등을 증진시킬 수 있는 정책개발을 확대해 나가야 한다. 이와 관련하여 세월호 침몰사고, 경주 지진사태 등에 따른 관광안전의 중요성이 더욱 강조되고 있고 있으며, 조류인플엔자(AI), 신종 코로나19 확산(2019.12) 등 보건 · 위생의 문제로 민간소비가 둔화되고 관광이동에도 부정적인 영향을 주고 있다. 따라서 국민의 관광참여를 확대하는 것도 중요하지만 안전하고 편리한 여행기회를 제공함으로써 여행의 질을 개선하는 데 초점을 두어야 한다.

셋째, 향후 관광성장과 발전에 제약이 될 수 있는 위기발생이 빈번할 것으로 예상됨에 따라 위기발생 후 대처하는 '사후약방문형' 정책보다는 위기상황을 사전에 예견하면서 충실히 대비하는 '사전대비형' 정책으로 전환되어야 한다. 방한 중국인 규모가 방중 한국인 규모보다 늘어난 2013년부터 중국관광객 의존도를 낮추기 위한 다각적인 대책이 필요했음에도 이에 대해 충분한 준비를 하지 못하였다. 일본이 중국 관광객 의존도를 낮추기 위해 '차이나 플러스 원' 정책을 추진하고 있듯이 우리도 좀 더 일찍이 동남아나 무슬림 관광객의 유치활동을 강화했어야 했다.

넷째, 관광정책의 최종적인 목표는 지방의 글로벌화에 두어야 한다. 세계관광기구가 '글로벌 성장과 지방으로의 혜택(global growth, local impact)'을 강조하고 있듯이, 특정지역에 집중된 관광인프라를 전국 구석구석으로 확산하는 동시에 전국 각 지역이 내국인뿐만 아니라 외국인들도 적극 수용할 수 있는 기반을 갖추도록 해 주어야 한다. 이는 적어도 외국인 자유여행객(FIT)들이 국내 어느 곳이든 아무런 불편없이 여행할 수 있는 선진국형 관광향유여건을 의미한다.

다섯째, 향후의 관광정책은 정부출범에 따른 국정과제의 수용이 불가피하지만 단기적인 관점에서 추진되기보다는 적어도 10년 정도의 장기적인 관점에서 정책비전과 목표를 수립하고 이를 꾸준히 달성할 수 있도록 해야 한다. 이를 위해 2018년부터 시행되고 있는 '관광진흥 기본계획'의 원활한 추진을 위해 관련 부처 간 거버넌스 체계를 확보하는 것도 중요한 과제이다.

다음으로 향후 중장기 관광진흥계획을 수립하는 데 있어서 정책비전은 관광친화적 여건조성을 통하여 누구나 여행하기 좋은 나라, 일명 '관광친화형 대한민국(Tourism Friendly Korea)'을 만들어 가는 데 초점을 두어야 한다. 이를 위해 글로컬 관광트렌드를 선도하는 '10대 관광대국 구상(Korea Tourism Power Plan)'을 수립해야 한다.

그리고 관광계획의 기조는 글로벌 관광리더 부상, 관광을 통한 국부증진, 지역주도형 관광수용태세, 국민여행의 질 향상을 모색해야 한다. 이를 통해 외래객 3천만 명, 해외여행객 3천만 명대, 국내관광객 4억 회의 목표를 조기 달성하여 국제관광 10대 강국으로 부상하고 관광경제 기여도를 10% 수준까지 확대하며 지역관광의 글로벌화와 국민여행의 일상화를 도모해야 한다.

이를 추진하기 위해서는 향후 관광정책 추진체계 개편 및 민관 거버넌스 구축, 글로벌 관광경쟁력 강화사업, 글로벌 관광협력사업, 위기예방 및 안전관리 강화사업, 관광품질 및 여행서비스 디자인 사업, 4차 산업혁명 시대 관광기술 확충사업, 지속가능한 관광소비와 생산(SCP) 방식의 적극 도입, 사회적 약자 대상 맞춤형 국민 여행지원사업 등의 정책과제를 새롭게 추진할 필요가 있다.

마지막으로 중장기 정책과제의 선정 시 향후 정책수요가 확대될 것으로 예상되는 분야에 대한 면밀한 검토가 필요하다. 그동안 관광진흥계획에서는 관광산업, 국제관광, 관광자원, 융합관광, 국민관광, 정책추진기반 등 영역에 초점을 두었다면, 향후 계획에서는 신관광산업 육성, 관광객 친화환경 조성, 지속가능한 관광자원의 육성, 국제경쟁력을 갖춘 관광콘텐츠 집중 육성 및 상품화, 그리고 국제관광진흥을 위한 홍보 및 마케팅 강화 등에 역점을 둘 필요가 있다.

첫째, 신관광산업 육성은 4차 산업혁명 시대에 효과적으로 부응하고 관광산업이 융복합을 통하여 산업 간 경계를 허물 수 있도록 적극 지원하며, 관광산업의 생산성 제고를 통하여 산업경쟁력을 높일 수 있도록 다각적인 관광산업 육성정책을 추진하여야 한다.

둘째, 관광객 친화환경의 조성은 관광교통, 관광안내체계, 휴가제도 등 국민의 여행을 편리하게 할 수 있는 제도적인 개선방향을 강구하는 데 초점을 두어야 한다.

셋째, 지속가능한 관광자원의 육성은 기존 관광개발제도의 성과와 한계를 논의하고 기존 관광지 및 노후 관광지의 재생방안, 신규 미래형 관광지 개발방향을 모색하여야 한다.

넷째, 국제경쟁력을 갖춘 관광콘텐츠 집중 육성 및 상품화는 K-컬처 기반 고부가 관광상품화를 확대하는 동시에 지방관광 경쟁력 확보를 위하여 신규 유망 관광콘텐츠를 지속적으로 발굴하여야 한다.

끝으로 국제관광진흥을 위한 홍보 및 마케팅 강화는 한국관광의 브랜드 전략을 재점검하고 홍보활동 협력체계를 구축하며 지역별 특화형 관광마케팅 전략을 수립하여 지역관광의 글로벌화를 지원하여야 한다.

비전	글로컬 관광트렌드를 선도한 10대 관광대국 (일명 Korea Tourism Power Plan = Tourism Friendly Korea)			
기조 (전략)	글로벌 관광리더	관광을 통한 국부 증진	지역주도형 관광수용태세	국민 여행(삶)의 질적 향상
	국제관광 10대 강국화	관광경제규모 10% 근접화	지역관광의 글로벌화	여행의 일상화 (횟수, 만족도)
목표	외래객 3천만 명, 해외여행객 3천만 명대, 국내관광객 4억 참가횟수 도달			
	GDP기여도 : 8~10%		관광소비액 확대 : 총 150조 원	
	고용창출 : 200만 개 달성		국민관광소비액 : 100조 원	
	외래객 분산 : 서울 집중 60%대 유도		외래객 편중완화 : 중국시장 40% 미만	
	지역활성화 : 10개 글로컬 관광도시		국내여행 일상화 : 4계절 휴가분산	
주요 정책 과제	관광정책체계 개편 및 민관 거버넌스 구축	글로벌 관광경쟁력 강화사업	관광산업의 경계확장과 융합산업화	고부가 관광 콘텐츠 확충 사업(한류 등)
	지자체 · 주민 협업형 지역 경쟁력 강화	위기예방 및 안전관리 강화사업	지속가능한 관광 소비와 생산(SCP) 방식 도입	글로벌 관광 협력(ODA) 사업
	4차 산업혁명 대응 관광기술 확충사업	관광품질관리 및 여행서비스 디자인 사업	사회적 약자 대상 맞춤형 여행 지원사업	4계절 국내여행 캠페인 수립 및 시행

[그림 2-2] 미래형 중장기 관광진흥 정책의 추진체계(안)

5. 맺음말

이상에서 논의한 사항을 종합하면, 정부의 관광정책 역시 목표설정 및 달성을 위해 중장기적인 관점에서 일관성 있게 추진할 필요가 있다. 여전히 선진국에 비해 낮은 GDP 대비 관광산업의 기여도를 높이고 관광일자리 창출을 강도 높게 추진해야 한다. 향후 2020년대의 관광대국 달성을 위해서는 관광친화적 여건을 조성하고 누구나 여행하기 좋은 나라, 일명 '관광친화형 대한민국'을 만들어 가는 데 초점을 두어야 한다.

그리고 관광정책기조는 글로벌 관광리더로 우뚝 서고, 관광을 통한 국부 증진, 지역주도형 관광수용태세 정립, 국민여행의 질적 향상에 두어야 한다. 중장기 목표는 외래객 3천만 명, 해외여행객 3천만 명대, 국내관광객 4억 참가횟수 도달을 목표로 하고, 이를 통해 GDP기여도 향상, 고용창출, 외래객 지역분산, 지역관광 활성화를 강구해야 한다.

주요 정책과제는 관광정책체계 개편 및 민관 거버넌스 구축, 글로벌 관광경쟁력 강화사업, 지자체 · 주민 협업형 지역관광경쟁력의 강화, 4차 산업혁명 대응 관광기술 확충사업, 위기예방 및 안전관리 강화사업, 관광품질관리 및 여행서비스 디자인 사업, 관광산업의 경계확장 및 융합산업화, 지속가능한 관광소비와 생산방식의 도입, 사회적 약자 대상 맞춤형 여행지원 사업, 고부가가치 관광 콘텐츠 확충사업, 글로벌 관광 협력사업, 4계절 국내여행 캠페인 수립 및 시행 등을 추진할 필요가 있다.

PART

2

관광패러다임: 미래형 관광정책을 찾자

PART 2의 구성과 주요 내용

"관광정책전환: 미래형 관광정책을 찾자"라는 주제를 잡았다. 2010년대에 추진했던 주요 정책과제를 지속적으로 추진하되 2020년대의 관광대국 시대를 실현하기 위하여 정책적으로 전환해야 할 과제로 창조경제, 고부가가치 관광산업화, 지속가능한 관광발전 거버넌스, 법제개편을 선정하였다.

제3장

창조경제를 표방한 박근혜 정부로 들어와 관광산업에 있어서도 창조경제를 접목시키기 위한 정책세미나(2013년 4월 23일)가 개최되었을 때 발표한 '창조경제 시대의 관광산업'을 수정 · 보완하였다. 당시 창조적 융복합 관광으로 창조경제 일자리를 창출하자는 취지에서 세미나가 개최되었다.

제4장

2013년 9월 6일 문화체육관광부가 주최한 "문화예산 세출구조 개혁을 위한 전문가포럼: 관광분야"에서 발표한 '관광산업 세출구조 개혁방안: 관광진흥개발기금을 중심으로'를 수정 · 보완 · 요약한 글이다. 이 글을 작성하면서 관광정책 추진에 있어서 예산배정 및 운용의 중요성을 파악하는 계기가 되었다.

제5장

2014년 문화체육관광부가 각계 전문가로 구성한 "지속가능한 관광개발포럼"에 참여하면서 지속가능한 관광개발도 중요하지만, 이를 달성하기 위한 거버넌스를 구축할 필요성을 인식하여 작성하였다. 이 글은 2016년 한국문화관광연구원 계간지 한국관광정책 겨울호에 실린 원고를 수정 · 보완하였다.

제6장

2000년대 들어와 관광산업의 발전을 위해서는 법제 혁신이 선결되어야 한다는 각계 목소리가 커지면서 정책당국에서 이에 대한 검토를 실시하였으며, 한국문화관광연구원을 중심으로 연구가 진행되었다. 당시 연구자문에 참여하면서 제안한 글을 수정 · 보완하여 실었다.

제3장 창조경제 시대의 관광산업정책

1. 머리말

지식보다 창조가 중시되는 사회로 전환되고 있다. 21세기로 들어와 창조성(creativity)은 경쟁으로부터 우위를 확보하기 위한 가장 결정적인 자원으로 부상하고 있다. 리차드 플로리다(Richard Florida)는 "창조는 지식이 아니다. 종합하는 능력이다. 자료와 지각, 실체를 종합하여 유용한 것을 만들어 내는 것"이라고 하였다.

'창조성' 개념이 전 산업부문으로 확산 중에 있다. 당초 '창조산업'에 대한 논의에서 출발하였지만, 최근 창조사회, 창조경제, 창조도시, 창조경영, 창조국가 등의 모색이 더욱 가시화되고 있다. 관광산업에서도 한때 '창조관광'에 대한 논의가 활발히 진행되었으며, 2010년대로 들어와 관광의 창조산업화를 위하여 관광벤처사업을 활발히 추진하고 관광스타트업도 활성화되고 있다.

이제 창조경제를 통한 미래창조 선도국가를 지향해야 한다. 박근혜 정부는 창조경제를 경제부흥을 위한 국정핵심기조로 선정하고 전 산업부문을 창조경제의 틀에서 육성책을 강구하였다. 창조경제는 창의성을 경제의 핵심가치로 두고 과학기술과 ICT의 융합을 통해 산업과 산업이 융합하고, 산업과 문화가 융합해 새 부가가치를 창출하고, 새 일자리를 만들어 내는 역할을 담당하고 있다.

창조경제 시대를 맞이하여 관광산업의 환골탈태와 소임의식이 필요하다. 관광산업도 자체 역량의 획기적 혁신과 더불어 타 산업과의 왕성한 융합을 통하여 일자리를 창출하는 역할이 요구되고 있다. 관광산업처럼 유망 서비스산업의 육성을 통해 창조경제를 달성하는 것이 중요하다.

2. 창조경제의 성장동력과 관광산업

1) 창조경제의 개념과 패러다임

창조경제는 '창의성이 중시되는 요소가 되는 산업의 집합체', '잠재적으로 경제성장과 발전에 기여하는 창조적 자산', '창의성을 새로운 생산요소로 하여 새로운 시장과 더 많은 일자리 창출로 이어지는 경제시스템'(송영조, 2013) 등으로 정의되고 있다. 창조경제는 '창의성→성장·발전→시장·일자리 창출'을 함의하고 있다.

창조경제를 보는 관점이 변화하고 있다. 협의의 개념은 창조산업 육성을 통한 경제성장을 중시하는 시스템이지만, 광의의 개념은 경제 전반의 성장능력을 높일 수 있는 새로운 성장체제 또는 패러다임인 것이다(현대경제연구원, 2013).

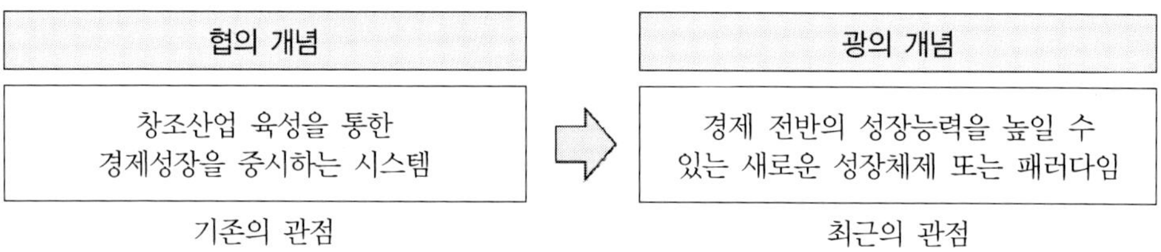

자료: 현대경제연구원(2013), 창조경제의 의미와 새 정부의 실현 전략.

[그림 3-1] 창조경제에 대한 관점의 변화

창조경제는 농업경제, 산업경제, 지식경제를 잇는 21세기형 뉴 패러다임으로 선진국을 중심으로 생산경제(manufacturing economy)에서 창조경제(creative economy) 패러다임으로 전환 중에 있다(한국과학기술기획평가원, 2013). 창조경제와 유사한 개념으로 파인과 길모어는 체험경제(experience economy), 옌센과 데이토는 꿈의 사회(Dream Society) 이론을 주창한 바 있다. 특히 경험경제는 소비자들이 단순히 상품이나 서비스를 제공받는 데 그치는 게 아니라 상품이나 서비스를 통해 가치있는 체험을 얻는 것에 초점을 두고 있다.

창조경제의 성패는 지식생태계, 생태계 혁신, 인적자본, 사회적 자본, 기업가정신과 창업환경을 어떻게 구축하는가에 달려 있다는 점(최계영, 2013)에서 관광산업도 창조경제의 면모를 갖추기 위해서는 다각적인 체질개선 노력이 필요하다. ICT 분야의 경우 창조경제의 핵심원동력으로 창조성(creativity), 콘텐츠(contents), 융합(convergence)의 3C를 제시하며, ICT의 역할은 지식정보의 창조적 활용과 개인의 창의성, 융합을 촉진하여 신성장동력 및 가치를 창출하는 것으로 인식되고 있다(한국정보화진흥원, 2013).

창조경제 패러다임이 확산되기 이전에는 창조산업의 범위가 문화산업(문화콘텐츠)을 중심으로 엄격히 제한되었으나, 최근 들어 창조성 높은 과학기술과 아이디어 · 상상력을 융합한 신산업이 새롭게 주목 받고 있다.

기존 관광산업은 '창조산업'의 주변산업으로 인식되었으나, 최근 들어 '포괄적인 창조산업', 나아가 '창조경제의 핵심산업'으로 재인식되고 있다(OECD, 2009; 문화체육관광부, 2011; 한국문화관광연구원, 2012; 포스코경영연구원, 2013).

2) 창조경제의 성장동력과 관광산업

(1) 창조경제의 성장동력

창조경제 시대의 성장동력은 무엇인가? 창조경제 시대에 성장동력이 되기 위해서는 혁신과 창조의 문화를 바탕으로 지식기반화 되고 기존에 없던 새로운 경제적 가치(일자리 등)를 창출할 수 있는 산업이 주목되고 있다(이효수, 2013).

정부에서는 창조경제 생태계 구축 차원에서 '유망 서비스산업 집중육성'이 포함되어 있다(제18대 대통령직인수위원회, 2013). 창조경제의 성장동력은 유사 또는 이종서비스 간 결합융합 등 서비스 전 분야에서 창조적 고부가가치 창출이 가능한 산업을 지칭하기도 한다(한국과학기술기획평가원, 2013). 정부는 녹색기후기금 유치를 계기로 인천 송도지구를 서비스산업을 집중 육성하기 위해 의료 · 관광 · 교육 · MICE · R&D 등 서비스 허브로 육성하겠다는 의지를 밝히고 있다.

한국과학기술기획평가원(2013)은 향후 5년간 창조기반 조성 및 성과 창출을 위해 단기적으로 일자리 창출 및 경쟁성장을 위한 융합중심 신산업 창출, 장기적으로 신산업을 뒷받침하고 미래 성장동력 창출을 위한 투트랙(two track) 전략의 추진을 제안하면서 관광을 유망서비스 분야로 분류하고 있다.

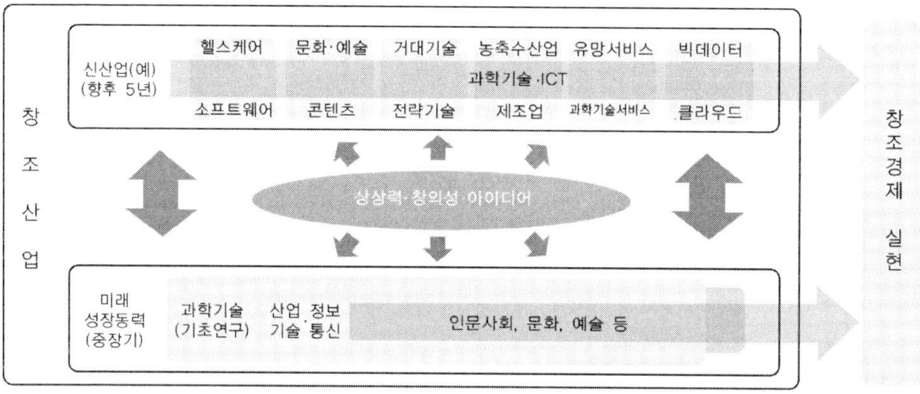

자료: 한국과학기술기획평가원(2013), 창조경제 개념과 주요국 정책분석.

[그림 3-2] 창조경제 시대의 유망 신산업

(2) 창조경제와 관광산업

창조경제 시대에 어울리는 창조산업(군)은 크게 네 가지로 구분되며 관광은 통신, 물류, 소프트웨어, 문화예술 등과 함께 '창조형 서비스 산업'으로 인식되고 있다(포스코경영연구원, 2013). 일본 정부는 세계적 경쟁력의 확보 여부에 따라 콘텐츠, 패션, 음식, 문화와 전통, 관광을 창조산업으로 선정하고 있다(한국과학기술평가기획원, 2013). 관광산업이 창조경제 시대에 제대로 역할을 하기 위해서는 기존 협의개념의 창조산업과 별개의 독자적인 '창조관광산업 생태계'를 구축하고 인접 산업과의 복융합을 적극 모색해야 한다.

창조형 서비스산업	융복합기술형 제조업	고부가가치산업	생활형 복지산업
관광, 통신, 물류, 소프트웨어, 문화예술 등	스마트 산업, 시스템산업	원전 및 해양플랜트 수출, 항공우주산업 등	사회복지, 의료건강 등

자료: 포스코경영연구원(2013), 창조경제, 융합으로 새 시장 연다.

[그림 3-3] 창조산업의 4가지 군(群)

지금과 같이 관광산업을 창조산업의 일종으로 보기 이전에 관광현상 속에서는 '창조관광'이라는 형태가 출현하였다. 창조관광은 기존 대중관광, 문화관광의 다음 단계로 나타나는 현상이며 존재의식에 의거한 '자기개발'에 초점을 두고 있으며, 유형적 관광자원의 구매에서 벗어나 이미지, 정체성, 라이프스타일 등 무형적 관광자원을 구매한다.

경험경제론적 관점에서 창조관광은 차별화되고 프리미엄을 추구하는 트랜스포메이션 경제를 지향하는 산업이다. 시대별로 볼 때, 창조관광은 전체 문화를 대상으로 경험과 트랜스포메이션을 소비하는 미래형 관광트렌드인 것이다(OECD, 2009).

창조관광을 보는 관점은 다양하며, 기존 도시 창조산업의 매력성 증가에 따라 관광도 동일하게 창조산업의 파생효과(spillover effects)를 얻으며 문화관광의 일종으로 진화하여야 한다는 입장이 있는가 하면, 관광산업 자체도 창조산업이며 창조경제의 핵심부문이라는 관점에서 관광 전반에 걸친 혁신적 변화가 필요하다는 보다 적극적인 입장도 제기되고 있다(Richards & Wilson, 2007). 특히 Richards와 Wilson은 관광산업도 이미 창조적 전환(creative turn)이 이루어지고 있다며 '창조산업'으로 규정하고 있다.

(3) 관광산업의 창조경제 역량

관광산업의 창조경제 역량은 어느 정도인가? 이는 창조경제역량 지수, 동아-베인 창조경제 지수, 국제관광경쟁력 지수, 취업 · 고용 유발계수 등을 통해서 파악할 수 있다.

첫째, 창조경제역량이란 창조성을 구성하는 각 요소들의 역량을 말하는데, 한국의 창조경제역량이 OECD 31개국 중 20위이며, 그중 문화자본은 29위로 최하위 수준이다(현대경제연구원, 2013). 문화자본은 투입(문화여가비 비중, 관광산업 정부지출), 성과(외래관광객수, 관광수지 비율, 문화콘텐츠산업 수지 비율), 인프라(세계문화유산, 자연자원 수, 관광산업 발전 지속성, 관광인프라)로 구성되어 있다.

〈표 3-1〉 한국과 OECD 31개국의 창조경제역량 지수 추정결과 비교(2011년)

구분	인적자본	혁신자본	ICT자본	문화자본	사회적자본	창조경제역량 지수
한국	6.5(22)	5.4(11)	8.6(1)	3.7(29)	6.7(21)	6.2(20)
OECD 31개국 평균	7.3	4.9	6.9	4.7	7.5	6.3

주: ( )는 OECD 31개국 가운데 순위를 의미하며, 이스라엘, 터키, 칠레는 자료 누락으로 제외.
자료: 현대경제연구원(2013), 창조경제의 의미와 새 정부의 실현 전략.

둘째, 동아-베인 창조경제 지수는 창조경제를 아이디어 창출, 사업화, 사업확장, 성공의 선순환으로 정의하고 OECD 35개국을 조사한 결과 한국은 2013년 25위에서 2015년에는 17위로 상승하였다(동아일보, 2015.12.16). 관광지표는 반영되어 있지 않다. 이 지수에서는 창조경제 생태계 전체를 염두에 두고 아이디어의 창출, 성공의 선순환 시스템 구축을 제안하고 있다.

셋째, 세계경제포럼(WEF)의 국제관광경쟁력 지수를 통해서 관광산업의 역량을 파악할 수 있으며, 2013년 25위를 기록하였으나 '국가경쟁력'에 비해 낮은 수준이다(참고로 2019년에는 16위로 급상승하였음).

넷째, 관광산업의 취업고용 유발계수도 관광산업의 역량을 파악하는 데 유용하다. 한국노동연구원(2016)은 통계청 특수분류에 의거하여 관광산업의 고용규모를 파악하였다. 우선, 산업특수분류에 의거한 관광산업의 사업체는 2016년 1,518천 개로 전 산업(3,812천 개) 대비 39.8%를 차지하고 있다. 전 산업 대비 비중은 2006년 43.0%에 비해 3.2%p가 감소하였다. 다음으로 관광산업 종사자는 2014년 5,021천 명으로 전 산업 대비 25.2%를 차지하고 있다. 2006년과 비교 시 관광산업 종사자 수는 751천 명이 증가하였으나, 종사자의 비율은 2.5%p가 감소하였다.

〈표 3-2〉 산업특수분류에 의한 관광산업의 사업체 및 종사자 추이

(단위: 개소, 명, %)

구분	관광산업 전체 사업체 수			관광산업 전체 종사자 수		
	관광산업	전 산업	비율	관광산업	전 산업	비율
2006	1,386,044	3,226,569	43.0	4,270,743	15,435,766	27.7
2010	1,398,978	3,355,470	41.7	4,559,577	17,647,028	25.8
2014	1,518,898	3,812,820	39.8	5,021,966	19,899,786	25.2
2006년 대비 2014년	132,854	586,251	-3.2	751,223	4,464,020	-2.5

자료: 한국노동연구원(2016), 관광산업의 고용변화와 인력수요 전망.

한편 한국노동연구원은 국제분류를 이용한 관광산업의 인력수요 전망을 하였다. 2005년부터 2014년까지 실측치를 보면 음식 및 음식 제공 서비스를 제외한 관광산업 종사자 수는 2005~2020년 연평균 3.0%, 2010~2014년 연평균 3.3%에 이르는 성장을 기록했다. 2005~2010년 종사자 수 증가분은 54천 명이었고, 2010~2014년은 56천 명으

로 나타났다. 그러나 2014~2020년 관광산업의 종사자는 48천 명 정도만 증가할 것으로 예상하고 연평균 증가율도 1.7%에 그칠 것으로 전망하였다.

〈표 3-3〉 국제분류를 이용한 관광산업 인력수요 변화와 전망

(단위: 천명, %)

종사자 수				종사자 증감			종사자 증감률(연평균)		
2005년	2010년	2014년	2020년	2005~2010년	2010~2014년	2014~2020년	2005~2010년	2010~2014년	2014~2020년
346	400	456	504	54	56	48	3.0	3.3	1.7

주: 음식 및 음료 서비스는 제외하고 방문객을 위한 숙박서비스, 교통서비스, 여행서비스, 문화서비스, 스포츠 및 오락서비스는 포함

자료: 한국노동연구원(2016), 관광산업의 고용변화와 인력수요 전망.

3. 창조경제 시대 관광산업의 역할

창조경제 시대에 관광산업의 역할은 국민행복(관광객만족도 제고)을 위한 체험연출 역량 제고, 관광산업의 안정적 고용구조 및 노동생산성 제고, 흑자형 창의적 관광경제의 달성, 공유가치창조(CSV)형 관광산업 전환, 관광 3.0시대 '창조산업'으로서의 역량 확보를 들 수 있다.

첫째는 국민행복(관광객만족도 제고)을 위한 체험연출 역량을 제고하여야 한다. 관광산업은 국민(관광객)에게 행복을 제공하는 산업이라는 점에서 관광행복기술(tourism happiness technology)을 적극 개발해야 한다. 체험경제시대의 4E(entertainment, education, escape, esthetic) 체험연출 역량의 극대화가 필요하다(Pine II & Gilmore, 1998).

둘째는 관광산업의 안정적 고용구조 및 노동생산성을 제고하여야 한다. 관광산업이 고용창출 능력이 우수한 것으로 인식되고 있으나 저임금, 고이직률, 비정규직, 등 열악한 근무환경으로 고용구조가 불안하며, 노동생산성이 타 산업에 비해 높지 못하고, 1인당 연간 부가가치(2.3만 달러)도 일본의 30% 수준이다(황수경, 2010). 관광업계 종사자의 자긍심 향상과 생산성 제고를 위한 노력도 필요하다.

셋째는 흑자형 창의적 관광경제(creative tournomics)를 달성하는 것이다. 관광산업은

창조경제시대의 '효자산업'이 되기 위해서는 향후 5년간 지속적인 노력을 통하여 관광 수지를 흑자로 전환되어야 한다. 문화콘텐츠산업, 의료산업의 경우 2012년을 계기로 흑자로 전환되었으나 관광산업은 여전히 적자상태(2013년 –31억 달러 → 2018년 –132억 달러)에 머물러 있다.

넷째는 공유가치창조(CSV)형 관광산업으로 전환하는 것이다. 접근성이 향상된 관광 정보, 타 분야와의 융합 등으로 관광의 범위와 형태가 다양해지고, 관광상품이 단순 소비의 대상이 아닌 개인과 사회적 가치를 생산하는 공유가치창출(creating shared value)형 관광산업으로 전환되어야 한다. 대표적인 사례는 제주올레, 남이섬 등을 들 수 있다.

다섯째는 관광 3.0시대에 부응한 '창조산업'으로서의 역량을 확보하는 것이다. 1세대(대중관광), 2세대(문화관광)에 이어 등장한 3세대, 즉 '관광 3.0시대'는 창조적 소비자(cresumer)에 대해 창조관광기업이 적극 대응하여 다양한 산업과의 융합을 통하여 고객 감동을 연출할 수 있는 고품질 관광상품을 창조하고, 공정거래 및 신뢰를 기반으로 한 수요재창출형 관광산업 생태계를 의미한다. 따라서 관광산업은 창의성을 바탕으로 무형적, 차별적, 미유윤창(美遊潤創) · 낙미애진(樂美愛眞)형 경험을 제공하는 데 주력해야 한다.

관광단계	관광1.0시대(~1970)	관광2.0시대(1980~90)	관광3.0시대(2000~)
트렌드	대중(유적)관광시대	문화관광시대	창조관광시대
관객관여도	저(생산자 주도)	중간 정도	고(소비자 주도)
상품구매	유형적 자원	유 · 무형적 자원	무형적 자원(가치, 경험)
생산기반	자연 및 역사자원	정보기술(IT)	창의성, 아이디어
상품특성	중후장대(重厚長大)	경박단소(輕薄短小)	美遊潤創, 樂美愛眞
수요창출	수요대응형	수요창출형	지속가능 재창출

주: 종합 재정리

[그림 3-4] 관광발전 단계별 특성변화

4. 창조경제 시대 관광산업 발전방안

1) 창조관광 산업화를 위한 지식생태계 구축

창조관광사업의 저변확대를 위하여 6대(MICE, 의료, 한류, 크루즈, 체험, 레저스포츠) 고부가가치 산업별 '창조관광사업 아카데미'를 실시하여 하며, 전국 대학 관광관련 연구소를 대상으로 지역별 '관광기술공동연구센터'(지역관광산업진흥원 형태)의 운영을 유도해야 한다.

관광부문도 연구개발(R&D)에서 상상개발(I&D)로 전환되어야 한다(전자신문, 2012). '관광서비스R&D센터'의 사업 결과로 누적된 특허, 보고서, 논문 등을 창조적 아이디어의 원천으로 공개하고 '관광지식자산시스템' 구축 후 플랫폼으로 활용되어야 한다.

2) 창조관광 산업화를 위한 산업생태계 혁신

관광정책을 '자원개발형'에서 '산업육성형'으로 전환하여야 한다. 6대 고부가가치 관광·레저산업을 체계적 추진하고 예산도 대폭 확대하여야 한다. 관광벤처 지원 대상자 선정 시 6대 산업에 우선적으로 배정하여 미래형 신관광비즈니스 모델을 확대하고, 관광산업을 엄브렐라 산업(umbrella industry)으로 육성해야 한다.

문화(C)산업과 관광(T)·레저(L) 산업의 지속적인 융합을 통하여 한류관광의 활성화 차원에서 문화창조 공간들에 대한 관광체험 연계사업(CTL 융합)을 확대하여야 한다(류정아 외, 2012). 예를 들어 도자기를 단순히 감상만 하는 것이 아니라 도예체험 기회까지 제공하여야 한다.

3) 창조관광 산업화를 위한 인적자원 양성

'고용없는 성장'의 시대에 관광산업이 신규 일자리를 창출하는 데 역점을 두어야 한다. 관광분야 미래 유망직업으로 국제관광가이드, 녹색생태가이드, 의료관광코디네이터, 스포츠마케팅 전문가, 국제관광마케터 등이 선정되기도 하였다(한국노동연구원, 2010).

또한 문화·관광·체육 분야 간 융합을 위한 '통합자격제도'를 시행하여야 한다. 코디네이터, 머천다이저(MD), 스토리텔러, 브랜드매니저, 엔지니어, 컨시어지 등이 그것이다(한국문화관광연구원, 2012). 지역관광과 관련하여 지역창조관광탈렌트(creative tourism talent)도

육성해야 한다. 지역관광활성화를 위한 대학(원)생 대상 '창조관광 브레인웨어(creative tourism brainware) 육성프로그램'을 실시하고 이들을 지역관광기관 등에 인턴십 참여 기회를 주어야 한다.

4) 창조관광 산업화를 위한 사회적 자본 구축

창조관광 산업화를 통하여 외래관광객 수용태세를 개선해야 한다. 외래객의 불만 제로를 위한 정보제공, 신뢰 및 안전 확보, 저가여행 근절을 위한 외래객 이용시설에 대한 '관광수용태세 모니터링추진단'을 지속적으로 운영해야 하며(김향자, 2012), 순회관광안내원(관광경찰 조기 도입), '관광서비스품질인증제' 시행도 추진되어야 한다(장병권, 2010).

또한 지역관광수용태세의 개선과 관련하여 지역관광자본의 형성과 협력기반 확충을 위해 지역관광협의회, 사회적기업 등 민간부문을 중심으로 한 '지역관광서비스 선진화 사업'을 전개하여야 한다. 지역관광서비스 혁신을 위한 모니터링 및 대안제시를 위한 '지역관광지킴이(local tourism watch)' 사업도 병행될 필요가 있다.

5) 창조관광 산업화를 위한 기업가/창업 확산

기업가들이 창조적 아이디어로 관광산업을 지속적으로 환골탈태시킬 수 있는 관광산업 혁신마인드를 확산시켜야 한다. 예를 들어 관광벤처나 스타트업을 대상으로 창조관광산업전문협회의 결성을 유도해야 한다.

또한 기업가의 지역관광 발전에 대한 공헌과 사회적 책임 의식을 함양시켜야 하며, 관광업계의 생산성 제고를 위한 자영업부문의 기업화, 경쟁촉진, 기업공동마케팅, 전략적 제휴 등 기업문화를 개선토록 해야 한다(한국노동연구원, 2010).

현행 관광벤처사업의 지속적 추진과 평가·모니터링을 통해 플랫폼 역할을 담당할 수 있는 관광기업지원센터를 전국적으로 활성화해야 한다. 참신한 아이디어와 역량을 보유한 스타트업(startup) 관광업체에 대한 재정지원도 확대되어야 한다.

5. 맺음말

이 글은 창조경제 시대에 적극 부응할 수 있는 관광산업의 역할을 찾아내는 데 초점을 두었다. 핵심 추진과제는 지식생태계 구축, 산업생태계 개선, 인적자원 개발, 사회적 자본 확충, 기업가/창업 확산에 두었다. 그리고 이를 추진할 사업주체는 문화체육관광부를 중심으로 관광관련 기관 및 민간협회, 대학, 관광기업인, 지역주민의 협력 네트워크 구축이 필요하다. 논의 결과를 종합하면 다음과 같다.

창조경제 시대 관광산업의 발전방향은 다음과 같다. 첫째, 창조경제 시대 관광산업의 본색을 찾아내자. 관광산업이 창조경제의 '주변산업', '연계산업'에 머물지 말고 '창조산업(창조관광 산업화)'으로 혁신적 진화를 모색해야 한다. 둘째, 창조경제 시대 관광산업의 소임을 달성하자. 창조경제의 발전단계에서 관광산업에 부여된 국민행복, 일자리 및 생산성, 관광흑자, 공유가치창조 등 역할을 담당할 수 있도록 '관광3.0' 시대에 부합하는 관광산업체질의 획기적 개선이 필요하다. 셋째, 창조경제 시대 '창조관광생태계'를 구축하자. 창조관광 산업화를 위한 지식생태계, 산업생태계, 인적자원, 사회자본, 기업가 및 창업환경을 체계적으로 조성하여 세계관광의 '추격자'가 아닌 '선도자'로 부상하여야 한다.

제4장 고부가가치 관광산업의 육성정책

1. 머리말

일반적으로 '고부가가치'라는 용어는 판매가격에서 물건을 제조하거나 서비스를 제공할 때 들어가는 비용을 제한 부분을 의미하며, 부가가치가 높다는 것은 판매가격대비 생산비용이 낮다는 것을 의미한다.

관광산업도 고부가가치 산업으로 널리 인식되고 있는데, 그것은 인적 서비스에 대한 의존도가 높아 대규모 일자리 창출이 가능한데다 지역 주민들과 연계한 프로그램 개발로 지역 경제를 활성화시킬 수 있는 등 경제적 효과가 높기 때문이다.

그동안 '관광산업 자체'를 고부가가치 산업으로 인식해 왔으나 앞으로는 '관광산업에 있어서의 신유망비즈니스'라는 좀 더 구체적인 접근이 필요한데, 이는 기존의 접근방식으로는 관광산업의 새로운 성장동력을 지속적으로 모색하는 데 제약을 주기 때문이다.

따라서 관광산업의 새로운 고부가가치 산업 모형은 "창의성과 융복합을 바탕으로 투입된 비용에 비해 더 많은 새로운 부가가치(소득개념)를 창출하고 취업·고용을 유발할 수 있는 신성장동력"으로 정의될 필요가 있다.

이 경우 기존의 전통적 관광사업에 국한된 것이 아니라 이를 바탕으로 새로운 비즈니스 모형으로 등장한 MICE, 의료관광, 한류관광, 크루즈, 역사·문화체험, 레저·스포츠 등을 지칭하는 것으로 이해될 필요가 있다.

창조경제 시대로 전환되면서 관광산업도 기존 산업의 틀(즉 법적 경계)에서 과감히 벗어나 창조형으로 전환될 필요가 있고, 기존의 관광업종에는 해당되지 않지만 관광산업과의 융복합을 통하여 새로운 시장과 일자리를 창출하는 분야에 대해서는 관광산업이 주도적인 역할을 할 필요가 있다.

예를 들어 그동안 의료산업과 관광산업이 별개의 산업으로 분리되어 왔으나 '의료관광'이라는 융복합을 통하여 수많은 일자리를 창출하고 있다. 따라서 고부가가치 산업으로서의 관광산업을 보는 관점과 인식의 획기적인 전환이 필요하다.

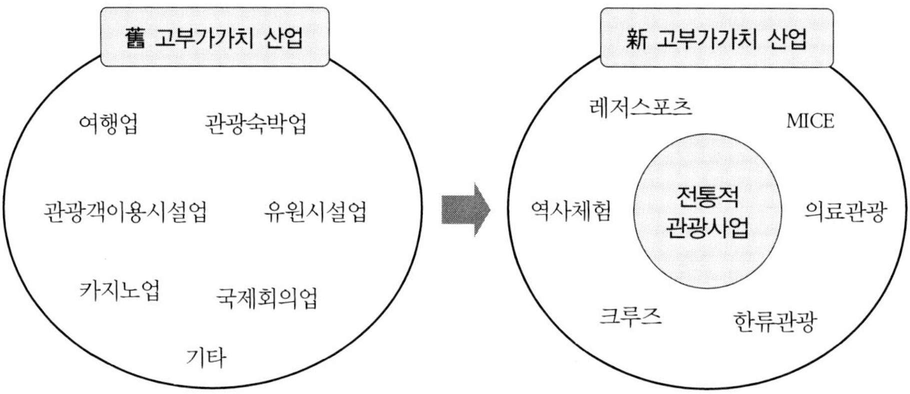

기존 고부가가치 산업 모형
(=전통적 관광사업 전체)

새로운 고부가가치 산업 모형
(=관광산업 기반 신성장동력)

자료: 장병권(2013. 9. 6), 관광산업 세출구조 개혁방안: 관광진흥개발기금을 중심으로, 문화체육관광부 주최 문화예산 세출구조 개혁을 위한 전문가포럼: 관광분야 발표자료집.

[그림 4-1] 관광산업을 고부가가치 산업으로 보는 관점의 변화

2. 고부가가치 관광산업의 변천과정

정부의 관광정책에 있어서 고부가가치 관광산업에 대한 논의는 이명박 정부를 중심으로 활발히 전개되었다. 노무현 정부에서도 관광산업을 고부가가치 미래산업으로 인식하고 관광산업 경쟁력 강화를 위한 제도 개선을 추진하였지만, 한국 관광산업을 선도해 나갈 '관광명품'을 적극적으로 육성하는 수준에 그쳤으며, 이명박 정부에서는 한때 '고수익 관광산업'과 '고부가가치 관광산업'이란 용어가 혼용되었으나 점차 고부가가치 관광산업이라는 용어로 정리되었다.

2008년 3월 문화체육관광부의 '관광산업 선진화 전략'은 '관광산업의 고수익 구조화'

를 위하여 MICE, 의료관광, 신명 · 열정 · 풍류 등 한국 정신문화 관광자원화, 한국적 특성이 강한 관광상품 명품화, 테마파크, 크루즈 · 요트 등 해양레저 스포츠와 같은 고부가가치 신규분야 발굴 지원을 주요 추진과제로 선정하고 있다.

관계부처 합동으로 2009년 미래 신성장동력으로 17개 부문에 'MICE · 융합관광'을 포함하였고, 2009년 11월에 개최된 제3차 관광경쟁력 강화회의에서는 관광을 명실상부한 신성장 동력산업으로 정착될 수 있도록 고부가가치 관광산업 육성 계획을 수립하였다.

이 당시까지만 해도 고부가가치 관광산업은 MICE, 의료관광, 쇼핑관광에 한정되어 있었고, 2010년도의 경우 2010~2012 한국방문의 해를 계기로 국격 제고와 관광 목적지로서의 매력도 향상을 위한 지역 맞춤형 마케팅을 전개하면서 MICE, 의료관광, 공연관광 등 고부가가치 관광산업을 육성하는 데 초점을 두어 고부가가치 관광산업으로 MICE, 의료관광, 공연관광이 포함되었다.

2012년 9월 범정부 차원에서 '신성장동력 성과평가 보고대회'를 개최하여 관광부문의 추진과제로 비자제도 개선, 융합관광 활성화, 관광숙박시설 확충, MICE산업 복합단지 조성, 의료관광 및 공연관광 활성화 등을 추진하였다.

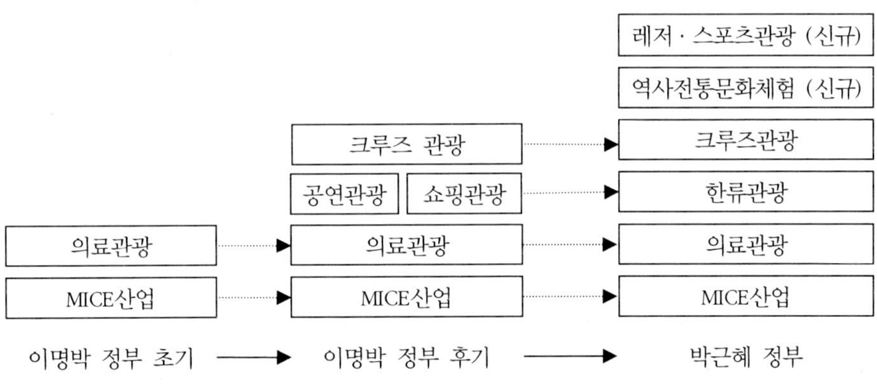

자료: 장병권(2013. 9. 6), 관광산업 세출구조 개혁방안: 관광진흥개발기금을 중심으로, 문화체육관광부 주최 문화예산 세출구조 개혁을 위한 전문가포럼: 관광분야 발표자료집.

[그림 4-2] 고부가가치 관광산업의 선정과정

박근혜 정부의 등장과 함께 제18대 대통령직 인수위원회(2013)는 국정과제의 하나로 '관광산업 경쟁력 강화'를 선정하고 이 가운데 6대 고부가가치 관광 · 레저산업을 정책의 최우선 과제로 삼았는데 그동안 고부가가치 관광산업으로 육성되어 온 MICE, 의료, 한류, 크루즈에 역사 · 전통문화 체험, 레저 · 스포츠를 추가한 것이다.

이를 반영하여 향후 5년까지 감안된 문화체육관광부의 2013년도 업무계획에서는 고부가가치 · 고품격의 융 · 복합 관광산업을 집중 육성하기 위해 6대 관광 · 레저산업에 대한 연차별 계획을 수립하였다.

그러나 고부가가치 관광산업으로 선정된 6대 요소들의 추진과제 역시 아직 체계화되지 못한 측면이 있다. MICE, 의료관광 등 일부 요소는 이미 산업조직화(기업화) 단계로 들어가 있는 반면, 크루즈와 한류관광은 상품화(마케팅) 수준에 머물고 있으며, 역사 · 전통문화 체험, 레저 · 스포츠는 여전히 콘텐츠 발굴 · 구축 수준에 그치고 있기 때문이다.

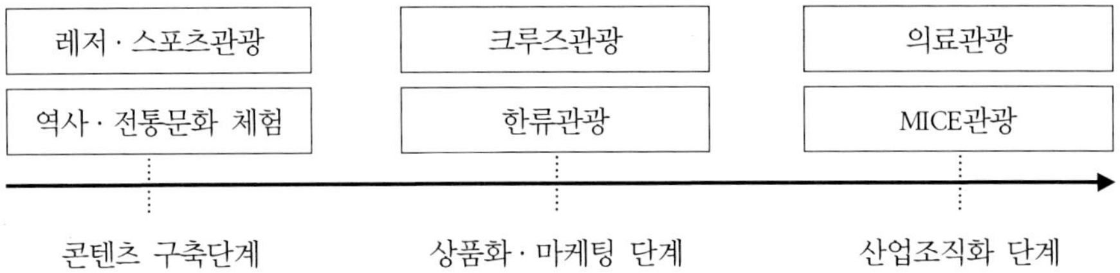

자료: 장병권(2013. 9. 6), 관광산업 세출구조 개혁방안: 관광진흥개발기금을 중심으로, 문화체육관광부 주최 문화예산 세출구조 개혁을 위한 전문가포럼: 관광분야 발표자료집.

[그림 4-3] 6대 고부가가치 관광 · 레저산업의 발전단계

6대 요소들이 고부가가치 산업으로 체계적으로 육성되기 위해서는 지식생태계, 산업생태계, 인적자원, 사회적 자본, 기업가정신 및 창업환경 등이 시의적절하게 지원되어야 함에도 이에 대한 추가적인 정책구상이 부족하고 사회적 자본형성 차원에서 관광지식화를 추진하는 데 그치고 있다. 따라서 6대 고부가가치 관광 · 레저산업의 육성을 위한 '융복합형 관광산업 생태계 모형'을 다음과 같이 구축하고 관련 대책을 강구할 필요가 있다.

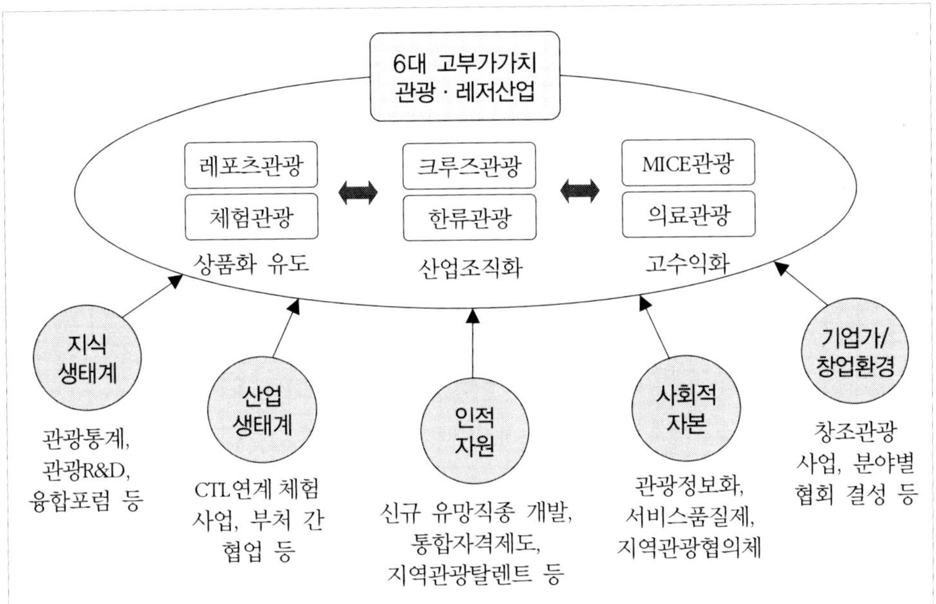

자료: 장병권(2013. 9. 6), 관광산업 세출구조 개혁방안: 관광진흥개발기금을 중심으로, 문화체육관광부 주최 문화예산 세출구조 개혁을 위한 전문가포럼: 관광분야 발표자료집.

[그림 4-4] 융복합형 고부가가치 관광산업 생태계 육성 모형

3. 고부가가치 관광산업 육성의 문제점

1) 6대 산업 추진사업의 감소 및 신규 사업 발굴 미흡

지난 2008~2012년간 6대 고부가가치 관광산업 육성을 위한 직접투자 사업은 총 41건이며, 이 가운데 2009년에 27건이 추진되어 가장 많았으며 대체로 연간 24~27건을 추진하였던 것으로 나타났다. 이 가운데 신규 사업으로 도입된 사업은 2009년 4건, 2010년 5건, 2012년 5건 등 총 14건으로 5년간 추진된 사업수 41개중 34.1%를 차지하고 있다.

6대 고부가가치 관광산업 육성관련 간접투자 사업은 5년간 총 23건이 추진되었으며, 사업수는 지속적으로 감소되고 있다. 신규 사업은 3건으로 전체 23건 중 13.0%를 차지하고 있으며, 이에 따라 직 · 간접 사업 전체를 기준으로 할 경우 5년간 총사업수

는 64건이며 이 가운데 17건이 신규 사업이며 26.6%를 차지하고 있다.

2) 고부가가치 산업 육성 추진체계의 적정성 미흡

박근혜 정부로 들어와 6대 고부가가치 관광산업의 육성이 매우 중요한 과제로 부상하고 있음에도 이들 업무가 단일 조직을 통하여 체계적으로 추진되지 못하고 문화체육관광부, 한국관광공사, 한국문화관광연구원, 민간부문 등으로 분산되어 있어 재정 전달체계가 효율적이지 못한 상황이다.

문화콘텐츠 분야의 경우 한국콘텐츠진흥원을 통하여 비즈니스 지원, 전략콘텐츠 육성, 차세대 콘텐츠 발굴, 문화기술 개발 등의 업무를 추진하고 있으나 관광산업의 경우 6대 고부가가치 산업 육성을 위한 비즈니스, 연구개발(R&D), 창조관광사업, 융복합 관광기술개발 등이 여러 기관에 분산되어 사업성과를 고양시키지 못하고 있다.

6대 고부가가치 관광산업 육성사업이 단편적이고 개별적인 성격을 지니고 있으며 지식생태계, 산업생태계, 인적자원, 사회적 자본, 창업환경 등의 지원사업도 시의적절하게 추진되지 못함으로써 사업성과를 제고하지 못하고 있다.

3) 전체 관광예산 대비 낮은 투자비율

박근혜 정부 시기 '관광산업 경쟁력 강화' 정책의 핵심 사업으로 추진된 6대 고부가가치 관광산업의 지난 5년간 전체 관광예산대비 투자 비중을 보면, 직접적 투자(b)의 경우 5년간 총 6,711억 원이 투입되어 전체 예산 대비 13.5%에 그쳤으며 그나마 연도별로 불규칙하게 투입되었고 간접적 투자(c)도 5년간 총 1,700억 원이 투입되어 전체 예산대비 3.4%에 그쳤다.

이에 따라 6대 고부가가치 산업에 대한 직 · 간접 투자는 총예산(a) 대비 16.9%에 그쳤으며, 한류관광 및 역사문화체험형 관광사업과 관련된 재정지원의 경우 유사한 과제가 다수이며, 소액다건형 재정지원사업이 과다하다.

〈표 4-1〉 관광예산 대비 6대 고부가가치산업 투자 비중

(단위: 백만 원, %)

구분		2008	2009	2010	2011	2012	계
전체 관광예산(a)		865,662	998,352	998,916	1,026,818	1,089,611	4,979,359
6대 고부가가치산업 투자	직접투자 (b)	138,496 (16.0)	116,163 (11.6)	121,266 (12.1)	121,266 (11.8)	158,195 (14.5)	671,103 (13.5)
	간접투자 (c)	32,778 (3.8)	45,938 (4.6)	37,746 (3.8)	26,161 (2.5)	27,373 (2.5)	169,996 (3.4)
(b+c)/a		19.8	16.2	15.9	14.3	17.0	16.9

자료: 장병권(2013. 9. 6), 관광산업 세출구조 개혁방안: 관광진흥개발기금을 중심으로, 문화체육관광부 주최 문화예산 세출구조 개혁을 위한 전문가포럼: 관광분야 발표자료집.

4) 6대 고부가가치 관광산업 육성의 주도력 부족

6대 고부가가치 관광산업의 육성이 관광산업과 인접산업 간의 융복합을 전제로 한다는 점에서 타 산업 및 타 정부부처와의 긴밀한 협조체제를 구축할 필요가 있으나 의료관광, 마이스관광, 크루즈관광 등은 보건복지부, 산업통상자원부, 국토교통부가 주도적으로 사업을 추진하는 과정에서 문화체육관광부가 추진 중인 재정지원 사업이 '핵심사업'이기보다는 '보조사업'의 성격을 지니고 있다.

크루즈의 경우 지난 5년간 크루즈산업의 육성과 관련된 단독 재정지원사업이 전무하고 타 사업의 추진과정에서 일부 지원하는 형태로 추진되어 왔으며, 2013년도에 와서야 '국제 및 연안 크루즈 관광상품 개발'사업이 신규로 추진되고 있는 상황이다.

5) 6대 고부가가치 관광산업 육성의 기금의존성 과다

6대 고부가가치 산업의 육성을 위한 재원에 있어서 직접투자의 경우 관광진흥개발기금의 의존도가 99.25%를 차지하고, 간접투자의 경우에도 98.37%에 달하고 있는 실정이다.

당초 관광진흥개발기금의 용도 중 관광산업 육성지원이 명시되어 있으나 시설개보수 및 운영자금 지원에 초점이 맞춰져 있으며, 최근 관광기금사업이 과다 편성됨에 따라 6대 고부가가치 관광산업 육성을 위한 안정적인 재원확보에 제약요소로 작용할 가능성이 있다.

기존 6대 고부가가치 관광산업의 경우 전국적인 성격을 띤 사업이 다수 추진되고 있으나 이를 광역계정으로 추진되지 못하고 있는 것도 문제점으로 부각되고 있다.

4. 고부가가치 관광산업 육성방안

1) 6대 산업별 신규 사업 발굴

향후 6대 고부가가치 관광산업을 지속적으로 육성하기 위해서는 기존의 '축소지향적' 재정지원(2008년 45건→2013년 38건)에서 '확대지향적'(사업수 및 금액 기준) 재정지원 방식으로 전환될 필요가 있다.

2013년의 경우에도 3개 사업이 신규로 추진되기는 하였으나 산업육성을 위해서는 턱없이 부족하며, 2013년도 문화체육관광부의 업무계획 보고 시 6대 산업에 대한 재정지원사업도 MICE관광 2건, 의료관광 1건, 크루즈관광 2건, 한류관광 3건, 역사 · 전통문화 체험관광 3건, 레저 · 스포츠관광 2건 등 13건을 발굴하였으나 계속사업을 제외한 순수 신규 사업은 6건에 불과한 상황이다.

나아가 소액다건형 사업을 과감히 정비하며 유사 중복사업을 통합하여 '6대 고부가가치 관광산업 재정지원사업 틀(framework)'을 체계화할 필요가 있다.

2) (가칭)한국관광산업진흥원 설립 · 운영

관광정책의 과제발굴 및 재정지원이 점차 '자원개발'에서 '산업육성'으로 전환되고 있는 추세이나 기존의 관광산업생태계로는 6대 고부가가치 관광산업을 체계적으로 육성하는 데 애로사항이 있다.

문화체육관광부, 한국관광공사, 한국문화관광연구원, 그리고 민간부문으로 일부 분산된 6대 고부가가치 관광산업의 재정지원사업을 '(가칭)한국관광산업진흥원'으로 단일화하여 체계적인 육성책을 수립 · 시행할 필요가 있다.

한국관광산업진흥원이 설립될 경우 6대 산업별 육성계획 수립은 물론 관광지식정보시스템 구축, 융복합 관광기술개발, 관광인적자원 양성, 관광정보화, 창업여건 조성 등 한국관광의 지속적인 발전과 도약을 위한 '민 · 관 중계형 예산전달체계'를 조성하는 데 기여할 수 있다. 한국관광산업진흥원의 설립이 여의치 않을 경우 한국관광공사의 관련부서가 사업을 추진할 수 있다.

3) 전체 관광예산대비 투자비율 30% 확대

6대 고부가가치 관광산업을 육성하기 위해서는 조직구조의 혁신은 물론 재정지원도 대폭적으로 확대할 필요가 있다. 지난 2008~2012년간 6대 고부가가치 관광산업의 전체 관광예산대비 투자 비중을 보면, 직접적 투자는 전체 관광재정 대비 평균 13.5%에 그쳤으며 간접적 투자를 포함할 경우에도 16.9%에 그쳤다. 향후 6대 고부가가치산업 육성을 위하여 신규 사업의 발굴 및 기존사업의 지원확대를 추진할 필요가 있다. 직·간접 투자의 비율을 2012년은 17%에서 2020년대에는 30%까지 확대해야 한다.

4) 문화체육관광부의 융복합 관광정책 역량 제고

창조경제 시대의 도래에 따라 관광산업이 이종산업과의 왕성한 융복합을 통하여 새로운 비즈니스모델을 지속적으로 창출할 필요가 있다. 6대 고부가가치 관광산업의 경우에도 의료관광, 마이스관광, 크루즈관광, 음식관광, 역사문화체험관광 등은 보건복지부, 산업통산자원부, 국토교통부, 농림축산식품부, 환경부 등과 긴밀한 협력시스템을 강구할 필요가 있다는 점에서 '6대 고부가가치 산업별 융복합 협의체'를 구성하여 문화체육관광부의 역할분담 방안을 강구함과 동시에 선제적인 사업발굴을 통하여 정책주도 역량을 획기적으로 개선해야 한다.

5) 고부가가치 관광산업을 위한 광역계정 편성

6대 고부가가치 산업의 육성을 위해서는 중장기적으로 재원고갈이 예상됨에 따라 신규 재원확보가 절대적으로 필요한 관광진흥개발기금에의 의존도를 획기적으로 줄일 수 있는 방안을 모색해야 한다. 6대 고부가가치 관광산업을 위한 지원사업 중 국제적 차원에서 추진되거나 특정 지역에 국한하여 추진되고 있는 MICE관광, 한류관광, 크루즈관광, 의료관광 등의 사업은 기존의 관광진흥개발기금의 계속적 투자가 필요하지만, 전국적인 범위에서 추진되고 있는 역사문화체험관광, 레저스포츠 관광 등의 사업은 광역계정으로 편성하여 지원될 필요가 있다.

5. 맺음말

우리 경제에서 제조업이 차지하는 고용의 비중이 2013년 19.8%에서 2017년 19%로 낮아지고 있고, 취업자의 증가율도 2018년 하반기 -9.5%에서 2019년 상반기는 -16.5%로 현저한 감소추세를 보이고 있는 상황에서 관광산업을 새로운 성장동력으로 삼고 돌파구를 찾아야 한다.

UN세계관광기구가 추산하는 전 세계 관광산업의 규모는 세계 GDP 및 고용 대비 10%를 차지하고 있고, 국제관광객 수도 2019년 15억 명에서 2030년까지 연평균 2.9%의 성장률을 바탕으로 18억 명에 달할 것으로 예측되고 있다. 이 때문에 선·개도국 누구 할 것 없이 관광산업을 육성하는 데 몰두하고 있다.

각국이 관광산업을 육성하기 위해 박차를 가하고 있지만 우리는 프랑스나 일본처럼 범정부적인 관광드라이브 정책을 대대적으로 추진하지 못하고 있다. 정부부처마다 관광산업을 보는 태도가 다르기 때문이다. 그렇다고 관광산업을 맹목적으로 육성하자는 것은 아니다. 관광산업의 문제점을 제대로 분석하고 그에 맞는 솔루션을 찾아야 한다.

최근 방한 외래객수는 2016년 1,724만 명에서 2018년 1,535만 명으로 감소한 상황이며, 반대로 해외여행객은 폭발적으로 증가하여 2018년에는 2,870만 명을 기록하였다. 이에 따라 관광수지 적자규모도 2014년 -14억 달러였던 것이 2018년에는 -132억 달러로 심화되고 있다. 국내관광의 이동총량은 2015년 4.1억 명에서 2017년 4.8억 명으로 증가했지만 최근 3년 동안 평균 5.1% 수준에 그치고 있다.

또한 GDP대비 관광산업의 비중은 2014년 5.0%에서 2018년 4.7%로 계속 감소하고 있으며, 관광산업의 고용기여도 역시 2015년 5.6%에서 2018년 5.2%로 낮아지고 있다. 관광산업의 취업유발계수는 18.9명으로 제조업(8.8명)의 두 배 수준이나 낮은 임금, 미스매치, 높은 이직 등으로 인하여 일자리 창출이 정체되어 있다. 관광사업체 중 매출액 10억 미만의 영세사업자가 전체 사업체의 86.1%를 차지하고 있으며, 업체당 평균 종사자 수도 2013년 12.3명에서 2017년 8.5명으로 감소하고 있다.

이러한 상황을 타개하기 위해서는 관광산업에 대한 범정부 차원의 지원책이 필요하다. 정부도 2019년 4월 문재인 대통령의 주재로 국가관광전략회의를 개최하여 '대한민국 관광 혁신전략'을 발표하였다. 그 전략의 핵심은 관광수요 확대와 제도적 기반 조성을 통하여 관광산업을 혁신하고 지역을 혁신하며 콘텐츠를 혁신하는 등 '혁신'에 방점을 찍고 있다.

이제부터 관광산업에 대한 정부정책은 '자원개발' 위주의 재정집행에서 벗어나 '산업혁신'을 위한 생태계 조성으로 전환되어야 한다. 또 관광산업의 혁신을 위해서는 기존 7개 관광사업 종류 중심의 정책에서 벗어나 타 산업과의 융합을 통하여 새로운 고부가가치 성장동력군을 발굴하고 관광R&D 사업에 지속적인 투자를 하는 것이 중요하다.

그리고 중장기적 관점에서 새롭게 성장동력으로 부상하는 관광산업의 경제적 측면을 평화경제, 공유경제, 포용성장, 체험경제, 방문자경제, 그리고 스마트경제로 재정립하여 관광산업의 고도화를 위한 혁신전략을 수립하고 성장기반을 마련해야 한다(장병권, 2019).

첫째, 북미 간 비핵화 협상의 진전에 따라 남북 간 관광교류 및 협력사업도 활발히 전개될 것으로 예상된다는 점에서 향후 관광산업이 평화경제(peace economy)의 핵심 역할을 담당해야 한다. 중단된 금강산 관광의 재개 노력도 중요하지만 비무장지대의 관광인프라를 개선하여 전 세계인들이 평화를 염원하면서 자유롭게 여행하도록 해야 한다.

둘째, 세계관광이 가파르게 공유경제(sharing economy)로 전환되고 있는 추세를 감안하여 우리도 '관광공유경제' 기반을 확충해야 한다. 관광소비자들이 전통적인 관광상품에 얽매이지 않고 색다른 경험을 선호하고 있다는 점에서 한국형 숙박공유기업, 집밥공유 플랫폼, 주민 주도의 온라인 관광두레 시스템을 마련해야 한다.

셋째, 포용적 성장이 글로벌 대세라는 점에서 관광산업도 포용적 성장에 기여하는 방향을 모색해야 한다. 관광산업이 낙후된 지역의 소득증대에 기여하기 위해서는 지역주민들의 일자리 창출을 위한 중소기업형 관광비즈니스 모델을 발굴하고 창업지원 및 전문인력 양성사업을 추진하여야 한다.

넷째, 한국의 독특한 문화콘텐츠에 기반을 둔 체험관광 기반을 지속적으로 확충해야 한다. 한국국제교류재단에 의하면, 2018년 현재 전 세계에 약 9천만 명의 한류동호회원들이 한국의 문화관광 정보를 접하고 있다. 이들에게 음악, 음식 등 이른바 한류문화와 연계된 유튜브 관광(tourism tube) 콘텐츠를 지속적으로 제공하여 관광마케팅의 효과적 도구로 삼아야 한다.

다섯째, 방문자경제 시스템을 보다 확고하게 정착시켜야 한다. 지자체마다 외국인 유치를 위하여 매년 막대한 투자와 유치홍보를 전개하고 있으나 80%에 가까운 외래객의 서울 집중도를 해소하지 못하고 있다. 현재 49.6%에 그치고 있는 외국인의 지방방문 비율을 끌어올리기 위해서는 서울과 각 지방을 연계한 '서울&' 캠페인을 적극 전개해야 한다.

끝으로, 내 · 외국인들의 개별자유여행(FIT)의 증가에 따라 소규모 단위 여행이 편리할 수 있도록 ICT가 관광산업을 혁신하는 데 활용되어야 한다. 특히 관광객의 입장에서 교통수단별 스케줄, 스마트투어카드 시스템, 모바일 간편결제 시스템을 도입하고 관광객들이 집중되는 다중이용 장소에 첨단 5G 시스템과 와이파이 서비스를 확대해야 한다.

제5장
지속가능한 관광발전 거버넌스 체계 구축

1. 머리말

본래 지속가능성(sustainability)은 생태적으로 건전하고 지속가능한 개발(ESSD)에서 등장하였으며, 개발에 1차적 관심을 두지만 그 개발이 지속가능하여야 한다는 단서가 담겨있는 것이다. 그리고 지속가능성 속에는 개발이 생태계에 미치는 부정적 영향을 가능하면 줄이고 현재의 세대가 누리는 생활수준을 후대에게도 누릴 수 있는 방안을 모색해야 한다.

지속가능성에 바탕을 둔 지속가능한 개발의 철학 속에는 미래성, 복지성, 형평성이라는 3대 이념이 함축되어 있다. 첫째, 미래성(future)은 현재 및 미래세대의 욕구와 관심을 충족시키기 위해서 환경은 적절히 관리되고 근본적으로 향상되어야 한다는 것이다. 둘째, 복지성(welfare)은 만인(특히 빈곤층)의 일반적인 행복과 삶의 질을 향상시켜야 한다는 점이다. 그리고 형평성(equity)은 미래의 세대들이 동일한 혹은 더 나은 삶을 누릴 수 있도록 세대 간의 평등이라는 새로운 형태의 공정성을 말한다.

2010년대로 들어와 관광개발의 패러다임이 바뀌고 있는 것도 지속가능한 관광개발 거버넌스의 구축을 요구하고 있다. 우선 자원 및 공급 중심에서 관광객의 행태변화에 따라 수요중심으로 전환되고 있으며, 특정지역을 중심으로 한 점적 개발에서 지역연계 개발로 전환되고 있다. 관광개발의 목적도 양적 수요의 극대화보다는 질적 만족을 높이는 방향으로 전개되고 있으며, 관 주도 개발에서 민(사회) 주도 개발을 통해 내생적 발전이 강조되고 있다. 관광 젠트리피케이션에 따른 오버투어리즘도 예방되어야 한다.

따라서 진정한 지속가능한 개발을 이루기 위해서는 수용력의 평가와 교통관리, 마케팅 및 정보제공, 보전 및 적응, 설계 및 개발의 통제, 지역사회의 참여가 필수적이다. 이에 따라 지속가능한 관광개발에 있어서도 주어진 자연자원과 인적자원을 이용하여 관광객에게 최대의 만족을 주고, 지역주민에게는 최대의 수익을 제공하며, 동시에 관광지, 지역사회 및 지역주민에게 환경적 피해를 최소화하는 게 중요하다.

지속가능한 관광개발이 충실히 이루어지기 위해서는 우선적으로 거버넌스를 구축하는 것이 긴요하다. 이에 지속가능 관광발전의 단계를 살펴보고, 관광의 중심 가치와 구성요소, 나아가 관광수급 부문을 중심으로 한 거버넌스를 논의하는 것이 중요하다. 나아가 그동안 정부에서 추진된 지속가능한 관광개발을 위한 거버넌스 체계구축의 현황과 문제점을 살펴보고 관광발전 거버넌스의 바람직한 구축방안을 제시하고자 한다.

2. 지속가능 관광발전의 단계와 거버넌스

지속가능한 관광은 '지속가능성'이라는 틀 내에서 사회적, 경제적, 환경적으로 지속가능함을 추구하는 관광을 의미하며, 흔히 쓰고 있는 책임관광, 지역관광, 생태관광, 윤리관광 등을 아우르는 포괄적인 개념이다.

관광분야에서 환경의 중요성을 인식하게 된 것은 1960년대까지 올라갈 수 있다. 그러나 1980년대에 이르기까지 지속가능성보다는 관광개발에 따라 파생되는 환경 문제에 대한 이슈를 제기하는 수준에 그쳤다.

그러다 1987년 세계환경개발위원회(WCED)에서 발표한 '우리 공동의 미래(Our Common Future)'라는 브룬트란트 보고서에서 지속가능한 발전(sustainable development)이라는 용어가 처음 사용되었다. 이후 1992년 리우 유엔환경개발회의에서 세계환경정책의 기본 규범으로 채택되었다. 관광부문에서 지속가능한 관광에 대한 본격적인 논의는 1995년 세계관광기구(UNWTO), 유엔환경계획(UNEP), 유네스코(UNESCO), 그리고 유럽연합(EU)이 공동으로 제정한 '지속가능한 관광헌장(Charter for Sustainable Tourism)'을 통해 지속가능한 관광의 원칙과 역할에 관한 지침을 제시하면서부터이고, 이를 계기로 개념이 형성되었다.

1990년대가 지속가능한 발전을 위한 이해와 원칙의 개발에 중점을 두었다면, 2000년

대부터는 환경친화적인 관광자원 개발과 관광활동, 기후변화에 대응한 구체적인 전략과 실천방안에 대한 논의가 시작되었다.

2003년 제1차 기후변화와 관광에 관한 국제회의에서는 기후변화와 관광산업의 관계 및 영향, 관광개발에 민감한 생태계 환경을 가진 가뭄지역, 연안지역, 산악지역, 도서지역 등의 기후변화 위기에 대한 인식의 확산, 그리고 관광소비패턴의 변화 등에 대한 10가지 합의를 도출하였다. 2012년 Rio+20정상회의를 통해 향후 10년간의 지속가능한 생산과 소비를 위한 5대 주요 사업으로 지속가능한 관광이 선정되었으며, 제90차 OECD 관광위원회 국제회의에서는 지속가능한 관광, 녹색관광을 주제로 개최되었다.

2014년 우리나라 문화체육관광부와 유엔환경계획(UNEP)이 공동 개최한 '제4차 지속가능한 관광에 관한 국제 파트너십 콘퍼런스 및 연계회의'는 지속가능한 관광발전을 위한 이해당사자 간 협력기반을 마련하는 계기가 되었다는 점에서 의의가 있다. 이상에서 논의한 것처럼, 1960~80년대는 지속가능한 관광개념의 '도입기'였으며, 1990년대에 들어서는 지속가능한 관광개념의 '형성기'라 할 수 있다. 그리고 2000년대는 지속가능한 관광개념의 '확산기'였다면, 2010년대는 지속가능한 관광의 거버넌스 구축을 통한 '협력기'라 할 수 있다.

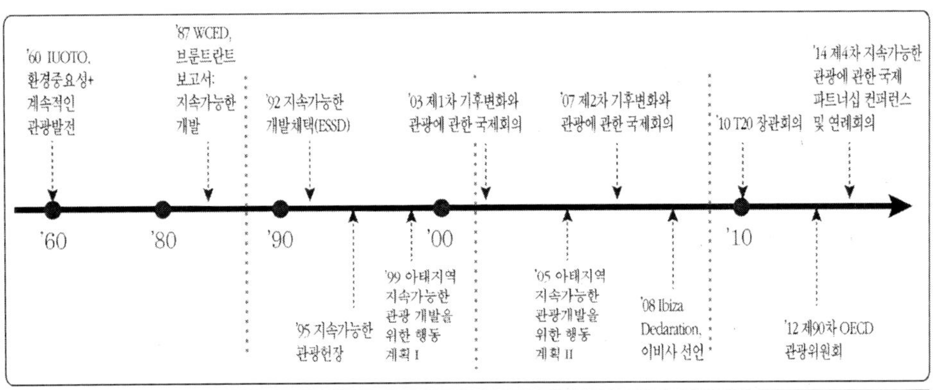

지속가능 관광 도입기 → 지속가능 관광 형성기 → 지속가능 관광 확산기 → 지속가능 관광 협력기

주: 문화체육관광부(2014), 지속가능한 관광개발을 위한 핵심과제 추진방안 연구(보고서를 바탕으로 지속가능한 관광발전의 단계 재설정).

[그림 5-1] 지속가능한 관광발전의 변천과 단계

이 시점에서 지속가능한 관광발전을 위한 협력사업을 추진해야 할 이유는 관광환경의 변화에 따라 생태관광, 공정관광, 윤리관광, 책임관광 등 지속가능한 관광의 범위와 이해당사자들이 확산되면서 분절적 사업추진을 극복해야 하기 때문이다. 즉 관광발전의 이해당사자 간 연계와 선순환 시스템 구축을 통하여 지역경제 활성화, 일자리 확충, 지역문화 보존 및 육성, 지역사회 발전, 환경생태계 보호 등을 합목적적으로 달성해야 할 시점인 것이다.

그리고 정부 간의 관계가 중앙집권적이고 수직적인 형태에서 분권적이며 수평적인 관계로 전환되면서 거버넌스 개념에 입각한 조정과 협의가 중요시되고 있다. 또한 정부가 주도하는 국정관리가 아닌 지역공동체 구성원들의 열린 참여와 소통을 만드는 굿 거버넌스(good governance)에 대한 인식을 새롭게 하며 상생적 파트너십 모색을 통하여 새로운 협치 방안을 강화해 나갈 시점이다(최자은, 2013).

우리나라의 경우 그동안 3차에 걸친 10개년 관광개발계획이 추진되었거나 추진 중에 있다. 제1차 계획(1989~2001년)에서는 지속가능한 관광보다는 양적 개발 위주의 지원책이 강조되었으며, 제2차 계획(2002~2011년)에서는 정책과제로 '관광자원의 지속가능한 개발 및 관리강화' 방안이 포함되기 시작하였으며, 제3차 계획(2012~2021년)에서는 관광자원개발의 개념을 뛰어넘는 '지속가능한 관광 확산'이 모색되고 있다.

정부의 관광진흥 5개년 계획의 경우 제1차 계획(1999~2003년)의 기본방향으로 '지속가능한 관광개발 실현', 제3차 계획(2009~2013년)의 기본방향으로 '녹색성장으로 지속가능한 국가발전에 기여'를 설정한 바 있다.

지난 2014년 문화체육관광부는 한국문화관광연구원과 공동으로 '지속가능한 관광개발포럼'을 구성하여 관광객, 관광자원, 관광기업, 지역사회, 그리고 이를 지원하기 위한 제도적 기반 등을 대상으로 '지속가능한 관광개발 정책 7대 핵심과제'를 선정한 적이 있다(장병권, 2014). 당시에 논의된 어젠다 역시 지속가능한 관광가치와 중요성을 극대화하고 관광의 핵심 요소별 대책을 강구하되 지자체 및 관광산업 추진주체 간 공동협력을 통한 파트너십을 강화하는 것도 중요한 과제로 선정한 바 있다.

이와 관련 문화체육관광부가 2014년 지속가능한 관광개발을 위한 핵심과제 추진방안을 강구하기 위하여 '지속가능한 관광개발포럼'을 구성하여 민간 전문가들의 의견을 수렴하여 정책과제화 했던 시도를 사례로 들 수 있다. 당시 포럼은 관광개발체계 분과, 융복합 관광개발 분과, 지역관광활성화 분과로 구분하고 분야별 28명의 위원을 위촉하였으며, 위원장과 분과위원장 모두 민간인을 위촉하여 창의적인 의사소통을 유도하였으며 10개월간 전체회의 3회, 분과회의 2회, 집필회의 2회, 운영회의 4회, 공개세미나 2회, 신규 발굴회의 1회를 거쳐 16개의 지속가능한 관광개발 전략사업을 발굴 · 제안하였다(문화체육관광부, 2014).

그럼에도 우리 사회는 지속가능한 관광발전을 위한 제반 가치, 구성요소, 수급부문, 추진주체 등을 종합적으로 고려하여 이들 요소 간 공유, 상생, 협력 등을 통해 관광발전 성과를 극대화하려는 거버넌스 체계의 구축 노력이 여전히 미흡한 상태임을 알 수 있다.

거버넌스는 "정부와 기업, 시민사회의 다양한 주체들이 전통적인 역할 구분을 넘어 참여와 협력, 소통과정을 통해 서로의 경험과 지식을 공유하고 신뢰를 형성함으로써 공동의 문제를 함께 해결하고자 하는 대안적인 정부운영체제 또는 협력적 관리체제"로 정의되고 있듯이(환경부, 2004), 관광부문에서도 이해당사자에 대한 명확한 정의와 범위 설정, 그리고 이해당사자 간의 소통과 협력기반을 마련하는 것이 중요하다. 이에 따라 지속가능한 관광발전을 위한 거버넌스 체계를 구축하는 데 있어서 고려되어야 할 형태에 대한 심층적인 논의가 필요하다.

3. 지속가능한 관광발전 거버넌스 구축 형태

1) 관광의 중심가치 간 거버넌스 구축

그동안 지속가능한 관광에 있어서 1차적인 관심은 환경적 가치를 유지하고 지속시키는 것이었다. 환경적 측면이 매우 중요하다는 점은 인정하지만 그렇다고 경제적 가치나 사회문화적 가치를 소홀히 해서는 안 된다는 의식도 만만찮게 제기되어 온 것도 사실이다. 그뿐만 아니라 우리나 소홀히 다루지 않아야 할 것은 바로 정신적 만족을 중시하는 체험적 소비자의 증가현상이다(문화체육관광부, 2014).

지속가능한 관광개발의 원칙으로 사회문화적 지속성, 경제적 지속성, 환경적 지속성이 강조되고 있듯이, 이들 원칙 및 가치의 적절한 균형을 도모하는 것이 지속가능한 거버넌스를 구축하는 데 유용할 수 있다. 그리고 3대 개발원칙이 관광자원, 관광객, 지역사회, 관광산업 등 각 요소에 분절적으로 투영되는 것이 아니라 서로 '조화'와 '균형'을 이루어 추진될 수 있도록 해야 한다.

현대인들은 심리적 피로감을 치유하기 위한 힐링에 대한 관심이 증대되고 있으며, 웰빙과 관련된 감성적인 소비행태를 선호하고 있다는 점도 주목해야 한다. 특히 공생 · 상생의 가치가 주목받으면서 사회공익을 위한 공공과 민간의 책임을 강화하는 추세에 있다는 점에서 지속가능한 관광발전을 위한 중심 가치로 체험의 질과 만족도 제고도 중요한 지표로 삼아야 할 것이다.

〈표 5-1〉 지속가능한 관광개발 원칙

원칙	주요 키워드	세부 내용
사회 · 문화적 지속성	• 커뮤니티(community) • 지역다움(지역성) • 창의성, 융복합	• 지역주민과 관광객 간 의미 있는 연계 • 지역사회의 역사와 문화 유지 · 발전 • 지역주민의 요구 수렴 • 지역주민의 참여 기회 확대, 창의적 아이디어 활용
경제적 지속성	• 창조적 가치 창출 • 지역경제 활성화 • 주민 소득 증대, 일자리 창출	• 지역경제 편익 창출(현지인 숙소, 음식점, 가이드) • 관광형 커뮤니티 비즈니스 활성화 • 관광기업의 관광대상지역과 주민에 대한 경제적 편익 제공 및 투자 확대 • 지역산업과의 연계 강화
환경적 지속성	• 다양성 • 친환경(environment-friendly) • 에너지 및 자원 순환	• 자원의 현명한 이용, 친환경적 개발, 지역자산의 활용 • 소비자 환경 인식 제고 • 에너지 및 자원 순환 • 도보, 자전거, 대중교통 활성화

자료: 문화체육관광부(2014), 지속가능한 관광개발을 위한 핵심과제 추진방안 연구.

다음에 논의할 관광의 구성요소를 감안할 때 지속가능한 관광발전의 가치창출(value creation)을 위한 공동 노력이 중요하다. 즉 관광객의 만족을 극대화하며 친환경적 소비 인식 제고를 통하여 체험만족 가치를 향상시키며, 혁신과 상생을 통해 지역활력을 견인하는 관광산업의 경제적 가치를 제고하고, 지역 관광자산의 친환경적 활용을 통한 관광자원의 가치를 높이며, 지역주도의 자생적 · 협력적 관광생태계를 조성하여 사회의 사회문화적 가치가 발휘되게끔 유도하는 것이 필요하며, 이들 가치가 상호 공존하면서 관광의 지속가능성을 극대화하는 것이 진정한 거버넌스이다.

2) 관광의 구성요소 간 거버넌스 구축

지난 수십 년 동안 인식되어왔던 전통적인 관광의 3대 핵심요소는 관광객(관광주체), 관광산업(관광매체), 관광자원(관광객체)이었다. 그러나 최근 들어와 이들 외에 지역사회가 새롭게 중요한 요소로 부상하였다. 이는 기존의 3대 요소만으로는 경제적 지속성과 환경적 지속성 외에 사회문화적 지속성을 담보할 수 없었기 때문이다. 지속가능한 관광이 활성화되기 위해서는 관광객들에게 여행지에서 환경을 보호하고 지역의 문화를 존중하며 지역경제에 도움이 되어야 한다는 윤리적 인식이 확산되도록 유도해야 한다.

또한 자원봉사자와 여행을 결합한 볼런투어리즘 상품의 등장과 같이 여행하며 지역의 부족한 일손을 돕는 가운데 지역주민과의 상생 교류방안도 강구되어야 한다. 관광객들의 윤리적 소비활동 추구가 강조되면서 관광기업의 사회적 책임도 추가적으로 요구받고 있으며 일부에서 실천되고 있는 착한여행, 공정여행 상품의 확산도 모색되어야 한다.

또한 공정여행의 내실화를 위해서는 관광산업뿐만 아니라 지역사회 주민의 역할도 새롭게 모색되어야 한다. 그동안 관광산업 생태계에 있어서 지역주민에게 관광발전의 실질적 수혜자 자격을 부여하는 데 인색해 왔다는 점에서 '관광두레' 사업과 같은 주민주도적 관광운동(civil tourism movement)을 적극 육성해야 한다. 따라서 지속가능한 관광발전을 위한 거버넌스는 관광의 4대 구성 요소 간 소통과 선순환을 통하여 경제적 가치 창출은 물론 지역다움을 추구하면서 지역사회의 다양성을 제고시키는 데 초점을 두어야 한다.

3) 관광의 수급부문 간 거버넌스 구축

최근 들어 공생과 상생을 바탕으로 하는 윤리적 소비성향이 확산됨에 따라 사회경제적, 환경적으로 지속가능성을 전제로 하는 관광인식도 성숙해지고 있다. 일찍이 관광개발계획에 중점을 둔 건(Gunn, 1988)은 관광의 구조를 수요와 공급의 체계로 구분하고 수요 측면은 관광객, 공급측면은 교통기관, 매력물, 서비스 및 시설, 정보 및 안내 등 5가지 요소로 구성되어 있음을 제시한 바 있다.

여기에서 주목해야 할 것은 관광발전에 있어서 수요와 공급간 왕성한 소통과 상생적 가치교환이 필요하다는 것이다. 즉 관광객들의 관광수요와 지역 관광지가 제공하는 관광공급 간 미스매치(mismatch)가 발생할 경우 관광객의 불만족이 커지게 되고 관광지는 관광지대로 이용률 저하와 재정적 손실, 나아가 환경적 문제에 이르기까지 심각한 상황에 처할 수 있다.

1992년 리우정상회의에서 소비패턴의 변화의 일환으로 지속가능한 소비와 생산(sustainable consumption and production; SCP)의 개념이 등장하였으며, 사람이 살아가면서 제품의 생산과 소비 전 단계에 걸쳐 자원사용 및 폐기물과 오염물질 배출을 줄이기 위한 활동으로 승화되었다. 대표적인 것이 환경마크제이며, 관광부문의 경우 탄소발자국을 줄이기 캠페인이 이에 해당된다.

2016년 11월 29일 개최된 정부3.0 국민디자인단 성과공유대회에서 제주도 '고치글라('같이 가자'의 제주어) 하례리 국민디자인단'이 추진한 탄소발자국을 줄이는 여행 브랜드화 프로그램이 우수사례로 선정된 것도 참고할 필요가 있다. 이에 따라 관광수요 및 공급부문 간 '지속가능한 소비와 생산(SCP)' 방안을 강구하는 것도 중요한 거버넌스의 과제이다.

4) 관광의 추진주체 간 거버넌스 구축

그동안의 관광개발에 있어서 뚜렷한 변화는 기존 관 주도형에서 민관협력 및 주민주도형 등 다양한 개발주체의 등장이며, 지방분권화에 따라 지자체 및 민간(기업 및 주민) 등의 이해관계자들이 서로 참여하고 협력하는 거버넌스 체계가 중요시되고 있다.

일례로 문화체육관광부와 한국문화관광연구원이 '국내외 지속가능한 관광의 현재와 미래'를 주제로 2010년 9월 10일 개최한 제1차 지속가능한 관광정책포럼을 개최한 적이 있다. 당시 참여한 주체를 보면 (사)지속가능한 관광, 사회적기업

네트워크, (주)트래블러스맵, (주)레스트코리아가 공동 주최하여 민간과 업계가 주도하는 모양새를 취하였다. 그리고 후원은 문화체육관광부, 고용노동부, 환경부, WT함께 일하는 재단, (사)동북아평화연대, (주)우리가 만드는 미래, (주)제주생태관광, (주)착한여행, (유)투어포어스 등 지속가능한 관광과 관련된 공공부문 및 민간분야의 다양한 기관이 참여하였다(김현주, 2010).

즉 기존의 관 주도 지역단위 관광개발 방식에서 벗어나 지역 간 연계협력과 부문 간 융복합을 통해 지역 전체의 지속적인 발전을 지향하는 민관부문 간 상생적 개발방식의 도입 필요성이 강조되고 있다. 정부에서는 한때 국정과제로 '관광거버넌스 체제 정립'을 선정하고 지역 관광업체, 문화계, 상공인, 지역주민, 지자체 등이 참여하는 지역관광협의회의 설립을 지원하며 지역관광활성화를 추진하고 있다.

다소 늦은 감이 있지만 2015년 5월 관광진흥법 개정 시 "관광사업자, 관광관련 사업자, 관광관련 단체, 주민 등은 공동으로 지역관광진흥을 위하여 광역 및 기초 지자체 단위의 지역관광협의회(사단법인 형태)를 설립할 수 있도록 하며, 협의회에는 지역 내 관광진흥을 위한 이해 관련자가 고루 참여하도록"(동법 제48조의 9) 규정하고 있다.

다만 업무범위가 지역 관광수용태세 개선, 홍보 및 마케팅 지원, 단체 지원, 수익사업, 위탁업무로 설정하고 있으나 수용태세 개선이나 홍보·마케팅 지원업무 등은 상대적으로 기능이 미흡하며, 기존 지역관광협회의 기능과도 중복되는 문제점을 안고 있다. 또한 관광개발의 사업주체는 기본적으로 공공과 민간으로 나뉘며, 관광개발의 성격이 다양화됨에 따라 공공부문 주도형, 민간부문 주도형 외에 민관합작형(공공+민간, 공공+주민, 공공+민간+주민 등) 형태를 활성화하는 것도 중요한 과제이다(김향자, 2010).

4. 지속가능한 관광발전 거버넌스 구축 방향

지속가능한 관광발전 거버넌스 체계를 구축하기 위해서는 다양한 방안을 강구할 필요가 있다. 현상 유지에 연연하거나 문제점을 방치하기보다는 소통과 협력을 통하여 정책과 개발의 효과를 극대화할 경우 '굿(good)' 관광 거버넌스가 구축될 수 있다. 이와 관련하여 관광발전을 위한 통합 거버넌스 구축, 관광 거버넌스 영역 설정, 관광

거버넌스 평가지표 개발, 관광 거버넌스의 과정적 측면에서 대한 개선책을 강구할 필요가 있다.

첫째로 굿 거버넌스 구축을 위해 우선적으로 고려할 것은 관광부문의 이해당사자가 독자적으로 또는 상호 협력을 통하여 장기적인 이슈들에 대해 공동 대응하면서 관광발전의 가치를 극대화하기 위한 '통합 거버넌스(integrated governance)' 체계를 만들어 내는 것이 중요하다(UNEP, 2014). 이를 위해 정부차원에서는 관광관련 정부 부처 간 장벽을 뛰어넘는 정책협력 시스템을 조기에 가동할 필요가 있다.

지난 2016년 6월 문화관광산업 경쟁력 강화회의에서 새롭게 제시된 '국가관광전략회의'의 실질적인 운영이 모색되어야 한다. 해양수산부, 농식품부, 환경부, 행정안전부, 산림청 등 관광개발과 관련된 정부 내 부처 간 융합과 협업을 통하여 시장의 수요에 대응한 시의적절한 개발사업을 추진하여야 한다. 이를 바탕으로 각 지자체에서도 관광진흥을 위한 다양한 지역별 관광전략회의체를 설치 · 운영하는 방안도 고려해 봄직하다. 또한 2008년 발족된 '경북관광포럼'의 운영 사례에서 보듯이 지역 전문가들이 참여하는 로컬관광 거버넌스를 정착시키기 위해 이해관계자들의 인식전환, 운영 노하우 축적과 공유 등의 노력이 필요하다(도경록 · 송재일 · 한상현, 2011).

둘째로 지속가능한 관광발전 거버넌스 구축의 영역을 설정하는 것이 필요하다. 앞서 논의한 지속가능한 관광의 핵심 가치를 공동 추구하기 위한 자세 전환과 더불어 4대 구성요소 간 선순환을 유도할 수 있는 제도적 틀을 마련하는 것이 중요하다. 이에 따라 관광공급 부문에 해당하는 공공부문, 민간(기업) 부문, 시민사회(주민 포함) 부문이 각자 파트너십을 발휘하면서 거버넌스를 제고할 수 있는 영역을 발굴할 필요가 있다.

이를 위해 공공부문과 나머지 부문들 간의 이분법적 사고에서 벗어나 공동으로 관광발전을 위한 제도설계 및 조정여건을 강구하고, 공동의 이슈화 및 공론화를 통하여 성숙된 합의도출 과정을 이끌어 내는 것이 과제이다. 중앙정부는 물론 지자체의 각종 관광계획 수립과정, 각종 관광관련 위원회 구성에 있어서 관광 이해관계자의 범위를 확대하고 정책참여의 폭을 넓히며 소통을 통한 발전적인 대안들을 모색하는 것도 이에 해당될 수 있다.

셋째는 지속가능한 관광발전 거버넌스 제고를 위한 정책지표를 개발하는 것이 중요하다. 예를 들어 각종 정책 개발 시 부처 간 협의 건수 및 협의체 운영실적, 관광객 대상 체험만족도 조사 및 주민과의 소통 정도, 관광사업체의 윤리경영 수준, 관광자원 개발 시 이해관계자 참여 정도, 자원개발과 사업경영에의 주민참여, 관광객 체험의 질 수준 등을 종합적으로 평가할 수 있는 지속가능한 관광발전 거버넌스 지표 개발을 검토할 필요가 있다.

기존에 활용되고 있는 정부의 '지역관광발전지수'나 저탄소 녹색관광자원이나 자연친화적 관광개발 등 각종 '관광개발 관련 가이드라인' 등에도 '지속가능한 관광발전 거버넌스 지표'가 반영되거나 상호 보완적으로 시행할 경우 전국 지자체별 관광개발의 지속가능성도 향상될 수 있다.

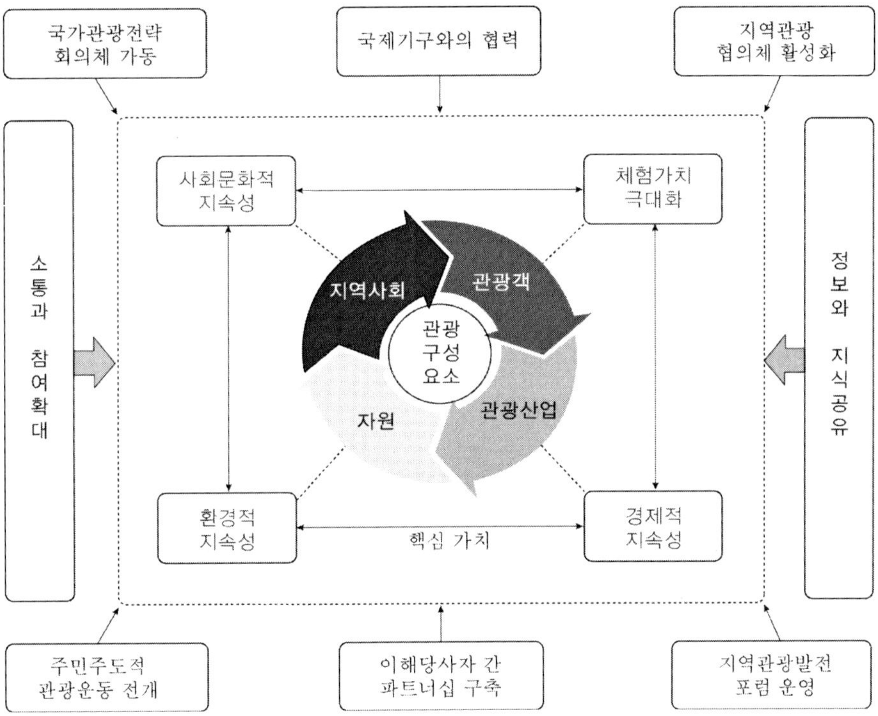

자료: 문화체육관광부(2014), 지속가능한 관광개발을 위한 핵심과제 추진방안 연구(재작성).

[그림 5-2] 지속가능한 관광발전 거버넌스 체계 구축방안

넷째로 지속가능한 관광발전 거버넌스를 구축하는 데 있어서 과정(process)적 측면들에 대한 논의도 활성화해야 한다. 거버넌스의 본래 취지가 소통과 협력을 기반으로

공동의 문제를 함께 해결하고자 하는 시스템이라는 점에서 관광정책 및 개발과 관련하여 정부 · 업계 · 시민사회 · 지역주민의 협력적 의사결정과 합의를 형성하기 위한 제도적 틀(민간부문의 참여보장, 정보공개, 신뢰와 대화, 공동 의사결정, 네트워크와 파트너십 구축 등)을 갖출 필요가 있다. 기왕 법적으로 설치된 지역관광협의체의 운영 실태 분석과 내실화 방안도 절실한 상황이다. 또한 지속가능한 관광 거버넌스 구축을 위해서는 공공부문의 포용적 자세가 중요하다는 점에서 자치단체장의 적극적인 관심과 지원, 그리고 공무원들의 협력적 태도가 요구된다.

이상의 논의된 지속가능한 관광발전을 위한 거버넌스 체계구축 방안을 종합적으로 정리하면 다음과 같다. 즉 관광발전 거버넌스는 소통과 참여 확대, 정보와 지식 공유를 바탕으로 핵심 구성요소인 관광객, 관광산업, 관광자원, 지역사회 간 선순환을 확보할 수 있도록 생태계를 유지하기 위한 노력이며, 이를 활성화하기 위해서는 국가관광전략회의체 가동, 국제기구와의 협력, 지역관광협의체 활성화, 이해관계자 간 파트너십 구축, 주민 주도적 관광운동 전개, 지역관광발전 포럼 운영 등을 모색할 필요가 있다.

5. 맺음말

지속가능한 관광발전을 위한 거버넌스 구축은 관광개발의 패러다임이 변화함에 따라 관광객의 경제적 지속성, 사회문화적 지속성, 환경적 지속성을 확보하기 위해 필요하다. 기존 관광개발 사업은 주로 자원(시설) 중심의 물리적 개발에 치중함에 따라 관광객의 니즈 충족 및 지속적인 관계를 형성하는 데 미흡하였다. 방문객 증가, 만족과 재방문, 지역경제 효과 등 사업효과의 창출은 사업의 준공보다 관광객의 수요에 초점을 둔 사후 경영에 의해 역점을 두어야 한다.

그동안의 지역관광 개발사업이 내국인 관광객의 유치를 위한 사업에 초점을 두고 있으나 외래관광객의 급증에 따라 외국인의 요구에도 부합할 수 있는 관광수용태세를 조성하는 방향으로 전환되어야 한다. '따로따로' 개발이 아니라 '함께 즐기게끔' 통합형 관광개발이 요구된다. 외래관광객의 유치 및 만족도 제고를 위하여 국가적 대표관광 콘텐츠 구축이 강조되어 왔으나 지역문화자원의 글로벌 콘텐츠화가 중요하게 부상하고 있다는 점에서 외국인 친화적 관광수용태세 구축이 중요한 과제로 부상하고 있다.

이제 자원 중심의 물리적 개발과 관광객 편의시설 조성에서 탈피하여 관광객의 행태변화에 대응하고 니즈를 충족시킬 수 있는 개발로 전환되어야 한다. 특히 지역 자산(역사 · 문화 · 생태 · 산업유산 등)의 창조적 활용 및 '공유가치 창출(creating shared value)'이 필요하다. 개발된 자원의 지속가능한 활용을 위한 지역 관광전문가의 PD 참여기회가 중요시되고 있으며, 지역주민의 사업참여를 통한 경제적 이익창출이 강조되고 있다.

끝으로 기존 관광개발은 지역경제 활성화의 중요한 수단으로서 중앙 · 지방정부 중심으로 추진되어 왔으나 창의적 기획력, 사업타당성 확보, 개발 이후 관리 · 운영 등에서 한계가 발생함에 따라 계획 단계에서부터 개발, 관리 · 운영에 이르기까지 민간(지역사회)의 참여로 창의성, 지속가능성과 효율성 · 효과성을 제고할 때이다.

제6장
관광대국 도약을 위한 법제 개편

1. 머리말

2014년 외래관광객 1,400만 명 유치와 해외여행객 1,600만 명 돌파로 3,000만 명 시대로 진입하면서 한국의 국제관광위상이 크게 제고되었다. 2014년 외래관광객 1,400만 명 유치는 2013년도 각국별 외래객수를 기준으로 할 경우 '20위'에 해당하는 규모이며(2013년에는 세계 22위), 외래관광수입 175억 달러 획득은 2013년을 기준으로 할 경우 '18위' 수준(2013년에는 세계 21위)이며, 해외여행객수는 1,600만 명으로 2012년 기준으로 세계 '15위'이다.

한국은 2012년 1천만 명 외래관광객 유치 이후 'Two Way 10 Million' 클럽에 가입하였다. 그리고 '인 · 아웃바운드 각 2,000만 시대'는 '관광강국'으로의 진입이라고 의미를 부여할 수 있다. 세계관광기구 회원국을 대상으로 조사한 결과, 인 · 아웃 바운드 관광객 모두 2,000만 명대 기록을 보유하고 있는 국가는 10여 개국에 불과한 실정이다. 인바운드 관광객만 많다고 관광강국이 될 수 없으며, 그에 상응하는 아웃바운드 규모도 확보함으로써 관광산업의 경쟁력을 확보할 수 있다. 그리고 인 · 아웃바운드 각 3,000만 시대는 진정한 '관광대국'으로의 진입으로 볼 수 있으며, 세계적으로 10대 관광국의 위상을 확보하는 계기가 될 수 있다.

한국 관광이 '관광대국'다운 면모를 유지하기 위해서는 그동안의 관광총량의 증대에 집중된 시책을 지속적으로 추진하되 관광산업의 생태계를 질적으로 보다 건전하게 유도할 필요가 있으며, 관광산업 이해당사자의 내부적 이익확대에만 집착하던 관행에서 벗어나 다른 산업과의 융복합을 더욱 심화시켜 그 효과를 전 산업 부문으로 확산시킬 필요가 있다.

또한 대외적으로 한류확산에 맞추어 한국적 문화콘텐츠를 최대한 활용하여 한국만의 독특한 관광이미지를 창조하여 국제적 여건변화에도 쉽게 흔들리지 않는 견고한 경쟁력을 확보하는 것이 필수적이며, 부단한 연구개발과 실용화를 통하여 세계관광 트렌드를 선도하는 것도 중요한 과제이다. 이를 위해 관광대국으로의 도약을 위한 관광법제를 효과적으로 개편하고 후속 실행계획을 수립하고 전담조직을 신설하여 체계적인 대책을 강구하여야 한다.

2. 관광법제 체계의 변천

한국 관광법제의 변천과정을 시대별로 살펴보면, 1960년대에 관광사업진흥법이 제정된 이후 1970년대에는 이를 관광기본법과 관광사업법으로 분법하였고, 신규로 관광단지개발촉진법과 관광진흥개발기금법이 제정되었다. 이후 1980년대에는 국제관광공사법을 한국관광공사법으로 명칭을 변경하였고, 관광사업법을 관광진흥법으로 변경하였으며, 올림픽의 성공적 개최를 위해 올림픽대회에 대비한 관광숙박업 등의 지원에 관한 법률이 한시법으로 제정되었다.

특히 정부가 관광을 국가전략산업으로 인식하고 이를 체계적으로 육성하기 위한 노력을 전개하기 위하여 1975년 기존 관광사업진흥법을 관광기본법과 관광사업법으로 분법화 하였다. 특히 관광기본법은 다른 어떤 산업 영역에 비해 정부가 관광부문을 적극 육성하겠다는 의지의 표현으로 볼 수 있다

당시 관광기본법이 갖는 의미는 대단했다. 즉 기본법은 일종의 계획법 내지는 프로그램법적 성격을 가지고 있으며 해당 분야 정책의 기본적 방향을 정하고 관계정책의 체계화를 도모하는 데 그 의의가 있다. 따라서 기본법은 개별 정책 대상을 직접 규율하는 개별 집행법에 대하여 반드시 상위법적 위상을 가지는 것은 아니지만, 해당 정책 분야에서의 이러한 지도법적 성격 때문에 사실상 우월적 · 강령적인 지위를 가지게 된다. 그리고 집행법(실시법)의 내용은 당연히 기본법의 목적과 내용에 부합할 것이 요청된다. 그러므로 관광기본법도 이러한 기본법의 의의에 맞추어 볼 때 우리나라 관광정책의 기본방향을 설정하고 관련 관광법제들의 집행시책에 대한 근거를 제공하는 지도법적인 위상을 가지고 있는 것이라 할 수 있다(오준근, 2002; 박영도, 2006).

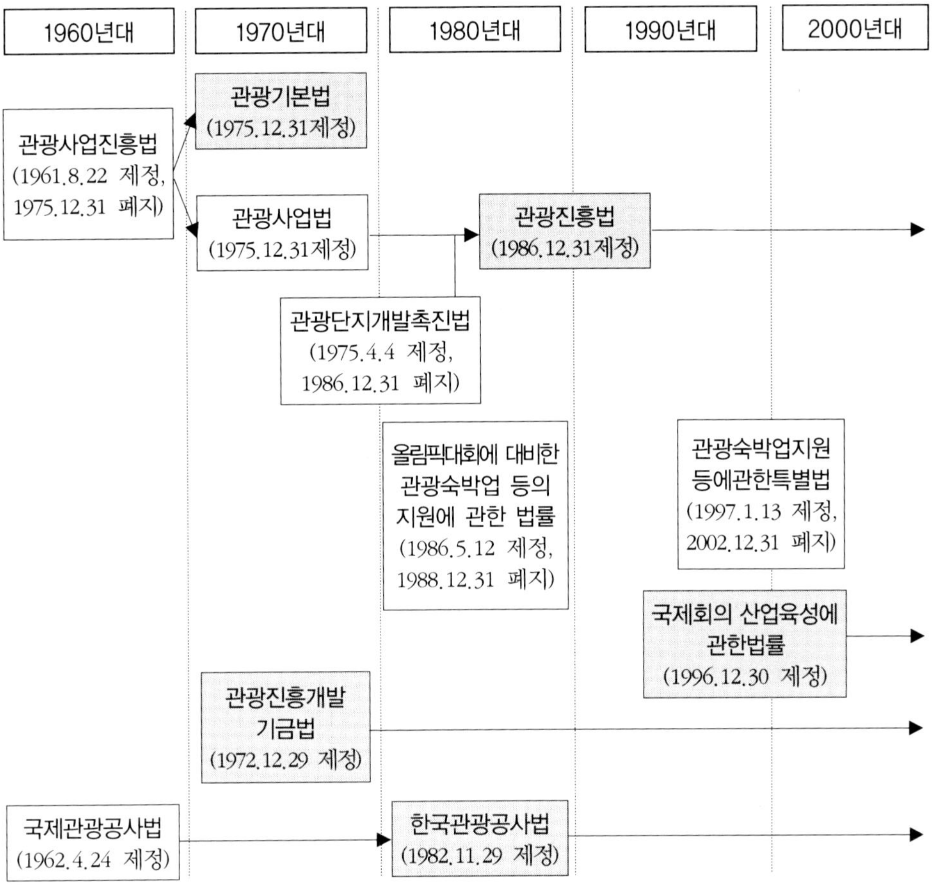

자료: 김영준(2003), 신용석 · 심원섭(2006), 류광훈(2007)의 연구를 바탕으로 재정리함.

[그림 6-1] 한국 관광법제의 변천과정

1990년대에는 국제회의산업육성에 관한 법률이 제정되었으며, 2002년 월드컵을 대비한 관광숙박업지원 등에 관한 특별법이 한시적으로 시행되었다. 그러나 2000년대로 들어와 국내외 관광환경의 급속한 변화와 인 · 아웃바운드 관광규모의 급증, 국제관광 위상 제고, 평창 동계올림픽의 개최 등 여건변화에도 불구하고 미래지향적인 관광발전을 도모할 수 있는 법제적 기반을 적절히 마련하지 못하고 있다. 2010년대에도 법제 개편 노력(신규 입법, 분법화 등)은 하지 못했다.

일본의 경우 1964년 관광기본법의 제정을 통하여 국민 여가선용 및 저개발 지역의 육성에 기여하는 계기가 되었으며, 2006년 12월에는 외래관광 진흥 및 지역활성화 차원에서 '관광입국추진기본법'으로 전면 개정을 추진한 바 있다. 이에 비해 우리의 관광기본법은 국가발전과정에서 관광정책이 담당할 수 있는 역할을 도출하는 데 기여하지 못하였으며, 새로운 관광시대의 등장에 따라 부상하는 관광가치 및 정신을 발굴하고 구체화하는 데 미흡한 실정이다. 다시 말해 국가발전단계에 따라서 관광분야에 부여된 역할을 찾아내려는 적극적인 노력이 소홀하였다(신용석 · 장병권, 2007: 12).

일반적으로 관광법규는 국민의 기본권이며 자유권인 관광활동과 관광사업을 직 · 간접으로 보호 · 촉진 또는 규제하는 데 필요한 법이나 따라서 그동안 우리의 관광법규가 국민의 기본권으로서의 관광을 촉진 · 장려하고, 관광사업의 발전에 기여해 왔는가에 대하여 냉철한 평가가 이루어져야 할 시점이다.

기존의 관광법규가 급변하는 사회경제변화에 적절히 부응하지 못해 관광산업계의 불만을 야기하고 별도의 의원입법화 논의가 활발히 전개되고 있다. 정부도 시대상황에 맞도록 관광관련 법령정비 노력을 해 왔으나 그 노력의 결과가 관광산업계의 요구에 비해서는 소극적이며, 임기응변적으로 입법기능을 행사하였다는 점에서 관광업계와의 요구사항에 미치지 못하고 있다.

예를 들어 2011년 4월 발의된 바 있는 '여행업법' 제정안은 현행 관광진흥법상의 여행업 관련 규정을 그대로 이관하여 규정하고 있으나 일부 규정(예: 여행업자의 취급수수료 규정, 여행상품의 과대광고 금지규정, 공정여행의 개념도입과 공정여행의무 및 여행지 법령준수의무 규정, 여행업자 등록부 열람제공 및 법규위반 여행업자 명단공표 규정)은 신설하고 있다.

또한 우리나라의 관광법제는 관광기본법을 중심으로 하고 관광진흥법, 국제회의산업육성에 관한 법률, 관광진흥개발기금법 등 개별법들이 편재해 있는 상황이나 상위법과 하위법 간에 위계가 형성되어 있지 못하고 있다. 유사한 관광산업기반을 확보하고 있는 일본과 비교할 경우 우리나라의 관광법제가 지나치게 획일화되고 특정 법률(관광진흥법)에 집중되어 있다.

한국의 관광법제 구조

- 관광기본법
  - 관광진흥법
  - 관광진흥개발기금법
  - 국제회의산업육성에 관한 법률
  - 한국관광공사법

일본의 관광법제 구조

- 관광입국추진기본법
  - 여행업법
  - 국제관광호텔정비법
  - 국제관광사업의 조성에 관한 법률
  - 생태관광추진법
  - 외국인관광객의 여행용이화 등의 촉진에 의한 국제관광의 진흥에 관한 법률
  - 외국인관광객의 내방지역의 정비촉진에 의한 국제관광진흥에 관한 법률
  - 국제회의 등의 유치촉진 및 개최 원활화에 의한 국제관광진흥에 관한 법률
  - 관광권정비에 의한 관광여객내방 및 체재촉진에 관한 법률
  - 지역전통예능 등을 활용한 행사의 실시에 의한 관광 및 특정지역 상공업의 진흥에 관한 법률
  - 통역안내사법
  - 관광청조직규칙

[그림 6-2] 한 · 일 간 관광법제 구조 비교

일본의 경우에는 2006년 12월 기존 관광기본법을 폐지하고 제정된 '관광입국추진기본법(観光立国推進基本法)'을 위시하여 '여행업법', '국제관광호텔정비법', '관광권정비에 의한 관광여객내방 및 체재촉진에 관한 법률', '생태관광추진법', '외국인관광객의 여행용이화 등의 촉진에 의한 국제관광의 진흥에 관한 법률', '외국인관광객의 내방지역의 정비촉진에 의한 국제관광진흥에 관한 법률', '국제회의 등의 유치촉진 및 개최 원활화에 의한 국제관광진흥에 관한 법률', '국제관광사업의 조성에 관한 법률', '지역전통예능 등을 활용한 행사의 실시에 의한 관광 및 특정지역 상공업의 진흥에 관한 법률', '통역안내사법', '관광청조직규칙' 등으로 세분화되어 있다.

3. 현행 관광법제의 문제점 도출

1) 관광법제의 불완전성

현행 관광법제는 관광기본법을 중심으로 구성되어 있으나 관광기본법이 '관광동향에 관한 연차보고' 및 '국가관광전략회의', '관광진흥계획의 수립' 조항 외에는 대부분 선언적 의미에 그치고 별다른 효력을 발휘하지 못하고 있다. 일반적으로 기본법은 당해 분야의 정책이념이나 목표를 제시하고 이를 실현하기 위한 시책의 기본적인 사항을 열거하는 한편, 정책수립 또는 조정 등에 관한 특별기구를 설치하는 것을 기본적인 내용으로 하여, 특정정책의 체계화 기능과 관련법률에 대한 지도적 · 강령적 · 헌장적 기능을 수행하고 있다.

관광기본법은 관광정책에 대한 방향과 목적을 선언적으로 규정해 놓고 있고, 실제적인 계획수립절차나 수립주체 등에 대해서는 구체적인 언급이 없어 한계성을 지니고 있다. 관광진흥법의 경우에도 명칭이 '진흥법'이라는 점에서 관광부문에 대한 국가의 책무가 인정되는 경우에 제정되어야 하는데 관광소비자에 대한 보호적 측면, 그리고 관광인프라 조성에 대한 정책적 의지가 담겨 있기 보다는 규제관련 내용들이 대부분을 차지하고 있다.

2) 시대변화에 따른 대응역할 미약

관광법제가 관광산업의 성장추세와 트렌드 등 시대적 변화나 흐름에 적극적으로 대응하는 것은 국가의 관광발전을 위해서 매우 중요하다. 1990년대 '국제회의산업 육성에 관한 법률'의 경우 국제회의산업이 고부가가치적 성격을 지니고 있음에 따라 정부가 전략적으로 육성하기 위한 적극적인 시도라고 할 수 있다.

2000년대에 들어와서는 관광이 이미 생활화되고 생활의 질을 향상하는 데 중요한 공헌을 하고 있음에도 불구하고 1970년대 '계몽 또는 계도'적 가치가 반영된 '건전한' 이라는 용어가 여전히 사용되고 있다. 반면 일본의 경우 시대변화에 따라 "생태관광 추진법", "지역전통예능등을 활용한 행사의 실시에 의한 관광 및 특정지역 상공업의 진흥에 관한 법률" 등을 적극 육성하기 위한 법률제정 노력이 돋보였다.

우리의 경우 2000년대에 들어서 빠르게 변화하는 국내외 관광환경과 패러다임을 충실히 반영하여 '법제'를 체계적으로 개편하지 못하고 있으며, 사안의 발생에 따라 기존 법령의 '땜질식' 개정에만 머물러 있다.

3) 관광정책 추진력 확보 미약

현행 관광법제상 정부의 가장 기본적인 역할에 대해서는 관광기본법에 일부 포함되어 있다. 관광진흥계획 수립, 연차보고, 법제 · 재정 · 행정상의 조치, 지방자치단체의 협조, 외국관광객의 유치, 관광여건의 개선, 관광자원의 보호, 관광사업의 지도 · 육성, 관광종사자의 자질 향상, 관광지의 지정 및 개발, 국민관광의 발전, 관광진흥개발기금 운영이 그것이다.

관광에 대한 정부의 기본적 기능 설정이 1970년대 관광기본법 제정 시 반영된 정부의 책무라는 점에서 2010년대 관광여건과 시대적 가치를 충분히 담고 있지 못하고 있다. 일본은 2000년대 들어와 "관광입국추진기본법"의 제정과정에서 정부의 책무로 국제경쟁력이 있는 매력적인 관광지 형성, 관광산업의 국제경쟁력 강화와 관광진흥을 위한 인재양성, 국제관광의 진흥, 관광여행의 촉진과 환경정비, 지방공공단체 협력 등으로 대분하고 총 16개의 세부 시책과제를 설정하고 있다.

우리는 '외래관광객 유치'에 경도된 정책기조가 여전히 잔존하여 2000년대 이후 부각된 '지역관광 활성화', '민관협력 파트너십', '국내여행수용태세 확보', '녹색관광', '공정관광' 등의 정책을 추진할 수 있는 확고한 법적 근거가 미약한 상황이다. 일본의 경우 "관광입국추진기본법"의 제정을 통하여 관광입국을 위한 국가, 공공단체, 주민, 관광사업자의 역할을 분명히 명시하며 산 · 관 · 민(産官民) 파트너십을 구사하고 있는 반면 우리나라의 경우에는 이에 대한 관심은 있으나 제도화하는 데 소홀하였다.

4) 관광진흥법의 과잉 비대화

현행 관광진흥법은 관광사업 육성과 관광자원 개발이 핵심 내용으로 구성되어 있다. 관광진흥법의 제정목적이 '관광여건을 조성하고 관광자원을 개발하며 관광사업을 육성하여 관광진흥에 이바지하는 것'에 있으나, 핵심내용은 관광사업과 관광개발에 있음을 알 수 있으며 관광진흥과 관련된 내용은 매우 한정되어 있음을 볼 수 있다.

관광자원의 개발에 관한 내용과 관광사업에 대한 내용이 혼재되어 있으며 관광기본법에서 다루어야 할 내용까지도 일부 포함되어 있다. 특히 외래관광객의 유치 · 홍보, 관광관련 국제기구와의 협력, 관광수용태세 개선, 건전관광 풍토 조성 등이 그러함. 또한 지나치게 많은 업종과 내용을 포함하고 있어 법의 효율적 이해나 이용 및 개정에도 어려움이 있는 것으로 지적되고 있다.

5) 구태의연한 분류체계로 인한 실효성 미비

현행 관광진흥법을 보면 관광사업 육성을 위한 정부와 지방자치단체의 지원내용이 구체적으로 명시되어 있지 않으며, 1986년 당시 입법과정에서 정부가 미래 한국관광의 대표적 사업으로 육성하기 위하여 설정한 분류체계도 현 시점에서 보면 결과적으로 실질적인 성과를 거두었다고 할 수 없다.

관광사업은 애초 여행알선업, 관광숙박업, 관광객이용시설업으로 구성되어 있었으나 1986년 관광진흥법의 제정 시 관광사업의 영역을 확대하기 위한 정책의지에 의해 이를 여행업, 관광숙박업, 관광객이용시설업, 국제회의용역업, 관광편의시설업으로 재편하였으며, 이후 카지노업(1994년 편입), 유원시설업(1998년) 등이 추가되어 현재에 이르고 있다.

그러나 당시 신설되었던 관광숙박업 중 수상관광호텔업은 2019년 9월 현재 전무하고 한국전통호텔업은 8개, 의료관광호텔업은 2개에 불과하다. 관광객이용시설업 중 크루즈업은 전무하며, 관광공연장업도 7개에 그치고 있다(한국관광협회중앙회, 2019).

이처럼 관광사업체의 다각화 차원에서 다양한 관광사업의 분류체계를 지니고 있지만 세부적으로 들어가면 업종간 · 업종내 불균형적 성장을 방치하고 있는데, 이는 정부차원에서 당초의 입법취지에 맞게 후속적인 정책적 노력이 미진하였거나, 아니면 시대상황과 다소 동떨어진 분류체계를 구태의연하게 유지했기 때문이다.

4. 관광법제 개편 시 고려사항 및 개편방향

1) 관광법제 개편의 고려사항

(1) '관광대국 만들기'의 플랫폼 역할

관광법제 개편 시 관광정책의 비전을 설정하고 이를 달성하기 위한 제도적 플랫폼(platform)을 제시하는 데 초점을 두어야 한다. 과거의 관광정책비전이 '관광부국 달성'에 초점을 두었다면 향후의 관광정책비전은 '관광대국 도약'에 초점을 두고 이를 뒷받침할 수 있는 법제 개편이 필요하다.

일반적으로 관광대국은 "정부 · 기업 · 시민의 협력을 통하여 관광산업의 양적 성장과 질적 향상을 모색하면서 국가 및 지역에 대한 사회경제적 기여는 물론 글로벌 경쟁력을 확보하여 세계 관광을 선도할 수 있는 선진화된 역량을 갖춘 상태"를 지칭하며, 다음과 같은 역량을 말한다.

첫째는 '국제관광 선도'로 한류(드라마, K-Pop, K-Culture 등) 확산에 따른 세계관광 트렌드 선도자(trend-setter) 역할을 담당한다. 둘째는 '국가경제 기여'로 서비스경제화 시대에 대응한 관광산업의 역할강화 및 타 산업과의 융복합 확대이다. 셋째는 '미래산업 창조'로 '공정'을 기반으로 선진형 관광산업시스템 정착과 의료 · 쇼핑 · MICE 산업 등 미래형 관광성장동력의 육성이다. 넷째는 '지역의 글로벌화'로 지역 관광산업 육성(GRDP, 고용확대 등)하고 전통문화자원의 발굴을 통하여 지역관광 콘텐츠의 글로벌화 유도이다. 다섯째는 '국민복지와 행복'로 국민복지 수요증대에 대응한 삶의 질을 제고할 수 있는 관광산업의 감성화 사업을 추진하는 것이다.

(2) 관광산업의 경제적 위상제고

관광법제의 개편은 궁극적으로 관광산업의 육성 또는 경쟁력 강화를 통하여 관광산업의 경제적 위상을 확보하도록 유도하는 데 기여하도록 해야 한다. 한국은 국내총생산(GDP) 대비 관광산업의 직 · 간접 비중이 5.8% 내외로 선진국에 비해 낮다는 점에서 관광법제 개편 시 우선적으로 관광산업의 비중을 획기적으로 확대할 수 있도록 중장기적 관점에서 추진되어야 한다.

미국의 경우 2010년 (1) 미국관광수입(1,340억 달러)이 무역수출액의 7%를 차지하며, (2) 미국 서비스부문 수출액의 25%를 점유하고, (3) 그 결과 수출범주(category) 중 3번째로 크고, (4) 320억 달러의 무역흑자를 기록하며, (5) 120만 명의 고용을 창출하고, (6) 국제관광시장(관광객 수) 대비 4%를 점유하나 국제관광 소비의 17%를 차지하고 있다(OTTI / DOC, 2010). 2014년 GDP대비 8.4%를 점유하고 관광산업 고용인수가 1,426만 명으로 세계 최대 수준이다. 영국의 경우 관광산업의 GDP 대비 비중이 10.9%(2014년)를 차지하여 자동차산업의 1.9%, 화학산업의 4.1%를 앞섰으며, 404만 명이 관광산업에 직간접으로 고용되었다. 프랑스는 국내총생산 대비 관광산업의 비중이 9.6%(2014년)이며, 관광부문의 고용비중이 4.2%를 차지하였다.

(3) 관광산업의 융복합 촉진

향후 관광대국이 되기 위해서는 관광산업이 자체 경계를 허물고 타 산업부문과의 대각선적 통합을 왕성히 추진하는 '융복합 촉매산업'으로서의 역할을 주도적으로 담당하도록 해야 한다. 관광은 종합산업이자 무경(無境)산업이라는 점에서 앞으로는 타 산업을 끌어들일 '묘책'과 '비법'을 확보하여 산업 간 시너지를 창출할 필요가 있다.

한국노동연구원은 관광산업을 특수분류에 의거하여 핵심 관광산업, 상호의존 관광산업, 부분적용 관광산업, 관광 지원산업 등 4개로 구분하고 있다. 다만, 특수분류의 각 분야에 속하는 산업 세세분류의 일부가 4개 분야에 걸쳐 중복되어 있다. 예를 들어 소매업(쇼핑업), 숙박업, 음식점 및 주점업 등은 핵심 관광산업에 속하면서 상호의존 관광산업, 또는 부분적용 관광산업 등에도 속하고 있다. 또한 의료관광 유치사업 등 일부 융합관광 사업은 포함되지 않았다.

현대와 같이 업종 간 경계가 무너지고 융복합이 활성화되고 있는 상황에서는 현재처럼 단일법 체제(관광진흥법)는 관광산업의 지속가능하고 창의적인 발전에 도움이 되지 않을 수 있다. 다시 말해 경험경제, 창조경제의 시대적 흐름에도 불구하고 경직된 단일법 체제로 인하여 합리성(좌뇌)만이 강조될 경우, 관광산업의 창조성(우뇌)을 발휘할 여지가 줄어들 수 있다.

〈표 6-1〉 관광산업 특수분류

세분류(산업)	세세분류(사업)
1. 핵심 관광산업	관광 쇼핑업(도매업 제외), 관광 운수업, 관광 숙박업, 관광 음식점 및 주점업, 여행사 및 여행보조 서비스업, 국제회의업, 문화, 오락 및 레저 스포츠산업, 카지노업
2. 상호의존 관광산업	관광 건설업, 관광 및 레저용품 소매업, 관광보험 및 금융서비스업, 레저 장비업
3. 부분적용 관광산업	관광 비인증 쇼핑업, 부분관광 운송업, 부분관광 숙박업, 부분 관광 음식점 및 주점업, 부분관광 공연장업, 부분관광 기타서비스업
4. 관광지원산업	관광 연구개발업, 관광 공공기관, 관광 교육서비스업, 관광 단체

자료: 한국노동연구원(2016), 관광산업의 고용변화와 인력수요 전망.

이제 비현실적인 업종은 과감히 도려내고 미래형 업종을 적극 발굴하여 관광산업의 위상을 제고할 필요가 있다. 예를 들어 MICE산업, 의료관광사업, 생태관광사업, 관광콘텐츠사업(한류, 공연관광 등), 관광교통업(관광버스 등) 등 융복합형 관광사업을 적극 창출할 수 있는 플랫폼을 제공해야 한다.

(4) 관광산업의 공정거래질서 확립

국내외 관광총량이 지속적으로 증가하고 있음에도 불구하고 관광산업계 전반에 걸쳐 여전히 시대변화에 부응하지 못한 불공정 거래관행이 잔존하고 있다. 특히 여행업계에서 저가 단체관광 중심으로 쇼핑 · 옵션 강요, 음식 · 숙박 불만 등 저가여행에 대한 문제가 지속적으로 제기되고 있다.

여행업계에서 추진하는 '여행업법'의 제정 움직임도 여행업계에 만연한 불공정거래, 소비자피해 등 여러 가지 문제점을 해소하기보다는 여행업계의 권익확대에 초점을 두고 있다는 점에서 이해당사자 간 합의가 필요하다.

2) 현행 관광법제의 개선방안

(1) 관광기본법의 강화를 통한 관광법제의 재정비

지난 1975년 관광법제가 어느 정도 확보된 이후 1986년에 관광진흥법 제정을 계기로 법률의 통합이 이루어졌으나 시대상황에 맞지 않게 지나치게 절차 · 규제 위주로 흘러왔다는 점에서 한국관광의 대도약을 위한 시스템의 정비가 필요한 시점이다. 시스템의 정비는 법적인 틀을 마련하는 데 그쳐서는 안되며 행정체계까지도 염두에 두고 효과적인 방향으로 추진되어야 한다.

가장 시급한 과제는 사문화가 되다시피 한 관광기본법을 다시 '제정'의 수준으로 개정할 필요가 있다. 1996년 20개, 2002년 32개, 2006년 44개였던 각종 기본법이 2011년 4월 현재 55개까지 늘어나고 있는데, 이처럼 각 분야에 걸쳐 기본법이 증가하고 있는 것은 기본법 제정을 통하여 정부시책의 기본방향과 이념을 재정립하여 제시할 수 있고, 관련된 개별법들과의 유기적인 체계화를 통하여 법적 의의를 공고히 할 수 있기 때문이다.

2020년대 3,000만 명의 외래관광객을 유치하고 국내관광을 활성화하며, 관광의 경제적 기여도를 제고하고, 관광산업의 지속가능한 발전을 위해서는 새로운 각오로 정부가 해야 할 일부터 제대로 정립할 필요가 있다. 일본이 2000년대 중반 외래관광객의 급증에 따라 '관광입국추진기본법'을 제정하고 관광청을 신설하는 등 외래관광객 유치를 위한 적극적인 행보를 참고할 필요가 있다. 현행 관광기본법을 전면 개정하거나 '관광정책기본법'(예: 환경정책기본법)으로 변경하여 정부의 관광정책 임무를 구체적으로 명시할 필요가 있다.

(2) 복수 관광법제에 의한 관광사업별 다양성 확보

관광진흥법이 관광사업을 통합적으로 관리하는 데 활용됨에 따라 효율성 측면에서 소기의 성과를 거두었는지 모르겠지만, 관광사업의 육성보다는 규제에 경도되어 왔으며 이로 인해 산업별 강점과 다양성을 활성화시켜 주는 데는 미진하였다. 따라서 관광진흥법을 현행대로 단일법 체제로 유지할 것인가 아니면 관광산업의 부문별로 재분류하여 복수법 체제로 전환할 것인가에 대한 진지한 논의가 필요한 시점이다.

단일법 체제는 법 구조가 간단하고 개괄적이며 이해하기 쉬워져 국민이나 사업자의 법의식을 강화하는 데 장점이 있지만, 다양한 사회환경 변화에 따른 새로운 개념의 탄력적 수용이 어렵고 개별산업의 육성에 한계가 있다. 복수법 체제는 신종산업, 새로운 사회규범 등 다양한 환경변화에 따른 탄력적 수용이 가능하고 정책분야 및 업종의 전문화를 기하는 장점이 있는 반면 각종 관광정책 및 법제의 일관성과 형평성을 유지하기가 곤란하다는 단점을 지니고 있다.

3) 분법화 및 특별법 제정방안

(1) 분법화 방안

그동안 관광법제의 개편방안은 대부분 관광기본법을 개정하고, 관광진흥법을 관광자원개발법과 관광산업육성법으로 분리하며, 국제회의산업 육성에 관한 법률과 관광진흥개발기금법을 존치시키는 것이다. 최근 여행업계를 중심으로 '여행업법'을 별도 제정하여야 한다는 주장, 그리고 '관광숙박시설 확충 · 지원 등에 관한 특별법안'도 빈번히 제기되고 있다.

관광법제 개편 시 중요하게 고려해야 할 것은 이를 집행할 효과적인 행정체계를 구축하는 것까지도 염두에 두어야 한다는 점이다. 문화체육관광부 관광국 및 관광레저기획관실이 2014년 10월 체육국과 통합하여 체육관광정책실로 승격되었으며, 관광정책관 산하에 관광정책과, 관광산업과, 국제관광과 3개과, 그리고 관광레저정책관 산하에 관광개발기획과, 관광개발지원과, 관광레저기반과 3개과로 개편되었다. 문재인 정부는 관광국을 관광정책국(관광정책과, 국내관광진흥과, 국제관광과, 관광기반과)으로 변경하고 관광레저정책관을 폐지하고 관광산업정책관(관광산업정책과, 융합관광산업과, 관광개발과)을 신설하였다.

관광기본법은 구체적인 정책개발과 관련된 조항으로 추가하여 기존 관광정책과가 담당하도록 하며, 관광진흥법은 기존의 조항구성 비율에 따라 '관광산업법'과 '관광개발법', '관광진흥법'으로 3分하여 관광산업법은 관광사업 전반의 경쟁력 강화에 초점을 두고 기존의 관광산업과가 담당하고, 관광개발법은 기존 관광개발과에서 담당토록 하며, 관광진흥법은 국내관광 및 외래관광 여건조성과 홍보 등을 담당하여 기존의 국제관광과(또는 관광진흥과로 명칭변경)에서 담당토록 함으로써 행정업무의 효율을 높일 수 있다. 정부 내 관광행정조직의 기능을 활성화하기 위한 관광법제의 개편방안은 다음과 같다.

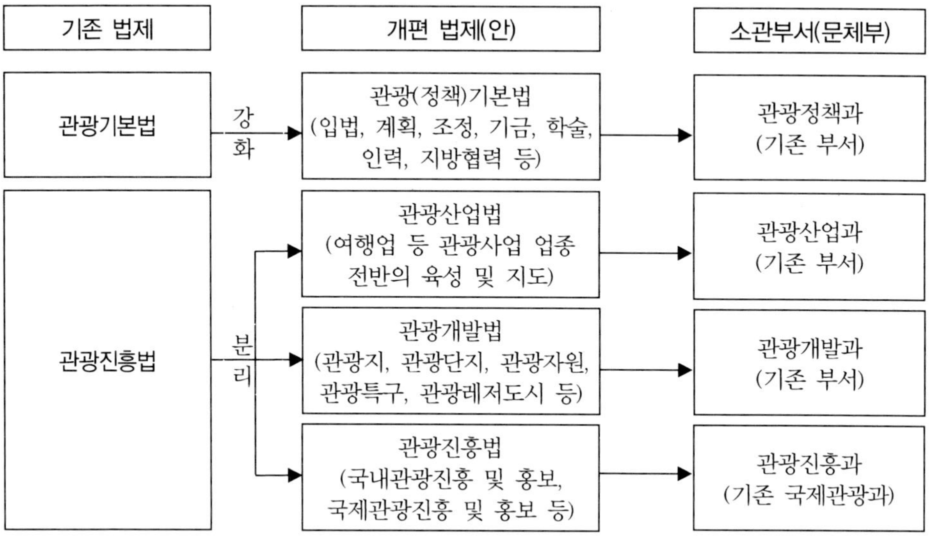

주: 위 법제개편안은 2014년 행정조직을 기준으로 제시된 것임

[그림 6-3] 정부조직의 행정기능 활성화를 위한 법제개편 방안

(2) 특별법의 제정방안

관광여건의 변화에 따라 관광분야의 경우에도 시대적으로 육성이 시급하고 막중한 경우 해당분야 육성을 위한 '특별법'의 제정이 필요하다. 그동안 관광분야의 경우 '올림픽대회에 대비한 관광숙박업등의 지원에 관한 법률'(1986. 5. 12 제정, 1988. 12. 31 폐지), '국제회의 산업 육성에 관한 법률'(1996. 12. 30 제정), '관광숙박업 지원 등에 관한 특별법'(1997. 1. 13 제정, 2002. 12. 31 폐지) 등 3개 특별법이 한시적(또는 지속적)으로 제정되었다.

2020년대 '관광대국'의 비전을 달성하기 위해 향후 다음과 같은 다양한 특별법의 제정이 필요할 것으로 예상된다. 첫째는 (가칭)'산업관광진흥에 관한 특별법'의 제정이다. 산업관광을 선진국 수준으로 획기적으로 육성하기 위해서는 기존의 관행적 관광진흥사업으로 한계성을 보이고 있다는 점에서 향후 10년간 한시적으로 (가칭)'산업관광진흥에 관한 특별법'을 제공하여 체계적으로 추진할 필요가 있다.

둘째는 (가칭)"지역관광경쟁력 증진에 관한 특별법"의 제정이다. 글로컬화 시대의 도래에도 불구하고 노령화 등의 여건으로 점차 활력이 감퇴되는 비수도권 지역의 활성화를 지원하기 위하여 외래객의 지역분산과 경쟁력 제고를 위한 지역관광의 글로벌 수용태세를 구축하는 데 초점을 두고 2030년까지 한시적으로 운영한다.

셋째는 (가칭)'여행업 공정거래 확립을 위한 특별법'의 제정이다. 기존 거론된 '여행업법'의 제정 움직임과 달리 관광산업의 선진화 차원에서 여행업의 수익모델 창출, 공정여행 및 착한여행 확산, 소비자 보호 및 피해보상 등을 한시적으로 추진한다.

넷째는 (가칭)'관광숙박시설 확충 · 지원 등에 관한 특별법'의 제정이다. 국내외 관광 총량의 증대, 특히 수도권의 경우 외래관광객 숙박수용력 부족을 타개하기 위하여 한시적으로 관광호텔 등 전통적 숙박시설 확충뿐만 아니라 게스트하우스, 분양호텔, 한옥스테이 등 관광관련 숙박시설의 다양화를 모색한다.

5. 맺음말

관광법규는 정책이 효율적으로 집행되어 관광발전으로 나아갈 수 있는 매우 중요한 제도이다. 따라서 현재의 관광법제가 2020년대의 시대적 흐름에 적극 대응할 수 있는가에 우선적으로 관심을 갖고, 나아가 한국관광의 대도약을 위하여 새롭게 변신할 수 있는 최선의 법제를 찾는 것이 중요하다. 현재의 관광법제는 기본법과 관련법 간 체계가 불완전하며, 시대가 변화하고 있음에도 그 트렌드나 시대적 가치를 충실히 반영하지 못하는 구조로 되어 있다. 또한 경쟁국과 비교할 때 관광법제의 미확립으로 행정체계의 추진력을 충분히 확보하지 못하고 있으며, 관광진흥법은 구태의연하게 짜깁기형 입법으로 관광산업의 성장에 크게 기여하지 못하고 있으며, 관광업종 간 불균형 성장이 방치되고 있다.

다행히 정부는 관광산업의 경쟁력 강화차원에서 다양한 노력을 경주하고 있다. 또한 국내관광의 활성화와 외래관광객을 유치하기 위하여 관광자원의 발굴 · 상품화를 모색하고 있다. 최근 외래관광객의 유치와 해외여행 규모와의 격차 확대에 따라 관광부문 간 불균형 요인으로 작용하여 관광수지 적자규모가 크고, 국내관광의 성장도 저조하며, 관광자원 개발효과도 점차 약화되고 있다. 이에 따라 관광법제의 개편만으로 모든 것을 해결할 수는 없지만, 적어도 관광산업의 지속가능한 성장과 신 성장동력의 창출에 기여할 수 있다. 그러므로 관광기본법을 혁신적으로 개정하여 관광정책의 방향성을 확보할 필요가 있고, 현행 단수형 법제보다는 복수형 법제를 채택하여 산업의 자생적 발전과 창의를 제고해야 한다. 그리고 관광법제의 개편 시 이를 효율적으로 추진할 수 있는 행정체계를 충분히 고려할 필요가 있으며, 향후 전략적으로 중요하거나 시급한 업종이나 부문에 대해서는 특별법 형태로 제정하여 경쟁력을 높여가도록 해야 한다.

끝으로 법제 개편은 일방적인 견해에 의해 주도되어서는 안된다. 이해당사자 간의 합의가 필수적이라는 점에서 충분한 논의가 전제되어야 한다. 그리고 법제 개편 시 백년대계는 안 되더라도 적어도 수십 년을 유지하며 일관성 있게 추진하여 '관광대국' 또는 '관광선진국'으로 도약할 수 있는 계기가 되어야 한다. 이에 '민관 관광법제개선 TF'를 구성하여 관광법규 개정에 대한 공감대 확산은 물론 정부와 공동으로 관광법제 정비를 추진하는 방안을 제안한다.

PART

3

관광시장개척:
동북아 관광동맹을 결성하자

PART 3의 구성과 주요 내용

"관광시장개척: 동북아 관광동맹을 결성하자"라는 주제를 설정하였다. 2020년대 관광대국으로 도약하기 위해서는 동북아 역내시장은 물론 동남아, 서남아와 구미주까지 시장개척에 역점을 두어야 한다. 이와 관련 한중일 관광교류 협력을 재검토하고 중국관광시장 유치방안과 맞춤형 대응방안을 살펴보았다.

제7장

'동북아 관광교류 협력의 활성화'를 위하여 한중일 관광교류의 추세를 살펴보았다. 최근 한중일 관광교류가 상호의존성과 함께 불확실성도 높아지고 있는 상황이다. 이 글은 한국문화관광연구원 계간지 한국관광정책 20019년 가을호에 게재되었다.

제8장

'중국 아웃바운드 관광동향과 시장개척'을 주제로 삼고, 중국의 아웃바운드 관광정책과 방한 관광트렌드를 살펴보고 중국 관광객 유치 경쟁력 강화방안을 제시하였다. 2010년 한국문화관광연구원 특별연구과제로 중국관광객 유치 관광수용태세 개선방안을 수행한 바 있으며, 이글은 2012년 포스코경영연구원이 발간하는 친디아저널(제69권, 5월호)에 실린 '중국관광객, 2020년 1천만 명 돌파 예상'을 수정 · 보완한 것이다.

제9장

2010년대 중국관광객이 급증하면서 정책당국은 물론 민간부문에서도 이에 대한 관심이 제기되면서 2015년 전경련 산하 한국경제연구원의 특별요청에 의거, '중국관광객 유치 활성화를 위한 대응과제'(KERI정책제언 15-22)를 수행한 바 있다. 이 원고는 당시 수행한 연구의 일부를 보완 및 요약한 것이다.

제10장

머니투데이가 2016년 주최한 "제2회 관광포험 K-樂" 토론회에서 발표한 '유커와 FIT 맞춤형 온-디맨드 관광 솔루션'을 수정 · 보완한 글로서 점점 더 개인화, 고도화되고 있는 FIT의 눈높이에 맞추기 위한 온-디맨드 전략을 살펴본 것이다.

제7장
동북아 관광교류 협력의 활성화

1. 머리말

2000년대로 들어와 세계관광의 중요한 추세는 대륙 내 또는 지역 내 관광교류 규모가 커지고 있다는 점이다. 국제관광객의 목적지를 분석한 유엔세계관광기구(UNWTO, 2019)에 의하면, 5명 중 4명은 권역(대륙) 내에서 발생하고 있다.

동북아 3국의 경우에는 2010년대에 들어와 역내 관광객의 비중이 43~46%(홍콩, 대만 제외)를 차지하고 있다는 점에서 성장 가능성도 높다. 이러한 점에서 동북아 지역 국제관광 성장의 1차적 과제는 '역내관광의 활성화'에 있으며 이를 바탕으로 타 권역 관광객을 유치하는 것이 보다 현실적이다.

'동북아시아' 지역은 편의상 동남아를 제외한 한반도(남북한), 중국(홍콩, 마카오 포함), 일본, 대만을 지칭한다(외교부 홈페이지 참조). 그중 관광의 경우에는 한중일(韓中日)이 동북아시아의 핵심 국가라는 점에서 논의의 대상을 한정하고자 한다. 한중일 3국은 산업화의 시기는 다르지만 전통적으로 농업과 제조업을 중심으로 성장해 왔으며, 2000년대로 들어서면서 서비스업의 집중 육성에 따라 자국 내에서 차지하는 관광산업의 규모도 점차 커지고 있다.

유엔세계관광기구(UNWTO, 2019)의 집계에 의하면, 2018년의 경우 한중일 3국의 관광객 수는 1억 944만 명으로 2010년의 7,307만 명 대비 59.8%나 급증하였으며, 관광수입의 경우에도 2018년 968억 달러로 2010년 693억 달러 대비 39.6%나 신장되었다. 가장 두드러진 특징은 지난 수년간 일본의 국제관광객수와 관광수입이 급증하였으며, 반대로 중국의 경우는 외래관광객수는 약간 늘어났지만 관광수입의 규모는 오히려 줄어들었다는 점이다.

특이한 점은 2018년의 경우 중국은 외래관광객 수가 세계 4위(6,290만 명)를 차지했고, 일본은 외래관광수입이 9위(410억 달러)를 기록했으며, 한국은 국외관광지출에 있어서 중국(2,770억 달러, 1위)에 이어 9위(320억 달러)에 랭크됐을 정도로 세계관광에서 차지하는 동북아 3국의 위상이 매우 큰 편이다(UNWTO, 2019).

〈표 7-1〉 한중일 3국의 인바운드관광 성장 추이

(단위: 천 명, 백만 달러, %)

구분	외래관광객 수			관광수입		
	2010	2018*	증가율	2010	2018*	증가율
한국	8,798	15,347	74.4	10,328	15,319	48.3
중국**	55,665	62,900	13.0	45,814	40,386	-11.8
일본	8,611	31,192	262.2	13,199	41,115	211.5
합계	73,074	109,439	49.8	69,341	96,820	39.6

주: * 2018년 수치는 잠정치, ** 중국 본토(홍콩 제외)
자료: UNWTO(2019), International Tourism Highlights 2019 Edition.

여기에 세계경제포럼(WEF, 2019)의 국제관광경쟁력 분석결과 2015년 대비 2017년과 2019년의 순위가 한국(29위→19위→16위), 중국(17위→15위→13위), 일본(9위→4위→4위) 3국 모두 랭킹이 수직 상승되었다는 점에서 향후에도 관광산업의 지속적인 발전을 예상할 수 있다.

그 결과 각국의 GDP에서 차지하는 관광산업의 기여도(총효과 기준, 3국 평균값)가 2010년 6.1%에서 2018년 7.0%로 증가하였으며, 고용기여도 역시 2010년의 6.2%에서 2018년에는 6.7%로 계속 상승 추세에 있다.

〈표 7-2〉 한중일 3국의 관광산업 경제기여도

(단위: %)

구분	GDP 기여도 (총효과)			고용기여도 (총효과)		
	2010	2018*	증감	2010	2018*	증감
한국	3.1	2.7	-0.4	2.9	3.0	0.1
중국**	8.3	11.0	2.7	8.8	10.3	1.5
일본	6.9	7.4	0.5	6.8	6.9	0.1
평균	6.1	7.0	0.9	6.2	6.7	0.5

주: * 2018년 수치는 잠정치, ** 중국 본토(홍콩 제외)
자료: 관광지식정보시스템(https://know.tour.go.kr/stat/tourStatSearchDis.do), 재구성.

이는 곧 한중일 3국은 자국의 경제에서 차지하는 관광산업의 비중을 계속 확대할 것임을 보여주는 것이다. 다만 우리나라의 경우에는 상대적으로 뒤처진 관광산업의 경제기여도를 제고하고 인바운드와 아웃바운드 간 불균형을 개선하여 동북아 관광성장에 따른 관광이익을 적극 확보해야 한다.

2. 한중일 간 관광판도 변화

1) 한중일 관광판도의 변화

최근 들어 한중일 3국 간 관광교류 추이를 보면 크게 3가지 특징을 보이고 있다. 우선 2012~2014년 기간에 동북아 관광판도(觀光版圖)가 전환되었다. 그리고 상호의존성이 증대되고 있음을 알 수 있다. 한국과 중국 간의 관광교류를 보면, 2012년까지는 '방중' 규모가 '방한'보다 많았지만 이후 사드사태 발생 전까지는 방한 중국인 규모가 크게 신장되었다.

그리고 3국 간 국제관광 왕래 규모는 2011년 1,606만 명에서 2016년에는 2,022만 명으로 증가하였고, 2018년에는 방중 한·일 관광객 통계를 제외하면 2,366만 명을 기록하였지만 포함할 경우 3천만 명대에 다가섰음을 알 수 있다.

〈표 7-3〉 한중일 3국 간 관광교류 추이

(단위: 만 명)

구분	한중 간		한일 간		중일 간		합계
	한→중	중→한	한→일	일→한	중→일	일→중	
2011	419	222	166	329	104	366	1,606
2012	407	284	204	352	143	352	1,742
2013	397	433	246	275	131	288	1,770
2014	418	613	276	228	241	272	1,534
2015	444	598	400	184	500	250	1,823
2016	476	807	508	230	417	259	2,022
2017	386	417	714	231	736	268	1,748
2018*	n/a	479	754	295	838	n/a	2,366
2019.1~6*	n/a	280	386	165	453	n/a	1,284

주: * 2018년 이후의 중국 입국통계는 중국 정부의 비공개로 확인 불가하며, 합계의 경우도 중국입국치를 제외하고 합산함

자료 : 문화체육관광부(각년도), 한국관광통계, 한국관광공사(2019), 숫자로 보는 한국관광, 일본정부관광국 홈페이지(https://www.welcometojapan.or.kr)

2) 한중일 관광의 상호의존성

최근 들어와 한중일 3국 간 관광교류의 상호의존성이 점차 커졌다. 한국의 경우에는 전체 외국인 관광객 중 중·일 관광객의 비중이 2011년 56.2%에서 2015년 59.1%까지 증가하였으며, 2017년의 경우에는 사드배치에 따른 중국 관광객의 감소로 48.6%로 낮아졌다.

중국의 경우 순수 기준으로 보면 2011년 한·일 관광객의 비중이 35.8%에서 2017년 29.1%로 감소하였다. 반면 일본의 경우 한·중 관광객의 비중이 2011년 43.4%에서 2017년 52.3%로 크게 증가하였다. 중국에 비해 한국과 일본의 상대 2개국에 대한 관광의존성이 높아지고 있음을 알 수 있다.

〈표 7-4〉 한중일 3국의 상대 2개국 관광의존도

(단위: %)

구분		상대 2개국 방문객 비중				
		2011(a)	2013	2015	2017(b)**	증감(b-a)
한국		56.2	58.1	59.1	48.6	-7.6
중국*	포괄기준	13.6	12.3	12.2	10.8	-2.8
	순수기준	35.8	32.9	34.2	29.1	-6.7
일본		43.4	36.4	45.6	52.3	8.9
평균		45.1	42.5	46.3	43.3	-1.8

주: * 중국의 경우 포괄기준은 순수 외국인외에 홍콩인, 마카오인, 대만인을 포함한 수치이며, 순수 기준은 순수 외국인만 대상으로 한 것임.

** 2017년의 경우 사드사태로 인하여 한중 간 관광교류 규모가 축소된 결과로 낮게 나타났으며, 평균값은 순수집계 기준에 근거하여 산출함

자료: 문화체육관광부, 한국관광통계, Travel China Guide(https://www.travelchinaguide.com), 일본정부관광국 홈페이지(https://www.welcometojapan.or.kr)

3) 한중일 관광의 불확실성

최근 들어 한중일 간에는 상호의존성 증대와 더불어 3국 간 관광교류의 불확실성도 점차 커져가는 추세이다. 2017~2019년 기간에 3국 간 정치외교적 돌발변수로 인하여 관광교류가 큰 타격을 받고 있다. 일본에 의한 역사왜곡에 따라 2010년대 초반 중국인의 일본여행 취소사태가 발생하여 그 반대급부로 방한 중국인 수가 늘어난 사례와 한국의 사드배치에 따라 2017년 중국인의 한국방문이 거의 '반토막' 수준으로 급감하였다.

방한 중국인의 급감을 불러온 결정적인 조치는 중국 정부차원에서 이루어졌다. 2017년 3월 중국국가여유국은 지방 여유국과 주요 여행사를 소집하여 한국단체여행 상품관련 업무를 3월 16일부터 전면 중지시키는 7대 지침을 하달하였고, 중국 민항국은 한국행 전세기에 대한 신규 취항 및 증편을 불허하였으며, 중국 내 크루즈사는 한국 노선운항을 중단하였다. 그 결과 2017년부터 중국인의 해외여행 행선지로 일본이 급부상하였다.

여기에 2019년 한일 간 외교분쟁과 일본정부의 한국에 대한 일방적인 수출규제로 인하여 한국인의 일본여행 불매운동이 발생하여 일본여행이 대거 취소되는 사태가

발생하였다. 현대경제연구원(2019)은 '한 · 일 여행절벽의 경제적 피해와 시사점'이라는 보고서를 통해 한국인의 일본 여행이 내년까지 최대 81.2%까지 감소할 경우 2020년 일본의 경제성장률이 -0.1%까지 하락할 것으로 전망하고 있다. 일련의 정치외교적 마찰과 갈등이 한중일 3국 간 관광교류 협력은 물론 동북아 관광성장에 큰 악재로 작용할 수 있다는 점에서, 관광을 통한 평화여건의 조성과 지역안정을 적극 모색할 때이기도 하다.

이에 따라 동북아 지역에서도 관광이 상대방 국가를 보복하는 하나의 무기(weapon)로 자주 활용되고 있다. 차이점이 있다면 중국의 방한 여행규제는 정부가 주도적으로 추진한 반면, 한국의 방일 여행취소는 민간부문의 자발적인 운동(예: '노노재팬 사지 않습니다 가지 않습니다')에 의해 발생하였다는 것이다. 그 결과 외국인 관광객 유치를 통하여 지역창생을 모색하려던 일본 정부의 의도와 다른 방향으로 부작용을 낳고 있다.

2018년 7월 한국인의 방일 규모가 61만 명이었으나 불매운동의 여파로 2019년 7월의 경우 56만 명으로 전년 동기간 대비 7.6%가 감소하였다. 심지어 같은 중화권인 중국 본토와 타이완 간에도 2019년 8월 정치외교적 문제로 중국인의 대만 개인여행 금지로 인하여 본토인의 대만 방문이 큰 제약을 받고 있는 상황이다.

최근 4년 동안 한국인이 일본에서 쓴 금액이 일본인이 한국에서 소비한 금액의 3배에 달하는 것으로 나타났다. 한국관광공사의 집계에 의하면, 2015~2018년 한국인 23,77,1787명이 일본으로 출국해 총 18조 8,158억 원을 쓴 것으로 집계됐다. 사용 액수는 한국은행의 여행수지를 해당연도 평균환율을 이용해 산출했다. 같은 기간 일본인은 한국에 9,395,649명이 입국해 6조 4,453억 원을 쓰는 데 그쳤다. 상대국을 방문한 한국인 숫자가 일본인의 2.5배였고, 상대국에서 쓴 돈은 2.9배로 격차가 더 컸다. 사용한 액수의 격차가 더 큰 이유는 1인당 소비 금액에서 차이가 나기 때문이다. 일본을 찾은 한국인 1명이 현지에서 쓴 금액은 791,520원이었지만, 한국에 온 일본인 한 명이 우리나라에서 쓴 액수는 685,590원이었다. 한국인이 일본에서 105,530원을 더 쓴 셈이다. 양국 교류 방문 인원은 꾸준히 증가하는 중이지만 일본에 가는 한국인의 증가세가 더 가팔랐다. 2015년~2018년 사이 일본을 방문한 한국인이 88.4% 증가하는 동안 한국을 찾은 일본인은 60.4% 늘어나는 데 그쳤다(연합뉴스, 2019.10.6).

이밖에도 한중일 3국 간 관광교류의 불확실성은 각종 질병과 기후문제에서도 발생하고 있다. 2015년 한국에서 발생했던 메르스(MERS) 사태와 2019년 중국에서 발병하여 전 세계로 확산된 코로나바이러스 감염증으로 인해 주변국 간 관광교류 규모가 크게 위축되기도 하였다. 또한 지구온난화나 초미세먼지 발생 등으로 인하여 상대방 국가로의 여행이 타격을 받기도 하였다.

3. 한중일 관광교류 협력의 현황과 평가

1) 한중일 국가 간 관광교류 협력

한중일 3국은 경쟁적으로 자국의 경제에 차지하는 관광산업의 중요성을 인하여 역내 관광의 활성화에 적극성을 보이고 있다. 물론 역사적인 문제로 인해 남아있는 앙금을 치유하기 위해 젊은 세대를 중심으로 여행교류 사업을 추진하는 것도 중요한 정책과제가 되고 있다. 아시아 · 태평양 시대의 도래와 동북아 지역의 위상이 계속 커져가고 있음에 따라 한중일이 글로벌 관광을 선도하기 위해서는 3국이 공동 책임의식을 갖고 관광교류의 제약요인을 제거하는 노력을 전개해야 한다.

한중일 3국은 이러한 시대적 소명을 관광교류 차원에서 해결하기 위하여 지난 2006년 일본 홋카이도에서 제1차 한중일 관광장관 회의를 개최하여 핵심 의제를 선정하고 해결방안을 모색해 왔다. 1차, 5차, 7차 회의에서는 3국 간 관광교류의 규모를 확대하기 위한 노력을 추진하였다. 그리고 2차, 8차 회의에서는 한중일 공동 관광상품 개발과 홍보마케팅 방안에 대한 논의가 전개되었으나 실질적인 성과는 거두지 못하고 있다.

4차, 5차, 6차 회의에서는 지구온난화, 온실가스 등에 따른 관광안전과 환경 대응방안을 모색하였다. 3차, 5차, 7차, 8차, 9차 회의에서는 각국의 지역관광 활성화 차원에서의 교류협력 방안을 추진하였다. 그러나 중국이나 일본과 달리 우리나라의 경우 서울, 부산, 제주를 제외한 나머지 지방도시에 외래객 유치역량을 증대하는 데 미흡하였다.

〈표 7-5〉 역대 한중일 관광장관회의의 핵심의제와 주요 내용

시기	개최지	핵심 의제	주요 내용
1차 (2006)	홋카이도 (일본)	• 한·중·일 관광빅뱅(한·중·일 역내외 관광교류 확대 계획)	• 국제관광 교류 규모를 2005년 1,200만 명에서 2010년 약 1,700만 명으로 늘리고, 3국 간 또는 역내외 관광시장 확대 제약요인 개선 및 교류 확대
2차 (2007)	칭다오 (중국)	• 관광, 협력, 화해, Win-Win 추진	• 테러 반대 및 관광을 환경우호형 산업으로 발전 • 빈곤퇴치/지역격차 해소/인류복지 증진, 청소년 교류 확대
3차 (2008)	부산 (한국)	• 한·중·일 관광협력 촉진의 실천	• 관광객 편의증진, 공동 관광상품 개발 및 공동 홍보 가능성 도모, 관광과 환경보전의 공생, 기후변화 조사 결과 상호 제공, 지역 간 관광교류
4차 (2009)	나고야 (일본)	• 국제 금융위기, 신종 인플루엔자 극복 및 국제 관광교류 회복 • 동아시아 관광 대교류 시대 도래에 대한 대응 • 지구 온난화 문제 대응	• 비자, 입국 편의 제고, 관광관련 사업자 인재육성, 관광객 이익 보호 • 관광안내 표시의 국제 표준화, 최첨단 IT 기술 활용 관광정보 제공 서비스 모델 개발 • 관광분야에서도 온실효과가스 삭감 및 자원절약형으로 직·간접적 공헌 도모
5차 (2010)	항저우 (중국)	• 관광분야 교류협력 메커니즘 강화·지속 • 관광협력 심화 • 세계 환경문제 대응	• 정부 협력, 관광업계 대화체계 강화, 한·중·일 정상 회의 등 다자 간 교류, 지역 간 관광협력 교류 • 2015년 2,600만 역내 관광객 달성 목표 • 환경보호, 기후변화, 자연재해 예방 등 정보 교환
6차 (2011)	평창 (한국)	• 관광 위기상황에 대한 3국 간 공동 대응 • 한·중·일 공정관광 이니셔티브 체결 추진	• 한·중·일 관광교류 규모 확대를 위한 Tourism Vision 2020 수립 추진 • 한·중·일 관광교류 확대를 위한 공동사업 발굴
7차 (2015)	도쿄 (일본)	• 한·중·일 관광교류 신시대 개막 • 3국 공동 프로모션 • 제휴강화에 의한 관광 교류의 질적 향상	• 2020년 3,000만 명 증대 목표(항공노선 내실화, 크루즈선 취항 촉진, 시내로의 교통 원활화 등 추진) • 비지트 이스트 아시아 캠페인 추진 • 3국 간 관광교류 확대를 위하여 쌍방향 교류, 지역교류, 문화·스포츠·청소년 교류 확대
8차 (2018)	쑤저우 (중국)	• 한중일 관광교류 신시대 개막 • 관광 안전 및 응급구조 분야 협력 강화, 한중일 3국 공동 관광 홍보 마케팅 추진	• 2020년까지 역내 인적교류 규모 3천만 명 달성 • 문화와 관광을 결합한 상품개발을 통해 교류 협력 • 올림픽 연쇄 개최 계기 역내외 관광객 유치 확대 협력 • 청소년 교육관광 확대, 지역관광 활성화 정책협력
9차* (2019)	인천 (한국)	• 관광교류를 통한 평화, 포용적 성장, 미래선도 추진	• 관광교류 네트워크 구축, 스포츠 교류 협력 • 모두를 위한 여행환경 조성, 지역관광 활성화 협력 및 항공노선과 크루즈선 취항 확대 • 한·중·일 미래세대 포럼 지속 실시

주: *2019년의 경우 문화장관회의의 형식을 취했으나 관광부문을 다수 포함하여 제9차로 명명함.
자료: 문화체육관광부 보도자료, 한국문화관광연구원 연구자료, 언론기사 등의 요약·재정리.

최근 한중 간 사드배치에 따른 갈등과 한일 외교갈등과 수출규제의 여파로 관광교류가 축소된 가운데 열린 제9차 한중일 문화(관광)장관회의(2019.8, 인천)에서는 우리 정부의 주도하에 급변하는 관광환경 변화 속에서 상호 관광협력에 관한 의견을 교환하고 '평화', '포용적 성장', '미래 선도' 등 3가지 관점에서 공동선언문을 채택했다.

제9차 회의에서 채택된 선언의 주요 내용을 살펴보면 다음의 3가지이다. 첫째, '관광을 통한 동북아 지역 평화 증진'과 관련해 3국은 관광이 경제 발전과 국제 평화·번영에 있다는 점을 공유했다. 둘째, '관광을 통한 동북아 지역 포용적 성장 실현'과 관련해서는 장애인·고령층·영유아 등 누구나 안심하고 즐기는 여행 환경을 조성하기로 했다. 셋째, '관광을 통한 동북아 지역의 더 나은 미래 구축'과 관련해 3국은 신기술 발전과 관광융합 등 4차 산업혁명을 통한 관광 발전의 새로운 기회가 될 것이라는 인식을 함께 하였다.

그간 9차례에 걸친 한중일 관광장관회의를 살펴보면, 세계관광에서 차지하는 동북아, 특히 한중일 관광교류의 비중확대를 위하여 '관광빅뱅'을 모색하고, 역내 관광교류를 1,200만 명(2005년) → 1,700만 명(2010년) → 2,600만 명(2015년) → 3,000만 명(2020년)으로 지속 확대하기 위한 노력은 가시적인 성과를 거두었다. 이러한 양적 성장을 위한 공동 노력은 대체로 조기에 달성되었으며, 이제는 향후 10년 내에 4~5,000만 명 시대를 준비해야 할 시점에 이르렀다.

2) 한중일 국가 간 관광교류 평가

3국 간의 관광협력을 위한 어젠다 선정과 공동선언의 추진에 있어서 한국의 주도적 노력이 돋보였지만 그간 이행결과에 따른 실질적인 성과는 대체로 일본이 가장 많은 수혜를 받았다고 평가할 수 있다. 한국은 사드배치에 따라 중국관광객의 감소하였으며 반대로 해외여행은 급증하여 관광수지 적자규모가 커지고 있는 반면, 일본의 경우에는 외래관광객의 급증과 더불어 수지개선(관광수지 흑자) 확대, 지역활성화 목표(즉, 地方創生)를 달성하는 수단으로 적극 활용하였다.

한국의 경우에는 교류의 명분과 협력 틀의 유지에 얽매여 '관광이익'의 극대화라는 성과를 거두는 노력이 미흡하였다. 예를 들어 중국여유연구원(2018, 한국관광공사 내부자료)

발표에 따르면, 2017년 한국과 일본은 각각 중국 관광객의 3위, 4위 방문 목적지 국가로서 중국인의 한국 자유여행 평균소비는 5000~8000위안(元) 구간이 46%로 가장 높고 여행기간은 6일 이내가 77%를 차지하고 있으나 일본의 경우 1~2만 위안 구간의 소비가 49%로 가장 높으며 여행기간도 8일이 78%로 나타났다.

게다가 2017년 중국인의 전체 해외여행 평균 만족도가 76.04점을 감안할 때, 일본은 78.39점은 평균을 크게 상회하나 한국은 76.95점으로 일본보다 상대적으로 낮은 편이다. 한·일 양국 간 중국관광객의 유치 전략과 여행서비스의 질적 수준에 있어서 커다란 차이가 있음을 보여주는 사례이다.

그렇지만 3국 간 관광협력을 위한 공동노력과 성과창출에도 불구하고 자국의 관광이익에만 지나치게 집착함으로써 협력증진의 걸림돌로 작용하고 있다. 한국과 중국의 해외여행 장려제도에도 불구하고 일본의 경우에는 인바운드 유치에만 역점을 두었으며, 많은 인구규모에도 불구하고 해외여행자 수는 2010년 1,664만 명에서 2018년 1,894명으로 12.8%의 소폭 증가에 그치고 있어 결과적으로 동북아 지역의 관광교류 기여도가 상대적으로 낮다.

반면 한국은 2010년 1,249만 명에서 2018년에는 2,870만 명으로 129.8%의 증가율을 기록하여 대비된다. 이제는 일본 정부의 역내관광 확대를 위한 해외여행 장려 캠페인의 전개를 적극 요구할 시점이다.

〈표 7-6〉 한중일 3국의 해외여행 성장추이

(단위: 만 명, %)

구분	2010 (a)	2011	2012	2013	2014	2015	2016	2017	2018 (b)	증감 (b/a)
한국	1,249	1,269	1,374	1,485	1,608	1,931	2,238	2,650	2,870	129.8
중국	5,737	7,025	8,318	9,819	10,900	11,700	12,200	13,000	14,972	160.1
일본	1,664	1,699	1,849	1,747	1,690	1,621	1,712	1,789	1,894	13.8

자료: 3국 정부관광기관 홈페이지 및 국제기구 발간보고서 종합 정리

한편 한중일 3국이 세계 관광시장에서 차지하는 위상을 더욱 제고하기 위한 노력은 상대적으로 부족하였다. 2000년대로 들어와 동북아 관광빅뱅을 구축하여 세계관광

판도를 동북아 중심으로 유도하려는 의도에도 불구하고 3국 간 공동협력을 통한 구미주나 타 아시아 지역을 대상으로 한 공동 관광프로모션은 실시되지 못하였다. 2015년 일본 도쿄에서 열린 7차 회에서 한중일 3국 공동으로 '비지트 이스트아시아 캠페인'을 공동 모색키로 하였지만 행동화되지 못하였다.

이제 동북아 역내관광 활성화를 위한 다양한 아이디어의 개발과 공감대 형성은 협력의 필수적인 요소이나 정치외교적인 요소에 의해 관광교류의 가치와 의미가 큰 영향을 받고 있는 현실을 도외시할 수 없다. 국가 차원에서의 관광교류 협력의 중요성에도 불구하고 각국이 관광교류 협력에 대한 분명한 정책의지를 천명하지 못함으로써 향후 다양한 형태의 교류 저해요인들이 발생할 가능성이 높다.

4. 한중일 간 관광교류 활성화 방안

2005년 1,200만 명 수준이었던 한중일 3국 간 관광교류 규모가 2018년에는 3,000만 명 수준에 다다를 정도로 괄목할 만한 성과를 거두었다. 그러나 동북아 역내에서의 질병 발생이나 사드배치에 따른 관광보복, 무역보복 조치에 따른 관광불매운동이 지속되고, 미중 무역전쟁과 중국경제 침체현상에 따른 해외여행수요 감소 등 여러 가지 제약요인들이 발생할 경우 향후 동북아 지역내 관광교류 협력은 큰 타격을 받을 수 있다. 이에 따라 향후 3국 간 관광교류협력을 위한 각국 정부의 적극적인 관심과 관광교류와 관련된 각종 현안을 해결하기 위한 정치 · 외교적인 지원 노력이 수반되어야 한다.

첫째, 동북아 5천만 관광교류 시대를 준비하자. 그동안의 관광교류 규모를 감안할 때 향후 10년 내에 5,000만 명대까지 관광교류 규모가 확대될 수 있도록 관광협력을 지속적으로 추진할 필요가 있다. 동북아 지역이 세계관광의 주도권을 확보하고 타 권역 또는 대륙의 방문객을 유치하기 위해서는 역내관광의 양적 규모를 확대하는 것이 무엇보다 중요하다. 특히 미래세대의 주역인 청소년 교류를 강화하고 스포츠 관광교류의 활성화도 더욱 확대되어야 한다. 가칭 '한중일 공정여행 포럼'을 개최하여 저가 덤핑여행을 방지하고 관광품질을 개선하며, '한중일 출입국 관광통계 공유지침'을 제정 · 공유하여 교류협력을 위한 정책개발 자료로 활용하여야 한다.

둘째, 동북아 평화관광 체제를 구축하자. 2017년 남북 정상회담의 결과로 평화경제에 대한 관심이 고조되고 있는 현실에서 한반도를 중심으로 한 동북아 평화경제의 틀을 확장해 나가는 데 있어서 한국의 주도적인 노력이 필요하다. 新국가주의로 인하여 한중일 3국 간 역사적 문제뿐만 아니라 군사적 충돌, 경제보복 등이 수시로 발생함에 따라 각 국민들의 상호교류가 제약을 받고 있다는 점에서 정치지도자들을 중심으로 관광교류의 중요성에 대한 공감대 형성은 물론 정부차원에서 국가 간 이동의 권리와 여행의 자유를 완전 보장할 수 있도록 3국 간 '동북아(평화)관광동맹'을 맺을 필요가 있다.

셋째, 민간부문의 관광교류 협력을 강화하자. 한중일 3국은 양자 간 또는 3자 간 관광장관회의를 정례적으로 개최함으로써 관광교류의 공감대를 형성하고 매회 선언문을 발표하고 있으나 후속 협력방안을 추진할 실무기구의 역할이 미진하였다는 점에서 민간부문까지 포괄하는 협의체를 구성하여 운영할 필요가 있다. 지방도시 간 협력 네트워크 구축, 관광협회 등 민간부문 중심의 '공동추진협의회' 구성, 그리고 관광전문가로 구성된 '한중일 관광협력포럼' 등을 검토할 수 있다.

넷째, 실질적인 공동 관광프로모션을 전개하자. 한중일은 2018 평창 동계올림픽, 2020 도쿄 하계올림픽, 2022년 베이징 동계올림픽 개최를 계기로 동아시아 방문캠페인을 전개하는 데 공감대를 형성하였으나 구체화되지 못하였다. 역내 관광의 활성화가 역외 관광객 유치로 승화될 수 있도록 공동 노력을 추진하여야 한다. 2015년 제안된 3국 공동 프로모션인 '비지트 이스트 아시아 캠페인'의 실행계획을 수립하여 베이징-서울-도쿄를 연결한 베세토(BeSeTo) 관광라인, 지방 2선 관광도시 관광코스화, 동아시아 크루즈라인, 올림픽 레거시 코스 등 공동관광상품을 개발하여 타 권역(대륙) 관광객을 유치하여야 한다.

다섯째, 모두를 위한 관광기반을 확충하자. 제9차 한중일 관광장관회의에서 천명한 '포용'의 구체적 실천을 위하여 3국 국민이 국내는 물론 상대방 국가를 방문할 때 신체적인 제약을 받지 않고 편안하게 여행할 수 있도록 배려해야 한다. 3국 모두 관련 예산을 투입하여 '모두를 위한 관광' 인프라를 구축하고, 3국 국민이 쉽게 식별할 수 있도록 관광안내 표지판, 관광프로그램북 등도 개선할 필요가 있다. 이를 위해 '포용관광도시 모델(inclusive tourism city model)'을 개발하고 시범사업을 추진하는 것도 바람직하다.

끝으로, 우리의 관광국익(觀光國益, national tourism interests)을 극대화하자. 우리나라의 경우 중 · 일 의존도가 사드사태로 인하여 2018년 48.6%로 낮아졌지만 2015년의 경우 60% 수준에 이를 정도로 높았으며, 이는 일본의 한 · 중 의존도에 비해서도 과도한 상황이다. 또한 우리의 입장에서 동북아 관광교류 협력의 틀을 구축하고 상호 방문을 확대하는 것도 중요하지만, 실질적인 성과를 거두기 위해서는 일본측에 역내 해외여행 장려 캠페인 전개, 그리고 중국측에 단체관광 제한 완전 해제를 적극 요구해야 한다. 2017년 현재 한국의 해외여행자 2,650만 명 중에서 중 · 일 방문자가 1,100만 명에 달하고 있으나 역으로 중 · 일 국적 방한 규모는 717만 명에 그치고 있는 과도한 역전 상황을 해소하기 위한 노력을 전개해야 한다.

제5차 관광진흥 5개년 계획 연구에서는 한중일 간 동북아 관광협력과 관광시장 규모 확대를 위하여 동북아 관광권을 '경계없는 관광지대(free travel zone)'로 격상시키는 데 주안점을 두고 있다. 이를 위해 재방문객 대상 10년 복수비자 발급 등 비자제도를 간소화하며, 한중일 문화의 공통성과 차별성을 토대로 3국 연계 관광상품을 개발하며, 한중일 국가 간 항공자유화 체결후 항공노선 확대 및 지방공항 활성화를 도모하며, 한중일 교통패스(East-Asia T-Pass)를 도입하여 항공 · 기차 · 버스 지불체계를 통합한 교통패스 · 카드를 발급하려는 계획을 수립하고 있다(문화체육관광부, 2018).

5. 맺음말

최근 국제관광에 있어서 역내관광의 비중이 점점 커져가고 있는 상황에서 동북아를 대표하는 한중일 3국 간 관광교류 협력은 매우 중요하다. 세계적 추세와 비교할 때 한중일 간에는 역내관광객의 비중이 40%대를 유지하고 있어 성장가능성도 높다. 또한 3국의 국제관광 경쟁력이 지속적으로 상승하고 있어 관광산업을 지속적으로 육성하기 위해서는 상호 협력의 틀을 강화하고 교류 규모도 늘려나가야 한다.

한중일 3국 간 관광교류 판도는 2012~2014년 기간에 큰 변화를 가져왔다. 2005년 1,200만 명 수준이었던 한중일 3국 간 관광교류 규모가 2018년에는 3,000만 명 수준에 근접하였다.

한중 간 관광교류 규모에 있어서 '방한'이 '방중'보다 더 많아졌고, 한일 간의 경우에도 '방한'보다 '방일'이 더 커졌다. 중일 간에도 '방중'보다 '방일' 규모가 커졌다. 이는 3국 간 관광의 상호의존성을 키우는 계기가 되었고 한중일 관광장관회의를 통하여 지속적인 협력을 다져왔다.

그럼에도 한중일 간에는 관광교류의 불확실성도 커져가고 있다. 2017~2019년 기간 동안 3국 간 정치외교적 돌발변수로 인하여 관광교류가 큰 타격을 받고 있다. 정부주도에 의한 여행제한이든 민간주도에 의한 관광불매운동은 이제 관광을 하나의 무기로 활용하는 수단이 되었다. 국가 차원에서의 관광교류 협력의 중요성에도 불구하고 정치외교적인 요소에 의해 관광교류의 가치와 의미가 큰 영향을 받고 있는 현실을 해소하기 위한 3국 간 정책의지를 결집할 때이다.

이를 위해 한중일 3국 간 관광교류현황을 검토하여 관광교류의 경제적, 사회문화적 가치를 극대화하기 위한 종합대책을 강구할 때이다. 우선 동북아 관광교류 5천만 시대를 준비할 필요가 있다. 다음으로 동북아 평화관광체제를 구축해야 한다.

또한 정부주도형 관광교류에서 민간부문을 중심으로 한 관광교류를 강화해야 하며, 3국 간 실질적인 공동 관광프로모션을 전개하여 역외 관광객 유치와 3국 간 분산을 시도해야 한다. 특히 우리의 경우에는 관광국익을 극대화하기 위한 관광외교역량을 키워야 할 것이다.

제8장
중국 아웃바운드 관광동향과 시장개척

1. 머리말

2010년대 중반 언론들은 외래관광객의 유치실적을 일본에 빗대어 '쓰라린 역전패', '관광 한일전은 대역전패'라는 용어를 써가며 그 원인을 신랄하게 파헤쳤다. 특히 양적인 면에서 중국관광객의 방한규모가 방일규모보다 여전히 큰 상태이나 질적인 선호도 면에서 한국은 일본의 적수가 되지 못하고 있음을 지적하였다.

한국의 월별 외래객 규모는 2014년 11월부터 일본에 연속으로 밀리고 있다. 2015년에는 10월 말까지 한국과 일본을 찾은 외국인 관광객은 각각 1,097만 명과 1,631만 명이었다. 메르스(MERS) 사태는 한일 간 외국인 관광객 유치 격차를 더 벌어지게 하였다. 2,000만 명 시대를 바짝 앞당긴 일본과 달리 한국은 제자리걸음을 면치 못하였다. 메르스 사태라는 직격탄과 더불어 중저가 호텔 부족, 관광콘텐츠 부족, 저가 · 저질 여행상품으로 인한 관광 만족도 저하 등으로 인해 2015년 외래관광객 수는 목표치인 1,620만 명을 달성하지 못했다.

그렇다면 한국을 방문한 중국인은 어느 정도인가? 지난 2015년 10월 말 현재 방한 중국관광객은 501만 명으로 전년 대비 18.2%가 감소하였다. 방일 중국관광객 수인 428만 명보다 많지만 그 격차는 크게 줄어들고 있다. 일본은 통화(엔저), 매력, 음식, 친절, 쇼핑 등 여러 면에서 우리보다 앞서가기 때문이다.

일단 일본은 관광수급(觀光需給)의 규모가 우리보다 월등한 상태이다. 먼저 중국인들의 방일관광 수요는 상당히 높은 수준이다. 중국 최대 포털사이트 바이두가 국경절을 앞두고 2015년 8월 1일부터 10월 7일까지 나라별 키워드 검색량을 분석한 결과 '일본'

이 1위를 차지했다. '한국'은 2위였으나 내용을 들여다 보면 격차가 꽤 크다. 일본 검색량을 100%로 봤을 때 한국의 PC 검색량은 일본의 64%, 모바일 검색량은 54%에 머물렀다(한국경제, 2015.11.21.). 중국관광객의 일본선호 현상이 단지 메르스 사태로 인해 발생한 것이 아니라 그 이전부터 진행되었으며, 메르스가 결정적인 역할을 하였다.

다음으로 공급 측면에서 볼 때, 일본은 외래객을 3000만 명 내지 4000만 명까지도 받아들일 자세가 되어 있으나 우리나라는 외국인이 너무 많이 와도 추가적으로 수용할 준비가 되어있지 못하다 보니 안절부절못하고 있다. 또한 방일 중국인들은 2015년 일본사회 신조어 1위로 무지막지한 쇼핑을 의미하는 바구카이(暴買い), 즉 '싹쓸이 쇼핑(爆買)'를 선정하게 할 정도로 경제적 이득을 가져다주었다. 2014년 방한 중국인들은 평균 220만원 내외의 경비를 지출했으나 2015년 일본 방문 중국인들은 평균 270만원씩 지출하는 것으로 나타났다.

중요한 것은 우리의 중국 관광시장 접근방식이 중국시장의 관점에서 추진되지 못하고 있다는 점이다. 최근 중국의 여행전문가가 바라본 '중국인들의 한국여행 실태'를 요약하면 다음과 같다. ① 한국은 중국인 해외여행의 제1목적지이다. ② 관광전세기, 크루즈 선박 여행객 수가 크게 증가하고 있다. ③ 중국 여성이 한국여행을 더 선호한다. ④ MICE 여행은 중국 국내정책과 경제환경의 영향으로 기회가 많지 않다. ⑤ 단체관광객이 가장 많고 대부분 중저가 호텔, 저가 식사이용, 비용이 안 드는 관광지 관람, 대부분의 시간은 쇼핑, 만족도가 낮고 재추천 의사도 거의 없다. ⑥ 쇼핑은 한국 여행의 가장 주요한 목적이다. ⑦ 가이드의 수준은 천차만별하며, 쇼핑금액으로 판단된다. ⑧ 전세기 공급 증가로 상품가격이 하락하고 있다. ⑨ 저가 한국여행 상품이 많고 심지어 중국 국내여행 상품보다 싸다. ⑩ 불법체류 문제 때문에 한국비자 간편 수속 정책추진이 어렵다(천쉬 陈栩, 2015).

또한 방한 중국 관광객들의 행태에 대한 과학적 분석이 선행되지 못하고 경험적, 직관적 분석에 의존함에 따라 '관광객의 높은 만족도'를 전제로 한 유치 전략을 강구하지 못하고 있다. 빨간불이 켜진 중국관광객 유치를 위해서는 철저히 과학적으로 접근하고, 중국시장을 꿰뚫는 지피지기(知彼知己)형 경쟁력 강화방안으로 시장관리, 시장창출, 시장확대 3대 전략을 구사해야 한다.

2. 중국 아웃바운드 관광동향과 경쟁국의 유치정책

1) 중국 아웃바운드 관광정책 동향

2000년대 이후 중국의 관광산업이 급속한 성장을 이루게 된 것은 경제사회적 변화에 따른 수요폭발과 동시에 중국정부의 단계적 · 점증적 육성정책에 기인한다고 할 수 있다. 개혁개방 이후 중국 관광산업의 발전원칙은 덩샤오핑의 관광경제사상에 기초를 두고 있는데, 덩샤오핑의 관광경제사상은 첫째, 국가 경제발전의 전략 중점이 관광산업으로 전환되어야 하며, 둘째, 관광을 경제 산업으로 다루어져야 하고, 셋째, 관광을 중국의 대외개방 돌파구로 추진한다는 것이다(박의서, 2003).

그리하여 1990년대부터 관광산업을 3차 산업의 중점산업으로 육성하고 있으며, 1995년 채택된 중국공산당의 '국민경제 · 사회발전 제9차 5개년 계획과 2010년 장기목표의 제정에 관한 중앙의 제안'은 관광산업을 3차 산업 중 가장 적극적으로 발전시켜야 할 신흥산업의 제1순위로 설정하고 있다.

한편 중국 정부는 '중국 관광산업 장기발전계획(2001~2020년)'을 수립하였는데 이 계획에는 관광산업정책을 단계적으로 추진하고 '적절히 앞서 나간다'는 두 가지 원칙을 담고 있다. 그리고 관광정책의 2대 추진원칙으로 그 첫째는 관광업의 발전 속도가 국민경제의 전체 발전 속도보다 적절히 앞질러서 관광업이 국민경제의 새로운 성장축으로 역할을 수행해야 한다는 점을 강조하였으며, 다른 하나는 중국 관광업의 발전속도가 세계 관광업 평균발전 속도보다 적절히 앞질러서 중국이 세계 관광강국을 건설하는 이상을 실현해야 한다는 원칙을 강조하고 있다.

동 계획은 2020년을 목표연도로 삼고 구체적으로 추진할 관광발전 구상을 담은 계획으로 당시 세계 5위인 관광외화 창출을 세계 1위로 높이고, 인바운드 관광객 유치를 확대하여 세계 1위의 인바운드 관광대국으로 도약하며, 국내 관광소비지출을 인바운드 관광수입의 8배로 확대하며, 중국인 해외여행 규모와 방문목적지를 확대하여 세계 4위를 달성하고, 중국경제에서 차지하는 관광경제의 비중을 10% 이상으로 확대하며, 관광산업 서비스 수준을 세계적인 수준으로 향상시킨다는 목표를 설정하고 있다(유지윤, 2005).

중국정부는 관광산업을 '국민경제의 전략적 지주산업(pillar industry) 및 국민을 만족시킬 현대 서비스업(modern service industry)'으로 육성하는 전략(한국관광공사 중국팀, 2010; Zhang, 2011)을 구사하고 있으며, '관광산업 발전가속화를 위한 의견'(2009년 12월)을 통해 2020년까지 관광산업의 규모와 수준, 효율성을 세계 수준으로 끌어올릴 계획이다.

〈표 8-1〉 중국 관광산업의 장기발전 계획의 단계 구분

단 계	시기	핵심정책
기초단계	2001~2005년	• 10 · 5계획 기간으로 관광강국의 기초 건설
향상단계	2006~2010년	• 관광산업의 질의 전면향상과 관광업의 국내/국제 경쟁력 전면 향상
강화단계	2011~2015년	• 중국의 종합 국력 향상과 관광업 발전환경의 개선에 따라 관광업의 국제경쟁력 강화
완성단계	2016~2020년	• 세계 관광강국과 신흥 지주산업의 지위와 이미지 전면 형성 및 완성

자료: 최경은(2008), 중국 출국관광시장의 개방정책 변화와 발전추세, 지리학연구, 42(3).

2) 중국 아웃바운드 관광시장 동향

중국 아웃바운드 관광시장은 1993년 약 374만 명에서 계속 증가하여 2001년 1,213만 명에서 2010년 5,737만 명으로 증가하였고, 2014년에는 처음으로 1억 명을 돌파하였으며, 2018년에는 1억 5천만 명으로 늘어나 세계관광시장의 핵심 성장동력으로 부상하였다. 유럽이나 미국에서는 중국관광객을 '新日本人(New Japanese)'이라 반색하며, 차이나 마니아(China-mania) 현상이 확산되고 있다. 이는 50년여 전인 1960년대 일본인의 해외여행이 급증함에 따라 일본 관광객의 요구에 부응하려던 현상과 매우 흡사하다. 단 이러한 현상이 일본의 인구(1억 2,700만 명) 대비 훨씬 많은 중국의 인구(약 13억 명)로 인해 더욱 오래가고 강력할 것으로 예상되고 있다(Fidelity Worldwide Investment, 2015).

중국 아웃바운드 관광시장은 쇼핑과 게임을 중시하는 소비패턴으로 인하여 세계관광시장의 블루칩(blue chip)으로 부상하고 있다. 향후 중국인들의 소득증대에 따라 장기적으로 중국 최대 수출품은 '상품'이 아니라 '사람'이 될 것으로 전망된다. 아시아 지역의 경우 1인당 소득이 8,000달러에 이르렀을 때 해외여행 수요가 폭발적으로 증가하였는데, 2014년 중국내의 10개 성(省)이 이러한 기준치에 도달하였으며, 2020년에는 27개 지역으로 확대될 것으로 예상된다(Fidelity Worldwide Investment, 2015).

중국 정부는 해외여행, 해외 관광객 유치 및 국내 관광산업이 중국의 서비스 산업성장에 매우 중요한 역할을 담당할 것으로 보고 있으며, 2015년의 경우 중국 전체 GDP의 4.5%에 달할 것으로 예상하고 있다. 2019년 중국인 해외여행자 1억 7,400만 명(예상)이 지출할 것으로 예상되는 소비액은 2,640억 달러로서 이는 현재 핀란드의 경제규모와 맞먹는 수준이며, 그리스보다도 높은 규모로 나타나고 있다(Bank of America Merrill Lynch, 2015).

중국인 아웃바운드 여행의 출발지는 경제력 분산과 교통인프라 개선을 계기로 기존에 경제력이 집중되었던 동부지역(華東地方) 중심에서 벗어나 중국 전역으로 확대되는 추세에 있다. 2012년에 1,286억 달러로 최대 여행지출국으로 부상한 이후 2014년 1,650억 달러를 소비하였고, 34세 이하 연령대가 전체의 54%를 점유하고 있으며, 특히 25~34세 연령대가 해외여행의 주력시장으로 부상하고 있다(中國旅游研究院, 2014).

2007~2011년 동안 아웃바운드 대상국의 순위를 살펴보면 홍콩, 마카오, 일본이 각각 3위를 유지해 오다가 2011년에는 홍콩, 마카오, 한국으로 순위가 변경되었다. 이후 한국과 태국 간 3위 경쟁이 치열하게 전개되고 있으며 2013~2014년의 경우 한국이 3위를 기록하였다. 2013년 중국인 해외여행자 9,818만 명 중 홍콩과 마카오가 6,554만 명으로 전체의 66.8%를 차지하였으며 한국이 4.3%, 태국이 4.1%, 대만이 3%, 그리고 미국이 2%를 차지하고 있는데, 중국의 특별행정구인 홍콩과 마카오를 제외할 경우 한국이 가장 많은 시장점유율을 보이고 있다.

중국인들의 해외여행 시장(2009~2014)을 보면, 아시아태평양 지역의 점유율이 지속적으로 향상되고 있으며, 성장률이 높은 행선지(도시)로는 방콕(1위), 서울, 싱가포르가 부상하고 있으며, 소비지출액의 증가율은 서울(1위), 싱가포르, 방콕의 순으로 나타나고 있다(장병권, 2015).

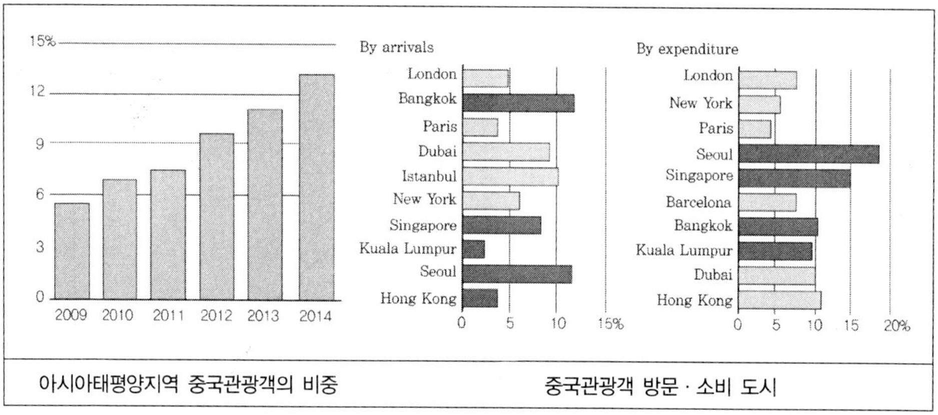

자료: http://www.bangkokpost.com/business/tourism/586113/thailand-too-dependent-on-chinese-tourists-mas tercard 및 장병권(2015).

[그림 8-1] 중국인 아웃바운드 행선지 및 주요 성장 도시

3) 주요 경쟁국의 중국관광객 유치 동향

(1) 일본

최근 일본 인바운드 관광시장의 성장이 두드러지게 나타나고 있다. 이는 아베노믹스 전략에 의한 엔화 약세가 첫 번째 요인으로 작용하고 있으며, 이와는 별도로 일본 정부에서 시행하고 있는 비자면제 확대, 항공노선 확충, 소비세 면세제도 확대, 크루즈 및 카지노 산업 육성 등 여러 가지 관광정책의 성과가 복합적으로 나타나고 있는 것이다. 2013년까지 일본을 방문한 최대 송출국은 한국이었으나 2014년 대만이 한국을 추월하였으며, 2015년에는 중국이 일본 방문 1위 국가로 부상하였다.

일본 정부가 최근 엔화 가치 하락과 아시아 국가에 대한 비자 발급 요건 완화 등을 추진하고 외래관광객의 급증에 따라 2020년 방일외래객의 유치목표를 기존의 2천만 명에서 4,000만 명으로 늘리는 '관광입국(立國) 실현 액션 프로그램 2015'를 수립하여 시행하고 있다.

특히 일본 정부는 숙박시설 정비, 관광객용 공중 와이파이 서비스 확대, 대중교통 다국어 안내 등 외국인 관광객 유치를 위한 방안을 함께 마련하고, 또한 세관, 입국관리, 검역 제도 개선을 통해 출입국 절차가 신속하고 원활하게 이뤄지도록 하고 있다.

특히 도쿄(東京), 후지산(富士山), 교토(京都), 오사카(大阪) 등 이른바 '황금 경로'에 외래 관광객이 편중된 점을 고려해 이들 이외 지역으로의 관광을 활성화하는 방안을 강구하고 있다.

일본 정부는 중국관광객 대상 규제완화 정책을 적극 시행하고 있다. 2000년 9월 중국 단체관광객에 대한 비자발급을 개시하였으며 2005년부터 단체관광비자 발급 대상을 전국으로 확대하였고, 2008년 3월부터 가족관광비자를 발급하였으며, 2011년 7월 오키나와를 방문하는 개별관광객에게 복수비자를 발급하였으며, 2012년 7월에는 동일본 대지진 피해지역인 동북 3현을 방문하는 중국인 개별관광객에 대한 복수비자를 발급 개시하였다, 2014년부터 외래관광객에 대한 면세품 확대, 하네다공항 증편, 호텔 등 지방서비스 인프라 확충 등 전방위적인 대책을 추진 중이다.

일본은 중국뿐만 아니라 한국 등 여러 국가에서 입국하는 외국인들이 불편을 느끼지 않도록 다양한 국제관광 여건 개선을 하고 있으며, 특히 개별여행객을 위한 관광패스(travel pass)를 개발하여 운영하고 있으며 오사카 주유패스와 간사이 스루패스가 대표적이다.

대표적으로 오사카 주유패스(Osaka Amazing Pass)는 대중교통과 28개 관광지를 무료로 이용하는 자유이용권형의 관광패스로 오사카 전역으로 관광객 확산을 위해 2001년부터 발행하고 있으며, 사업 첫해인 2001년에는 17,000매가 판매되었으나 이후 급증하여 2014년에는 40만 매가 판매되고 있다. 간사이 스루패스(Kansai Thru Pass)는 오사카, 고베, 교토, 나라, 와카야마 등 5개 지역에서 외국인을 대상으로 교통은 자유이용, 관광시설은 할인 혜택을 적용하는 교통기능이 강화된 관광패스로 간사이 지역 내 전철, 버스를 정해진 기간 동안 자유롭게 이용하며 노선 주변의 주요 관광시설(350개소)에 대한 할인혜택을 제공하며, 2000년 7월부터 발행하고 있으며, 첫해 1,747매에서 2013년에는 164,669매가 판매되었다.

(2) 태국

태국은 아시아 지역에서 중국 해외여행시장이 가장 먼저 개방된 국가로 1998년에 중국 단체관광이 전면 허용되었다. 중국 단체관광객은 초기에는 약 50~70만 명 수준을 유지하였으나 2006년 약 103만 명이 방문하였으며, 2009년 태국 내 지속적인 정정

불안으로 태국방문 중국인 관광객 수가 2008년의 96만 명보다 28% 감소한 70만 명으로 집계되었으며, 2014년에는 460만 명이 방문하였다.

중국관광객 대상 여행상품은 대부분 단체관광으로 목적지는 방콕, 파타야 지역으로 집중되어 있으나 2008년부터는 일부 고소득층을 대상으로 한 개별관광 상품이 증가추세에 있으며 이에 따라 푸켓, 끄라비와 같은 리조트의 방문수요가 증가하고 있다.

태국은 2009년 3월부터 중국을 포함한 주요 인바운드 국가를 대상으로 비자수수료를 면제해 주는 제도를 운영하고 있으며, 중국인 단체여행객이 지정여행사를 통해 여행을 신청할 경우 중국과 태국 간 직항 항공편을 이용할 경우 태국 도착 후 비자발급을 시행하고 있다. 태국 및 중국 관광협회가 공동으로 각종 로드쇼, 컨벤션을 개최하여 저가 패키지를 탈피하고 양질의 서비스 공급 차원에서 새로운 상품을 프로모션을 하기 위하여 상품에 대한 인증을 통해 고객의 신뢰를 확보하고자 함이다.

태국은 중국관광객을 대상으로 제로피 근절을 위한 노력을 적극 추진하고 있다. '여행사 인증제'를 도입하여 저가패키지 상품근절과 고소비층 중국인 관광객의 유치를 위하여 중국에 태국관광청이 추천한 여행사를 통해 관광상품의 질을 제고하고 있다.

또한 2005년 '중국관광객보호협회 구성 및 자체 규약'을 제정하고 중국관광객보호협회(Chinese Tourist Protection Association)를 발족시켜 저가 중국 상품에 대한 제로피 투어 근절을 위한 정부차원의 규칙을 제정하였다.

그 구체적인 내용은 여행일정과 가격 명확화에 대한 규칙을 제정하여 여행사는 여행객에게 일정에 명시되지 않은 공연의 참관 강요를 금지하며, 가격은 중국과 태국 간 쌍방규칙을 근거로 태국의 ITO가 중국 내 송출 여행사한테 1인당 하루에 미화 18달러 이상을 받을 것을 정하고, 여행객을 불법 가이드에게 넘기고 수수료를 받는 행위는 엄격히 금지하고 있다(반정화, 2013).

그리고 2008년 '관광사업 및 투어가이드령'을 법률로 정하여 구속력을 강화였다. 즉 여행사는 태국정부가 정하는 투어소요 실질경비 기준 금액보다 적은 액수로 투어상품을 판매할 수 없으며, 불법 가이드 사용을 엄격히 금지하고 있다.

(3) 싱가포르

2013년 1~9월 기준으로 싱가포르의 가장 큰 관광고객은 인접국인 인도네시아로 228만 명이 방문하였으며, 다음으로 중국이 190만 명이며, 일본이 62만 명, 태국과 한국이 36만 명을 기록하였다(Singapore Tourism Board, 2013). 싱가포르 방문 중국관광객 수는 2009년 94만 명에서 2012년 203만 명으로 늘어났으며 2009~2012년 연평균 29%의 높은 성장률을 기록하였으나 2014년에는 172만 명으로 감소하였으며, 관광수입도 2009년 1,344백만 싱가포르 달러에서 2012년에는 2,516백만 싱가포르 달러로 연평균 23%의 높은 성장률을 기록하였다.

중국인들의 싱가포르 여행 시 지출액(2012년)은 레저 경비가 55%이고 BTMICE(business travel+MICE)가 31%, 기타 14%로 최근 BTMICE의 비중이 커지고 있다. 그리고 중국관광객의 싱가포르 여행 시 소비액 분포를 보면 2008년 쇼핑이 39%, 숙박 23%, 음식 11%, 교통 4%, 기타 24%였으나 2011년에는 쇼핑이 51%로 크게 상승하였으며, 숙박과 음식의 비중이 감소하였다.

싱가포르는 중국관련 전문 인력으로 '관광스페셜리스트'를 양성하고 있다. 관광스페셜리스트는 BTMICE 스페셜리스트(싱가포르 비즈니스 스페셜리스트: SBS)와 레저 스페셜리스트(싱가포르 레저스페셜리스트; SLS)로 구분된다. 전자인 BTMICE SBS는 2006년 11월 처음으로 도입되었으며 중국시장 싱가포르 MICE 전문가 육성하고 실력있는 여행사와 긴밀한 파트너십 구축 및 고객 맞춤형 서비스를 제공하고 있다. 그리고 후자인 SLS는 2007년 9월에 처음 도입되었으며 중국 여행사와 협력관계를 구축하여 중국시장에서 싱가포르 관광상품의 개발 및 판촉을 공동 진행하고 있다.

〈표 8-2〉 싱가포르 방문 중국관광객의 소비지출 비율

(단위: %)

구분	2008	2009	2010	2011
쇼핑	39	44	48	51
숙박	23	17	19	18
음식	11	10	9	8
교통	4	3	3	3
기타	24	26	21	21

자료: Singapore Tourism Board(2013), STB Market Insights: PR China.

(4) 한국과 주요국 간 관광경쟁력 비교분석

한국과 더불어 중국관광객 유치를 위해 치열한 경쟁을 벌이고 있는 일본, 태국, 싱가포르의 관광총량을 살펴보면 외래관광객 수는 태국이 2,655만 명으로 월등히 앞섰으며 한국은 싱가포르 및 일본을 앞서고 있다. 그러나 관광수입은 한국이 146억 달러로 태국 412억 달러, 싱가포르 191억 달러, 일본 151억 달러에 뒤처지고 있고 외래객 1인당 소비액을 보면 한국은 싱가포르, 태국, 일본에 비해 크게 떨어지고 있으며 이는 고부가가치형 관광콘텐츠의 부재에서 비롯되고 있다.

세계경제포럼(WEF, 2015)의 국제관광경쟁력 지수 순위에서 한국은 2013년 25위에서 2015년 29위로 뒤처졌으며, 반대로 9위로 상승한 일본과 11위인 싱가포르에도 크게 미치지 못하고 있다. 한국의 관광경쟁력 지수에서 ICT 여건과 보건 · 위생 지표에서 각각 11위와 16위를 차지하였으나 반대로 가격경쟁력은 일본, 싱가포르와 함께 하위권에 속하고 있다.

〈표 8-3〉 한국과 주요 경쟁국 간 관광경쟁력 비교

(단위: 천 명, 백만 달러, 달러, %, 위)

구분		한국	일본	태국	싱가포르
관광산업 총량 지표	외래관광객 수('13)	12,176	10,364	26,547	11,898
	관광수입('13)	14,628.8	15,130.8	42,080.2	19,056.9
	외래객 1인당 소비액('13)	1,201.4	1,459.9	1,585.1	1,601.7
	관광산업의 총생산(GDP, '13)	24,721(17위)	108,631(2위)	34,928(14위)	15,307(25위)
	관광산업의 GDP 점유율('13)	2.1(109위)	2.2(100위)	9.0(9위)	5.3(31위)
	관광산업의 고용('13)	619(26위)	1,447(11위)	2,563(7위)	147(63위)
	관광산업의 고용점유율('13)	2.5(92위)	2.3(101위)	6.6(20위)	4.3(47위)
관광경쟁력 순위(2015년 기준)		29	9	35	11

자료: WEF(2015), The Travel & Tourism Competitiveness Report.

일본은 한국과 비교 시 전반적으로 우수하며 고객에 대한 예우, 노동력의 질, 고객서비스, 직원교육 확대, 철도 인프라 등에서 낮은 평가를 받았다. 반대로 한국은 교통 · 항공 인프라, 관광객 서비스, 호텔객실 보유율, 렌터카회사 보유수, 가격경쟁력의 순위가 매우 낮아 전반적으로 볼 때 고객관리, 노동력, 대중교통 인프라, 호텔객실 확충, 가격경쟁력 등을 개선할 필요가 있다.

한편 마스터카드(Mastercard, 2017, 2018, 2019)의 글로벌 관광도시지수 보고서에서는 숙박관광객을 기준으로 세계 30대 도시를 대상으로 글로벌 관광도시지수를 제공하고 있다. 핵심지표는 숙박관광객의 수와 소비액이다. 숙박관광객 수에 있어서는 방콕(1위), 싱가포르(4위), 일본(9위), 서울(11위)의 순으로 나타났다. 이와는 달리 숙박관광 소비액은 방콕(3위), 싱가포르(4위), 도쿄(8위), 서울(12위)로 나타났으며, 특히 서울의 도시관광 경쟁력 순위가 뒤처지고 있는 상황이다.

〈표 8-4〉 한국과 주요 경쟁국 수도의 관광경쟁력 비교

(단위: 만 명, 억 달러, 괄호 안은 순위)

구분		서울	도쿄	방콕	싱가포르
숙박 관광객수	2016	1,020(10)	1,170(9)	2,147(1)	1,211(6)
	2017	954(11)	1,193(8)	2,109(1)	1,390(5)
	2018	1,124(11)	1,293(9)	2,278(1)	1,467(5)
숙박관광 소비액	2016	123.0(8)	134.8(5)	148.4(3)	125.4(7)
	2017	69.9(17)	119.2(9)	1,744(4)	163.4(4)
	2018	93.1(12)	137.7(8)	200.3(3)	165.6(4)

자료: Mastercard(각년도), Global Destination Cities Index (참조 재작성).

3. 중국인 방한 관광 트렌드 및 수요 전망

1) 중국인 방한 여행 트렌드

2010년까지만 해도 중국 아웃바운드 관광객의 70%를 홍콩과 마카오가 독점하고 나머지 30%를 가지고 전 세계 국가들의 유치경쟁이 치열했지만, 2013년의 경우 홍콩(4,030만 명)과 마카오(1,863만 명) 비중이 전체의 60%로 축소되었으며, 나머지 40%를 대상으로 전 세계 나머지 국가가 각축전을 전개하고 있다. 중국 해외여행시장 대비 한국의 점유율은 2004년 2.2%에 불과했으나 점차 확대되어 2013년 4.4%, 그리고 2014년 5.6%로 신장되고 있다는 점에서 최소한 현재의 점유율 유지 내지 확대 전략(6% 내외)을 구사할 필요가 있다.

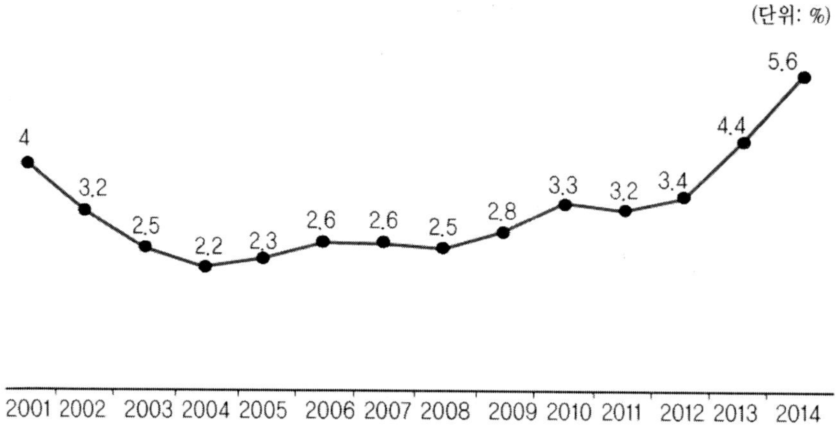

자료: http://www.bloomberg.com/news/articles/2015-06-02/deadly-arabian-virus-threatens- south-korean-tourism

[그림 8-2] 중국해외여행시장 대비 한국의 점유율(%)

방한 중국관광객의 성별분포를 보면, 여성의 비중이 괄목할 만하게 증가하여 2011년 51.2%에서 2014년 62.5%로 '여성친화형 관광국'으로 주목받았으며, 연령별로는 20대가 가장 많은 비중을 차지하였으며 30대 연령까지 포함하면 2014년에 46.2%를 차지하였다.

〈표 8-5〉 연도별 중국관광객 방한현황 추이

(단위: %)

구분	2011	2012	2013	2014
성별	남성 48.8 여성 51.2	남성 44.2 여성 55.8	남성 41.0 여성 59.0	남성 37.5 여성 62.5
연령	21~30세 25.2 31~40세 23.4 41~50세 22.6	21~30세 24.9 31~40세 22.9 41~50세 22.3	21~30세 24.0 31~40세 22.7 41~50세 20.7	21~30세 23.4 31~40세 22.8 41~50세 18.2
월	8월 12.4 7월 11.0 9월 10.4	8월 12.7 7월 11.4 9월 10.0	8월 14.8 7월 13.2 9월 11.1	8월 12.4 7월 11.3 6월 9.4
교통 수단	인천공항 53.5 인천항 18.4 제주공항 10.3 김해공항 4.0	인천공항 51.8 제주공항 15.0 인천항 13.2 김포공항 4.5	인천공항45.6 제주공항24.2 인천항 11.9 부산항 3.9	인천공항 44.9 제주공항 26.8 인천항 9.3 김포공항 3.4

자료: 한국문화관광연구원(2015), 관광지식정보시스템(참조 재작성).

중국관광객의 입국시기로는 8월 · 7월 · 9월의 순에서 2014년에는 8월 · 7월 · 6월로 순위가 변경되었으며, 이들 3개월간 방문객의 비중이 2011년 33.8%에서 2014년에는 31.1%로 감소하여 연중 평준화 추세를 보이고 있다.

〈표 8-6〉 연도별 중국관광객 방한행태 변화

(단위: %, 일, 달러, 점)

구분	2011		2012		2013		2014	
방한횟수	1회	68.5	1회	70.3	1회	74.3	1회	79.8
	2회	14.8	2회	13.0	2회	12.2	2회	11.6
	3회 이상	16.7	3회 이상	16.8	3회 이상	13.6	3회 이상	8.6
관광목적	관광	48.0	관광	49.0	관광	59.5	관광	74.4
	비즈니스	18.6	비즈니스	15.4	비즈니스	13.4	쇼핑	12.5
	친구친척	13.8	쇼핑	9.8	쇼핑	8.7	비즈니스	5.9
선택고려 요인 (상위3위)	쇼핑	78.4	쇼핑	73.8	쇼핑	62.2	쇼핑	78.4
	자연풍경	60.5	자연풍경	57.0	자연풍경	56.2	자연풍경	60.5
	음식/미식	34.4	음식/미식	34.4	음식/미식	31.0	음식/미식	34.4
체재기간	10.1		7.5		7.1		5.7	
숙박시설	호텔	75.4	호텔	59.7	호텔	69.6	호텔	76.7
방문권역	서울권	79.7	서울권	86.2	서울권	79.3	서울권	77.8
	경인권	32.3	경인권	33.0	제주권	35.1	제주권	34.2
	경상권	19.3	제주권	25.8	경인권	26.0	경인권	11.8
	강원권	11.1	경상권	10.7	경상권	9.5	경상권	6.1
여행형태	개별	61.8	개별	63.4	개별	53.8	개별	57.8
	단체	36.1	단체	33.4	단체	42.8	단체	39.4
	에어텔	2.1	에어텔	3.2	에어텔	3.4	에어텔	2.8
방한활동	쇼핑	81.0	쇼핑	85.7	쇼핑	82.8	쇼핑	87.7
	식도락	51.2	식도락	60.0	식도락	47.7	식도락	60.7
	자연감상	20.2	자연감상	18.6	시티투어	23.2	자연감상	42.7
	유흥오락	19.1	유흥오락	16.8	자연감상	20.4	역사유적	24.8
1인당 경비	1,939.6		2,153.7		2,271.9		2,094.5	
여행만족	4.02		4.14		4.11		4.14	
재방문 의향	3.82		3.97		3.95		3.98	
타인추천	3.83		3.99		4.01		4.06	

자료: 문화체육관광부(2012-2015), 외래관광객 실태조사(각년도)

중국관광객의 방한 횟수를 보면 1회 방문자의 비중이 2011년 68.5%에서 2014년 79.8%로 계속 증가하고 있는 반면 재방문자의 비중이 낮으며, 방한 목적은 순수관광 목적의 비중이 지속적으로 증가하고 있다. 방한 선택시 고려요인으로는 쇼핑, 자연풍경 감상, 그리고 음식/미식 체험이 핵심 요인으로 작용하고 있으며, 최근 3년간 한국 체재기간은 7일에서 5일대로 점차 감소하고 있으며, 호텔 숙박비중도 늘어나고 있다.

방문권역은 서울권, 제주권 중심으로 고착화되고 있으며, 방한 시 활동 역시 쇼핑이 가장 많고 1인당 경비는 2,000달러를 상회하고 있다. 중국관광객의 만족도는 대체적으로 높으나 재방문 의향과 타인추천 의도는 다른 국적의 관광객에 비해 상대적으로 낮은 편이다.

2) 한중 간 관광왕래 현황

중국관광객의 방한 규모는 2001년에 48만 명에서 2007년 100만 명을 돌파하였으며, 2012년에는 222만 명, 2014년에는 612만 명으로 급증하고 있으며, 그 결과 방한 외래관광시장에서 중국관광객의 비중이 2002년 10%를 넘어서고 2010년 21.3%에서 2014년에는 43.2%로 확대되어 양적 성장정책의 성공적 추진에도 불구하고 '과도한 의존성'이라는 우려 섞인 시선도 등장하고 있다.

〈표 8-7〉 한국 외래객 대비 중국관광객 비중

(단위: 천 명, %)

구분	2001	2002	2003	2004	2005	2006	2007	2008	2009	2010	2011	2012	2013	2014
총 외래객 (a)	5,147	5,347	4,753	5,818	6,022	6,155	6,448	6,890	7,817	8,797	9,794	11,140	12,175	14,201
중국 관광객 (b)	482	539	513	627	710	897	1,069	1,167	1,342	1,875	2,220	2,837	4,327	6,127
비중 (b/a)	9.4	10.1	10.8	10.8	11.8	14.6	16.6	16.9	17.2	21.3	22.7	25.5	35.5	43.2

자료: 한국문화관광연구원(2015), 한국관광동향, 참조 재작성.

또한 한중 간 '관광 상호의존성(tourism interdependence)' 현상도 심화되고 있다. 2014년 한국인 해외여행 출국자 수는 총 1,608만 명이며, 이 가운데 가장 많은 418만 명(26.0%)이 중국을 방문한 것으로 나타났다. 최근 한국인의 중국 방문자 수가 400만 명을 전후로 포화상태에 다다른 상태라는 점에서 향후 중국 측에서도 한국관광객 유치를 위한 노력을 활발히 전개하도록 유도하여 관광교류의 불균형적 현상을 해소할 필요가 있다.

〈표 8-8〉 한중 간 관광교류 추이

(단위: 천 명, %)

구분		2001	2002	2003	2004	2005	2006	2007	2008	2009	2010	2011	2012	2013	2014
한국↓중국	출국자	1,678	2,124	1,945	2,844	3,545	3,923	4,776	3,960	3,197	4,076	4,185	4,069	3,969	4,181
	증가율	24.8	26.5	-8.4	46.2	24.6	10.7	21.7	-17.1	-19.3	27.5	2.7	-2.8	-2.5	5.4
중국↓한국	입국자	482	539	513	627	710	897	1,069	1,167	1,342	1,875	2,220	2,837	4,327	6,127
	증가율	-	11.8	-4.8	22.2	15.5	26.3	19.2	9.2	15.0	39.7	18.4	27.8	52.5	41.6

자료: 한국관광공사(2015.3), 국민해외관광객 주요 행선지 통계, 참조 재작성.

지난 14년간 한중 간 관광교류의 특징은 중국인 한국방문은 2002년 11월 발병한 급성호흡기증후군(SARS)의 발생으로 2003년에 약간 감소하였지만 이후 지속적인 증가세를 보였다는 점이며, 반대로 한국인의 중국 방문은 SARS가 발병했던 시기 외에 2007~2009년 세계금융위기 발생, 그리고 2012~2013년 위안화 강세로 인한 여행경비 증가로 감소하기도 하였다.

한중 간 관광객 방문추이를 보면, 2012년까지 한국→중국 방문객 수가 우위를 점하였으나 2013년부터는 중국→한국 방문객 수가 추월하였다. 한중 간 여행수지의 경우 2010년까지 한국의 대중국 여행지급이 수입보다 많았으나 2012년부터 수입이 초과되어 여행수지 흑자를 기록하고 있으며, 이는 한국의 여행수지 적자를 감소하는 데 기여하였다.

〈표 8-9〉 한국의 對중국 여행수지 추이

(단위: 백만 달러)

구분	2001	2002	2003	2004	2005	2006	2007	2008	2009	2010	2011	2012	2013
여행수입	717.0	798.4	731.7	742.5	782.5	945.4	1,168.7	1,451.2	1,419.0	2,184.8	2,758.0	3,393.6	5,754.5
여행지출	1,092.0	1,811.5	1,573.7	1,758.2	2,336.2	2,682.7	2,130.1	2,103.9	2,037.5	2,594.4	2,831.0	2,164.6	2,074.9
수지	-375.0	-1,013.1	-842.0	-1,015.7	-1,533.7	-1,737.3	-961.4	-652.8	-618.5	-409.6	-73.0	1,229	3,679.6

자료: 한국은행(2015), 경제통계시스템(http://ecos.bok.or.kr/) 참조 재작성.

3) 중국인 방한 여행수요 예측과 시사점

지난 2001년부터 2014년까지 중국인의 해외여행 증가율과 방한 관광객 현황, 그리고 중국 해외여행시장 대비 한국의 점유율을 종합적으로 검토하여 향후 중국관광객의 방한 수요를 예측할 필요가 있다.

지난 15년간 중국인 해외여행은 연평균 18.6%씩 증가하였으며, 방한 중국인 관광객은 동기간 동안 연평균 21.5%씩 증가하여 전체 해외여행시장 대비 한국의 점유율도 더 확대될 것임을 시사하고 있다. 최근 5년을 기준으로 할 경우 중국인 전체 해외여행자는 연평균 18.4%이며, 그중 방한 중국관광객 수는 35.9%의 높은 성장률을 기록하였다.

그동안 중국인 해외여행 시장에서 차지하는 한국의 비중이 2004년 2.2%로 최저를 기록한 이후 2010년 3.3%로 확대되었으며, 2014년에는 5.6%를 기록하였다. 이에 따라 향후 2020년 중국인 해외여행시장 대비 한국의 비중을 2014년 점유율을 기준으로 한 최소치 5.6%, 그동안의 점유율 확대추세를 반영한 최대치 7.2%(최근 5년간 증가율 반영)로 구분하여 적용할 필요가 있다.

향후 중국인 해외여행 규모에 대해서는 조사기관(Bank of America Merrill Lynch: 2019년 1억 7,400만 명, CLSA Research: 2020년 2억 명)에 따라 약간 다르지만, 2020년에는 최대 2억 명에 달할 것으로 예상되고 있다. 이에 따라 방한 중국관광객 예측치는 최소치는 1,120만 명, 중간치(적정치)는 1,280만 명, 그리고 최대치는 1,440만 명으로 예상된다.

향후 중국인 해외여행 시장규모가 계속 성장하되 성장률이 약간 저하될 전망이며, 이 경우 시장 점유율 유지 차원에서 '양적 유치'보다는 고소득자, 재방문자, 타인추천, 서비스 질 등 '질적 유치' 개념에서 접근이 필요하다.

〈표 8-10〉 시장점유율 기준 방한 중국관광객 수요예측

(단위: 만 명, %)

중국인 해외여행 규모 증가추이		2020년 방한 중국인 예측		
2014년 (실측치)	2020년 (예측치)	최소치 (5.6% 적용)	적정치 (6.4% 적용)	최대치 (7.2% 적용)
10,900	20,000	1,120	1,280	1,440

자료: 장병권(2010), 중국관광객 유치를 위한 수용태세 개선방안, 한국문화관광연구원.

지난 5년간 방한 중국관광객이 매년 35.9%의 높은 성장률을 기록함에 따라 수도권 내 숙박시설 부족, 음식점 및 안내서비스 질 저하 등 현상이 발생하였다는 점에서 향후 2020년 예상되는 관광객 1,280만 명을 수용하기 위해서는 근본적인 관광수용력 확충 대책을 강구할 필요가 있다.

그동안 중국관광객 예상수요를 1000만 명으로 잡고 수용태세를 정비하였다면, 향후에는 1,280~1,440만 명까지도 염두에 두고 중국관광객 수용을 위한 운송수단 분담, 지방관광수용력 확대, 숙박시설 확충 및 지방 분담률 확대, 중국전문 관광인력의 확대, 관광콘텐츠 혁신, 관광만족도 향상 및 재방문 · 타인추천 의향 제고 등의 정책변화를 모색해야 한다.

4. 중국 관광객 유치경쟁력 강화 전략

중국 관광시장에 대한 유치 전략은 크게 시장관리, 시장창출, 시장확대 3가지로 구분할 수 있다(박문수 외, 2014). 시장관리(market management) 전략으로는 중국관광객 서비스의 품질 향상, 중국 관광객 전담 가이드 양성, 시장창출(market creation) 전략으로는 신세대 유망소비층 유치 강화, 관광콘텐츠 혁신과 고부가가치화를 들 수 있다. 그리고 시장확대(market extension) 전략으로는 스마트형 개별 자유여행의 활성화, 중국인 방문권역의 전국 분산을 들 수 있다.

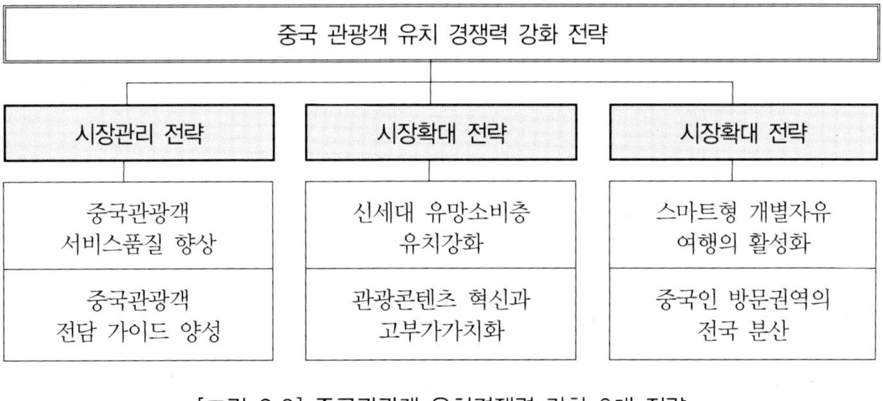

[그림 8-3] 중국관광객 유치경쟁력 강화 3대 전략

1) 중국 관광시장 관리전략

중국 관광시장에 대한 관리전략은 한국 제품과 서비스에 대한 중국인 관광객 수요 증대 및 안정적인 시장확보를 위한 기본적인 수용태세 개선과 중국인 선호제품의 품질보증에 관한 사항에 초점을 두고, 기존 시장에 대한 효율적인 서비스 제공방안을 강구하는 것으로 중국관광객 서비스의 품질 향상, 중국 관광객 전담 가이드 양성이 대표적인 대안이 될 수 있다.

첫째는 중국관광객 서비스의 품질 향상이다. 중국관광객의 만족도를 제고하기 위해서는 관광품질의 통일성 확보가 중요하나 관광품질은 수준 측정이 용이하지 않다는 점에서 정책적인 논의가 필요하다.

관광산업의 시설 부문과 서비스 부문 전반에서 관광품질에 대한 질적 기준과 소비자의 선택의 준거 기준이 되는 관광품질인증 제도의 추진이 점차 확대되고 있는 상황에서 우리나라의 관광산업 분야에 적용가능성을 검토해야 한다. 중국관광객을 대상으로 서비스 수준을 제고함과 동시에 단기적으로 서비스의 표준화와 정부인증과 같은 제도적 장치의 도입을 통해 다양한 관광체험 서비스에 대한 불안감을 해소시켜줘야 한다. 이를 위해 국적별 관광불편신고 접수 및 분석의 과학화, 중국관광객 불만제로 캠페인 전개, 한국관광품질인증센터의 활성화 방안을 적극 검토해야 한다.

둘째는 중국관광객 전담 가이드 양성이다. 최근 방한 중국관광객 대상 관광안내 서비스 제공에 있어서 불법 가이드의 문제, 쇼핑강매 등 한국관광 이미지에 부정적인 현상들이 발생하고 있음에도 불구하고 급격히 증가하는 중국관광객으로 인하여 현실적으로 대처하기도 곤란한 상황이다. 중국전담 여행사의 상당수 현장 가이드들이 한국의 역사를 왜곡해 전달하고 있는 것으로 나타나, 한국사를 제대로 배운 한국의 청년들이 관광안내서비스에 참여할 수 있도록 제도적 지원이 필요하다. 구체적으로 관광특성화 고교 '중국어 통역가이드' 양성, 전국 대학 관광관련 학과를 대상으로 '중국관광 전문가 양성 아카데미사업'을 실시해야 한다.

2) 중국 관광시장 창출전략

중국 관광시장에 대한 창출전략은 성장 잠재력이 높은 제품 및 서비스에 대한 지원과 융복합 관광상품 등 고부가가치형 관광상품 개발을 통한 중국 관광객을 대상으로 한 새로운 시장을 창출하는 방안을 강구하는 것으로 신세대 유망소비층의 유치 강화, 관광콘텐츠 혁신과 고부가가치화를 들 수 있다.

첫째는 신세대 유망소비층 유치 강화이다. 현재 중국관광객 유치의 가장 큰 문제점은 저가여행상품이 근절되지 못하고 있는 것이다. 이는 소득수준, 거주지, 라이프스타일 등 여러 면에서 상대적으로 열악한 중장년 연령대의 비중이 높고 1980년대 이후 태어난 신세대 소비층의 유치에 소홀하였기 때문이다.

예를 들어 2013년 중국인 해외여행자의 연령분포를 보면 34세 이하의 연령대가 전체의 54%를 차지하고 35세 이상의 연령대가 46%를 차지하고 있으나(中國旅游研究院, 2014), 한국방문자의 경우 30세 이하가 전체의 23.4%, 그리고 31~40세 연령대가 22.8%로 나타나 40세 이하가 전체의 46.2%를 차지하고 있어 전체 중국인 해외여행자보다도 훨씬 노령화되어 있음을 알 수 있다.

따라서 현재 바링허우 세대 중심의 유치마케팅에서 주링허우 세대에 초점을 둔 소통형 마케팅으로 조기 전환해야 하며, 저가여행 탈피를 위한 고품격 한국여행상품(프리미엄 쇼핑, 럭셔리 한류체험, 한국관광 우대카드 등)을 지속적으로 개발해야 한다.

둘째는 관광콘텐츠 혁신과 고부가가치화이다. 방한 중국관광객들의 여행 시 활동의 가장 큰 특징은 타 국가의 관광객과 달리 쇼핑참여율이 월등히 높다는 것으로, 그 외 식도락, 자연경관감상, 고궁역사유적, 유흥오락의 순으로 참여하고 있다. 이들의 한국여행 시 소비지출을 보면 쇼핑비에 1,409달러로 상당히 많은 금액을 지출하고 있는 반면 오락비는 86달러, 문화비는 100달러에 그치고 있다.

> 향후 중국관광객 유치를 위해 가장 강화해야 할 관광상품으로 '소비와 레저와 건강관리가 결합된 복합관광', '개별맞춤형 자유여행', '산업관광, MICE, 인센티브 관광을 비롯한 기업연계 관광'이 제시되고 있으며, 집중 육성해야 할 관광콘텐츠로는 '한류 · 문화체험', '자연 · 휴양', '쇼핑상품', '의료 · 뷰티'의 순으로 나타나고 있다(대한상공회의소, 2015).

현재 전국에는 17개의 카지노가 있으나 대부분 고객들의 복합리조트 요구에 미치지 못하는 단순 카지노 사업장으로 운영되고 있다. 이에 따라 방한 중국관광객들의 소비지출을 쇼핑과 게임 위주에서 문화 · 오락 체험서비스로 확대할 수 있도록 관광콘텐츠 혁신과 고부가가치화를 모색해야 한다.

구체적인 과제로는 단기적으로 성공가능성이 가장 높은 지역을 대상으로 복합리조트의 클러스터화, 즉 세계적 수준의 집적화된 복합리조트 스트립을 조성하며, 방한 중국인 중 의료관광(MT)과 마이스(MICE) 목적 관광객의 비중을 확대하며, 한류확산 및 케이팝(K-POP) 대중화에 따라 상시 공연이 가능한 한류공연장을 조성하여 증가하는 중국관광객의 문화소비 요구를 활성화시킬 필요가 있다.

3) 중국 관광시장 확대전략

중국 관광시장에 대한 확대전략은 방한 중국관광객의 소비선호 분석결과를 기반으로 중국인 대상 관광시장의 확대를 유도하고 한국기업의 중국시장 진출에 필요한 정보를 바탕으로 우리나라 제품 및 서비스에 대한 수요 확대방안을 강구하는 것으로 스마트형 개별 자유여행의 활성화, 중국인 방문권역의 전국 분산을 들 수 있다.

첫째는 스마트형 개별 자유여행의 활성화이다. 최근 방한 중국 관광객의 행태 중 모바일 인터넷 사용시간이 1일 평균 213분으로 미국관광객의 125분, 일본관광객 99분에 비해 각각 1.7배, 2.2배 높은 것으로 나타나고 있다. 또한 방한 중국관광객의 소비지출 보면 단체여행객들이 1,791달러를 소비하는 데 비해, 개별여행객들은 2,268달러를 소비하고 있다.

중국관광객들이 기존 패키지 여행에서 개별 자유여행으로 트렌드가 변화되고 있고, 이에 따라 관광안내 정보에 대한 수요가 증가할 것이며, 관광정보의 체계화를 통하여 통합된 정보를 제공할 수 있는 앱(App) 중심으로 관광안내 편의성을 도모할 필요가 있다. 특히 전체 방한 중국인 중 60% 정도를 차지하고 있는 개별여행자들이 편리하게 여행할 수 있도록 개별여행의 스마트 시스템을 조성하며, 일반적인 관광수용태세와는 달리 개별여행자를 위한 관광수용태세를 조기에 구축해야 한다.

둘째는 중국인 방문권역의 전국 분산이다. 최근 일본 관광의 중요한 특징은 종래 비수기로 분류되던 지방관광지들이 중국인 관광객 유입을 통하여 4계절 관광지로 탈바꿈하고 있는 것이다. 도쿄에서 175㎞ 떨어진 시즈오카의 공항에는 중국 난징, 항저우, 상하이, 난징, 시안, 샤먼을 잇는 노선이 운항되고 있다.

그런 반면 중국관광객의 한국여행지 선택 시 서울권, 제주권 집중이 점차 심화되고 있으며 경인권과 경상권의 비중이 감소되고 있는 상황이라는 점에서 기존의 2극화(서울 · 제주) 방문패턴을 전국 전역으로 다극화(서울 · 제주 외 5~6개소 추가 육성)할 필요가 있다. 이를 위해 중국관광객 대상 주요 관광거점을 국제공항 및 국제항만을 중심으로 조성하여 중국관광객의 지방분산을 도모하고 유치효과를 전국으로 파급시켜야 한다.

구체적으로 방문권역별로 중국인 관광객의 방문비율이 높은 지역을 대상으로 '지역특화형 도시관광 글로벌화 사업'의 대상지로 선정 · 육성하기 위하여 차이니스 프랜들리 스팟(Chinese Friendly Spot)을 조성하고, 지역특화형 도시관광 글로벌화 사업을 추진하며, 외래객 지역여행 활성화를 위한 우수여행상품 선정 시 지방 포함 상품에 대한 우대방안을 강구해야 한다.

5. 맺음말

지난 15년간 방한 중국관광객의 높은 성장률은 정부 및 관광산업계가 관광객 유치를 위해 투입한 다각적인 노력의 결과이기도 하지만, 우리나라가 보유하고 있는 '유인' 요인의 강점에 비해 중국 내 해외여행 '추진' 요인의 기회가 상대적으로 더 크게 작용했음을 부정할 수 없다.

즉 중국 아웃바운드 관광시장은 1993년 약 374만 명에서 계속 증가하여 2001년 1,213만 명에서 2010년 5,739만 명으로 증가하였으며, 2014년에는 처음으로 1억 명을 돌파하여 세계관광시장의 핵심 성장동력으로 부상하였다.

2007~2011년 동안 아웃바운드 대상국의 순위를 살펴보면 홍콩, 마카오, 일본이 각각 3위를 유지해 오다가 2011년에는 홍콩, 마카오, 한국으로 순위가 변경되었다. 이후 한국과 태국 간 3위 경쟁이 치열하게 전개되고 있으며 2013~2014년의 경우 한국이 3위를 기록하였다.

한국과 더불어 중국관광객 유치를 위해 치열한 경쟁을 벌이고 있는 일본, 태국, 싱가포르의 관광총량을 살펴보면 외래관광객수는 태국이 2,655만 명으로 월등히 앞섰다. 관광수입은 한국이 146억 달러로 태국 412억 달러, 싱가포르 191억 달러, 일본 151억 달러에 뒤처지고 있고 외래객 1인당 소비액을 보면 한국은 싱가포르, 태국, 일본에 비해 크게 떨어지고 있으며 이는 고부가가치형 관광콘텐츠의 부재에서 비롯되고 있다.

이에 따라 중국관광객 예상수요를 1,280~1,440만 명까지도 염두에 두고 중국관광객 수용을 위한 운송수단 분담, 지방관광수용력 확대, 숙박시설 확충 및 지방 분담률 확대, 중국전문 관광인력의 확대, 관광콘텐츠 혁신, 관광만족도 향상 및 재방문 · 타인추천 의향 제고 등의 정책변화를 모색해야 한다.

중국 관광시장에 대한 유치 전략은 크게 시장관리 전략, 시장창출 전략, 시장확대 전략으로 구분할 수 있다. 첫째, 시장관리 전략으로는 중국관광객에 대한 서비스의 품질 향상과 중국관광객 전담 가이드 양성이 요구된다. 둘째, 관광시장 창출전략으로는 신세대 유망소비층의 유치를 강화하고, 관광콘텐츠 혁신과 고부가가치화를 모색해야 한다. 셋째, 관광시장 확대전략으로는 스마트형 개별 자유여행의 활성화와 중국인 방문권역의 전국 분산이 이루어져야 한다.

제9장
중국관광객의 지속가능한 유치방안

1. 머리말

중국관광시장이 세계관광의 성장 동력이자 '큰손'으로 부상하였다. 2010년 일본을 제치고 미국에 이어 G2로 부상한 중국은 소비부문에서도 '큰손'이 되어 세계관광 흐름을 주도하고 있으며, 2012년에는 미국을 제치고 최대의 세계관광시장으로 부상하였고, 이로 인해 전 세계적으로 '중국인 친화도시'를 표방하는 도시들이 속속 등장하고 있다.

> 2012년 1월 유럽에서 처음으로 스페인의 남서부 해안도시인 세비아(Seville)가 '중국인 친화도시(Chinese Friendly City)'를 표방하며 중국관광객에 특별대우를 하고 중국인 유치의 핵심 거점도시화를 시도하고 있다. 국내의 경우 2015년 4월 부산시도 중국친화도시 지수(CFCI)를 개발하여 2015년 65점에서 2020년까지 90점으로 높여, 중국관광객 200만 명을 유치한다는 목표를 수립하고, '중국관광객 친화도시'를 선언한 바 있다.

그동안 정부 및 민간부문을 중심으로 적극적인 한중 관광협력 사업을 통하여 홍콩, 마카오에 이어 중국 해외여행 시장의 3대 목적지로 부상하였으며, 정부는 2015년 4월 11~12일 도쿄에서 한중일 관광장관회의 등을 통하여 3국 간 인적교류 규모를 2014년 2천만 명에서 2020년까지 3천만 명으로 확대하는 공동선언을 발표하였다(연합뉴스, 2015. 4. 12.).

> 정부는 관계부처 합동(2014.8.12)으로 제6차 무역투자진흥회의를 개최하여 중국 관광시장의 성장과 방한 관광객 수 증가에 따라 기존 쇼핑 위주의 관광에서 체류형 고급관광을 전환하기 위해 '중국관광객 친화적 관광환경 조성'에 역점을 두고, '다시 찾고 싶은 대한민국 만들기 종합대책'을 강구키로 하였으나, 여전히 가시적인 성과가 나타나지 않고 있다.

그동안 한국관광은 중국과의 지리적 인접성과 쇼핑매력도에 의존하여 급성장하였지만 2015년 중동호흡기증후군(MERS, 以下 메르스) 사태를 계기로 향후 '지속가능한 관광객 유치'라는 새로운 과제를 해결해야 할 상황을 맞이하였다. 메르스 발생 이후 한국 방문을 기피하는 현상이 현실화됨으로써 중국관광시장은 한국관광의 흐름과 판도를 완전히 바꿔놓을 수 있는 게임 체인저(game changer)로 급부상함에 따라 적극적인 대응이 필요하다.

> 지난 2015년 5월 말 발생한 메르스의 전국적 확산에 따라 중국을 위시한 대만, 홍콩 등 중화권 국가들의 방한여행 취소가 두드러지게 나타나고 이로 인한 항공사, 여행사, 관광호텔 등 관광업체뿐만 아니라 면세점, 음식점, 소매점 등 관련 업종이 직격탄을 맞게 되면서 국가의 때늦은 위기관리 대처활동이 관광산업의 지속가능한 성장에 심각하게 영향을 줄 수 있음이 드러났다.

2001년부터 2009년까지 중국인들은 한국보다 일본을 더 많이 방문하였으나 2010년대부터는 동일본 대지진과 中日 영토분쟁과 중국인들의 반일 감정으로 한국으로의 방문자가 일본을 추월하였으며, 2015년 한국의 메르스 사태와 일본 엔화 약세가 복합적으로 작용하여 다시 방일 중국인 수가 방한 중국인 수를 역전하였다. 실제 일본은 2014년 1,341만 명을 유치하고 그중 중국관광객이 240만 명으로 전년보다 84% 증가하였고, 여행수지를 흑자로 전환하는 데 성공하고, 연간 방문객 수도 한국을 추월하였다.

향후 중국관광객의 지속가능한 유치를 위해서는 그동안의 '양적 성장'에 초점을 둔 유치정책에서 파생된 문제점을 근본적으로 해결하여 고객맞춤형 관광서비스, 고품격 관광상품 개발, 수요자 지향적인 관광산업 생태계 구축 등 '질적 혁신' 노력이 필수적이며, 이를 위한 새로운 전략 및 실천과제를 모색해야 한다.

전체 외래관광시장 규모가 꾸준히 성장하고 있는 가운데 중국관광객에 의한 관광수입, 생산유발, 부가가치, 취업유발, 고용 유발 등 경제적 파급효과가 각각 절반 내외(43~60%)을 차지하고 있다는 점에서 신규 관광시장의 개척도 중요하지만 기존 중국시장의 점유율을 지속 유지하는 방안을 마련해야 한다.

그동안 철편일률적인 저가여행상품으로 중국관광객 불만의 빌미를 제공하였으며, 이를 보충하기 위해 쇼핑과 바가지요금을 관행적으로 일삼다 보니 방한 관광객을 국적별로 비교할 때 중국관광객의 한국여행 시 '매우 만족'의 비중은 19.5%로 16개 국가 중 최하위를 기록하고 있는 실정이다.

2. 중국관광객 유치 영향요인 및 저해요소

1) 지속가능한 중국관광객 유치 영향요인

지난 20년간의 한중 간 관광교류협력이라는 경험적 관점에서 볼 때, 중국관광객 유치에 영향을 주었던 요인은 중국 요인, 한국 요인, 그리고 경쟁국 요인으로 구분할 수 있으며, 각각의 요인은 상호작용하면서 방한(訪韓)을 촉진(또는 기회) 또는 억제(또는 위협) 작용을 하였다.

먼저 중국과 한국의 내부에 있는 긍정적 요인들은 각각 한국 여행을 촉발시키는 추진요인(push factors)이거나 강점요소를 배경으로 중국인을 끌어들이는 유인요인(pull factors)으로 작용하였으며, 반대로 양국에 상존하거나 일시적으로 발생했던 부정적 요인들은 한국여행을 억제하거나 저하시키는 작용을 하고 있다.

나아가 주변국 및 국제적 여건변화의 경우 한국의 입장에서는 기회요인이자 위협요인이 작용하는 경우가 있는데, 최근 한국으로의 관광객 급증은 정치경제적 환경변화(예: 태국 정정불안, 중국과 베트남 및 필리핀과의 외교갈등)에 따라 반사적인 이득을 받은 측면도 있지만, 일본의 엔화약세에 따른 중국관광객의 행선지 수요 전환은 향후 방한 중국인의 유치에 위협요소로 작용할 수 있다.

추진요인과 유인요인은 긍정적 요인과 부정적 요인이 혼재할 수 있으며, 그동안 방한 중국인의 급증에는 긍정적 요인이 지속적으로 발생하였기 때문이며, 반대로 중국에서 발병된 사스(SARS)나 한국에서 발생된 메르스(MERS) 등 신종플루와 같은 부정적 요인은 긍정적 요인과 달리 여행수요를 일시적으로 감소시킬 수 있으나 근본적인 억제요인이 되지 않았다.

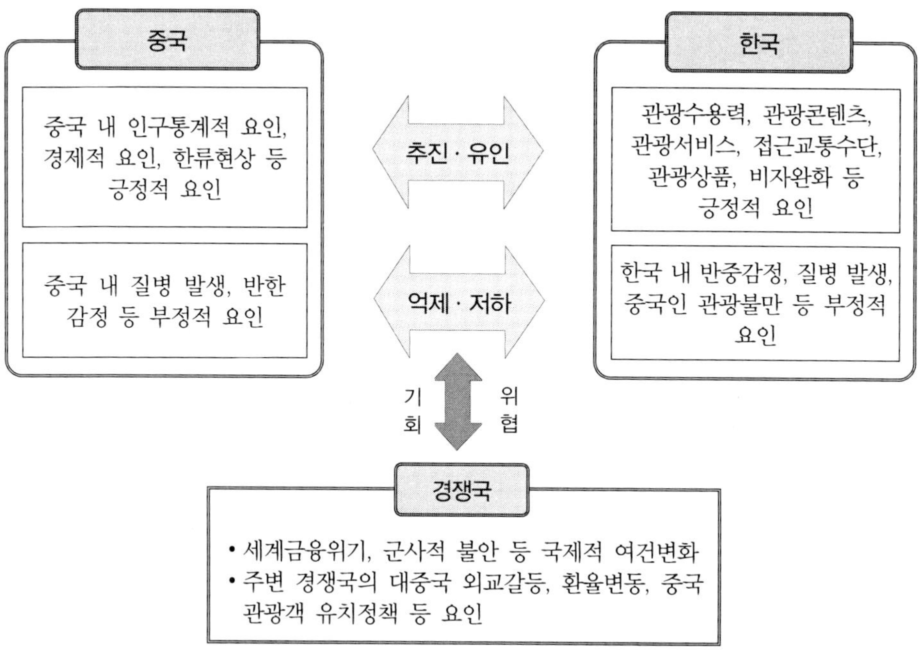

자료: 장병권(2015), 중국관광객 유치 활성화를 위한 대응과제, 한국경제연구원.

[그림 9-1] 중국관광객 유치에 영향을 주는 요인

2010년대 전반 5년간 방한 중국관광객 수가 지속적으로 증가하여 우리나라 인바운드 시장에서 일본을 제치고 1위를 차지하게 된 영향요인으로는 다음과 같이 분석되고 있다.

첫째, 중국내 한류열풍의 지속적 확산으로 한류 및 쇼핑관광과 제주도 해양자연 경관관광, 피부미용 및 성형 부문의 의료관광 수요 성장세가 유지될 것으로 분석되었다. 둘째, 2014년과 같이 동남아 정세불안 및 홍콩시위 격화 등의 양상이 전개되어 중국인의 동남아 및 홍콩여행이 위축된다면 우리나라는 반사효과를 볼 수 있을 것으로 예상되었다. 셋째, 2014년 12월에 치러진 일본 총선 결과 아베정권의 장기 집권 체제가 구축됨에 따라 중국-일본 간 댜오위다오(센카쿠열도) 영토분쟁 및 외교갈등이 심화될 경우 중국인의 방한 여행이 증가할 것으로 예상된다. 넷째, 2014년의 한 · 중 항공협정 합의에 의해 양국 간 항공운항 편수가 주 90회 증대되는 등 항공좌석 공급 및 항공노선 확충도 중국인의 방한을 증대시키는 긍정적 요인으로 작용할 수 있다.

다만 중국정부가 내수경기 진작을 위해 위안화 약세 정책을 추진하고 있는 상황과 일본 엔화 약세로 인해 일본여행 비용이 하락한 상황은 방한 중국인 관광객의 성장에 부정적 요인으로 작용할 수 있다.

첫째, 중국의 경제성장률이 7% 초반까지 하락하는 등 성장세 둔화가 지속될 경우 중국 경제구조가 소비 및 서비스 중심으로 재편되는 등 성장모델 전환과정에서 경기 둔화는 불가피하다. 둘째, 중 · 일 간 외교갈등으로 중국인의 일본 여행 자제 경향이 나타났었으나, 일본정부의 통화완화 정책으로 엔화 환율이 크게 하락하면서 최근 중국인 관광객들의 일본 방문이 증가하였다. 셋째, 메르스(MERS)의 발병으로 2015년 6월 1일부터 16일까지 총 117,810명의 방한여행 취소현상이 나타났는데, 그중 77.8%인 91,620여 명이 대만과 홍콩을 포함한 중화권이다.

2) 중국 관광객 유치의 지속가능성 저해요인

(1) 근절되지 않는 저가 여행상품

현재 경제적으로 부유한 중국관광객을 유치하기보다는 쇼핑관광과 바가지요금에 의존하는 저가 여행상품 판매관행이 여전히 만연되어 있으며, 이로 인해 중국관광객들의 불만이 커지고 있다. 중국에서 관광상품의 난립을 막고 질 낮은 여행상품을 제거하기 위하여 2013년 '여유법'을 제정하였으며, 그동안 저가 여행상품이 현저히 줄었지만 그렇다고 완전히 근절되지 못하고 있다.

대한상공회의소의 조사결과(2015), 중국관광객 유치전담 여행업체 10곳 중 4곳이 원가 이하의 출혈경쟁을 하고 있으며, 손실분의 보충방법으로 쇼핑 및 옵션확대 모색이 불가피한 상황을 토로하고 있다. 이에 향후 중국관광시장을 대상으로 유치 마케팅활동을 추진할 경우 현재와 같이 저가여행 상품에 의존하기보다는 신부유층과 저연령층을 적극 공략할 필요가 있다.

(2) 단체관광객 중심의 수용태세

일반적으로 여행횟수가 많아질수록 단체관광에서 개별여행으로 전환되는 경향을 보이고 있는데, 우리나라의 경우에는 수많은 재방문 희망자를 방치한 채 최초 방문자 중심의 관광객 유치패턴을 보이고 있으며, 그로 인해 수익이 떨어지는 저가 단체여행 상품이 활개치고 있다.

싱가포르 관광청(Singapore Tourism Board, 2013) 보고서에서는 중국관광객에 대한 맞춤형 관광상품 개발 차원에서 중국관광객의 유형을 초보여행자, 경험많은 여행자, 고도의 전문여행자로 구분하고 있는데, 단체관광은 초보여행자에게 나타나고 있고, 개별여행은 고도의 전문여행자에서 잘 나타나고 있다. 한국의 경우 그동안 방문했던 관광객 수가 많다는 점에서 초보(최초) 방한여행자 못지않게 경험많은 여행자나 고도의 전문여행자를 타깃으로 한 맞춤형 관광마케팅 전략 구사가 필요하다.

단체여행의 경우 인솔 가이드의 역할로 인하여 관광인프라가 다소 미흡하더라도 대처가 가능한 반면 개별여행객들은 관광안내, 교통정보, 외국어표지판 등 최적의 관광인프라가 구축될 필요가 있으나 이들 개별여행객의 여행편의 제공에 대한 지원책이 미흡하였다. 단체관광객을 위한 코스 및 상품에 대한 높은 정책적 관심을 보인 그동안의 관행으로 인해, 최근 비중이 커지고 있는 개별여행객을 위한 관광상품화 및 수용태세 정비사업은 여전히 소홀히 취급되고 있다.

〈표 9-1〉 중국관광객의 유형별 여행행태 비교

구분	초보여행자	경험많은 여행자	고도의 전문여행자
선호하는 여행	전통적 패키지투어	자유가 있고 편한 여행	자유스럽고 독립적 여행
여행일정짜기	복수 목적지 선호 경향	복수 또는 단일 목적지	단일 목적지 선호경향
관광 시 활동	터치앤고(touch-and-go)형 필수 관광지와 쇼핑중심	여행과 휴식에 주안 두되 쇼핑도 참가	보다 휴식적인 일정짜기, 심층적 경험과 서비스 추구
관광 태도	해외여행자라는 지위획득에 매료, 관광지 방문경력 리스트 채우기 혈안	장거리 여행 선호, 여행 중 타인들과의 교류경험 중시	휴식지향적이며 중국에서 얻지 못하는 독특한 경험 선호, 가급적 좋아하는 관광지 재방문

자료: Singapore Tourism Board(2013), STB Market Insights: PR China.

전체 관광객 대비 중국 및 일본 관광객의 관광유형별 1인당 지출경비를 살펴보았을 때 가장 높은 경비를 지출하고 있는 중국인 관광객 중 개별여행객(2014년 2,268달러)과 인원수는 적지만 성장속도가 커지고 있는 에어텔 여행객(2014년 2,864달러)에 더 초점을 두도록 수용태세 정비가 필요하다.

(3) 대형 항공편 위주의 방한 운송수단

한국은 소수의 국제공항에서 대중국 직항노선을 보유하고 있으나 나머지 공항에서는 저가항공노선 조차도 활성화되어 있지 못한 상태이다. 저가항공을 통해 중국 내 또는 중국에서 해외로 나가는 항공좌석은 5%에 불과한 상황이나 향후 저가항공 시장의 성장잠재력이 매우 높다는 점에서 향후 한·중 항공노선의 경우 저가항공편을 2010년 12.8%, 2013년 21%에서 더욱 확대시킬 필요가 있다(Fidelity Worldwide Investment, 2015).

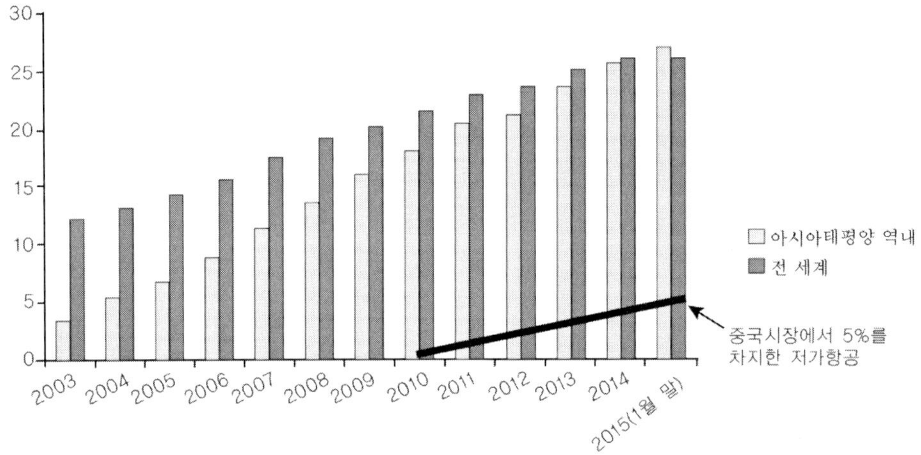

자료: 피델리티(2015), 중국 해외여행객: 장기적 투자테마.

[그림 9-2] 전체 항공좌석 중 저가항공의 점유율

또한 방한 중국관광객 중 선박이용자의 양적 증가에도 불구하고 전체 방한자 중에서 차지하는 비중이 점차 감소추세를 보이고 있다는 점에서 지역관광 활성화, 관광운송형태의 다각화, 크루즈의 고부가가치화 등을 적극 모색할 필요가 있다. 방한 크루즈 관광객은 지난 2011년 15.3만 명에서 2012년 28.2만 명으로 증가하는 데 그쳤지만,

2013년 79.6만 명, 그리고 2014년에는 105.8만 명으로 급증 추세이며, 대다수가 중국 관광객들이나 덤핑 판매하는 저가상품이 난립하면서 관광객의 불만과 한국관광 이미지의 저하를 초래하고 있다.

(4) 국적 없는 관광안내 서비스 방치

불법 무자격 관광가이드의 그릇된 역사관으로 인해 한국 역사에 대한 왜곡은 물론 쇼핑강매가 이루어지고 있어 관광객들의 불만을 증폭시키고 있다. 한국여행업협회가 서울시내 중국인 단체관광 1,035건에 대한 조사결과(2014. 12. 4~5)에 의하면, 104개 단체에서 가이드의 엉터리 역사 발언이 제기되었으며, 관광가이드의 80%가 중국동포였으며, 또한 상위 30위 중국 전담 여행사에 등록된 중국어 가이드를 분석한 결과 한국에서 역사를 배운 한국인의 비중은 32.9%였지만 실제 현장에 투입되는 비중은 전체의 16.4%에 그쳤으며, 현장에는 중국 국적 또는 한국 귀화자, 대만 국적 가이드(83.6%)가 주로 투입되는 것으로 조사되었다(동아일보, 2015.2.12).

중국인 관광객을 유치할 수 있도록 정부가 허가한 여행사(중국전담 여행사)의 상당수 현장 가이드들이 한국의 역사를 왜곡해 전달하고 있는 것으로 나타나, 한국사를 제대로 배운 우리의 청년들이 관광안내서비스에 참여할 수 있도록 제도적 지원이 필요하다.

(5) 미온적인 관광불평 · 불만 처리

중국관광객들이 방한여행 시 직접 피부로 느끼고 있는 문제들인 불편함, 불친절, 불만족의 '3不' 현상이 제대로 해소되지 않고 있다. 문화체육관광부의 외래관광객 실태조사 결과, 여행만족도는 5점 만점 기준으로 2011년 4.02점에서 2014년 4.14점으로 증가하고 있으나 불편사항으로 언어불통, 음식, 비싼 물가, 관광안내판, 택시서비스, 카드결제 불편 등이 지속적으로 제기되었다.

중화권 여행객의 불편신고 접수 건수는 방한 중화권 여행객의 증가와 함께 지속적으로 급격한 증가세를 보이고 있으며, 2012년 406건(37.1%)에서 2013년 528건(49.8%)으로 전년 대비 122건 증가했으며, 2014년에는 602건으로 전체 불편신고 중 과반수가 넘는 52.2%를 차지하는 등 급증세를 계속해서 유지하고 있으며, 중국인은 '쇼핑' 관련 불편접수 비율이 매우 높았다. 또한, '여행사' 및 '택시' 관련 불편신고 역시 중국인이 가장 높은 신고 수를 보였다(한국관광공사, 2015.2).

중국관광객들의 관광불편 및 불만이 지속적으로 제기되고 있는 것은 중국관광객에 대한 그릇된 인식과 서비스 자세뿐만 아니라 이를 시정하기 위한 다각적인 노력이 미흡하였기 때문이라는 점에서 관광불편신고 접수 및 분석의 과학화, 중국관광객친화지수(CFI) 도입 시행, 관광서비스 인증제 등을 통하여 체계적인 대응책이 요구된다.

〈표 9-2〉 중국관광객의 관광불편신고 주요 유형

(단위: 명, %)

구분	2011	2012	2013	2014
쇼핑	22 (32.8)	52 (38.5)	112 (47.3)	131 (47.3)
여행사	13 (19.4)	18 (13.3)	35 (14.8)	29 (10.5)
택시	9 (7.5)	8 (5.9)	34 (14.3)	29 (10.5)
숙박	5 (7.5)	14 (10.4)	8 (3.4)	23 (8.3)
공항 및 항공	4 (6.0)	8 (5.9)	9 (3.8)	16 (5.8)
음식점	1 (1.5)	1 (0.7)	3 (1.3)	7 (2.5)
기타	13 (19.4)	34 (25.1)	32 (13.4)	42 (15.3)
합계	67 (100.0)	135 (100.0)	237 (100.0)	277 (100.0)

자료: 한국관광공사(각년도), 2011~2014 관광불편신고 종합분석서, 참고 재작성.

(6) 중국관광객의 보건의식 증대

한국관광공사의 '메르스 관련 방한 예약취소 추정 현황'(2015)에 의하면, 2015년 6월 1일부터 16일까지 총 117,810명의 방한여행 취소현상이 나타났는데, 전체 누적 예약취소 인원 중 77.8%인 91,620명이 대만과 홍콩을 포함한 중화권이며, 일본을 비롯한 아시아권 인원이 25,540명(21.7%), 구미권은 650명(0.5%)으로 나타났다.

2014년 외래관광객중 중화권 관광객의 비중이 51.9%를 차지하였지만 MERS 발병이후 취소자 중 중화권이 77.8%임을 감안할 때, 중국인들의 각종 호흡기질환에 대한 높은 경계심에 대한 관심과 주의를 기울일 필요가 있다.

(7) 최초 방한자 유치에 과도한 비용 투입

중국관광객의 방한횟수 추이를 살펴보면, 2011년의 경우 1회 방문자의 비중이 68.5%에서 2014년에는 79.8%로 계속 증가되어 왔으며, 이는 최근 중국관광객의 급증에 따른 결과로도 볼 수 있다.

〈표 9-3〉 방한 중국관광객의 방한횟수

(단위: %)

구분	1회	2회	3회	4회 이상
2011	68.5	14.8	6.0	10.7
2012	70.3	13.0	5.9	10.9
2013	74.3	12.2	4.9	8.7
2014	79.8	11.6	3.8	4.8

자료: 문화체육관광부(각년도), 외래관광객 실태조사.

그러나 최초방한자(1회)의 비율 증가에도 불구하고 4회 이상 방한자의 비중이 절반 수준으로 급감하고 있다는 점에서 신규 관광객 유치에 따른 인적, 재정적 부담 등 비효율성을 제거하기 위한 노력은 물론 한국방문자에 대한 효율적인 관광접점 관리 등을 통하여 재방문자 비중 및 타인추천 의사 확대를 위한 노력이 필요하다.

중국관광객의 韓日 양국 방문 횟수(2013년 기준)에 대한 조사결과를 보면, 한국은 최근 3년간 1회방문자의 비중이 74%이고 2회 이상 재방문자의 비중이 26%에 그치고 있으나, 중국인의 일본방문횟수에서 1회 방문자의 비중은 55%이며 2~5회 재방문자의 비중이 29%이며 6회 이상 재방문자의 비중도 16%에 달하고 있어 한국과 현저한 차이를 보여주고 있다(조아라, 2015).

(8) 쇼핑 · 유흥오락 중심의 단순 관광행태

중국 관광객들의 쇼핑 위주의 활동으로 서비스 관광체험의 다양성이 부족하고, 한국관광 소비구조의 왜곡현상이 발생하고 있다. 중국관광객의 한국여행 시 주요 활동(중복응답) 중 쇼핑활동이 2013년 82.8%에서 2014년에는 87.7%로 더 심화되고 있는 상황이다.

방한 중국관광객의 여행경비 지출의 대부분이 화장품 및 피부미용 제품, 의료 · 신발 등과 같은 제품구매에 편중되고 오락 및 관광, 뷰티 관련 서비스 이용에 대한 지출액이 상대적으로 낮다. 이는 중국관광객을 대상으로 새롭게 즐길 수 있는 오락 및 관광상품이 없으며, 서비스 상품의 품질 및 가격수준이 표준화되어 있지 않아 서비스상품의 이용에 대한 불안감이 크고 서비스 제공자와 수요자 사이의 의사소통이 불편한 것에 그 원인이 있는 것으로 파악되고 있다(박문수 외, 2014).

〈표 9-4〉 주요 방한 외국인의 여행 시 활동(2013~2014)

(단위: %, 복수응답)

구분	전체관광객 (2014)	중국관광객		일본관광객 (2014)	미국관광객 (2014)
		2013년	2014년		
1위	쇼핑 (74.0)	쇼핑 (82.8)	쇼핑 (87.7)	식도락관광 (61.2)	쇼핑 (43.3)
2위	식도락관광 (46.4)	식도락관광 (47.7)	식도락관광 (60.7)	쇼핑 (59.6)	업무수행 (37.4)
3위	자연경관감상 (31.7)	시티투어 (23.2)	자연경관감상 (42.7)	고궁역사유적 (24.8)	고궁역사유적 (34.1)
4위	고궁역사유적 (27.2)	자연경관감상 (20.4)	고궁역사유적 (24.8)	자연경관감상 (17.0)	자연경관감상 (26.0)
5위	업무수행 (14.3)	고궁역사유적 (13.0)	유흥오락 (10.5)	업무수행 (14.7)	미팅/회의 (12.8)

자료: 문화체육관광부(2014, 2015), 외래관광객 실태조사, 참조 재작성.

한국과 일본을 방문한 중국관광객들의 소비지출 구조를 비교분석 하면, 한국은 쇼핑비가 38%, 게임비가 34%, 숙박 12%, 교통 11%, 기타 5%의 비중을 보이고 있는 반면, 일본을 방문한 중국관광객들은 쇼핑비 35%, 숙박비 30%, 식비 21%, 교통비 11%, 게임비 2%, 기타 1%로 나타나 일본에서 허용하지 않는 카지노 지출이 한국에서 높은 반면, 일본은 한국보다 숙박비와 식비의 비중이 높음을 알 수 있다.

〈표 9-5〉 한 · 일 방문 중국관광객의 소비지출 분포

(단위: %)

구분	한국	일본
쇼핑비	38	35
게임비	34	2
숙박비	12	30
교통비	11	11
식비	-	21
기타	5	1

자료: 문화체육관광부(2014), 2013 외래관광객 실태조사; 일본관광청(2014), 방일외국인의 소비동향: 평성 26년 연차보고서.

한국방문 중국관광객의 여행목적을 살펴보면, 비즈니스 목적의 방한 비중(2011년 4.4%에서 2014년 1.7%로 지속 감소)은 극히 일부분을 차지하고 있어 한국을 단순 관광 · 레저 · 휴양지로 방문하는 경향이 있는 것으로 드러나 지속가능성에 대한 우려가 있다.

반면 일본관광청(Japan Tourism Agency, 2014)의 조사결과에 의하면, 일본 방문 중국인들의 여행목적은 관광레저(39.9%), 비즈니스(41.9%), 기타(18.2%)로 구성되어 관광레저와 비즈니스가 거의 비슷하게 나왔으며, 싱가포르의 경우에도 중국인들의 싱가포르 여행 시 지출액은 레저 경비가 55%이고 BTMICE(business travel+MICE)가 31%로 높은 비중을 보이고 있어 대조적이다(Singapore Tourism Board, 2013).

(9) 서울 및 제주중심 방문형태의 고착화

최근 5년 동안 외래관광객(중국관광객 포함)의 방문 비율이 증가한 곳은 서울권과 제주권뿐이며, 외래객 수가 급격히 증가하고 있으나 특정지역으로 '집중도'만 키웠을 뿐 전국으로의 '분산도'는 신장되지 않았다. 2015년 현재 한국과 일본의 중국관광객 유치 방식에 있어서 큰 차이점은 한국은 인천공항, 김포공항, 김해공항, 제주공항 4개 국제공항만 중국 직항노선(정기항공편)을 보유하고 있지만, 일본의 경우에는 무려 5배가 넘는 21개소에서 운항중이다.

현재 방한 중국관광객의 방문권역을 보면 서울권과 제주권을 중심으로 고착화되는 경향을 보이고 있으며, 반대로 외래관광객 실태조사(각년도) 결과를 보면 경인권은 2011년 32.3%에서 2014년 11.8%로 급감하였고, 경상권의 비중도 2011년 19.3%에서 2014년에는 6.1%로 줄어들었다.

서울시의 2015 우수관광상품 지원사업의 신청기준을 보면, 서울소재 관광숙박시설(관광호텔 또는 대체 숙박시설)에서 2박 이상과 2일 이상의 서울관광일정을 요구하여 나머지 일정에서는 외래관광객의 지방분산에 기여하기 위한 배려가 엿보이고 있으나 여전히 제주, 경기, 인천, 강원 등을 제외한 나머지 지역으로는 그 파급효과가 높지 않다.

예를 들어 서울시가 아시아 주요 6개국을 대상으로 한 서울관광상품 실태조사 결과, 중국지역에서 판매하는 서울 관광상품 중 제주도가 69.7%, 파주가 60.1%로 많이 포함되어 있지만, 부산 16.3%, 인천 12.1%, 용인 11.6% 등을 제외한 나머지 지역들은 거의 포함되어 있지 못하다(서울특별시, 2014).

〈표 9-6〉 서울 관광상품의 서울외 포함 관광도시

(단위: %)

구분		중국	일본	대만	홍콩	태국	필리핀
서울만		7.2	49.8	10.8	1.8	3.8	22.1
경기권	파주	60.1	9.4	35.4	5.0	34.4	25.0
	용인	11.6	20.3	60.8	63.7	76.3	44.1
	인천	12.1	-	-	7.1	0.6	11.8
	수원	3.8	40.4	34.6	8.0	18.1	13.2
강원권	춘천	2.8	0.7	23.1	9.7	9.7	44.1
	평창	0.9	0.4	3.8	23.0	23.0	2.9
제주권		69.7	5.1	0.8	8.8	8.8	11.8
경상권	부산	16.3	6.3	1.6	14.2	14.2	5.8
	경주	3.6	14.6	1.6	14.2	14.2	2.9
충청권		3.8	8.5	9.2	13.3	13.3	4.4
전라권		5.6	2.8	10.8	14.2	14.2	4.4

자료: 서울특별시(2014), 서울관광상품 실태조사(아시아 주요 6개국 비교).

일본의 경우 10개 권역별 외국인 관광객을 분산시키기 위한 관광수용태세 개선사업을 지속적으로 추진한 결과 뚜렷한 성과를 거두고 있다. 즉 규슈지역이나 주고쿠 지역은 한국 관광객이 가장 많이 방문하고 있으며, 간토지역과 주부지역은 중국관광객, 그리고 홋카이도 지역, 도호쿠 지역, 오키나와 등은 대만 관광객들이 각각 가장 많이 방문하고 있다(Japan Tourism Agency, 2014).

우리의 경우 2014년 600여만 명의 중국인이 방문하였지만 그 파급효과가 전국적으로 분산되지 못하고 여전히 서울과 제주에 집중되어 있다. 향후 재방문자의 지방분산을 위한 관광지수명주기(DLC) 모델개발, 중국인 친화지구 육성 등을 통하여 관광객의 분산 노력이 필요하다.

(10) 도시 중심의 소비형 관광패턴

국제관광은 대부분 도시를 중심으로 이루어지고 있으며, 방한 중국관광객의 경우 방문지(site)를 기준으로 명동, 동대문시장, 남산타워, 고궁, 신촌/홍대 주변, 잠실롯데월드, 인사동 등이 전체 방한자의 20% 이상이 방문하는 장소로서, 이들 지역은 풍부한 관광콘텐츠와 스토리 자원을 보유하고 있는 동시에 관광안내, 음식, 쇼핑 등 관광객을 위한 편의시설 수준이 높기 때문이다.

시 · 도별 기준으로 할 경우, 2014년 중국인의 방문지역으로 서울(77.8%), 제주(34.2%)는 매우 높은 방문율을 보였고, 부산(5.5%), 인천(4.4%) 등 도시지역의 방문율이 적지 않았으나 강원(3.9%), 경남(3.1%), 경북(1.8%), 전남(1.6%), 전북(1.1%), 충남(0.4%), 충북(0.2%) 등 중소도시 및 농산어촌 지역의 방문율은 극히 저조한 상황이다(문화체육관광부, 2015).

향후 중국관광객을 유치할 경우 중국인들의 레저지향적 라이프스타일의 추구 경향을 감안하여 전국의 주요 산악 및 해안지역을 대상으로 한 관광레저시설을 적극 육성할 필요가 있다. 정부에서도 관계부처 합동(2014, 2015)으로 2014년 8월 무역투자진흥회의에서 산지관광 활성화 차원에서 산지관광특구 제도를 도입키로 하였으며, 2015년 1월 해양경관을 활용한 관광투자 활성화 차원에서 해양관광진흥지구, 공원해상휴양지구를 도입키로 하였으나 아직 가시적인 추진 성과가 나타나지 않고 있다.

3. 지속가능한 중국관광객 유치전략

중국관광객 유치전략을 전환할 필요가 있다. 그동안 증가하는 외래객(중국인 포함)으로 인해 양적 성장을 추구한 나머지 지속가능한 외래객 유치를 위한 논의가 상대적으로 부족하였으며, 2015년 MERS 사태의 발생과 중화권 관광객의 급감을 계기로 관광산업에 있어서 '지속가능성(sustainability)'을 중요한 정책목표로 삼아야 한다.

지난 15년간 중국인 해외여행 자유화 대상국가로 지정된 이래 중국관광객 수가 급속히 증가해 왔지만 2002년 발생한 SARS에 이어 2015년 5월 발생한 MERS로 인해 방한 중국관광객이 전년 대비 감소할 가능성도 배제할 수 없는 상황이다. 이에 따라 향후 예상되는 중국 해외여행수요의 둔화 및 방한 중국관광객 유치여건의 변화를 종합적으로 감안하여 중국관광객 유치정책의 목표를 '지속가능한 관광객 유치 및 경제적 파급효과의 극대화'에 초점을 둘 필요가 있다.

'지속가능한 관광유치'란 지속가능성이라는 틀 내에서 사회적 · 경제적 · 환경적으로 지속가능함을 추구하는 관광을 모색하기 위하여 관광객(국내외), 관광기업, 관광지, 관광주민 이해 당사자의 이익을 극대화하면서 관광부문의 경쟁력을 확보해나가는 것이다.

이에 따라 중국관광객 유치에 있어서 제기되었던 양적 성장, 대증적 대응, 공급자 중심, 저효율적 홍보, 이해당사자 간 이익편중 등의 문제에서 과감히 탈피하여 질적 발전, 선제대응, 수요자 지향, 고효율 추구, 이익의 확산 등으로 패러다임 전환이 필요하다.

지속가능한 중국 관광객을 유치하기 위해서는 그동안 중국 내 '추진요인'과 일시적 '기회요인'에 의존했던 '양적 성장전략', 수요증가에 뒤따라가는 대증요법(對症療法)적 접근방식, 공급자 중심적 관광서비스에서 벗어나 한국의 '유인요인'을 강화하고 주변 위협요인을 극복하기 위한 '질적 육성전략', 호의적 여건을 조성해가는 선제대응(先制對應)적 접근방식, 수요자 중심적 관광서비스로 전환될 필요가 있다.

기존의 중국관광객 유치	지속가능성 ↓	향후의 중국관광객 유치
급증하는 중국인 해외여행수요를 무제한 끌어 모으는 양적 유치전략 구사	양적 → 질적	증가하는 중국인 해외여행수요를 적극 수용하되, 선택과 집중방식을 적용한 질적 유치전략 구사
사전 치밀한 준비없이 증가하는 방한수요에 수동적으로 대응하는 대증요법적 접근방식	대증적 → 선제적	양적 증가와 더불어 유치역량을 강화하고 관광트렌드를 선도하는 선제대응적 접근방식
관광객의 눈높이에 부합되지 않아 불만을 야기하는 공급자 중심적 관광서비스	공급자 → 수요자	맞춤형 관광서비스를 통하여 만족도를 제고하는 수요자 중심적 관광서비스
신규 고객 유치를 위한 역량의 과다 투입, 획일적 관광패턴으로 인한 저효율·저부가형 관광산업	저효율 → 고효율	재방문자 확대 및 타인추천 의사 강화로 마케팅 효율을 제고하는 고효율·고부가형 관광산업
관광산업 및 일부 연관산업 중심으로 파급효과가 제공되는 편중형 관광경제	집중형 → 확산형	전체 연관산업의 동반성장과 지역(주민)에게도 혜택이 주어지는 확산형 관광경제

자료: 장병권(2015), 중국관광객 유치 활성화를 위한 대응과제, 한국경제연구원.

[그림 9-3] '지속가능성' 측면에서 중국관광객 유치전략의 전환

중국관광객 유치전략	정책기조	문제점	해결과제
질적 유치 전략	바링·주링허우 세대 유치강화	저가여행상품 및 출혈경쟁	新소비층인 청년층 유치 마케팅 전개
	개별 자유여행 활성화	단체관광객 중심의 관광수용태세	개별여행객을 위한 여행편의 극대화
선제대응적 접근전략	방한 중국인 운송수단의 다각화	대형 항공편 중심의 접근수준	크루즈 및 저비용 항공편 확충
	스마트 관광서비스 인력 양성	혼(魂)이 없는 관광안내 서비스	청년 중국관광전문가 양성
수요자 지향적 관광서비스 전략	중국인 대상 관광서비스 품질 향상	중국인 불평·불만 해소 노력 미흡	중국관광객 불만제로(Zero) 캠페인 전개
	한국형 여행보건 서비스 도입	안전·보건 문제 위험성 상존	여행안심 및 보건위생 서비스 강화
고효율·고부가형 관광전략	고효율적 관광객 관리	최초 방한자 유치에 과도한 비용 투입	방문객 관리체계(재방문 및 및 타인추천 제고) 정립
	관광 콘텐츠 혁신과 고부가가치화	쇼핑과 유흥오락 중심의 단순 활동	한류·MICE·복합리조트 콘텐츠 확충
효과 확산형 관광전략	방문권역의 전국 분산	중국인 서울·제주 집중(2극화)	중국관광객의 지방분산(다핵화)
	레저스포츠형 新체험관광 상품 개발	도시중심의 관광상품 개발	산악·해안 관광 레저 거점 조성

자료: 장병권(2015), 중국관광객 유치 활성화를 위한 대응과제, 한국경제연구원.

[그림 9-4] 중국관광객 유치전략과 정책기조 및 사업의 연계성

또한 중국시장이 전체 외래관광시장 중에서 가장 큰 비중을 차지하고 있으며, 그에 따른 경제적 파급효과도 크다는 점에서, 관광산업 자체의 성장은 물론 관련 산업의 파급효과 제고 및 이의 전국적 확산을 위해서도 중국관광객의 지속가능한 유치방안을 마련해야 한다.

앞서 설정한 중국관광객 유치전략의 전환에 부응할 수 있는 추진과제를 선정하기 위해 '지속가능성'의 차원에서 제기되고 있는 중국관광객 유치의 문제점을 검토하고 이를 바탕으로 새로운 정책 기조를 설정할 필요가 있다.

첫째는 질적 유치전략으로 신소비층인 바링 및 주링허우 세대 유치, 개별 자유여행 활성화에 초점을 두는 것이다. 둘째는 선제대응적 접근전략으로 방한 중국인 운송수단의 다각화, 스마트 관광서비스 인력의 양성이 필요하다. 셋째는 수요자 지향적 관광서비스 전략으로 중국인 대상 관광서비스 품질 향상, 한국형 여행보건서비스를 도입하는 것이다. 넷째는 고효율·고부가형 관광산업 전략으로 고효율적 관광객 관리, 관광콘텐츠의 혁신과 고부가가치화를 도모하는 것이다. 다섯째는 효과 확산형 관광경제 전략으로 방문권역의 전국 분산, 고객 눈높이형 신상품 개발을 개발하는 것이다.

4. 지속가능한 중국관광객 유치방안

1) 신세대 소비층(바링·주링허우) 유치 강화

현재 중국관광객 유치의 가장 큰 문제점은 저가여행상품이 근절되지 못하고 있는 것이며, 이는 소득수준, 거주지, 라이프스타일 등 여러 면에서 상대적으로 열악한 중장년 연령대의 비중이 높고 1980년대 이후 태어난 신세대 소비층의 유치에 소홀하였기 때문이다.

현재 바링허우 세대 중심의 유치마케팅에서 주링허우 세대까지 포함한 소통형 마케팅으로 조기 전환하여 저가여행 탈피를 위한 고품격 한국여행상품을 개발해야 한다. 이는 최근 방일 중국관광객의 급증에는 반일감정이 약하고 반대로 쇼핑, 유행, 감성 등을 추구하며 높은 구매력을 보이고 있는 20·30대 주링·바링허우 세대들이 크게 증가하였기 때문이다.

세부 추진과제는 다음과 같다. 첫째, 럭셔리 한류체험 가족여행상품의 개발이다. 바링허우 세대(1980년대 출생)는 어릴 때부터 풍요를 누리며 자라 온 가족지향적 세대로서 한류문화체험 상품의 개발을 통해 한국문화에 대한 인식을 제고해야 한다. 둘째, 프리미엄 쇼핑 및 복합체험 상품 및 서비스의 제공이다. 주링허우 세대(1990년대 생)는 중국 내 소비시대의 주력세대로서 쇼핑, 감성 지향적 소비자층이며, 첨단, 패션, 엔터테인먼트 상품을 집중적으로 구매하고 있다. 셋째는 한국관광 우대카드의 발급이다. 백화점, 면세점, 항공사, 관광호텔 등과 협력하여 구매력 높은 중국관광객에 대하여 포인트 적립이 가능한 '한국관광 프리미엄 카드' 서비스를 제공하여 재방문을 유도해야 한다.

2) 중국인 개별 자유여행 활성화

중국관광객들이 기존 패키지 여행에서 개별 자유여행으로 트렌드가 변화되고 있어 개별여행자들이 편리하게 여행할 수 있도록 개별여행 지원사업을 전개하고, 일반적인 관광수용태세와는 달리 개별여행자를 위한 관광수용태세를 조기에 구축하는 것이다.

세부 추진과제는 다음과 같다. 첫째는 중국 개별관광객 방문지역 선정 및 효과적인 관광수용태세 개선사업을 실시하는 것이다. 이를 위해 관광교통, 관광음식, 관광숙박, 관광쇼핑, 무료 와이파이존 확대, 개별여행자용 테마형 모바일 관광앱 및 관광코스 개발 등 개별여행자들의 편의제고 사업 및 모니터링을 전개하는 것이다. 둘째는 게스트하우스 인증제의 시행이다. 중국인 개별여행객의 급증과 게스트하우스의 난립으로 인해 중국관광객의 피해사례가 증가하고 있다는 점에서 게스트하우스, 도시민박업에 대한 등록 및 인증제의 시행이 필요하다. 셋째는 중국관광객의 패스라인(passline) 분석 및 '테마형 관광가로 사업' 설계(일명 '중국관광객의 한국여행지 방문패턴 연구')이다. 관광지수명주기(DLC: destination life cycle) 개념을 도입하여 중국관광객의 한국 내 여행지 이동경로 및 여행지 방문패턴, 재방문 시 신규 관광지 발굴 현황 등을 종합적으로 검토하여 한국음식거리, 전통문화거리, 한류스타거리 등 테마형 관광가로(觀光街路) 조성 등 중국관광객을 위한 선제적인 수용태세 구축사업을 추진하는 것이다.

3) 중국관광객 입국 운송수단의 다각화

한 · 중 간 관광객 왕래를 확대시키기 위해서는 정부 간 원활한 항공협상을 통하여 항공좌석을 확대할 필요가 있으며, 기존의 대규모 대형항공기를 통한 관광객 수송의 문제점을 해소하기 위해서는 저비용 항공편의 확대 및 해상루트를 통한 관광객 수송 분담율의 확대 노력이 전개되어야 한다. 이를 통해 항공노선 확보의 부담 완화, 그리고 국제적인 크루즈 관광수요의 증가, 정부의 크루즈 관광 육성을 계기로 중국관광객 대비 크루즈 관광객의 수송분담율을 대폭 확대 방안을 강구하는 것이다. 한때 정부차원에서 2020년까지 크루즈 관광객을 300만 명을 유치하여 3조 원 이상의 경제효과를 목표로 체계적인 크루즈 산업 육성 추진 목표를 세운 바 있다.

추진방향은 우선 한중 노선 저비용 항공편의 비중을 21%(2013년)에서 30%(2020년 목표)로 확대하고, 크루즈 관광객의 수송분담율도 15%(2014년)에서 25%(2020년 목표)로 제고하는 것이다.

세부 추진과제는 다음과 같다. 첫째는 한중 간 신규 항공노선의 경우 저비용 항공사의 우선 배정이다. 둘째는 국적선 크루즈 업체에 선상 카지노 도입 조기 허용을 통하여 크루즈산업의 경쟁력 확보를 모색하는 것이다. 셋째는 크루즈 모항 유치 및 육성이다. 크루즈산업의 국제경쟁력 확보를 위한 '크루즈 모항지'의 조기 확보와 집중육성을 통하여 중국 및 일본과의 경쟁에서 우위를 점할 필요가 있다.

4) 청년 관광서비스 인력 양성

중국 단체관광객 대상 안내서비스를 단기적인 관점보다 장기적인 관점에서 청년들의 관광분야 취업을 강화하고 한국의 역사에 대한 효율적인 스토리텔링을 전달할 수 있도록 관광관련 대학생을 대상으로 한 중국관광 전문가 양성사업을 추진할 필요가 있다.

중국인 대상 관광안내 서비스의 질은 가이드 자격의 유자격/무자격의 여부 문제보다는 국적이 더 큰 영향을 주고 있다는 점에서 관광특성화 고교 및 대학을 대상으로 청년 아카데미 사업을 추진하여 주체성 있는 관광안내서비스를 제공하는 것이다.

세부 추진과제는 다음과 같다. 첫째는 관광특성화 고교 '중국어 통역가이드' 양성이다. 전국 17개 관광특성화 고교중 중국어 과목을 운영하는 학교는 10개 고교이며(문화체육관광부, 2015), 이들 고교를 대상으로 '중국어통역가이드 양성과정'의 운영을 유도하는 것이다. 둘째는 전국 대학 관광관련 학과대상 청년취업 아카데미 사업 추진이다. 전국의 2·4년제 대학 관광관련 학과를 대상으로 중국관광객 유치관련 취업지원을 위하여 관광기금의 지원하에 '중국관광 전문가 양성 아카데미사업'을 실시하는 것이다.

5) 중국인 대상 관광서비스의 품질 향상

중국관광객을 대상으로 관광서비스 수준을 제고하기 위해서는 서비스의 표준화와 정부인증과 같은 제도적 장치의 도입을 통해 다양한 관광체험 서비스에 대한 불안감을 해소해야 한다.

세부 추진과제는 다음과 같다. 첫째는 국적별 관광불편신고 접수 및 분석의 과학화이다. 현행 관광불편신고센터는 한국관광공사, 한국여행업협회(KATA)를 포함 전국 24개 시·도·군에서 운영 중에 있으며 2014년 중국관광객의 방한 비중이 43%를 차지했음에도 불구하고 불편접수는 24%에 그쳤으며, 반대로 같은 중화권이지만 관광객 수가 크게 적은 홍콩과 대만 관광객의 불편접수 비중은 각각 18%, 10%에 달하였다는 점에서 불편신고 접수방식의 개선이 필요하다.

둘째는 중국관광객 불만제로 캠페인(complaint zero campaign)의 전개이다. 중국관광객의 지역분산과 더불어 효율적인 서비스 제공을 위해서는 지역관광협의체를 중심으로 민간차원에서 불편과 불만을 최소화하기 위한 캠페인이 필요하다.

6) 한국형 여행보건 서비스 도입

글로벌 시대로 전환되면서 국가 간 왕래는 곧 다양한 질병의 전파요인이 된다는 점에서 철저한 검역시스템이 요구되고 있으며, 최근 메르스의 발병에 따른 국내관광의 침체는 물론 외래관광객의 방한취소 사태가 나타나고 있다는 점에서 외국인들에게 정확한 정보제공은 물론 질병감염자에 대한 치료서비스 전달체계를 수립할 필요가 있다. 특히 한국 여행 시 각종 유행성 질병에 감염된 경우에는 내국인과 동일하게 무상 치료 서비스를 제공함으로써 외국인의 안심여행을 유도할 수 있다.

추진방향은 국내에서 발생하는 각종 전염병에 대한 실시간 정보공개 및 대처요령 제공을 통하여 전염병 예방효과를 도모하며, 국내 여행 시 감염된 경우에는 무상치료 서비스를 제공하는 것이다.

세부 추진과제는 다음과 같다. 첫째는 한국여행안심보험 제도의 조기 가시화이다. 방한 외래관광객의 불안감 해소를 위해 순수 외래관광객을 대상으로 한국 체류기간 동안 전염병(예시: MERS) 확진 시 치료비 전액과 기타 위로금을 지원하는 가칭 '한국여행안심보험'을 개발 · 홍보하는 것이다. 둘째는 한국형 여행의료서비스를 도입하는 것이다. 한국의 외래관광객 방역사업 및 위생관리 노력에 대한 대외홍보 강화(관광공사 해외지사 역할)하고, 국가가 인정하는 전염병의 외래관광객 감염 시 전액 국가 부담과 외래관광객을 대상으로 한 의료서비스 전달체계를 구축해야 한다.

7) 방문객 관리체계의 효율화 추구

기존 중국 내에서의 관광객 유치와 방한 시 관광객 만족도 제고사업이 상호 밀접한 연계성을 갖추지 않고 별개로 추진되면서 많은 투자를 통해 유치해 온 관광객들의 재방문으로 나타나지 않고 있다. 그동안 중국인 대상 출혈경쟁, 덤핑경쟁 등을 통해 유치해 온 여행업계가 이를 만회하기 위해 쇼핑 강요, 바가지요금 부과 등을 관행처럼 행사해 옴에 따라 한국 관광이미지가 저하되고 타인추천 의사도 저하되고 있다.

추진방향은 중국관광객 유치에서 각종 여행서비스에 이르기까지 효율적 관리를 통하여 만족도 제고, 재방문 의사 개선, 타인 추천의사 향상의 효과로 나타나 한국에 대한 적극적인 고객충성을 유도하고 및 재방문 비중을 늘리는 것이다.

세부 추진과제는 다음과 같다. 첫째는 쇼핑컨시어지(shopping concierge) 제도의 도입이다. 대형 쇼핑몰, 전통 및 재래시장에서의 언어불편에 따른 쇼핑불만을 개선하기 위하여 일부 백화점 VIP고객에게만 제공되는 컨시어지 서비스를 대형 쇼핑몰과 전통시장 등으로 확대하여 소통불편을 최소화해야 한다. 둘째는 한국관광 파워 인플루언서(power influencer)의 육성이다. 한국을 반복적으로 방문하여 여행하는 리피터를 대상으로 한국관광에 대한 정확한 정보 제공과 방문을 유도하기 위하여 모바일상에서 정보를 실시간으로 포스팅하는 파워포스트 및 파워블로거를 모집 활용하는 것이다.

8) 관광콘텐츠 혁신과 고부가가치화

관광콘텐츠 혁신의 추진방향은 방한 중국관광객들의 소비지출을 쇼핑과 게임 위주에서 문화 · 오락 체험서비스로 확대할 수 있도록 관광상품의 고부가가치화를 모색하는 것이다.

세부 추진과제는 다음과 같다. 첫째는 복합리조트의 클러스터화이다. 복합리조트는 카지노를 중심으로 쇼핑, 컨벤션, 숙박, MICE, 공연, 레저 스포츠 등 다양한 관광경험을 동시에 제공한다는 점에서 체류형 중국관광객의 유치에 적합한 사업모델이라는 점에서 전국의 주요 관광거점에 분산 조성이 필요하다.

둘째는 MT · MICE 시장의 활성화이다. 관광산업의 지속가능성 성장 차원에서 방한 중국인 중 의료관광(MT)과 마이스(MICE) 목적 관광객의 비중을 확대하여 방한관광시장의 안정성을 제고함과 동시에 고수익을 확보할 필요가 있다.

셋째는 한류공연장의 확충이다. 한류확산 및 케이팝(K-POP) 대중화에 따라 상시 공연가능한 한류공연장을 조성하여 증가하는 중국관광객의 문화소비 요구를 활성화시킬 필요가 있다. 특히 서울, 인천, 부산, 제주 등 중국관광객들이 다수 방문하는 지역에 조성을 검토하여야 한다.

넷째는 넌버벌 공연관광 활성화이다. '난타', '점프' 등 언어장벽을 극복할 수 있는 공연의 성공에 힘입어 한류체험 관광콘텐츠의 대명사가 되고 있는 고부가가치형 넌버벌 퍼포먼스를 활성화하여 중국인뿐만 아니라 외래객 전체에 적용할 필요가 있다.

9) 중국인 방문권역의 전국 분산

지역에 방문하는 외래관광객 규모를 확대하기 위해서는 지역의 관광수용태세를 개선할 필요가 있으며, 관광객 규모 및 관광소비액 1위로 급부상한 중국인들을 대상으로 그들이 선호하는 관광자원 및 콘텐츠를 보유한 지역을 핵심관광지구로 선정하여 집중 육성해야 한다.

추진방향은 중국관광객 대상 주요 관광거점을 국제공항 및 국제항만을 중심으로 조성하여 중국관광객의 지방분산을 도모하고 중국관광객 유치효과를 전국으로 파급시키는 것이다. 또한 방문권역별로 중국인 관광객의 방문비율이 높은 지역을 대상으로 '지역특화형 도시관광 글로벌화 사업'의 대상지로 선정하여 육성하는 것이다.

세부 추진과제는 다음과 같다. 첫째는 차이니스 프랜들리 스팟의 조성이다. 주요 중국관광객 방문거점에 관광수용태세(교통, 숙박, 안내, 쇼핑, 음식, 상품, 이벤트 등)와 테마형 콘텐츠 체험 프로그램을 조합한 '핵심 명소'를 육성하는 것이다.

둘째는 지역특화형 도시관광 글로벌화 사업의 추진이다. 2011년부터 문화체육관광부와 한국관광공사가 국내관광 활성화 차원에서 추진했던 지역관광수용태세 개선사업을 종료하고, 향후에는 글로벌 관광여건이 우수한 지역(국제공항 및 국제항만 인근지역)을 선정하여 외국인 친화적 관광수용태세를 개선사업을 매칭펀드(국비+지방비) 방식에 의거하여 추진함으로써 외래객의 지역분산(기존 관광특구 활성화 사업도 포함하여 추진)을 유도하여야 한다.

셋째는 외래객 지역여행 활성화를 위한 우수여행상품 선정제도의 개선이다. '문화체육관광부 지정 외국인 관광객 유치 우수여행사' 선정 시 중국관광객의 지방(제주도 제외) 분산에 대한 기여도를 평가지표에 반영하여 지역관광 활성화(지방공항 및 항만 활용)를 유도해야 한다.

10) 레저스포츠형 新체험관광 상품 개발

기존 중국관광객을 위한 관광콘텐츠 및 자원이 대부분 '도시를 기반으로 하고 있으며, 한국의 농산어촌 지역으로 확산되지 못하고 있으며, 이는 중국관광객의 관광패턴이 여전히 '보는 여행'의 수준에 머물러 있기 때문이다. 향후 중국관광객들의 소득수준 증가 및 체험형 욕구의 증대에 따라 레저스포츠를 지향하는 '체험형' 관광패턴이 점차 확산될 전망이며, 이에 따라 중국관광객 대상 유망상품으로 '레저스포츠' 부문을 집중 육성할 필요가 있다.

중국판 포브스인 후룬리포트(胡潤百富)가 럭셔리 중국 해외여행자 291명을 상대로 조사한 결과를 보면 해외여행 목적은 레저가 42%로 1위이며, 세계일주(36%), 극지여행(32%), 모험(32%), 드라이브(29%), 축제(9%), 건강(8%), 연수(8%), 골프(4%)의 순으로 나타나 레저와 모험을 적극 추구하고 있다(중앙일보, 2015.6.13).

〈표 9-7〉 지속가능한 중국관광객 유치를 위한 5대 전략과 10대 과제

추진목표	5대 전략	정책기조	10대 과제	세부 추진과제
중국 관광객 지속 가능한 유치와 경제적 파급 효과의 극대화	질적 유치 전략	바링·주링 허우 세대 유치강화	新소비층인 청년층 유치 마케팅 전개	① 럭셔리 한류체험 가족여행상품 개발 ② 프리미엄 쇼핑 및 복합체험상품 서비스 제공 ③ 한국관광 우대카드 발급
		개별 자유여행 활성화	개별여행객을 위한 여행 편의 극대화	① 개별관광객 방문지역 관광수용태세 개선 사업 ② 게스트하우스 인증제 시행 ③ 패스라인(passline) 분석 및 테마형 관광가로사업
	선제 대응적 전략	방한 중국인 운송수단의 다각화	크루즈 및 저비용 항공편 확충	① 한중 간 신규 노선 저비용 항공사 우선 배정 ② 국적선 크루즈 업체에 선상 카지노 조기 도입 ③ 크루즈 모항 유치 및 육성
		스마트 관광서비스 인력 양성	청년 중국관광 전문가 양성	① 관광특성화 고교 '중국어 통역가이드' 양성 ② 대학생 청년취업 아카데미 사업 추진
	수요자 지향적 관광전략	중국인 대상 관광서비스 품질 향상	중국관광객 불만 제로 캠페인 전개	① 국적별 관광불편신고 접수 및 분석의 과학화 ② 중국관광객 불만제로 캠페인 전개
		한국형 여행보건 서비스 도입	여행안심 및 보건위생 서비스 강화	① 한국여행안심보험 제도의 조기 가시화 ② 한국형 여행의료서비스 도입
	고효율·고부가형 관광전략	관광객 관리체계의 효율화 추구	방문객 관리 체계 정립	① 쇼핑컨시어지(shopping concierge) 제도 도입 ② 한국관광 파워 인플루엔서 육성
		관광 콘텐츠 혁신과 고부가가치화	한류·MICE·복합리조트 콘텐츠 확충	① 복합리조트의 클러스터화 ② MT·MICE 시장의 고도화 ③ 한류공연장 확충 및 넌버벌 공연관광 활성화
	효과 확산형 관광전략	중국인 방문권역의 전국 분산	중국관광객의 지방분산 (다핵화)	① 차이니스 프랜들리 스팟(CFS) 조성 ② 지역특화형 도시관광 글로벌화 사업 추진
		레저스포츠형 新체험관광 상품 개발	산악·해안 관광레저 거점 조성	① 한류관광 상품으로 'K레포츠(K-Leports)' 육성 ② 올림픽 관광특구 조성 ③ 해양 요트·마리나 조성사업 중국자본 유치

자료: 장병권(2015), 중국관광객 유치 활성화를 위한 대응과제, 한국경제연구원, KERI 정책제언 15-22.

추진방향은 중국관광객의 지방분산을 도모함과 동시에 관광라이프스타일 변화에 대비하여 한국의 산악, 해양, 농촌 등 자연생태공간 및 레저스포츠 시설을 관광자원으로 적극 모색하는 것이다.

세부 추진과제는 다음과 같다. 첫째는 차세대 한류관광 상품으로 '케이 레포츠(K-Leports)'의 육성이다. 한류나 쇼핑 관광에 비해 상대적으로 소홀히 다루어 온 자연 · 생태 및 레저 · 스포츠 관광자원의 지속적 발굴과 상품화(예시: 승마)를 모색해야 한다. 둘째는 올림픽 관광특구의 조성이다. 2018년 동계올림픽 개최지를 '올림픽 관광특구'로 지정하여 올림픽 관광유산에 대한 체계적인 연구를 통하여 개최효과를 극대화하고 개최 후 창출되는 유 · 무형적 자산을 관광상품으로 개발하여 지역경제 및 관광산업 발전에 기여토록 유도해야 한다. 셋째는 해양 요트 · 마리나 조성사업에 중국자본의 유치이다. 해양수산부가 추진중인 '마리나산업 전략적 육성대책'(2015.5.17. 발표) 중 부진한 사업시행자 유치를 위해 중국인 투자자를 유치하고, 이들이 자국 관광객을 유치하는 '투자자 주도 관광객 유치모델' 사업을 지원해야 한다.

5. 맺음말

중국 해외여행시장의 급증과 방한 관광객 수의 증가에도 불구하고 한국여행의 만족도 저하 또는 MERS와 같은 질병의 장기화 시 한국관광의 성장에 부정적인 '게임체인저'로 작용할 가능성도 있다.

지난 10여 년간 방한 중국관광객 급증현상의 이면에는 중국과 일본, 필리핀, 베트남, 말레이시아, 태국 간의 외교갈등에 다른 반사이익도 작용하였으며, 2014년부터 한중간 관광교류가 방중보다 방한 초과로 역전되면서 향후 관광객 유치 노력도 여러 난관에 봉착할 수 있다. 일본, 태국, 싱가포르 등 주변국가와 달리 한국은 중국 관광시장에 과도한 의존성을 보이고 있으며, 이로 인해 MERS 사태와 같은 문제가 발생할 경우 방한 예정자의 예약취소 시 급격한 타격이 예상된다.

그동안 방한 중국관광객의 증가에 한국 자체의 유인요인이 큰 역할을 하기도 하였으나 중국 자체의 해외여행 추진요인이 더 큰 작용을 하였다는 점에서 향후 관광수용력, 관광콘텐츠, 관광서비스, 접근수단, 관광상품, 비자완화 등 경쟁국과의 치열한 경쟁에서 우위를 점할 수 있도록 유인요인을 체계적으로 점검할 필요가 있다.

중국 관광객을 지속가능하게 유치하기 위한 전략은 중국인 해외관광시장 대비 한국관광의 점유율을 지속적으로 유지 · 확대하는 전략이 필요하며, 또한 중국인 '해외여행 목적지의 1순번 국가'로서의 위상을 확보하는 것이다.

중국 관광객의 지속가능한 유치와 관련하여 제기되고 있는 문제점을 심층적으로 분석하여 유치정책의 추진방향과 전략을 새롭게 설정하고 우선순위가 높은 추진과제를 선정하여 국가적 차원에서 체계적으로 추진해야 한다.

향후 예상되는 여건을 감안하여 중국관광객 유치정책의 목표를 향후 '중국관광객 지속가능한 유치와 경제적 파급효과의 극대화'에 초점을 두고, 그동안 중국관광객 유치에 있어서 제기되었던 양적 성장, 대증적 대응, 공급자 중심, 저효율적 홍보, 이해당사자 간 이익편중 등의 문제에서 과감히 탈피하여 질적 발전, 선제대응, 수요자 지향, 고효율 추구, 이익의 확산 등으로 패러다임 전환이 필요하다. 그리고 중국 관광객의 지속가능한 유치를 위하여 5대 유치전략과 10대 과제별 세부추진 과제를 제시하였다.

제10장
유커와 FIT 맞춤형 관광 온-디맨드 솔루션

1. 머리말

2014년 외래객 1,423만 명 유치 후 2015년 메르스(MERS) 사태의 여파로 감소하였으나, 2016년 2월 전년 동기 대비 12% 증가하였다. 아시아 역내 시장의 점유율이 2010년 76.6%에서 2015년 81.6%로 증가하였다. 또한 중 · 일 관광객도 계속 확대 추세를 보이고 있다. 중국 관광객의 지속적 방한 추세와 더불어 엔고 영향으로 '42개월' 만에 2016년 2월 이후 일본 관광객의 방한도 회복 국면에 진입하였다.

방한 외래객의 4명 중 3명은 개별여행자(FIT)인 것도 또 다른 특징이다. 개별여행자의 비중이 2010년 62.6%에서 2015년 67.9%로 증가하였으며, '에어텔'까지 포함할 경우 2015년의 개별여행 입국자 수는 73.8%에 달하고 있다(문화체육관광부, 2016).

한국관광공사의 한국방문 경험이 없는 사람을 대상으로한 조사결과(2015), 향후 'FIT 방한 의향'이 97.5%에 달하고 있어, 개별여행 목적지로서의 인지도 제고와 'FIT 관광 천국형' 수용태세를 정비하는 것이 시급하다.

문화체육관광부(한국관광공사) 및 지자체(지방공사)도 개별여행자를 위한 다각적인 접근을 시도하고 있으나 고객맞춤형, SIT연계형, O2O 등 온-디맨드 전략 개발이 필요하다. 방한 외래객의 여행형태가 단체관광을 탈피하여 개별관광으로 전환됨에 FIT 관광행태에 대한 과학적 분석을 통하여 시장 선도형 온-디맨드형 솔루션을 구사해야 한다.

이와 관련하여 온-디맨드 경제시대 관광산업의 트렌드를 살펴보고, 방한 외국인 FIT의 행동특성을 살펴보고, 맞춤형 대응전략을 제시하고자 한다.

2. 온-디맨드 경제시대의 도래와 관광산업

1) 온-디맨드 경제의 개념

온-디맨드(on-demand)란 각종 서비스와 재화가 모바일 네트워크 혹은 온라인 장터 등을 통해 수요자가 원하는 형태로 즉각 제공되는 경제시스템을 말한다. 공급자에서 수요자에게로 경제중심의 축이 옮겨간다는 이 패러다임은 일상의 패턴들이 모바일로 기록되는 시대를 맞이하면서 '즉시성'과 '개인화'가 핵심 요소로 자리잡고 있으며, 관광부문의 경우 시장 내 비중이 커지는 FIT 트렌드와 접목되고 있다.

온-디맨드 경제는 대량생산-대량공급 시스템이 아닌 각종 서비스가 모바일 네트워크 또는 온라인 장터를 통해 수요자가 원하는 형태로 즉각 제공하는 맞춤형 시스템이다.

2) 온-디맨드 경제의 관광산업

온-디맨드 경제가 활성화된 미국의 경우 공유경제 분야 중 엔터테인먼트와 미디어 분야의 이용률이 9%로 가장 높게 나타났으며, 다음으로 자동차와 운송이 8%, 숙박·외식·여행이 6%를 차지하고 있다.

국내 온-디맨드 서비스 브랜드로 자동차+여행 콘텐츠를 결합한 '카썸'과 맛집+관광명소+드라이브 코스+나홀로여행+숙소 서비스를 구축해 제주, 부산, 전주에서 론칭한 카카오의 '트래블라인'이 있다.

관광상품의 구매 트렌드가 1세대는 '패키지'를 중심으로 이루어졌다면, 2세대는 2000년대 온라인 채널의 급성장에 따라 '온라인+FIT'의 활성화로 나타났으며, 2010년대는 모바일 플랫폼의 등장과 저가항공(LCC) 공급확대 및 이로 인한 가격합리화 등을 배경으로 '모바일+FIT'가 3세대형 관광상품으로 자리잡고 있다.

이에 따라 실시간 '관광콘텐츠 확보'가 경쟁우위의 수단이 되고 있다. FIT 외래객의 상품구매에 있어서 여행업계보다는 온라인 여행사(OTA) 및 메타서치를 기반으로 한 기업들이 막강한 영향력을 행사하고 있어, 관광기업의 필승전략은 고객이 원하는 콘텐츠를 얼마나 확보하고 빨리 어필하느냐에 달려 있다. 하나로 묶인 FIT 상품의 구매보다 파편화된 구매패턴에 대응하여 항공+호텔, 패스, 일일 투어 등을 실시간으로 예약과 결제가 가능한 'FIT 비즈니스 시스템' 구축이 필수적이다.

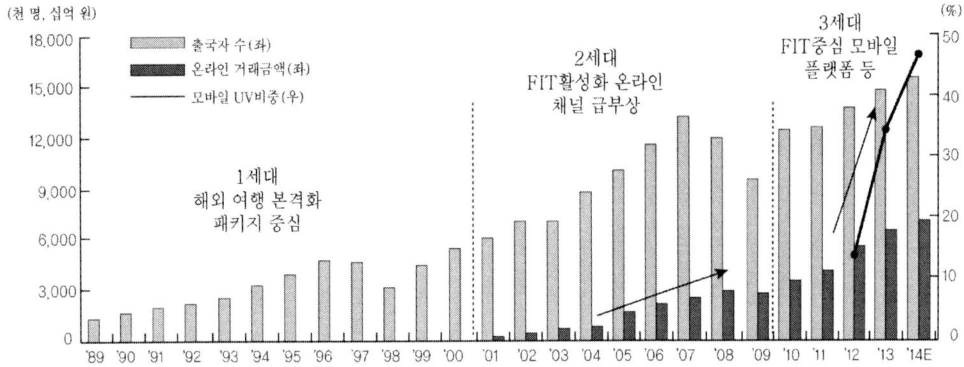

자료: 뉴스투데이(2015.1.9.), 정체된 여행산업, 성공전략이 필수인 까닭.

[그림 10-1] 관광부문 구매 트렌드 변화

3. 외래관광의 FIT화 현상과 비교분석

1) FIT 관광시대의 도래

방한 외래관광객의 여행형태를 살펴보면 FIT가 주도하는 방향으로 나아가고 있다. 문화체육관광부의 '외래객 실태조사'에서 중국관광객의 FIT 비중은 2008년 69.1%에서 2015년 59.1%로 감소하는 것처럼 보이나, 한국관광공사의 조사결과 개별 자유여행이 56%, 에어텔이 14%로 FIT 비율이 70%로 나타나고 있다. 방한 미국인들은 애초 순수 개별여행이 높으나, 일본 관광객들은 에어텔 선호로 최근 FIT의 비중이 90%대로 급성장하였다(한국관광공사, 2016 보도자료).

중국인 해외여행은 타국에 비해 단체여행의 비중이 상대적으로 높으나 해외여행경험이 증가하면서 FIT의 비중이 증가하고 있다. 2014년 중국인 FIT의 성별 비중은 남성보다 여성이 더 많이 차지하며 지속적으로 늘어나고 있으며, 연령은 20~35세가 압도적이다(인천발전연구원, 2015).

최근 SNS 웨이보 사용자 대상 온라인 설문에서 향후 해외여행의 선호형태는 개별여행이 72%를 차지하고 있으며, 에어텔 24%를 포함할 경우 향후 FIT형태가 더욱 일반화될 전망이다(한국관광공사, 2016).

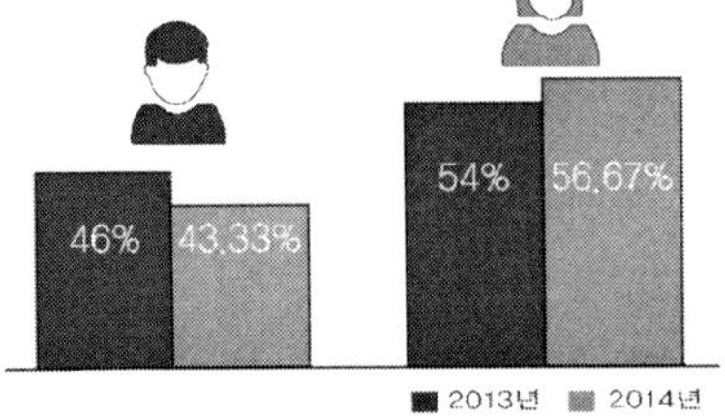

자료: 인천발전연구원(2015), 중국인 개별여행(FIT) 현황.

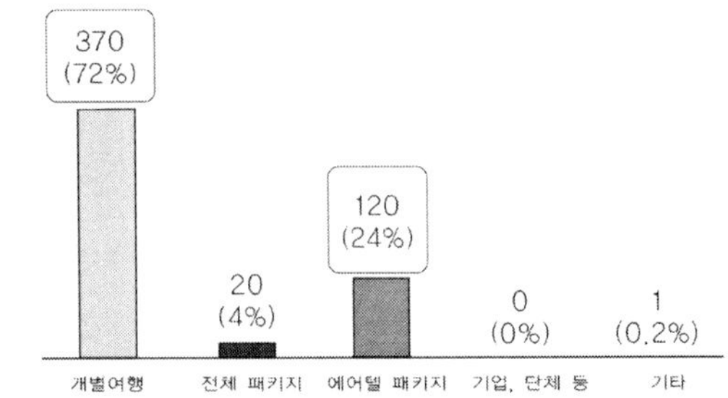

자료 : 한국관광공사(2016), 중국인 관광객 대상 설문조사 결과(2016. 4. 30~5. 2), 보도자료.

[그림 10-2] 중국관광객의 FIT 동향

2) 방한 주요국별 FIT 관광행태 비교

방한 중국인, 일본인, 미국인의 동반자 유형, 숙박시설, 정보입수경로를 비교하면 흥미로운 특징을 보이고 있다. FIT의 동반자는 가족친지 및 친구연인 등 프라이버시를 추구하는 것으로 나타났다. 다만 일본인은 중국인과 미국인에 비해 친구연인의 비중이 더 높다. FIT의 숙박시설은 대부분 호텔을 선호하고 있으나 저렴한 게스트하우스·여관·모텔도 많이 이용하고 있다. 여행정보 입수경로는 인터넷, 친구·친지·동료에 높게 의존하고 있다.

〈표 10-1〉 방한 중국인, 일본인, 미국인 FIT의 행태비교(1)

(단위: %)

구분	중국인 FIT		일본인 FIT		미국인 FIT	
동반자 유형	가족친지	49.9	친구연인	46.3	가족친지	56.3
	친구연인	39.2	가족친지	27.8	친구연인	26.5
	직장동료	12.9	직장동료	27.0	직장동료	18.6
숙박시설	호텔	56.7	호텔	71.5	호텔	59.5
	여관, 모텔 등	18.2	여관, 모텔 등	14.2	여관, 모텔 등	22.2
한국여행정보 입수경로	인터넷	77.7	인터넷	61.4	인터넷	63.4
	친구친지동료	70.9	친구친지동료	47.1	친구친지동료	62.1
	여행사(4위)	18.9	여행사(3위)	17.4	관광안내서적	18.1

자료: 문화체육관광부(2016), 2015년 외래관광객 실태조사(원자료 재가공).

FIT의 방문지는 서울에 집중되고 경기, 부산, 제주의 순으로 나타났다. 중국인들은 제주방문의 비중이 높게 나타났다. FIT의 주요 참여활동은 쇼핑 우세하나 식도락 관광, 고궁방문, 자연경관감상, 업무수행도 참여하고 있다. 중국인과 미국인은 쇼핑이 가장 많은 비중을 차지하고 있지만, 일본인은 식도락 관광 참여가 가장 높게 나타났다. 체재기간은 미국인(8.9일)이 길며 일본인(4.3일)은 짧다.

〈표 10-2〉 방한 중국인, 일본인, 미국인 FIT의 행태비교(2)

(단위: %, 일)

구분	중국인 FIT		일본인 FIT		미국인 FIT	
한국방문지	서울	81.1	서울	60.9	서울	85.2
	제주	18.5	경기	17.6	경기	22.5
	경기	7.9	부산	17.4	부산	17.4
주요 참여 활동	쇼핑	82.6	식도락관광	45.8	쇼핑	49.0
	식도락관광	66.6	쇼핑	44.9	고궁역사유적	35.0
	자연경관감상	23.6	업무수행	28.7	자연경관감상	29.7
체재기간		6.4		4.3		8.9

자료: 문화체육관광부(2016), 2015년 외래관광객 실태조사(원자료 재가공).

선호 쇼핑품목은 향수·화장품(中), 식료품(日), 의류(美)로 나타나 국가별 차이점이 있으며, 쇼핑장소는 시내면세점(中), 소규모 상점(日·美)외 명동(中·美), 공항면세점(中·日)의 순으로 나타났다. 전반적 만족도는 미국(97.1%)과 중국(95.2%)이 높은 반면 일본은 82.5%로 상대적으로 낮게 나타났다.

〈표 10-3〉 방한 중국인, 일본인, 미국인 FIT의 행태비교(3)

(단위: %)

구분	중국인 FIT		일본인 FIT		미국인 FIT	
쇼핑품목	향수·화장품	82.6	식료품	63.3	의료	40.3
	의류	46.0	향수·화장품	34.1	식료품	25.5
	식료품	31.1	의류	26.1	민예품, 칠기	18.0
쇼핑장소	시내면세점	60.9	소규모 상점	27.0	소규모 상점	32.9
	명동	45.5	공항면세점	28.5	백화점	24.5
	공항면세점	34.9	대형할인점	25.8	명동	20.8
전반적 만족	만족	95.2	만족	82.5	만족	97.1

자료: 문화체육관광부(2016), 2015년 외래관광객 실태조사(원자료 재가공).

3) 중국인 FIT 관광트렌드 변화

중국인 FIT의 방한목적은 여가 · 위락 · 휴가를 지향하고 있으나 '쇼핑'이 한국 선택 시 핵심 고려요인으로 작용하고 있다. FIT 유커 중 80% 내외가 한국 방문 시 쇼핑을 고려하고 실제 참여한 것으로 나타났다.

〈표 10-4〉 중국인 FIT 관광행태 변화(1)

(단위: %)

구분		2013	2014	2015
방한목적	여가위락휴가	40.1	66.6	54.0
	쇼핑	9.2	14.4	15.1
한국선택 고려요인 중 쇼핑 비율		69.4	79.8	75.3
방한 시 주요 참여활동	쇼핑	80.7	87.6	82.6
	식도락관광	44.2	62.3	66.6

자료: 문화체육관광부(2016), 2015년 외래관광객 실태조사(원자료 재가공).

방한 시 관광체험이나 고급숙박보다는 여행증거 및 기념품 구입에 초점을 두며 총 지출경비(2,483달러)는 외래객 중 최대 소비액이다. 쇼핑비(1,688달러)는 일본인, 홍콩인, 싱가포르인 등의 총방한 지출액보다 더 많은 금액이며, 쇼핑도 면세점 등 고급 쇼핑 장소를 선호하였다.

〈표 10-5〉 중국인 FIT 관광행태 변화(2)

(단위: %, $)

구분		2013	2014	2015
숙박시설	호텔	51.6	64.4	56.7
	호스텔, 여관, 모텔	14.4	18.2	18.2
지출경비	1인당 평균지출	2,524	2,268	2,483
	1인당 쇼핑비용	1,431	1,550	1,688
쇼핑장소	시내면세점	47.5	68.2	60.9
	명동	48.5	53.4	45.5
	공항면세점	30.3	24.6	34.7

자료: 문화체육관광부(2016), 2015년 외래관광객 실태조사(원자료 재가공).

서울·제주 중심의 방문패턴을 보이며, 경기·부산·인천 지역의 비중이 2013년 36.1%에서 2015년 20.2%로 급감하였다. 한국관광공사(2016)가 2016년 5월 서울방문 중국인을 대상으로 조사한 결과, 서울이 97%, 인천 17%, 부산 5%, 경기 3%, 강원 2%, 전주 1%로 나타났다.

〈표 10-6〉 중국인 FIT 관광행태 변화(3)

(단위: %)

구분		2013	2014	2015
방문지역	서울	79.7	83.6	81.1
	제주	18.0	16.0	18.5
	경기	17.2	5.8	7.9
	부산	11.5	8.4	6.6
	인천	7.4	2.0	5.7

자료: 문화체육관광부(2016), 2015년 외래관광객 실태조사(원자료 재가공).

중국인 한국방문 만족도는 2013년 94.1%에서 2015년 95.2%로 지속적으로 향상되고 있다. 그러나 재방문 의향은 80%대 중반에서 정체되어 있다. 다만 타인추천 의향은 크게 개선되고 있으며, 한국여행에 대한 방문 전후의 긍정 이미지도 크게 개선되고 있다.

〈표 10-7〉 중국인 FIT 관광행태 변화(4)

(단위: %)

구분		2013	2014	2015
한국여행만족도		94.1	94.8	95.2
재방문 의향		79.0	85.9	85.2
타인추천 의향		80.2	91.6	91.5
한국여행 긍정이미지	여행전 이미지	-	84.0	85.0
	여행후 이미지	-	91.3	92.1

자료: 문화체육관광부(2016), 2015년 외래관광객 실태조사(원자료 재가공).

4) 일본인 FIT 관광트렌드 변화

일본인들의 행태는 복합적 방한목적과 고빈도 방한횟수를 지향하고 있다. 방한목적은 여가·위락·휴가와 동시에 사업·전문활동, 친구·친지방문 등이 복합적으로 작용하고 있다. 방한횟수는 FIT 일수록 4회 이상 고빈도 방한횟수의 비중이 2015년 64.0%까지 증가하고 있다.

〈표 10-8〉 일본인 FIT 관광행태 변화(1)

(단위: %)

구분		2013	2014	2015
방한목적	여가위락휴가	41.1	47.3	39.9
	사업/전문활동	23.3	26.7	34.7
	친구/친지방문	12.8	10.7	14.9
방한횟수	1회 비율	25.5	25.2	16.5
	4회 이상 비율	44.7	49.1	64.0

자료: 문화체육관광부(2016), 2015년 외래관광객 실태조사(원자료 재가공).

일본인들은 쇼핑중심에서 특수목적관광(SIT)으로 전환하고 있다. 한국여행 선택 시 영향요인으로 음식/미식탐방이 60% 이상의 높은 비중을 차지하고 있으며, 쇼핑의 비중이 줄어들고 오히려 역사/문화유적의 비중이 증가하고 있다. 방한 시 참여활동에 있어서도 쇼핑의 비중이 감소한 반면 식도락 등 특수목적 관광형태가 강조되고 있다.

〈표 10-9〉 일본인 FIT 관광행태 변화(2)

(단위: %)

구분		2013	2014	2015
한국선택 시 영향요인	음식/미식탐방	66.8	67.5	62.5
	쇼핑	62.4	57.2	52.4
	역사/문화유적	15.4	26.5	28.9
방한 시 참여활동	식도락관광	52.7	62.3	45.8
	쇼핑	67.6	87.6	44.9

자료: 문화체육관광부(2016), 2015년 외래관광객 실태조사(원자료 재가공).

일본인들은 실속 및 실용품 위주의 중저가 쇼핑점을 선택하는 성향을 보이고 있다. 한국 여행 시 쇼핑품목은 향수/화장품, 의료, 식료품의 비중이 상대적으로 높고, 쇼핑장소로는 공항면세점 이외에도 소규모 상점과 대형 할인점 등 실속형 할인매장을 선호하고 있다. 1인당 지출경비 및 쇼핑경비도 현저하게 감소하고 있다.

〈표 10-10〉 일본인 FIT 관광행태 변화(3)

(단위: %, $)

구분		2013	2014	2015
쇼핑품목	향수/화장품	38.9	29.9	34.1
	의류	64.3	37.6	26.4
	식류품	34.1	26.4	63.3
쇼핑장소	시내면세점	25.7	26.5	25.7
	명동	22.3	32.8	27.0
	공항면세점	20.5	22.7	25.8
지출경비	1인당 평균지출	931	995	778
	1인당 쇼핑비용	340	399	270

자료: 문화체육관광부(2016), 2015년 외래관광객 실태조사(원자료 재가공).

방한 일본인들의 여행 만족도의 개선효과는 저조한 것으로 나타났다. 일본인의 한국여행에 대한 만족도가 최근 80%대 중반에 그치고 있으며, 이는 재방문 의향과 타인추천 의향의 개선으로 나타나지 못하는 요인으로 작용하고 있다. 한국여행 전후의 긍정 이미지는 애초부터 낮은 수준이나 한국방문을 통하여 10~30%p의 개선효과가 나타났다.

〈표 10-11〉 일본인 FIT 관광행태 변화(4)

(단위: %)

구분		2013	2014	2015
한국여행만족도		80.6	87.2	85.1
재방문 의향		83.0	83.3	84.7
타인추천 의향		79.4	80.6	81.4
한국여행 긍정이미지	여행전 이미지	-	61.8	60.8
	여행후 이미지	-	90.4	79.4

자료: 문화체육관광부(2016), 2015년 외래관광객 실태조사(원자료 재가공).

4. FIT시장 대응 맞춤형 관광솔루션 개발

1) FIT 맞춤형 대응전략으로 온-디맨드 전략 구사

향후 FIT 중심의 인바운드 관광산업 생태계를 형성할 필요가 있다. 인바운드 관광의 지속가능한 성장을 위해서는 증가하는 FIT의 니즈를 파악하고 시장의 규모를 키워 나가는 것이 중요하다.

이를 위해 기존의 틀에 박힌 패키지 관광, 쇼핑중심의 관광코스, 서울중심의 관광패턴 등은 FIT 성장의 제약요인이 된다는 점에서 점점 더 개인화 · 고도화되고 있는 FIT의 눈높이에 부합되도록 'FIT 관광경쟁력 강화 종합대책'(비자제도, 축제, 쇼핑, 음식관광, 야간관광, 관광상품, 관광안내 등)의 추진이 필요하다.

다음으로 FIT 니즈에 상시 대응할 수 있는 관광서비스 기반을 구축해야 한다. 방한 일본인의 높은 FIT의 비중을 감안할 때, 정확하고 안전한 여행정보 및 상품안내 서비스를 제공할 필요가 있으며, 관광공사와 같은 공공기관에서 주도적으로 추진해야 한다.

기존 관광공사의 24시간 관광통역안내전화 서비스인 '1330' 및 안전한 지방관광 셔틀버스인 'KOREA 고토치셔틀', K트래블 버스 등의 서비스를 지속적으로 개선함과 동시에 전국적인 서비스 제공의 확대전략도 모색할 필요가 있다.

2) 핵심 시장별 맞춤형 관광정보 제공

언어권별 맞춤형 관광정보 검색에 대한 분석결과, 3개 언어권 주요 카테고리 검색어 수량을 10개로 구분해 보면 영어권은 관광지, 일어권과 중국어권은 관광정보가 가장 많았다. 카테고리별 검색량은 영어는 쇼핑, 일본어는 한류, 그리고 중국어권은 한류와 관광지가 각각 33%, 32%를 차지하여 한류, 관광지, 관광정보, 지역, 음식 등 어권별 특화전략이 필요하다(한국관광공사, 2016).

중국 FIT을 대상으로 SNS 마케팅 사업을 통하여 인지도를 개선해야 한다. 중국인들이 FIT형태로 한국을 방문하지 않는 이유 중 첫 번째가 '정보부족'이라는 점에서 공공부문 차원에서 체계적인 마케팅과 더불어 맞춤형 정보제공 사업이 필요하다.

한국관광공사의 중국인 FIT 대상 마케팅 사업 중 '씽얼'(61.5%)과 '씽얼 가이드북'(69.4%)에 비해 'SNS'와 '좋아요 한국'은 상대적으로 낮은 인지도 상태이므로 향후 웨이보, 런런왕, 한유방 등 SNS 마케팅을 강화해야 한다.

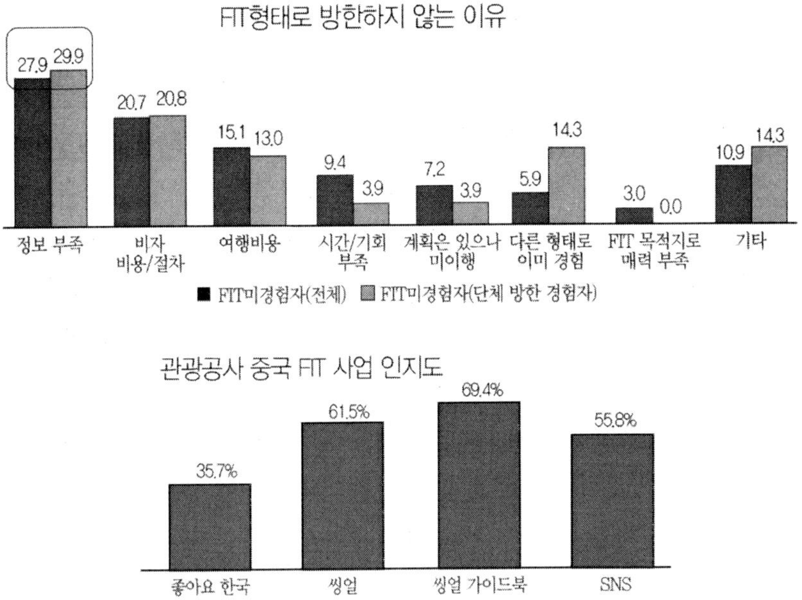

자료: 한국관광공사(2015), 중국 FIT 방한 숙박실태조사.

[그림 10-3] 중국관광객의 FIT 인식수준

한편, 일본인 방한의 증가추세를 지속시키기 위한 정보제공을 강화해야 한다. 일본인들의 한국방문 시 검색하는 테마 연관어에서 접객태도, 헬스, 식료품 등은 증가하고 있으나 한류, 전통문화 등은 감소하고 있다. 그리고 서울시내의 새로운 매력으로 서촌, 장충동 등이 증가하고 있다는 점에서 감성적인 생활문화 체험을 제공할 수 있는 여행정보를 지속적으로 제공해야 한다.

〈표 10-12〉 일본인 방한 행태 빅데이터 분석결과(2010~2014, 4년간)

구분		내용
한국여행 테마 연관어	증가	접객태도, 지압, 스킨케어, 보쌈, 미백, 참기름, 간장게장, 핸드크림
	감소	대장금, 순두부, 전통차, BB크림, 전통문화, 액세서리, 고추장, 주름
서울시내 새로운 매력	증가	서촌, 장충동, 전쟁기념관, 왕십리, 이화동, 역사박물관, 조계사 순
	감소	신촌, 남대문시장, 남대문, 광화문, 이태원, 동대문, 경복궁 순
	불편	서울역, 압구정, 명동, 북촌

자료 : 한국관광공사(2015), 일본인 방한관광 행태 빅데이터 분석결과(2011~2014).

3) 수도권 · 쇼핑 탈피 관광콘텐츠의 다양화

FIT 유치를 위해서는 한류 · 생활 문화관련 다양한 콘텐츠를 확충해야 한다. 현재 방한 중국관광객의 관광활동은 대체로 '쇼핑'을 중심으로 구성되어 있으며, 이는 장기적으로 유망 관광콘텐츠 개발을 저해할 수 있다는 점에서 미식, 휴양 및 자연경관, 한류, 역사 · 전통문화 등 한국인의 생활문화를 '체험'하도록 유도해야 한다.

중국어 검색엔진 '바이두'의 주요 키워드 검색결과, 한국영화(1위), 한국예능(4위) 등 한류 관심도가 높았다는 점에서 FIT 대상 '한류관광객 전용 디지털 미디어시티(영화관)' 사업을 추진할 필요가 있다. 한국관광공사(2016 보도자료)가 수행한 중국인 관광객 대상 온라인 설문조사(중복응답) 결과를 보면, 중국인들은 미식(90%), 쇼핑(70%), 휴양 및 자연경관(46%), 한류(35%), 역사 및 전통문화(30%), 뷰티(17%)의 순으로 관심을 보였다.

관광콘텐츠의 확충과 더불어 5도2촌형, KTX연계형 관광네트워크를 구축해야 한다. 서울과 제주에 집중된 FIT 유커 관광활동을 전국으로 분산할 수 있도록 평균 7일인 방한 체재일수 중 2일을 지방으로 체류할 수 있도록 신개념 '5도2촌형' 고품격 상품을 개발해야 한다.

일본 관광객들은 짧은 방한일수(4.3일)에 따라 KTX 연계형 지역관광네트워크의 구축(대전, 안동, 전주, 진해 등 유망 관광지 발굴) 및 지역별 온라인 여행가이드북의 제작을 확대해야 한다.

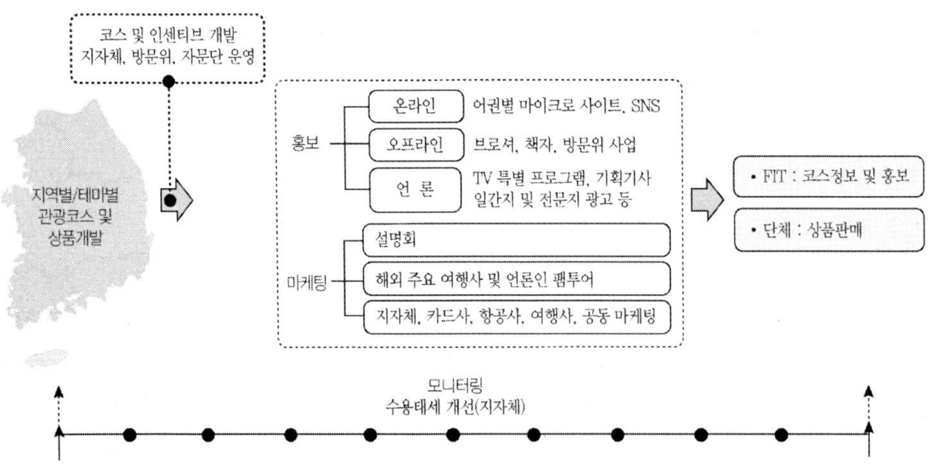

자료: 한국방문위원회 홈페이지.

[그림 10-4] 지역관광코스 및 상품개발 프로세스

4) SIT-FIT 연계형 타깃 관광상품 개발

FIT 유커 대상 한류관련 SIT 상품을 확충해야 할 때다. 중국인 방한 시 고려요인으로 쇼핑(74.9%)의 비중이 크나 최근 들어 FIT 중심으로 식도락, 패션 · 유행 등 문화, K-Pop · 한류, 건강에 대한 관심도 커지고 있다는 점에서(한국관광공사, 2015), 권역별 · 도시별 · 연령별 타깃을 대상으로 한 한류 관광상품의 개발을 강화해야 한다.

FIT 최대시장인 중국 20 · 30대 여성을 대상으로 한 타깃 마케팅을 강화해야 한다. 외래객 중 FIT 최대 유망고객은 '중국 국적의 20 · 30대 여성'이며, 일본인은 '30 · 40대 여성', 구미인은 '50 · 60대 남성'을 선정(성장가능성 기준)하여 적극적인 마케팅을 전개해야 한다(문화체육관광부, 2016).

방한 중국인 관광객 중 여성의 비중이 62.5%에 달하고 있고 이들 연령대가 방한 중국인의 47.2%를 차지하고 있어 '중국인 20 · 30대 여성'이 방한 중국관광객의 약 15%(2014년 기준 약 170만 명)에 해당된다는 점에서 바링허우 세대의 행동특성과 추구성향을 감안한 차별화된 마케팅이 필요하다.

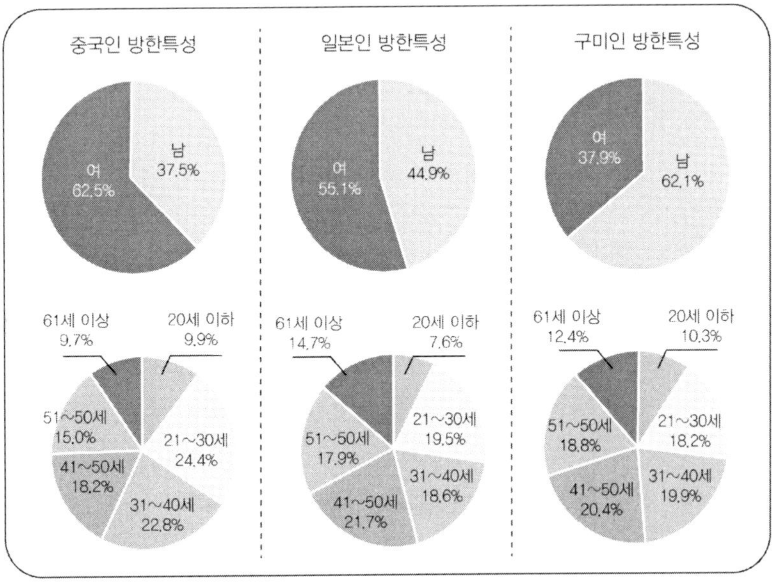

자료: 문화체육관광부(2016), 2015년 외래관광객 실태조사.

[그림 10-5] 방한 중국인, 일본인, 미국인의 성 · 연령 특성

5) 주문형(on-demand) 관광솔루션 구축

우선 O2O 비즈니스 모델의 조기 구축이 필요하다. O2O는 온라인(online)과 오프라인(offline)을 연결한 마케팅을 말하며, 특정지역에 들어서면 실시간으로 스마트폰에 쿠폰 등을 보여주는 서비스가 대표적이다. 여행은 교통, 숙박 등 다양한 O2O서비스와 결합해 시너지를 낼 수 있는 대표적 분야이다. 중국인 아웃바운드 FIT의 82%는 인터넷을 통하여 상품을 주문 및 결제하고 있으며, 이에 따라 ICT 기술을 기반으로 PC, 스마트폰 앱 등 온라인을 통해 오프라인 매장을 소비자와 연결시켜주는 전자상거래 서비스 'O2O' 비즈니스 모델을 구축해야 한다. 중국인 FIT의 60%는 항공권과 숙박권 외에 비자발급, 공항픽업 서비스, 택시, 입장권, 일일 투어 등을 구매하고 있다(인천발전연구원, 2015).

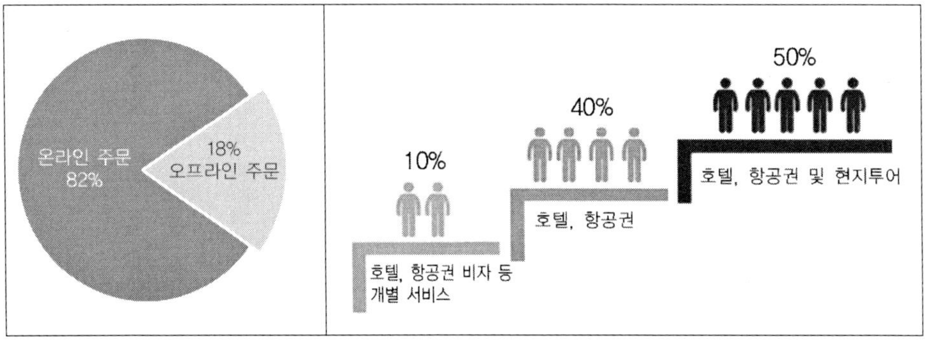

자료: 인천발전연구원(2015), 중국인 개별여행(FIT) 현황.

[그림 10-6] 중국인 FIT의 상품구입경로 및 온라인 구매형태

다음으로 IT 서비스 기반 FIT연계 모바일 관광스타트업을 집중 육성해야 한다. FIT 외래객 대상 서비스 개선을 위해 공공부문의 손길이 미치지 못하는 관광 분야에 'FIT 여행'을 편리하게 만드는 관광스타트업(tourism startup)의 지속적 육성이 필요하다. 기존 문체부 및 관광공사를 중심으로 이루어지고 있는 관광벤처사업 육성뿐만 아니라 최근 서울시와 제주도를 중심으로 추진되고 있는 테마형 관광스타트업(신생 벤처 기업) 육성을 전국적으로 확대해 나가야 한다.

6) FIT 유치 확대를 제도개선 방안

최근 중국인을 대상으로 한 조사결과, 한국이 FIT 목적지로 인기를 얻기 위해서는 비자발급 관련 비용이나 절차의 개선이 가장 시급하며(FIT 관광객이 발급받은 비자는 단수비자가 64.5%), 복수비자는 31.0%, 무비자는 4.5%에 그치고 있다(한국관광공사, 2015). FIT 유커의 유치 확대를 위해서는 복수비자를 확대하며, 비자발급에 따른 불편사항인 준비서류를 간소화하고, 개인비자 발급수수료(7만원)도 단체비자에 준하도록 인하할 필요가 있다.

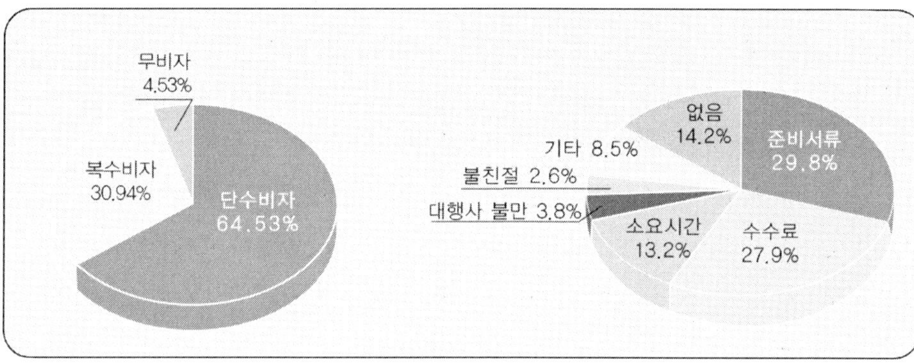

자료 : 한국관광공사(2015), 중국 FIT 방한 숙박실태 조사.

[그림 10-7] 중국인 FIT 방한 시 비자형태 및 비자발급 불편사항

다음으로 중저가 숙박시설의 확충 및 지원책이 강구되어야 한다. 방한 FIT의 특징은 고급 호텔시설 외에 중저가 시설을 선호한다는 점에서 부족한 관광호텔 객실을 해소하기 위해서는 관광숙박시설뿐만 아니라 대체 숙박시설(KoreaStay, TempleStay, GoodStay, 한옥스테이)과 외국인들이 선호하는 시설인 '찜질방'의 숙박문화 체험도 적극 양성화해야 한다. 찜질방은 외국인의 한국 여행 중 가장 이색적인 숙박체험 장소로 부상하고 있듯이 외국인들의 '1박 체험 투어' 상품 개발과 안전 및 도난방지 방안이 마련되어야 한다.

5. 맺음말

한국 관광의 품질혁신 기회가 도래하고 있다. 방한 FIT의 규모가 최대 75.1%를 점유하고 있다는 점에서 기존 저가여행 단체상품의 문제점을 해소하면서 한국관광의 품질을 제고하는 창조적 혁신의 기회로 삼아야 한다. 공공부문은 물론 관광산업계도 온-디맨드 관광솔루션 개발에 적극 참여하여 FIT의 만족도 제고 및 FIT 관광천국을 육성해야 한다.

한국 FIT 관광경쟁력 제고대책도 강구되어야 한다. 핵심시장인 중국인 및 일본인의 방한 관광행태에 대한 과학적 분석을 통하여 최적 서비스 제공을 위한 'FIT 관광경쟁력 강화 종합대책'을 추진해야 한다. 중국 · 일본의 핵심 타깃시장의 선정 및 맞춤형 서비스를 제공해야 한다.

다음으로는 온-디맨드 맞춤형 FIT 서비스를 혁신해야 한다. 시장맞춤형 관광서비스의 제공을 위해서 FIT 니즈 '상시 대응형' 관광서비스 기반(예: 1330 등)을 구축하고, 핵심시장별 맞춤형 관광정보(중어권, 일어권, 영어권)를 제공하며, 중국 FIT 대상 SNS 마케팅 사업 인지도 개선하고, 타깃 선정 및 한류 · 생활 문화 관련 콘텐츠를 확충하여 SIT 상품화를 전개하여야 한다.

그리고 온-디맨드 관광솔루션의 확충을 위해서는 시장 선도형 O2O 비즈니스 모델의 조기 구축과 활성화, IT서비스 기반 FIT 연계 모바일 관광스타트업 육성, FIT 유커 대상 비자발급 제도 개선(발급절차 및 비용), 중저가 대체 숙박시설 확충 및 지원책 강구(찜질방 등) 등을 추진해야 한다.

PART

4

관광매력창조: 융복합 관광콘텐츠를 엮자

PART 4의 구성과 주요 내용

"관광매력창조: 융복합 관광콘텐츠를 엮자"라는 주제를 설정하였다. 관광대국이 되기 위해서는 독창적 관광콘텐츠를 확보하는 것이 중요하며, 한국의 최대 강점인 IT를 연계한 관광융복합을 추진하며, 한국형 관광자원을 적극 육성해야 한다는 점에서 관광레저형 기업도시, 관광클러스터, 복합리조트에 초점을 두었다.

제11장

'관광레저형 기업도시 추진방안'을 주제로 삼았다. 2004년 문화관광부의 복합관광레저도시 국민제안에 응모하여 최우수상을 받은 바 있는데, 이를 계기로 관광레저도시에 대하여 지속적인 관심과 연구를 수행하였으며, 이 글은 한국관광공사의 관광투자 뉴스레터(2015년 겨울호)에 실린 글을 수정 · 보완하였다.

제12장

'한국형 관광클러스터 육성방안'을 주제로 삼고, 그동안 논의되어 온 관광분야의 클러스터 관련 연구를 종합하였다. 이 글은 한국관광학회 관광학연구(2009년)에 실린 '마이클 포터의 관광클러스터 이론에 입각한 지역 관광클러스터의 모형 탐색'을 수정 · 보완하였다.

제13장

'한국형 복합리조트 조성방안'을 주제로 삼고, 2010년대 초반부터 본격적으로 도입되고 있는 복합리조트의 추진방안을 논의하였다. 이 글은 한국문화관광연구원 계간지 한국관광정책(2013년 봄호)에 실린 '한국형 복합리조트 조성 방안'을 수정 · 보완하였다.

제14장

"관광산업 투자유치 활성화 방안"을 주제로 삼고, 국내외 관광투자 현황 및 부진 현상을 논의하였으며, 관광투자의 성공사례와 실패사례를 논의하며, 관광투자유치 활성화 방안을 살펴보았다. 이 글은 한국문화관광연구원 기본과제의 자문원고로 작성되었다.

제11장
관광레저형 기업도시 추진방안

1. 머리말

2000년대 중반에 도입된 관광레저도시는 당초 미래형 관광개발방식으로 크게 주목받았다. 관광레저도시는 1990년대 말 발생한 IMF 경제위기를 슬기롭게 극복하고 내수확대를 위하여 2004년 주5일 근무제를 시행하면서 국민여가수요가 크게 확대되고, 웰빙 열풍과 친환경적 · 체험적 관광 트렌드의 부상에 따라 대규모 여가관광수요를 충족시키고 동시에 해외여행수요를 흡수하기 위한 글로벌 수준의 도시 건설을 목표로 하며 등장하였다.

이와 동시에 관광레저도시는 당시까지 여전히 열악했던 국내 관광레저산업의 고부가치화를 도모하고, 일본인은 물론 중국인 해외여행객의 급증에 따라 한국의 관광레저 거점화를 통하여 동북아 관광수요를 흡수하며 2020년대 관광대국으로 도약한다는 목표로 추진되었다. 또한 당시에는 2004년경 내국인 해외여행객 수는 883만 명으로 급성장을 보이고 있는 반면, 외래관광객 수는 582만 명에 그치게 되었고, 관광수지 적자도 38억 달러의 적자를 보이면서 내국인 해외여행수요를 국내로 되돌리고 외래 관광객을 유치하는 '두 마리 토끼를 잡자'는 전략의 일환으로 추진되었다.

그러나 이후 국내외 경기침체에 따라 관광레저도시의 개발 성과가 미흡한 상태이다. 2008~2010년 세계금융위기 발생에 따라 기업의 신규투자 저조 및 국내 관광수요 정체에 따라 민간이 주도하는 기업도시 개발의 추진실적이 기대에 미치지 못하고 있다. 당초 기업도시특별법상 기업도시의 4가지 유형인 산업교역형 기업도시, 지식기반형 기업도시, 관광레저형 기업도시, 그리고 혁신도시 등 4개 도시 중 가장 먼저 주목을 받았고, 또한 개발속도 역시 가장 선도적일 것으로 예상되었던 관광레저형 기업도시는 국내외 경제위기를 겪으면서 투자가 더디게 진행되고 있다.

특히 2010년대 이후 세계경제가 저성장 · 저소비 · 고실업으로 대표되는 뉴 노멀(New Normal, 엘 에리언이 '새로운 부의 탄생'[2008]에서 언급한 새로운 세계 경제질서) 시대가 도래함에 따라 신규 관광수요 창출이 곤란한데다 관광레저 분야에 대한 기업들의 투자의욕도 감소하였다. 이러한 사업지연은 금융위기와 부동산 경기의 침체 등 경제환경의 변화에 따라 불가피한 측면도 있지만 방치할 경우 장기적으로 부작용을 가져올 수 있다는 점에서 획기적인 정책전환도 검토해야 할 상황이다.

이에 따라 당초 야심차게 도입되었던 관광레저형 기업도시, 즉 관광레저도시의 도입배경과 추진방식을 살펴보고, 15년이 지난 현 시점에서 당초 계획대로 개발이 이루어졌는가를 살펴보면서 제기된 문제점을 검토하며 새로운 도약의 전기를 마련할 수 있는 개선방안을 논의하고자 한다.

2. 관광레저도시의 개념과 등장배경

1) 관광레저도시의 개념

관광레저도시는 특정지역에 다양한 관광레저시설을 유기적으로 배치하여 계획적으로 조성된 공간으로서 정주기능이 없는 기존의 관광단지와 달리 자족적 생활공간 기능을 포함하는 새로운 관광레저형 신도시이다. 관광레저도시는 추진주체, 핵심기능, 도시형태에 따라 정의할 수 있다. 첫째, 추진주체는 기업의 주도적인 추진과 기업과 공공부문 간 협력을 특징으로 한다. 둘째, 핵심기능은 여러 가지 도시기능 중 관광레저 기능이 중심이 되며, 관련 산업과의 네트워킹도 중요한 의미를 가진다. 셋째, 도시형태는 자족형 · 자립형 도시로 관광객과 거주민 간 공존을 특징으로 한다. 이를 종합할 경우 관광레저도시는 민간부문이 주도적으로 개발하는 관광레저 중심적 복합기능을 갖춘 자족형 기업도시로 규정할 수 있다.

관광레저도시는 특정지역에 다양한 관광레저시설을 유기적으로 배치하여 계획적으로 조성된 공간으로서, 정주 기능이 없는 기존 관광단지와 달리 자족적 생활공간을 포함하고 있는 신도시를 의미한다. 또한 관광레저도시는 지정 면적이 660만㎡ 이상(200만평)으로 관광단지의 100만㎡ 이상(33만평)보다 규모가 더 크고, 관광단지에 비해 관광기능뿐만 아니라 정주 · 생활도 포함하여 거주민과 관광객이 공존하는 자립형 도시를 의미한다.

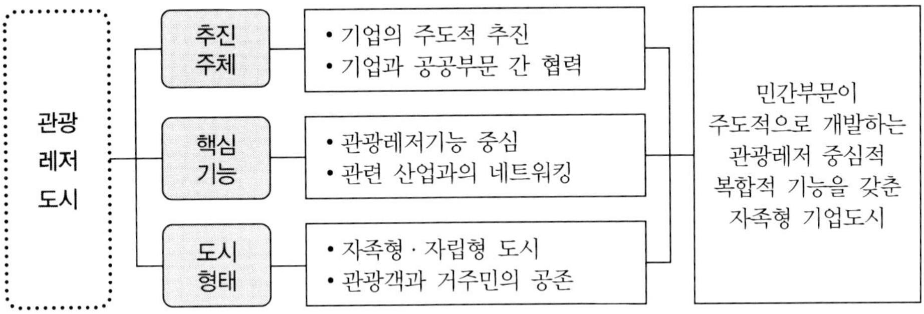

자료: 장병권(2004), 복합관광레저도시의 개발방안, 한국문화관광정책연구원, 개원 2주년 기념 심포지엄 발표자료집.

[그림 11-1] 관광레저도시의 개념체계

〈표 11-1〉 관광레저도시와 관광단지의 차이점

구 분	관광레저도시	관광단지
근 거	기업도시개발특별법	관광진흥법
지정면적	660만㎡ 이상	100만㎡ 이상
목 적	관광(일시, 장기 체류형)+정주 · 생활	관광(일시 체류형)
개발주체	민간 원칙, 민간+공공도 가능(민간우선)	공공원칙(민간사업자도 가능)
기능	관광+주거 · 산업 · 교육 등 복합기능	단순 관광기능
정주여건	주거 · 교육 · 의료 · 문화 등 고급 정주시설 마련	관광기능 중심으로 정주시설 부재
이용객	관광객, 거주민	관광객
경제구조	자립형 · 도시형	의존형 · 지구형

자료: 문화체육관광부(2009), 관광레저형 기업도시 관리주체 개발.

당초 관광레저도시가 도입될 경우 개발이 적합한 지역으로 국가균형발전 가치가 크게 중시되면서 낙후지역이 크게 부상하였다. 당시 외국의 경우 한국의 기업도시와 유사하게 개발된 사례를 보면 미개발지에 대단위 기업이 입지하여 도시가 개발된 경우, 기존 도시에 대규모 기업이 입지하여 특정 기업도시화한 사례, 다수의 학교 · 연구소 · 벤처기업이 집적화된 도시, 그리고 자연환경이 우수한 지역에 관광도시가 조성된 도시 등이 큰 주목을 받았다.

그 결과 한국에서 관광레저도시가 도입되는 시점에서도 도입 적격지로 기존의 경제자유구역 및 국제자유도시, 해안간척지(새만금 지구, 시화지구, 영암 · 해남 지구), 기존 대규모 관광리조트 단지(태백 정선지역), 대규모 관광단지 중 개발이 저조한 지역 등에 적용이 가능한 것으로 검토되었다. 지금에 와서 보면 지나친 국가균형 논리로 인하여 수요가 부족한 지역들이 선정됨으로써 개발지연을 초래하는 계기가 되었다.

2) 관광레저도시의 등장배경

2004년 관광레저형 기업도시, 즉 관광레저도시라는 제도가 등장하게 된 배경에는 당시의 국가균형 발전 논리를 구현할 정책의 도입뿐만 아니라 관광부문의 경우에는 여행수지 적자의 심화라는 절박한 상황도 크게 작용하였다. 관광레저도시의 등장배경은 다음의 네 가지를 들 수 있다.

첫째, 급증하는 국민관광수요에 대한 효과적 대응이다. 관광레저도시는 2004년부터 시작된 주5일 근무제 시행에 따라 국내 관광레저시장이 급성장하면서 이에 대응하기 위해 추진되었다. 특히 웰빙에 이어 로하스(LOHAS), 유기농, 건강 및 장수마을 등을 통하여 선진형 라이프스타일이 크게 각광을 받기도 하였다.

둘째, 관광과 연계 가능한 유망산업의 지속적인 등장이다. 당시 국내외적으로 미래융합도시, 생태관광, 스마트 시티(SMART City: Sports, Multi-Media, Agriculture, Retreat & Refreshment, Tourism), 의료허브, 바이오산업 등 신도시 건설수요가 증대되었다.

셋째, 동북아 관광거점의 조성과 관광수지 적자 해소이다. 2000년대 중반 국내 레저산업의 낙후성 등으로 국민관광수요가 해외로 유출되면서 관광수지 적자가 심각해짐 따라 외래객 유치 및 내국인 해외여행 유출 억제라는 두 가지 목적을 달성하기 위해 관광레저도시가 추진되었다.

넷째, 지역균형 발전의 모색이다. 노무현 정부는 국가균형발전 정책을 지속적으로 추진하였으며, 관광레저도시도 그러한 시대적 요구에 부응하기 위하여 등장하였다. 그리하여 지역주민의 고용창출 및 지역경제 활성화로 지역 간 불균형 완화를 목적으로 인구유입 및 고용유발을 위한 관광레저도시를 건설하게 되었다.

3. 관광레저도시의 추진현황과 문제점

1) 관광레저도시의 도입과 정책방향

관광레저도시의 도입 당시 해당 업무는 문화체육관광부 관광레저기반과에서 담당하였으며, 투자유치 업무는 관광공사, 정책개발은 한국문화관광연구원에서 지원하였다. 관광레저도시의 도입은 2004년 7월부터 11월까지 수립된 복합관광단지 개발 활성화 방안을 통해 공론화되었으며, 이를 바탕으로 기업도시개발특별법 및 시행령이 제정되고(2004~2005), 기업도시 시범사업 추진계획이 고시되었다.

관광레저형 기업도시는 문화체육관광부 차원에서 '복합관광단지'라는 개념으로 단독 추진하는 방안이 검토되었으나 기존의 관광레저개발의 어려움을 감안하여 별도의 지원법제가 필요하다는 시의성 때문에 2004년 기업도시개발특별법의 입법과정에서 타 유형과 함께 기업도시의 한 형태로 포함되었다.

문화체육관광부에는 2005년 3월 관광레저도시추진단이 설치되었으며, 동년 4월 관광레저도시 시범사업이 선정, 개발계획 승인은 태안 기업도시가 2006년 12월, 서남해안 기업도시가 2008년부터 2010년까지 3개 지구별 순차 승인되었다. 그러나 당초 선정되었던 무주 기업도시는 사업시행자의 재정악화 및 의지부족으로 2011년 지정 해제되었다.

정부는 2015년 6월 기업도시특별법 개정을 통하여 정책의 융복합 추세에 따라 기업의 탄력적 개발이 가능하도록 기업도시 개발유형을 종래 지식기반형, 산업교역형, 관광레저형으로 구분하였던 것을 '기업도시'로 통합하였다. 다만 기존 관광레저형 기업도시는 문화체육관광부와 국토교통부가 공동으로 권한을 행사하고 있다.

정부의 관광레저도시에 대한 정책추진 방향은 첫째, 지속가능 발전을 전제로 한 환경 · 지역 친화적인 도시, 둘째, 국제경쟁력을 갖춘 동북아 최고 관광휴양도시, 그리고 셋째, 모든 국민이 함께 누리는 관광휴양도시를 조성하는 것이다. 그리고 이를 달성하기 위한 기본 전략은 개발구상과 지역여건 등을 고려한 다양하고 특색있는 시설 도입, 지구별 · 관광행태 · 이용계층을 종합적으로 고려한 시설배치, 역사 · 문화 · 생태 등과 연계한 다양한 볼거리 제공을 설정하고 있다.

관광레저도시의 중점 개발구상은 국민소득의 증대에 따른 고품질, 미래형 관광레저단지를 조성하고, 다양한 형태의 관광숙박시설과 레저스포츠 시설을 확보하며, 지역 및 국내 그리고 해외 관광객 등 이용자별 선호 · 행태를 고려하여 시설을 적정하게 배치하는 것이다. 그리고 관광레저도시 정책의 핵심인 투자유치 전략은 막대한 투자규모를 감안, 다양한 국내외 민간자본을 유치하고, 행정절차 간소화 및 세제감면을 실시하며, 신뢰성 확보차원에서 공기업 참여를 허용하였다.

관광레저도시 개발구역의 지정요건은 낙후지역 개발이나 지역경제 활성화 등 국가균형 발전에 기여함으로써 공익성을 갖추고, 환경적으로 지속가능한 발전에 부합하며, 해당지역의 특성 및 여건에 부합하고, 토지계획이 실현가능하며, 660만㎡ 이상일 것으로 정하고 있다.

그리고 개발구역 지정의 우선 고려 지역은 국가균형발전법에 의해 낙후지역으로 선정 · 고시된 시 · 군 지역, 경제활성화 및 고용증대 등 국민경제의 발전에 효과가 큰 지역을 명시하고 있다. 현재까지 관광레저도시에 대한 정부의 지원정책은 합리적인 규제의 완화, 재정 · 금융상 지원확대, 지원정책의 획기적 강화, 그리고 토지확보 · 개발절차의 간소화로 구분되며, 이를 종합하면 다음과 같다.

〈표 11-2〉 관광레저도시에 대한 정부 지원정책

구분	세부 지원책
합리적인 규제의 완화	- 골프장, 체육시설 등 다양한 관광레저시설 도입 - 교육기관, 의료기관 등 설치 특례
재정 · 금융상 지원확대	- SOC 투자분에 대한 출자총액 제한 예외 인정 등 - 관광진흥개발기금의 보조, 융자 등
지원정책의 획기적 강화	- 소득세, 법인세, 지방세 등 감면 - 개발부담금 등 각종 부담금 감면
토지확보 · 개발절차의 간소화	- 민간에게 제한적 토지수용 허용(개발면적 50% 이상 확보 시) - 대폭적인 인허가 의제처리

2) 기존 관광레저도시 추진현황

현재 관광레저도시 사업추진 지역은 태안 기업도시와 서남해안 기업도시이다. 먼저 태안기업도시는 2025년을 목표로 한 19년 사업으로 현대건설이 100% 출자한 현대도시개발을 사업시행사로 추진 중에 있다. 주요 도입시설은 첨단 복합단지, 테마파크, 국제 비즈니스 센터, 청소년문화공원, 생태체험공간, 골프장 등이며, 최종년도의 계획 인구는 17,175명이다.

〈표 11-3〉 관광레저형 기업도시의 투진 현황

구분	태안 기업도시	서남해안 기업도시
위치	충남 태안군 태안읍, 남면	전남 영암군 삼호읍, 해남군 산이면
면적	1,546만㎡	3,389만㎡
기간	2007~2025	2006~2025
투자비	12,141억 원	23,158억 원
주요시설	골프장, 화훼단지, 관광숙박시설, 첨단연구시설, 교육연구단지, 주택단지 등	골프장, 바이오산업단지, 테마파크, 호텔, 주택단지, 태양관 발전시설, 등
시행자	㈜현대도시개발	서남해안레저(주), 서남해안기업도시개발(주)
계획인구	17,175명	56,600명
계획관광객	연간 770만 명	연간 987만 명

자료: 문화체육관광부(2019), 관광동향에 관한 연차보고서.

다음으로 서남해안 기업도시는 사업기간이 20년(2006~2025년)으로 사업시행사는 서남해안레저(주), 서남해안기업도시개발(주) 등이다. 주요 시설은 모터스포츠, 골프장, 마리나시설, 명상휴양단지, 워터 테마파크, 남도음식문화촌 등이며, 최종년도의 계획 인구는 56,600명이며, 사업비 23,158억 원에 목표연도의 관광객 수는 987만 명(2025년)이다.

3) 관광레저도시 개발의 문제점

현재 2개의 관광레저도시 시범사업이 추진되고 있는데 소기의 사업성과를 거두지 못하고 있는 것은 다음의 5가지 요인들에 기인하고 있다.

첫째는 서로 다른 기업도시관(觀)이 작용하기 때문이다. 산업계는 기업하기 좋은 도시를 선호하는데 비해, 공공기관에서는 기업의 운영을 지원하기 위하여 건설되는 커뮤니티 형태의 다양한 정주유형으로 보고 있으며, 비판적인 관점에서는 주민들의 경제활동이 특정기업에 의존하거나 기업이 지배하는 도시로 인식하고 있다. 기업도시는 기업이라는 개발업자가 직접 개발주체가 되고, 개발형태는 기존도시의 재개발보다는 완전한 신도시 형태가 더 선호되며, 소유 및 운영의 주체 역시 토지를 구입하여 직접 개발하고 소유하고 운영하는 기업이 되며, 기능 면에서 보면 특정산업을 중심으로 관련 기능이 결합된 복합형 · 자족형 도시를 의미한다.

그리고 영향력이라는 측면에서는 기업(자본)에 의해 도시가 지배를 받게 됨을 의미한다. 결과적으로 '기업의, 기업에 의한, 기업을 위한' 도시인 것이다. 기업에 대한 과도한 특혜로 받아들일 수 있다. 전경련은 한때 '기업없는 기업도시'라고 위협하며 기업에 더 많은 배려를 요구하기도 하였다. 따라서 기존의 반기업적 정서와 기업도시에 대한 일부의 부정적 인식을 완화하기 위해서는 참여기업들이 국가적 사명감과 사회적 책임의식을 갖고 세계수준의 한국형 관광레저도시의 창조에 더욱 공을 들여야 할 것이다.

둘째는 정부개입의 적정성 문제가 제기되기 때문이다. 그동안의 공공주도형 개발에서 민간주도의 개발로 전환하였으나 공공부문에서 민간의 창의와 활력을 어떻게 최대한 활용하느냐가 중요한 과제가 되고 있다. 관광레저도시는 공공의 참여 속에 민간이 주도적으로 개발하는 도시가 되어야 한다.

관광레저도시는 개념적으로 '공공부문의 참여 속에 민간부문이 주도적으로 개발하는 관광레저 중심적 복합기능을 갖춘 자족형 도시(self-sufficient city)'이다(장병권, 2004). 기업도시라는 점에서 원칙적으로 기업주도의 개발에 충실해야 할 것이다. 그럴 경우 공공부문의 역할이 재정립되어야 한다. 그러나 다른 유형의 기업도시는 기업주도적 개발이 바람직할 수 있으나 관광레저도시의 경우에는 이 개발방식이 바람직한가에 대해서는 이견이 있을 수 있다.

나아가 관광레저활동의 공공재적 성격, 관광개발의 토지이용, 개발이익의 지역재투자, 동북아 시대 국제관광거점 육성 등의 이유로 인하여 관광레저도시의 개발을 기업에 전적으로 맡기기보다는 공공부문의 일정한 지분참여, 즉 민관공동 개발이 최선책

일 수 있다.

셋째는 관광레저도시의 자족성 확보 논란이다. 기업도시가 자족적 복합기능을 고루 갖춘 도시로 규정하지만, 관광레저도시가 관광, 문화, 레저시설을 집중적으로 개발할 경우 자족성을 확보할 수 있는가에 대해 의문이 제기되고 있다. 태안 기업도시는 1.7만 명, 서남해안 기업도시는 5.7만 명 정도의 정주인구를 목표로 하고 있으나 관광레저도시의 활성화 및 계절성 극복을 위해서는 정주인구 구상에 대해 진지한 고민이 선행될 필요가 있다.

2004년 말 제정된 기업도시특별법(法律 제7310호)에서는 기업도시를 "산업입지와 경제활동을 위하여 민간 기업이 산업 · 연구 · 관광 · 레저 · 업무 등의 주된 기능과 주거 · 교육 · 의료 · 문화 등의 자족적 복합기능을 고루 갖추도록 개발하는 도시"로 규정하여 주기능과 부수기능이 결합된 자족형 도시로 보고 있다. 그리고 기업도시를 제조업, 연구, 물류, 유통, 복지, 문화, 체육, 레저 등의 기능이 종합된 단지를 '복합도시'로 볼 경우, 이 가운데 관광, 레저, 문화 기능을 특화된 도시가 관광레저도시이다.

문제는 이러한 관광레저도시가 '자족성'을 확보할 수 있는가에 대한 의문이다. 자족성은 필요한 것을 다른 곳에서 구함이 없이 스스로 충족하는 것을 말한다(계기석 · 전영옥, 2004). 그러므로 자족적 도시라 함은 인구규모에 어울리는 도시기능을 보유하고 적절한 경제활동과 도시기반시설을 확보함으로써 지속적 성장의 잠재력과 활력을 갖춘 도시를 말한다. 도시가 되지 못하는 관광단지는 계절성의 역풍을 맞게 될 것이다. 따라서 관광레저산업과 융합될 수 있는 연관 산업과의 활발한 제휴를 강구해야 한다.

넷째는 '신도시형만이 능사인가' 이다. 기업도시 제도를 도입하면서 기업에 힘을 실어주는 것만 강조하다보니 개발형태에 있어서 기존 도시의 재개발 방식보다는 신도시형 개발방식이 더 탄력을 받고 있다. 관광레저도시의 개발형태는 '완전한 신도시형'과 '기존도시의 재개발형'으로 구분된다. 완전한 신도시형은 기존도시와 공간적으로 분리하여 새로운 도시를 건설하는 것이고, 기존도시의 재개발형은 도시 내 또는 주변의 녹지, 나대지, 그린벨트 조정가능지역에 관광시설을 개발하여 기업도시로 탈바꿈시키는 것이다. 관광레저도시의 취지가 기업의 적극적 참여를 전제로 할 경우에는 기존도시의 재개발형은 기업의 측면에서 볼 때 불리하다는 단점을 지닐 수 있다.

그리고 사업시행자가 기업도시 개발사업으로 조성하는 토지를 직접 사용하도록 하는 시행자의 조성토지 직접 사용비율은 타 유형이 20~30%인데 비해 관광레저형은 50%이다. 따라서 관광레저도시에 대한 상대적인 규제강화는 보다 유연하고 다양한 관광레저도시 모델을 개발하지 못하고 획일적인 성격의 관광도시만 양산해 낼 수 있다.

기업도시 개발이 기존도시의 재생형보다는 완전한 신도시형을 추구함에 따라 사업 리스크가 클 수 있으며, 선진국에서는 도시재생에 대한 상당한 경험을 축적하고 있다. 한국의 경우 침체되고 있는 전통적인 관광도시(경주, 속초, 제주, 남원, 아산 등)들을 되살리지 못하고 있는 상황이다. 시범사업이 성공적으로 추진된 이후에는 기존 도시 재생형 기업도시의 개발도 적극 검토할 필요가 있다.

다섯째는 획일적 관광레저도시를 지향한다는 점이다. 관광레저도시의 자족성 문제와도 연관되지만 기존에 선정된 시범지역들의 공통된 특성은 지리적 위치와 면적만 다를 뿐 도입시설이 매우 유사하다는 특징을 지니고 있다. 각 지역마다 미래에 유망한 사업을 눈을 돌리고 사업성이 높은 시설부터 우선적으로 발굴 · 개발하는 것도 공통의 특징이다. 또한 부분적으로 교육시설, 실버타운, 리서치파크, 의료시설을 도입하고 있지만 이는 도시의 특성과 이미지를 부각시키는 데 미흡하다. '컨테이너'는 크고 넓은데 '콘텐츠'가 선택과 집중되어 있지 못하다.

애초 신청했다 중도 포기한 무주는 휴식휴양의 도시, 태안은 문화생태체험의 도시, 해남 · 영암은 해양오락의 도시라는 인상을 줄 뿐이며 독특성이 부족하다. 도시의 기본골격을 어느 정도는 갖추고 있으나 독창적인 도시이미지를 창출할 만큼 비교 우위적 관광레저시설이 부족하다. 3개 관광레저도시 모두 공통적으로 대규모 골프장이 도입되고 있다. 각 관광레저도시마다 기업이 미래의 유망산업을 발굴하고 더욱 집중할 수 있도록 지원 · 유도하는 것이 공공의 역할일 것이다.

따라서 보다 근본적인 발상의 전환을 모색할 필요가 있다. 관광레저도시가 성공하기 위해서는 각 도시마다 각기 다른 산업과의 활발한 복 · 융합(클러스터)을 모색해야 한다. 관광중심적 기능을 수행하면서 관련산업(첨단산업, 서비스업, 물류, 대학, 벤처기업, 연구기관 등)과의 네트워킹이 왕성한 관광산업 클러스터(tourism industry cluster)로 진정한 관광도시로서의 면모를 갖추어야 한다. 이와 관련 21세기 관광산업의 국제적 흐름과 한국사회의 고령화, 세계적 수준의 IT경쟁력, 한류여건 등 경쟁우위적 요소를 적극 수용할 필요가 있다. 이들 요소는 관광객 유치의 직접적 요인으로 작용할 수도 있으며, 관광레저도시의 지속적인 발전에도 기여할 수 있다. 또한 각각 특성화된 관광레저도시로 변모될 경우 지속적인 고객창출과 국제적 모델도시로서 성과를 가져올 수 있다.

4. 관광레저도시의 바람직한 개발방안

1) 한국형 관광레저도시의 미래상

현재 추진 중인 관광레저도시는 외국의 수많은 사례를 참고하고 있으나 추진정책의 내용 면에서 보면 '한국형 관광레저도시'인 것이다. 따라서 전 세계에 내세울 수 있는 한국형 관광레저도시의 모델을 창출한다는 측면에서 접근되어야 한다. 그리고 한국형 관광레저도시의 미래상은 세계도시화, 생태도시화, 클러스터 도시화에 두어야 한다.

첫째는 세계도시화이다. 문제는 도시의 비전이다. 무엇보다도 우리 관광레저도시의 정책비전은 '글로칼리즘의 모델도시(model city of glocalism)'에 두어야 한다. 대외적으로는 글로벌리즘(globalism)의 물결이 거세게 불고 있어 세계적인 흐름에 동참하는 동시에 이를 주도할 수 있는 '글로벌 관광리더'의 기반을 마련하며, 대내적으로는 로컬리즘(localism)의 착근과 '지역관광발전을 통한 국가발전'이라는 '관광기반 지역혁신시스템의 모델'로 육성되어야 한다(장병권, 2004).

정부의 관광레저도시 개발구상을 보면 관광레저중심의 미래형 도시를 조성하는 동시에 국제 경쟁력을 갖춘 동북아시아 최고의 휴양도시를 조성하는 데 목표를 두고 있다. 따라서 관광레저도시는 글로벌 경쟁력을 갖춘 동북아시아 최고의 관광도시(only & best), 지속가능한 미래형 환경 · 지역친화 도시(eco & amenity), 중산층, 서민이 함께 누리는 관광휴양 도시(wellbeing city for all)를 표방하고 있다(문화관광부, 2005). 한마디로 '세계적 수준의 한국형 웰빙관광도시'인 것이다.

또한 그동안에 이루어진 대부분의 도시들이 도시입지와 지역자원을 배경으로 자연성장한 도시라면, 관광레저도시는 인간의 의지가 가해진 21세기형 도시로서 인간이 지향하는 이상형에 대한 욕구가 투영된 형태이다. 따라서 관광레저도시는 인간의 필요에 부합하는 도시로서의 모습 외에도 21세기적 사고와 생활양식, 기술이 접목된 유비퀴터스 도시, 인간적인 도시, 안전한 도시, 위생도시, 자연도시, 웰빙도시적 특성을 담고 있어야 한다(주종원, 1998).

나아가 관광레저도시는 국내적 관광수요뿐만 아니라 국제적 관광수요를 수용할 수 있는 제반 편의를 제공해야 한다는 점에서 '세계도시'로서의 특성을 지녀야 한다. 그러나 선정된 3개 관광레저도시는 여전히 국내관광시장에 초점을 두고 있을 뿐이며 세계적 시각이 부족하다. 세계도시는 세계적인 관리체계의 결절지, 범지구적 금융중심지, 방문객의 주요 목적지 등의 역할을 담당하면서 국제적인 네트워크를 형성하려는 도시군들을 의미한다. 세계의 많은 도시들은 복잡다단한 과정을 통해 소위 세계도시라는 지역의 재구조화 과정을 경험하고 있으며, 세계화와 지방화시대 우리의 도시 역시 이러한 세계도시를 지향해야 한다. 따라서 관광레저도시가 세계적인 수준의 관광도시가 되기 위해서는 멕시코의 칸쿤처럼 호텔체인, 레스토랑체인, 테마파크, 항공사, 마리나, 은행 등 세계적 브랜드를 가진 기업군을 적극 유치해야 한다.

> 세계적인 관광잡지인 '관광+레저(Travel+Leisure)'는 매년 독자들을 대상으로 세계최고의 도시를 선정하고 있다. 2005년 제10회 조사의 결과 세계 최고의 관광도시는 호주의 시드니로 나타났다. 2위는 방콕, 3위는 로마, 4위는 플로렌스, 5위는 치앙마이로 나타났다. 1위부터 10위까지 유럽이 3개 도시, 미주가 3개 도시, 아시아가 2개 도시, 아프리카와 오세아니아가 각각 1개씩 랭크되어 있다. 이들 도시의 특징은 다양한 관광매력을 지니고 있으며 관광객을 위한 숙박, 교통, 항공 등 여건이 매우 우수하다는 것이다(www.travelandleisure.com/worldbest참조).

둘째는 생태도시화이다. 기존에 선정된 관광레저도시들이 생태체험공원 등 부분적으로 친환경 관광시설을 갖추고 있으나 보다 근본적인 시각에서 생태도시(ecological polis)를 지향해야 한다. 전원도시, 녹색도시, 에코폴리스, 환경보전형 도시 등과 같은 의미로 통하는 생태도시는 사람과 자연 혹은 환경이 조화되며 공생할 수 있는 도시의 체계를 갖춘 도시를 지칭하는 것이다.

관광레저도시 중 해남·영암지역은 당초 시범사업 평가 시 환경분야에서 과락에 해당되어 재심의 대상이 되고 급기야 담수호 수질개선, 하수·오수처리, 야생생물 보호, 친환경적 토지이용 등을 강화하는 조건으로 선정되었다. 이는 당초부터 생태계의 보전에 대한 기본적인 철학의 부재에서 비롯된 것이다. 따라서 관광레저도시가 살기 좋고 지속가능한 발전을 도모하기 위해서는 도시개발 시 지속가능성의 원칙을 철저히 이행할 필요가 있다.

일반적으로 지속가능성은 경제적 지속가능성, 사회적 지속가능성, 생태적 지속가능성으로 구분된다. 이를 도시에 적용할 경우 경제적 지속가능성은 기업의 적극적 유치를 통하여 경제적 자립을 도모하는 것이며, 사회적 지속가능성은 사회문화복지 프로그램을 통하여 도시의 활성화를 모색하는 것이다. 그리고 생태적 지속가능성은 녹지의 확보와 공간의 질적 향상을 추구하는 것이다(전영옥, 2004).

따라서 개발초기부터 환경훼손의 최소화를 위한 대책을 강구하고, 훼손지역의 복구대책이 필요하며, 계획수립과정에 사전환경성 평가, 환경영향평가 등 환경관련 절차를 철저히 이행하도록 하며, 사업시행자로 하여금 친환경적인 개발이 될 수 있도록 환경단체, 전문가 등 의견을 최대한 수렴하여 개발계획을 수립하도록 유도해야 한다.

나아가 관광레저도시는 에코폴리스(ecopolis)를 지향해야 한다. 에코폴리스는 에너지와 물질의 순환, 그리고 새와 곤충과의 공존 등 자연과의 조화로운 국토의 이미지 창출을 위한 환경시범도시이다. 일반적으로 환경시범도시가 지향해야 할 지침원리는 에너지 효율과 자원절약형 토지이용 및 주택구조의 창조, 자립상태의 유지, 다양성의 창조와 자연형평 및 적응성의 고려, 도시환경체계 내의 인간존엄성 고려, 미래세대를 위한 도시창조, 생물 · 무생물 간의 상호관련성 유지, 공원 · 오픈 스페이스의 적정수준 창조 등을 들 수 있다.

셋째는 클러스터 도시화이다. 관광레저도시가 성공하기 위해서는 도시별로 유망 연관산업과의 활발한 제휴를 강구하고 집중적인 투자가 요구된다. 이럴 경우 한국사회의 장래 전망과 동북아 시대 한국의 활로, 관광산업과의 융합가능 산업 등을 전반적으로 고려하여 선택과 집중이 필요하다.

그 첫 번째는 한국사회의 노령화 가속화에 따른 휴식과 휴양, 건강 및 웰빙여건을 제고하기 위하여 실버산업을 적극 육성하고 이를 관광산업과 접목하여 일종의 '실버휴양 클러스터'로 변신하는 것이다. 미국 플로리다주 전역이 이러한 특성을 지니고 있으며, 특히 셀레브레이션 시티(Celebration City)는 실버휴양도시의 전형적인 모델이 되고 있다.

두 번째는 한국의 높은 IT수준을 적극 활용하고 무공해 산업을 적극 유치함으로써 관광IT클러스터, 유비쿼터스 도시로 육성하는 것이다. 인터넷 포털사이트 다음(Daum) 커뮤니케이션의 제주 이전과 같이 관광레저도시에 정보산업을 유치할 경우 지속적인 고용창출과 관광객 유치를 기대할 수 있다. 나아가 지식기반형 및 관광레저형 기업도시의 혼합형 도시가 가장 바람직한 모형이 될 수 있다.

세 번째는 한국문화에 대한 국제적인 관심증가와 이로 인한 한국방문의 요인이 되고 있는 '한류'를 관광산업이 적극 수용하여 한류관광도시를 육성하는 것이다. 한국적 생활양식과 풍경을 살릴 수 있는 다양한 문화인프라를 구축하여 이를 드라마, 영화, 음악 등 문화영상산업과의 접목을 통해서 '한류관광 클러스터'로 육성하는 것이다. 예를 들어 미국의 헐리우드(Hollywood)는 당초 관광레저도시는 아니었지만 영화산업의 발전으로 인하여 국내외 관광객의 주요 관광목적지가 되고 있다.

네 번째는 관광여행의 중요한 동기 중의 하나가 치료 및 보양이라는 점에서 의료산업을 접목시켜 '보건관광도시'로 육성할 필요가 있다. 싱가포르가 '의료관광'의 메카를 지향하고 있듯이, 한국의 높은 의료수준을 적극 활용하여 국제적인 치료관광중심지로 육성할 경우 관광레저도시의 여행체류기간 연장 및 부가가치 창출에 기여할 수 있다.

그러므로 관광레저도시가 성공적으로 추진되기 위해서는 가급적 계획 초기부터 관광산업 클러스터를 지향하며 장기적인 마스터플랜이 수립되어야 한다. 이럴 경우 관광레저도시는 관광객의 체류, 이동, 소비, 엔터테인먼트, 식사 등 일체의 활동을 지원할 수 있는 기업군은 물론 관련 산업시설을 배치됨으로써 관광산업클러스터로서의 시너지 효과를 창출할 수 있다.

2) 관광레저도시 개발사업의 활성화 방안

향후 관광레저도시 개발사업이 활성화되기 위해서는 시장타깃 전략, 트렌드 선도형 전략, 브랜드 마케팅 전략, 융복합 콘텐츠 전략, 장단기 투자유치 전략 등이 적극적으로 모색될 필요가 있다.

첫째는 목표시장에 대한 타깃 전략이다. 세계관광은 아시아 · 태평양지역의 지속적 성장을 통하여 2030년 18억 명으로 지속 성장함과 동시에 동북아 지역에 1995년 4천만 명에서 2030년 3억 명이 유입될 전망이다. 따라서 단기적으로 한중일 관광교류 확대에 따라 중일 관광객 유치에 주력하되, 중장기적으로 동남아 관광객, 무슬림 관광객을 포함하여 범아시아를 대상으로 한 관광타깃 전략을 구사해야 한다.

다음으로는 세계 최대 관광송출국인 중국을 대상으로 보다 효율적이며 실질적인 타깃전략을 수립해야 한다. 2014년 현재 방한 중국관광객의 성별은 여성 62.5%, 남성 37.5%로 나타나고 있으며, 방한 중국인 관광객의 연령대는 30대 이하가 50%를 육박하고 있다. 특히 구매력을 기초로 할 경우에는 1980년대 이후 출생자인 주링 · 바링허우 세대에 초점을 두되 여성친화적 접근이 필요하다.

둘째는 글로벌 및 국내관광 트렌드 선도형 전략이다. 최근 세계경제가 뉴노멀 시대로 진입하면서 과소비보다는 실질적인 소비와 체험형 관광선호, 개별여행객 증가, 노령자 여행참여 증가 등이 중요한 트렌드로 등장하고 있다. 또한 한국문화관광연구원은 2010년대 후반의 관광트렌드 변화를 ① 중국, 한국 관광 시장의 지형을 바꾸다, ② 관광, 경계를 허물다, ③ 관광의 기본 가치(NEW 3S: safe, sustainable, social) 존중 여행 확산, ④ 모바일이 주도하는 새로운 관광생태계, ⑤ 즐거운 불편함, OR(outdoor recreation) 여행, ⑥ 지역의 숨겨진 매력(hidden jewels)을 찾아 떠나는 여행, ⑦ 여유로움과 행복을 추구하는 여행문화, 슬로우 트래블, ⑧ 스스로 결정하고 떠나는 DIY 여행, ⑨ 관광의 新소비층으로 부상하는 중장년층, ⑩ 칩시크(cheap chic)를 추구하는 실속형 관광소비 정착과 같이 10가지를 제시하고 있다(최경은 · 안희자, 2014). 따라서 국내 관광의 경우 젊은 층의 레포츠 체험추구자, 중장년층의 슬로 트래블 수요, 그리고 타 산업과의 융복합에 초점을 둔 시설의 도입을 추진할 필요가 있다.

셋째는 글로벌 관광레저도시로서의 브랜드 구축 및 홍보전략이다. 현재 서남해안 기업도시는 3개 지구를 통합하여 솔라시도(SolaSeaDo)로 브랜드 마케팅을 활발하게 추진 중에 있으나 태안기업도시는 도시명(브랜드)이 만들어져 있지만 적극적으로 홍보하지 않고 있는 상황이다. 국민들도 관광레저도시의 개발속도가 저하됨에 따라 관광레저도시에 대한 이미지가 정체(저하)되고 있다는 점에서 관광레저도시에 대한 인지도 제고, 브랜드 이미지 제고를 통하여 관광레저도시의 투자유치 및 분양, 방문객 유치에 집중해야 한다. 그리고 브랜드 구축 및 홍보의 대상은 언론기관, 일반국민, 투자자, 시민환경단체, 외국관광객별로 구분하여 각각 전략적으로 접근해야 한다.

넷째는 융복합형 시설도입과 복합리조트의 도입 검토이다. 21세기 산업트렌드는 산업 간 융복합 내지 산업 · 관광 · 문화 통합형 관광이 활발히 추진되고 있다는 점에서 관광레저도시도 역시 휴양형 주거시설, 메디컬 IT산업, 엔터테인먼트 산업, 한류 및 뷰티 산업을 연계한 융복합 관광을 적극 모색해 나가야 한다. 최근 리조트의 대규모화, 융복합화, 카지노 연계화 추세에 따라 기존 관광레저도시의 활성화 및 신규 진입도시의 경제적 타당성 확보차원에서 복합리조트(Integrated Resort)를 조성하는 방안도 적극 검토해 봄 직하다.

끝으로 성공적인 투자유치를 통하여 사업의 지속성을 확보해야 한다. 관광레저도시의 지속가능한 개발을 위해서는 시의적절한 투자유치가 필수적인 요소이며, 이를 위해서는 거시적 투자환경 분석, 외국인 투자자 경쟁력 분석, 효율적인 상품화 전략 수립, 실현가능한 잠재적 투자자 선별 노력이 필요하다. 이에 따라 해외 국가별 경제환경 분석, 국내 투자활동 및 경제상황 분석, 외국인 투자자의 선호도 조사, 외국인 투자 저해요소 도출, 사업의 단계별 투자 안정성 및 사업성 확보방안 수립, 단계별 투자유치 실행방안, 중장기 사업 분류화 및 유인전략, 잠재 투자자 타깃 분석, 마케팅 실행방안 절차 등 투자유치 전략 마스터플랜을 수립하여야 한다.

5. 맺음말

현재 추진되고 있는 기업도시는 세계 여러 나라에서 성공적으로 추진된 사례를 벤치마킹하고 있지만 결과적으로는 '한국형 기업도시'인 셈이다. 특히 관광레저형 기업도시의 경우 세계적으로 유례가 없다. 애초부터 기업도시를 표방하면서 시작된 도시가 아니기 때문이다. 외국의 관광도시 성공사례를 보면 민간주도로 개발된 플로리다 올란도를 제외하고 멕시코의 칸쿤, 프랑스의 랑독-루시옹, 아랍에미리트의 두바이 모두 정부의 강력한 리더십에 의해 장기간에 걸쳐 꾸준히 개발되어 성공한 지역들이다. 따라서 우리가 추진하는 관광레저도시는 '순수 기업도시'라기보다는 '민관협력형 도시'를 지향하는 것이 더욱 바람직할 것이다.

이러한 관광레저도시는 21세기에 들어와 국가적으로 지역불균형이 심화되면서 낙후지역에 대한 우선적 개발정책이 시급한 과제가 되고, 국민관광수요가 양적인 성장과 더불어 질적인 변화를 보임에 따라 수요지향적 관광개발의 전형적인 사례가 되어야 한다. 또한 국민해외여행의 지속적인 증가로 관광수지 적자가 심화되고 국내관광 기반이 경쟁력을 잃게 되면서 이에 대한 일종의 치유책인 동시에 장차 전개될 동북아발 관광빅뱅에 능동적으로 대처하는 데 초점을 두어야 한다.

그러나 관광레저도시를 성공적으로 추진하는 데 있어서 몇 가지 도전적 과제를 안고 있다. 관광레저도시를 기업도시라는 관점에서 기업주도로 추진할 경우 당초 의도한 자족적 · 복합적 도시건설이 곤란할 수 있다. 오히려 관광레저도시는 기업에 전적으로 맡기기보다는 공공부문도 도시개발에 직접 참여하는 방식이 사업의 효율적 추진에 기여할 수 있다. 또한 현재 추진 중인 개발사업으로는 자족성 · 정주성의 확보가 곤란하고 오히려 기존 '관광단지의 확대판'으로서 도시라고 부르기도 어렵다. 나아가 관광레저도시간 개발내용에 차별성이 결여되고 오히려 획일적 관광시설을 도입함으로서 별 차이가 없는 도시들만 양산해 낼 가능성이 있다.

따라서 본래의 취지와는 다른 방향으로 전개될 가능성이 있으므로 조성사업에 대한 지속적인 모니터링 및 평가를 통하여 관광레저도시의 세계도시화, 생태도시화, 클러스터화를 계속 모색해야 한다. 일단 관광레저도시가 입지나 기업의 구상에 따라 도입내용이 다르겠지만 기본적으로 지향해야 할 것은 가급적 세계적 수준의 관광도시로 개발되어야 한다.

그리고 대규모 지역에 걸쳐 개발행위가 진행된다는 점에서 지속가능한 개발철학에 의거하여 철저한 생태도시로 탈바꿈해야 한다. 나아가 도시로서의 자족성을 확보하고 독창적 이미지를 구축하고, 이를 통하여 장소마케팅을 전개할 수 있도록 실버산업, IT산업, 한류산업, 의료산업, 교육산업 등과의 융합을 통하여 관광산업 클러스터로 육성할 필요가 있다. 끝으로 기업도시 정책의 성과를 높이는 동시에 도시자체의 경쟁력을 높이기 위해서는 관광레저도시의 소수정예화가 긴요하다.

제12장
한국형 관광클러스터 육성방안

1. 머리말

한국의 관광산업은 경제여건이 악화된 가운데서도 2008년 외래관광객 689만 명을 유치하여 90억 달러의 관광수입을 기록하였고(문화체육관광부, 2009), 국내관광객도 총 4억 802만 명(참가일수 기준)이 15조 7,110억 원을 소비하여, 이를 합산할 경우 연간 25조 6,532억 원(2008년 기준 환율 1,102.59원 적용)의 규모로 성장하였다. 2018년의 경우 국민 국내관광 소비액 43조 원에 외래관광객 소비액 17조 원을 합할 경우 60조 원 규모로 10년 동안 2배 이상 증가하였다. 그리고 관광산업에 종사하는 고용규모도 직접고용 18.8만 명이며 간접고용까지 합할 경우 최대 88만 명에 달하는 것으로 나타나고 있다(문화체육관광부, 2019).

이처럼 관광산업의 양적 성장이 나타나고 있음에도 불구하고 산업의 고도화 측면에서는 여전히 경쟁력을 확보하지 못하고 있는 게 사실이다. 경제여건에 따라 '휘발성'이 강한 산업의 특성을 감안하더라도, 한국의 관광산업은 현재 저성장, 저품질, 저가치, 저성숙, 저개발의 '5저(低)' 상황에 처해 있으며(장병권, 2008), 이로 인해 관광산업의 국제경쟁력이 약화되고 있는 실정이다. 이는 관광산업의 고도화·고수익화를 위한 다각적인 산업정책을 추진하지 못하고 있기 때문이다.

이로 인해 중앙정부의 관광정책에 크게 의존적일 수밖에 없는 지자체들도 이에 대한 관심이 상대적으로 낮고, 일부 지역을 제외할 경우 관광산업의 고도화를 위한 적극적인 이니셔티브를 행사하지 못하고 있다. 또한 공공부문 차원에서 관광자원 개발에 대한 높은 관심에도 불구하고 각종 제약과 규제로 인하여 지역 관광사업체에 대한 지원책이 부족하였다. 그 결과 관광자원과 관광기업을 분리 대응하는 정책적 오류가 지역 관광산업의 클러스터화를 지연시키는 요인으로 작용하고 있는 것이다. 관광자원 개발과 관광기업 육성을 연계하고 여기에 관련기관(지자체, 협회, 대학, 연구기관 등)이 가세하여 지원하는 '통합형 관광관리(integrated tourism management)', 즉 관광클러스터 전략이 충분히 구사되지 못하였다.

이에 따라 지역관광의 새로운 성장 모멘텀을 구축하고 지속가능한 성장을 도모하기 위해서는 관광산업의 실상을 파악하고 이를 해결하기 위한 정책적 노력이 긴요하다(한국은행 전북본부, 2009). 특히 관광산업의 높은 지역경제 파급효과를 감안할 때, 관광산업의 고도화 · 고수익화를 도모하기 위한 획기적인 대책이 강구될 필요가 있다.

1990년대 후반 이후 산업 클러스터가 기업은 물론 지역의 경쟁력을 높이기 위한 수단으로 부상하고 있음을 감안할 때(조봉현, 2006), 지역의 관광산업도 이해당사자 간 상호 네트워크를 통해 정보를 교류하고 혁신을 도모하여 새로운 지역관광발전 모델을 창출하는 것이 시급하다.

물론 관광산업 부문의 경우 아직까지 '관광클러스터'에 대한 학술적 연구나 정책적 공감대가 충분히 형성되어 있지 못한 것이 사실이다. 즉, 관광클러스터에 대한 개념과 구성요소, 발전과정, 선정방법 및 평가기법 등 전반적인 연구가 부족한 상태이며, 융복합 시대로 들어와 다른 산업부문을 선도적으로 추진함에 따라 관광부문을 주도적으로 추진하는 것도 쉽지 않은 상황이다.

이에 지역 관광산업의 고도화를 위한 육성방안으로 '관광클러스터' 전략을 살펴보고자 한다. 이를 위해 먼저 클러스터 이론의 권위자인 하버드대 마이클 포터(Michael E. Porter)의 클러스터 및 관광클러스터에 대한 이론적 배경을 논의하고 국내외 관광클러스터 사례를 살펴보면서 그 시사점을 도출하며, 이어서 지역 관광클러스터의 필요성과 기대효과를 제기하고 그 육성방향 및 지원책을 제시하는 데 초점을 두고자 한다.

2. 마이클 포터의 클러스터 이론

1) 클러스터의 개념과 특성

지식기반 경제시대가 도래하면서 산업클러스터에 대한 관심이 점차 고조되고 있다.

본래 클러스터는 선진국에서 먼저 나타났듯이 '자연발생적인 기업군집 현상'을 의미한다(구운모, 2001; 민경택 · 김정호 · 석현덕, 2005). 클러스터가 자연스럽게 형성되는 것은 그 안에서 생산비용의 하락 및 노동시장의 형성 등 기업들의 경쟁력에 유리한 외부경제 효과를 누릴 수 있기 때문이다. 그러나 최근에 와서 클러스터는 생산업체, 판매업체, 수요업체, 대학 등 특정산업의 생산-유통-소비활동과 관련하여 상호관계가 있는 기업이나 기관들이 일정 지역에 모여 있는 '군집현상'을 의미한다(옥성수, 2003).

클러스터의 개념에 대해서는 그동안 폭넓게 정의되어 왔다. OECD(1999)는 "생산업체, 부품업체, 서비스 제공자, 협회, 연구소 및 대학 등이 서로 지식을 교류함으로써 높은 부가가치를 창출하는 지역적 집합체로 기술, 인력, 유통경로를 공유하는 네트워크형 조직체계"로 정의하고 있다. 나아가 산업클러스터를 단순히 기업들이 공간상에 집적되어 있는 것 그 이상을 의미하는 '공동입지를 통해 이득을 얻는 기업들의 지리적 집중'으로 정의하는 경우도 있다.

집적과 클러스터의 개념을 엄격하게 구분하는 경우도 있다. 즉 '집적'은 집적 내의 활동주체들 간 어떤 형태의 협력도 없음을 가정하며, 반대로 '클러스터'는 지역내 다양한 주체들이 상호지식을 교류함으로써 높은 부가가치를 창출하는 지리적 집중체를 의미한다(권영섭 · 강호제 · 박경현, 2005; 이종우 · 이철우, 2008).

또한 클러스터 구성주체들 간의 역동적 상호작용을 강조하는 정의도 있다. 복득규(2002)는 클러스터를 '특정분야의 기업, 대학, 연구소, 정부 및 지자체 등이 일정 지역에 모여 네트워크 구축을 통해 혁신과 사업기회를 확대하는 것'으로 정의하고 있다. Cooke(2002)도 클러스터를 "특정 시장의 영역에서 협력과 경쟁을 기반으로 비즈니스 성장에 필요한 공통의 비전과 지역의 기업지원 인프라를 통해 수직적 · 수평적 관계로 이루어진 지리적으로 근접한 기업들"로 정의하고 있다.

이상의 정의를 볼 때, 클러스터의 개념 속에는 지리적 인접성, 집적성, 상호 관련성, 시너지, 역동성 등이 중요한 가치로 자리잡고 있다. 따라서 이론적 · 실천적 체계가 정립되어 있지 않은 관광부문에 클러스터의 개념을 도입할 경우에도 이러한 개념적 요소가 반영되어야 한다. 이에 따라 관광클러스터를 '일정 권역의 관광자원 및 시설을 중심으로 관광산업으로 분류되는 각종 기업들과 다양한 관련기관들이 상호 네트워크를 형성하여 지역관광사업의 혁신 및 활력증진 효과를 도모해 가는 집합체'로 정의하고자 한다. 그리고 이러한 개념에 기초할 경우 관광클러스터의 특성은 다음과 같다.

첫째, 관광산업의 다면적 속성상 관광클러스터의 구성은 민간부문(관광기업, 관련기업) 뿐만 아니라 공공부문(지자체), 비영리부문(대학, 연구기관, 협회 등) 등도 포함된다. 둘째, 관광클러스터는 관광산업의 융복합적 특성을 최대한 반영하여 지역관광자원 및 지연산업에 IT기술, 문화기술, 관광기술을 가미한 종합기술산업을 육성하는 것이다.

셋째, 관광클러스터는 관광사업으로 분류되는 기업을 중심으로 형성되는 직접적 클러스터뿐만 아니라 농업, 의료, 문화 등 인접산업의 육성을 지원하는 간접적 클러스터도 존재한다. 넷째, 관광클러스터의 핵심이라 할 수 있는 관광기업의 범위가 매우 광범위하여, 관광사업체뿐만 아니라 관광지 내 소매점, 음식점, 렌터카, 오락시설 등도 포괄적으로 포함해서 논의해야 한다. 끝으로, 관광클러스터는 자원을 중심으로 수요자(관광객)를 대면하는 서비스업 위주이며, 기업들 간의 전략적인 제휴나 관광상품의 연합 등과 같은 '생산공유' 측면이 강하다.

2) 포터의 관광클러스터론

하버드대의 마이클 포터 교수와 연구생들은 클러스터에 대한 이론을 정립하는 데 크게 기여를 하였다. 마이클 포터(Porter, 1998)는 산업 클러스터를 "특정 업종에 종사하는 기업을 중심으로 부품 공급업체, 서비스 공급업체, 연관산업의 기업, 그리고 관련된 제도적 기구(대학 등)들이 서로 경쟁하면서 동시에 협조하는 지리적 집적체"로 정의하고 있다. 즉 지리적으로 인접하고 있는 연계기업, 특정 영역의 연관기관 등이 유사성, 보완성 등으로 연결된 집단을 지칭한다(문휘창 · 정진섭, 2008).

이를 관광과 연관시켜 볼 때 '서로 동종이거나 이종인 다양한 관광기업 및 관련 지원산업이 지리적으로 근접한 공간'(문화체육관광부, 2008), 또는 전 · 후방 연계 관계가 있는 산업, 지식생산조직, 관광협회, 행정기관 등의 연계, 기타 지원기관과의 네트워킹을 통하여 관광경쟁우위를 확보한 지역이라 할 수 있다.

포터는 관광클러스터 사업의 모델로 호주 북동부 케언즈를 대상으로 한 관광클러스터 모형(The Cairns tourism cluster)을 제시하고 있다. 그들은 관광클러스터의 활성화를 위한 중점 분야로 인적자원 개발, 인프라 확충, 재원확충, 행정제약 완화, 마케팅 등 5가지를 설정하고 있다.

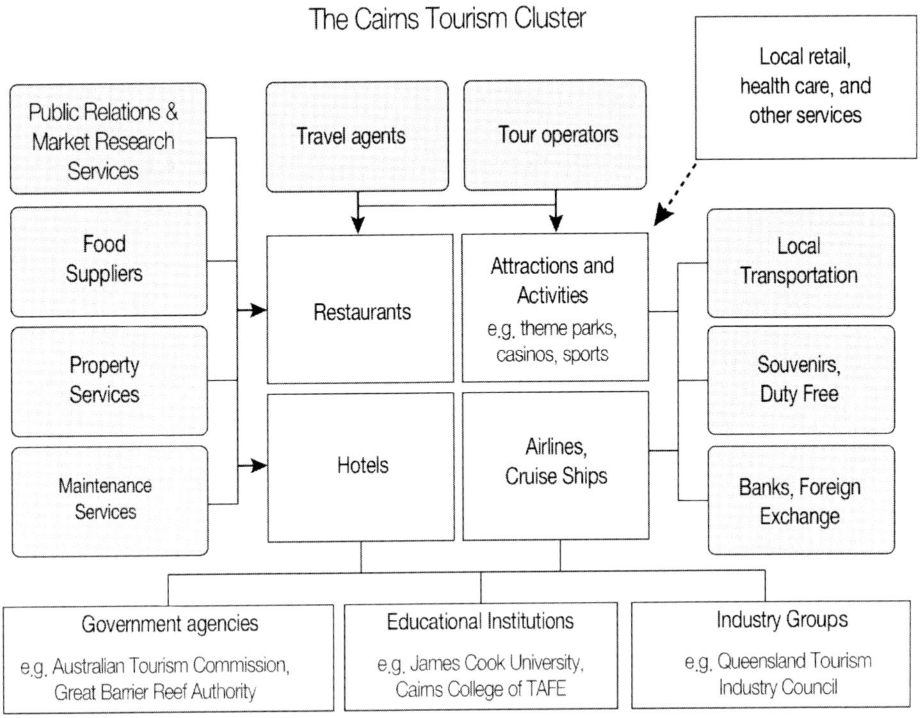

출처: Michael E. Porter(2005), Kazakhstan's Competitiveness: Roadmap Toward to Diversified Economy, Harvard Business School.

[그림 12-1] 포터의 케언즈 관광클러스터 체계

마이클 포터가 그의 이론에 기초하여 카자흐스탄 정부에 제시한 관광클러스터의 육성방안을 부문별로 살펴보면 다음과 같다. 첫째, 인적자원의 개발은 관광산업을 위한 전문인 양성을 위하여 대학을 중심으로 새로운 교육기준을 마련토록 한다. 둘째, 인프라 확충을 위해서 저렴한 2~3급 호텔의 네트워크화를 모색하고, 알마티(Almaty)에 새롭고 우수한 국제회의장을 건설한다. 셋째, 재정확충을 위해서는 관광산업을 재정지원 프로그램에서 우선적으로 고려하며 5년간 7%의 융자를 지원한다. 넷째, 행정제약의 완화를 위해 중앙아시아 국가 간 호혜적 비자협정을 체결하며 동남아시아 국가에 대해 비자절차를 완화한다. 다섯째, 마케팅 강화를 위해서는 국제적인 여행업자를 유치하며, 광고 · 홍보물 · 비디오 영화를 적극 활용한다(Porter, 2005).

이 모형에서 관광클러스터의 핵심요소는 관광업체(여행업, 항공업, 호텔업, 관광시설 등), 일반업체, 지역인프라, 정부기관, 대학 및 연구기관 등을 포함하고 있다. 그에 따르면, 관광클러스터는 지역단위, 혹은 산업유형별로 구분할 수 있으며, 지역에도 적용할 수 있는 지역단위의 관광클러스터 모형도 있다.

마이클 포터의 관광클러스터에 대한 연구는 이후 유럽관광연구원(ETRI) Sara Nordin(2003)의 연구, 미국 몬타나주의 혁신형 관광클러스터를 제시한 '지역기술전략 컨설팅社'의 몬타나주 관광클러스터(Regional Technology Strategies, Inc., 2003), 지역관광클러스터의 경쟁력 확보를 위한 개념적 모델을 제시한 Ferreira와 Estevão(2009)의 연구 등에 영향을 주었다. 이와 같이 관광산업분야에 적용된 클러스터 체계의 주요 특징을 살펴보면 다음과 같다.

첫째, 많은 지역의 관광클러스터 체계가 마이클 포터의 클러스터 이론을 활용하여 지역특성에 맞게 재구성하고 있다. 자유시장 경제가 정착된 일부 선진국의 경우에는 공공부문의 클러스터 참여가 최소화되고 있는 반면, 대부분의 국가에서는 공공부문이 관광클러스터의 핵심적 요소로 역할을 수행하고 있다. 둘째, 관광클러스터의 주도적 운영주체에 있어서 국가 간에 차이점이 발견되고 있다. 일부 국가 및 지역에서는 관광클러스터가 정부(또는 위임된 기관)에 의해 주도적으로 추진되고 있는 반면, 반대로 포터의 영향을 받는 관광클러스터 모형에서는 관광산업 내 기업체(호텔, 여행사, 항공사 등)들이 클러스터를 이끌어 가도록 하고 있다.

셋째, 관광클러스터의 핵심요소로 대부분의 지역에서 관광자원과 매력물을 중요시하고 있다. 일반적으로 기업들이 집적된 도시를 대상으로 클러스터를 논의하는 것이 보편화되어 있으나, 관광클러스터의 경우에는 관광자원과 시설이 풍부한 지역을 배경으로 형성되고 있음을 볼 수 있다. 넷째, 관광클러스터는 다른 유형과는 달리 고도의 산업기술을 요구하지 않는다는 점에서 공급자 중심적이기보다는 변화하는 시장수요에 대응하는 형태로 조성되어 있다. 그 결과 시장수요의 변화에 대한 지속적인 연구개발(R&D)이 관광클러스터의 성공요인으로 작용할 수 있으며, 따라서 대학과 전문연구기관의 참여가 필수적이다.

다섯째, 관광클러스터가 성공적으로 추진되기 위해서는 배후에서 지원할 수 있는 시스템이 적절히 확보되어야 한다. 즉 관광인력양성, 금융지원, 관광홍보 · 마케팅, 이벤트 개최, 정보서비스 등과 같은 지원서비스가 활발히 제공되어야 한다. 따라서 관광클러스터의 경우 다분히 산 · 학 · 민 · 관 협력형 클러스터로 육성되어야 한다.

3. 포터 이론에 입각한 관광클러스터 사례와 시사점

1) 해외 사례

(1) 태국 푸켓 관광클러스터

태국 푸켓(Phuket)은 연간 330만 명의 관광객이 방문하는 관광지이며, 방콕에 이어 두 번째로 많은 관광수입을 벌어들이고 있는 지역이다. 푸켓은 태국방문객의 25%가 방문하고 있으며, 1인당 GDP가 태국 전체 평균의 2.5배에 달한다. 푸켓의 호텔과 레스토랑은 지역 내 GDP의 37%를 점유하고 있으며, 전체 노동력의 29%가 고용되어 있다. 이에 따라 관광산업의 지속적인 성장을 위하여 관광클러스터 사업이 추진되고 있다.

푸켓 관광클러스터의 특징은 지역 내 관광관련 사업자를 더욱 참여시켜 관광산업을 통하여 부의 확대를 도모한다는 것이다. 이러한 일련의 경쟁우위를 바탕으로 푸켓은 지속가능한 경쟁력을 확보하기 위하여 해변자원과 관광숙박시설 등 핵심요소의 경쟁우위를 확보하며, 접근성 개선과 내부 교통망 확충을 통하여 관광을 통한 가치창조(소비증대, 계절성 극복, 시장세분화)를 모색하고 있다.

푸켓 관광클러스터의 구성은 정부기관(중앙 및 지방정부), 관련 생산자(기념품, 가구 등), 관련 서비스(교통, 조경, 미디어 등), 관광사업체(호텔, 여행사, 항공사 등), 그리고 특별 훈련기관, 클러스터 조직으로 짜여져 있다.

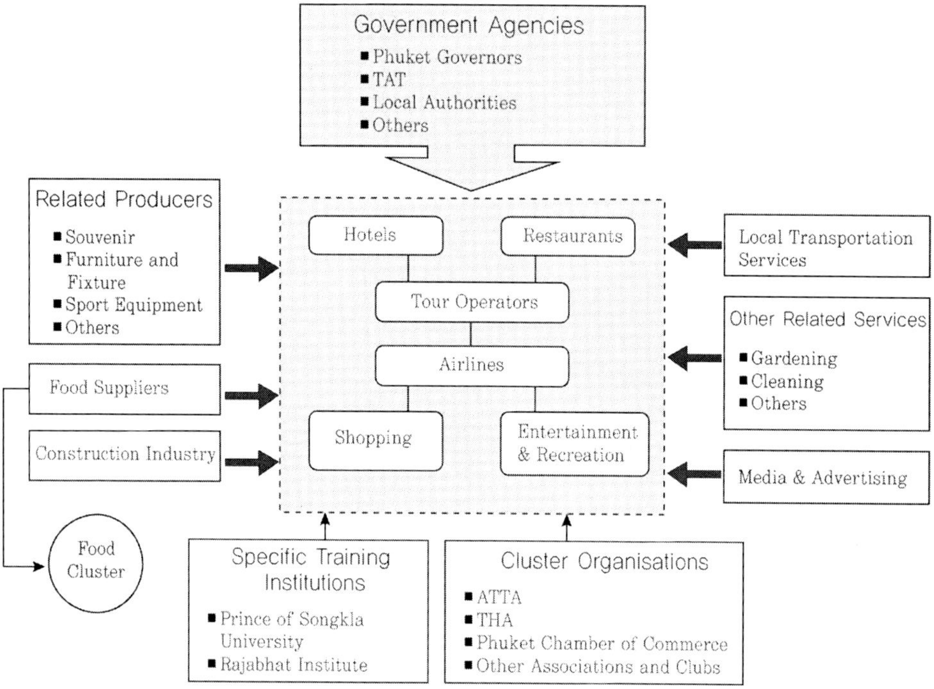

출처: Institute for Management Education for Thailand Foundation(2002), Study Highlights: Competitiveness of Phuket Tourism.

[그림 12-2] 태국 푸켓의 관광클러스터

(2) 캘리포니아 나파밸리 와인클러스터

농산업 클러스터이면서 관광과 연관성이 높은 대표적인 사례로서 미국 캘리포니아주에 있는 나파밸리(Napa Valley) 와인클러스터를 들 수 있다. 나파밸리는 포도농사 중심의 지역농업을 바탕으로 하여 농산물 가공 산업인 와인산업단지와 샌프란시스코 근교라는 점을 이용하여 농촌관광단지를 조성한 성공사례로 평가된다(Porter, 1999).

나파밸리가 와인클러스터로 성공하게 된 배경은 다음과 같다(김정호 · 박문호 · 김태연, 2004; 민경택 · 김정호 · 석현덕, 2005). 첫째, 미국을 대표하는 와인생산지이며, 가공업체와 농촌 테마관광산업이 연계한 농산업 클러스터로 육성되고 있다. 둘째, 타 제조업이나 IT 등에 비해 산업화가 크게 떨어지나 주정부 기관의 행정지원, 연구 및 교육의 지원을 받는 점이 강점이다. 셋째, 와인제조의 전통과 숙련기술을 보유하고 고품질 와인생산을 추구하는 뛰어난 전문공급자들(SS)이 경쟁력을 이끌어가고 있다. 넷째, 주정부기관(와인생산 및 경영위원회 별도운영)의 지원 아래 구성주체 간 역할분담이 확실하며 관광산업과 연계가 성공적으로 추진되었다. 다섯째, 연구기관을 통한 묘목, 재배방법, 수확기계 개발보급 및 관개기술 등 포도재배 농가에 필요한 생산현장 애로기술 개발이 중요한 역할을 하고 있다.

캘리포니아는 미국에서 와인을 가장 많이 생산하는 지역으로 미국 전체 생산량의 85%를 차지하고 있으며, 나파밸리는 그중에서도 가장 유명한 포도 재배 지역이다. 나파밸리 와인클러스터는 주정부기관의 와인생산 · 경영위원회와 교육 · 연구 · 거래관련 조직이 포도재배 농가 및 가공설비를 지원하며, 이와 연관된 캘리포니아 농업클러스터, 관광클러스터, 식음료 클러스터가 측면에서 지원하고 있다.

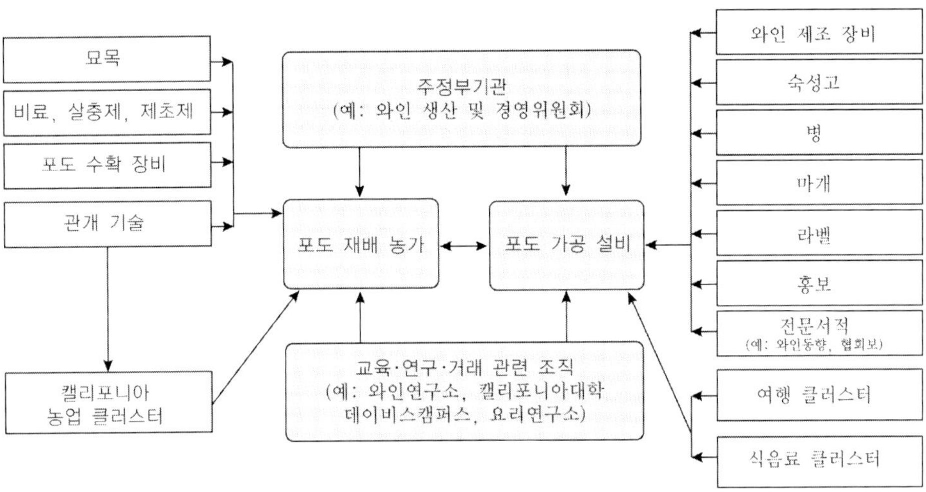

출처: 마이클 포터(1998), 마이클 포터의 경쟁론, On Competition(김경묵 · 김연성 옮김). 세종연구소.

[그림 12-3] 미국 나파밸리 와인클러스터

2) 국내 사례

(1) 보성 녹차클러스터

보성 녹차클러스터는 생산 · 유통 주도형 클러스터로서 보성차 생산자연합회를 중심으로 생산 및 가공사업이 이루어지고 있으며, 대규모 사업체는 유통까지 관여하고 있다. 보성 녹차클러스터의 체계는 비전제시자(VP)가 지자체인 보성군청, 시스템통합자(SO)로서 보성 차생산자 연합회, 전문공급자(SS)는 보성차 시험장, 전남대, 순천대가 담당하고 있다. 또한 농자재 업체나 디자인, 제약회사 등의 후방산업체와도 협력체계가 구축되어 있다.

보성 녹차클러스터는 그동안 3단계에 걸쳐 진화해 오고 있다(김정호 · 박문호 · 김태연, 2004). 첫째, 기반조성 시기(2000년 이전)는 녹차자생지로 성장하고 생산기반을 조성하는 데 주력하였다. 둘째, 단순집적지 시기(2001~2005년)는 차 문화가 보급되고 보성의 브랜드로 각광을 받으면서 관광자원과의 시너지 효과를 발휘하였다. 셋째, 혁신클러스터 시기(2006년~현재)는 산학연관 컨소시엄을 구축하고 국내외 네트워크를 구축하고 있으며, 기업유치로 투자가 활성화되고 문화관광과 연계되어 발전하면서 점차 세계화를 추구하고 있다.

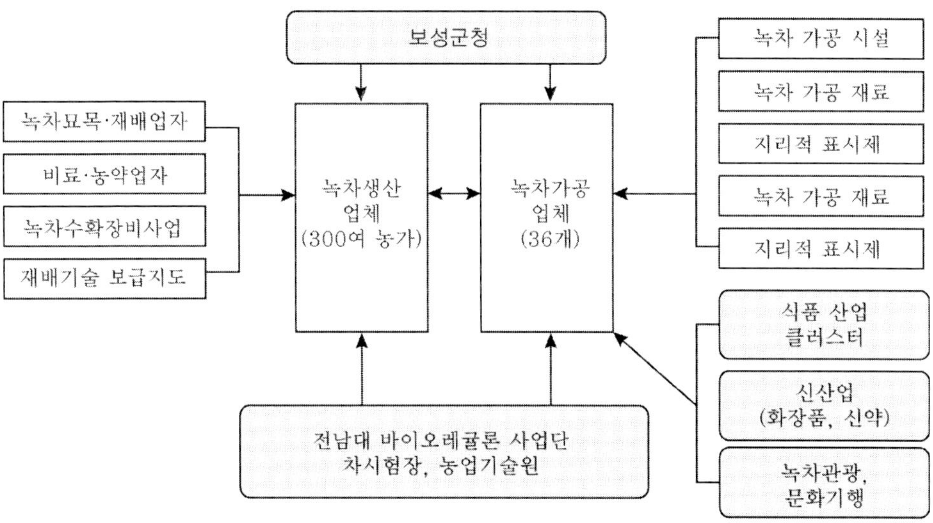

출처: 민경택 · 김정호 · 석현덕(2005), 산림 · 산촌클러스터 추진을 위한 기초연구, 한국농촌경제연구원.

[그림 12-4] 보성 녹차클러스터 체계

(2) 고창 복분자 클러스터

고창군은 '복분자 산업특구'의 지정으로 전국적인 지역브랜드 이미지가 제고되고 있어 복분자산업 클러스터를 구축하기 위한 종합적인 발전계획을 추진하고 있다(고창군, 2007). 고창군의 자생 성장동력을 확보하기 위하여 지역혁신체계의 구축을 통한 지역의 산업클러스터를 활성화하고자 고품질 복분자 육종 및 재배기술 개발, 생산기술 향상, 복분자주의 명품화 및 가공제품의 다양화, 지역브랜드 및 지리적 표시제의 확립, 전후방 연관산업의 육성, 지역혁신체계의 형성 및 네트워크의 구축을 핵심 사업으로 선택하였다.

이러한 복분자클러스터의 육성과 관련하여 산 · 학 · 관 · 민 등 부문별 역할을 다음과 같이 설정하고 있다. 첫째, 산(産) 부문은 생산시설 확충 및 안정적 공급기반 구축, 고품질 제품생산, 생산 및 가공시설 구축운영, 공동브랜드 마케팅 등 협력사업 추진, 복분자산업의 경쟁력 향상 사업 추진, 소비자 수요변화 파악 및 시장개척, 홍보 및 수출시장 개척 등을 담당하고 있다.

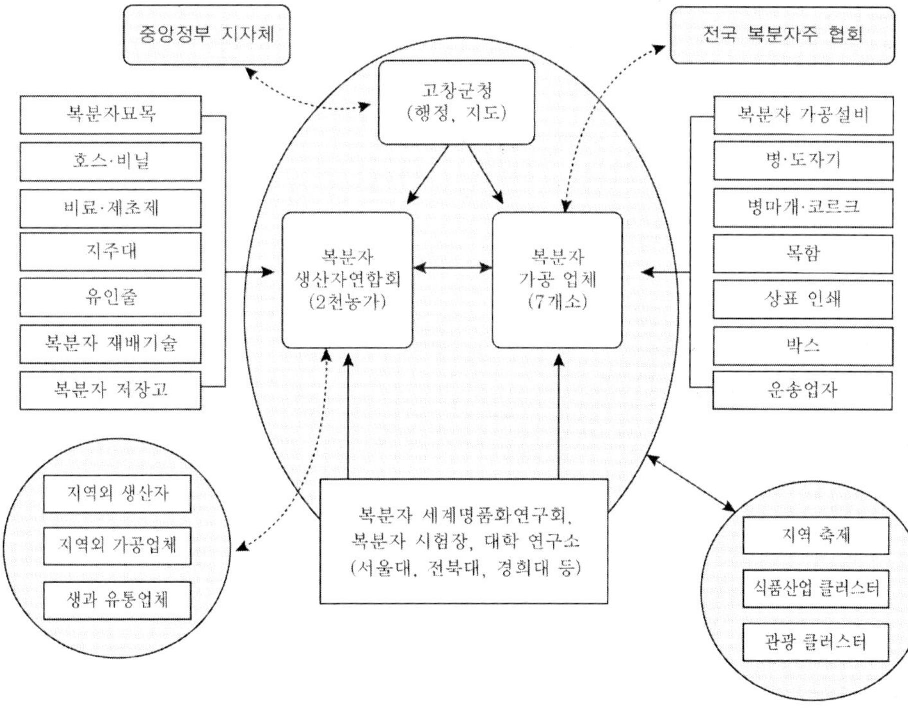

출처: 김정호 · 박문호 · 김태연(2004), 지역농업클러스터의 형성과 발전방향, 한국농촌경제연구원.

[그림 12-5] 고창 복분자클러스터 체계

둘째, 학(學) 부문은 현장애로 기술 및 친환경 기술개발, 산업화(상품화), 기술개발 및 기술이전, 경영진단, 시장분석전문 컨설팅을 담당한다. 셋째, 관(官) 부문은 클러스터 사업단 참여 및 행정지원, 신규 사업 발굴 및 사업체 창업 지원, 지역네트워크 활성화 지원, 사업홍보 및 장려, 정책수립, 예산 및 사업시행체계 마련, 사업진행과정 협의·조정, 문화관광자원과 연계추진 등을 담당한다. 넷째, 민(民) 부문은 고품질 친환경 복분자 제품생산, 생산시설 확충 및 안정적 공급기반 구축, 복분자 품질관리기구 참여 등을 담당한다.

4. 지역 관광클러스터 육성방향 및 지원책

1) 관광클러스터 육성의 기본방향

최근 산업활력의 약화와 인구 감소, 노령화 추세 등의 요인으로 각 지역의 경쟁력이 약화되고 있어 사회경제적 변화에 대응한 중·장기적인 지역경제활성화 전략이 필요하다. 특히 풍부하고 다양한 관광자원 및 자연·문화유산을 보유하고 있는 지역들의 경우 관광산업을 획기적으로 육성할 수 있는 모멘텀을 확보하는 것이 중요하다. 특히 향후 관광산업의 성패는 연관산업의 집적화, 복·융합 활성화, 허브앤스포크(hub & spoke)형 네트워크 구축, 민관협력형 파트너십은 물론 관광산업의 고도화를 위한 관광클러스터 전략에 달려 있음을 제시한 바 있다(한국관광공사, 2008).

이에 클러스터의 이론을 충실히 적용하고 국내외 사례조사 결과를 감안하며, 지역 관광클러스터의 육성방향을 제시하고자 한다. 첫째는 지식창출형 관광클러스터의 육성이다. 기술변화는 본질적으로 지식중심적인 과정이다. 기업들 내에 축적된 지식의 스톡(stock)과 기업 외부로부터 흡수하고 외부와 교류하고, 내부에 유통하는 지식의 플로우(flow)가 관광클러스터 내의 기업들이 생산하는 재화의 종류 및 생산방법의 변화를 결정한다. 이러한 지식의 스톡과 흐름을 '지식시스템(knowledge system)'이라고 한다. 기술변화의 속도, 지속성의 정도 등은 이러한 지식시스템의 구조와 기능에 달려 있다. Bell and Albu(1999)는 향후 클러스터의 초점이 '생산시스템으로부터 지식시스템'으로 옮겨져야 한다고 주장한 바 있다.

둘째는 시장지향형 관광클러스터의 육성이다. Humphrey and Schmitz(1998)는 후발국이 클러스터정책을 수행함에 있어서 소비자지향적(customer-oriented) 접근, 집단적(collective) 접근, 누적적(cumulative) 접근의 3C정책을 준수할 것을 제시한다. 즉 관광기업들이 소비자의 요구를 파악할 뿐만 아니라 소비자로부터 배우도록 도와주어 그들의 핵심문제를 해결하고 경쟁력을 향상시킬 수 있도록 하고, 그룹단위의 기업에 대한 지원을 통하여 협동과 상호학습을 촉진하도록 하며, 기업들의 생산역량을 지속적으로 향상시켜 종국적으로는 공적 지원이 없이도 자립할 수 있도록 하여야 한다는 것이다.

셋째는 경쟁우위형 관광클러스터의 육성이다. 지역이 경쟁력을 가지기 위해서는 클러스터가 지역혁신의 도구가 되어야 한다는 점과 더불어 어떻게 클러스터를 발전시킬 것인가에 대한 논의 역시 진행되어 왔다. 클러스터 이론이 경제적 합리성에 토대를 두고 있기 때문에 그 발전 모형도 역시 경제적 관점에 바탕을 두고 있는데, 즉 클러스터의 발전에 있어 시장구조나 경영전략과 같은 경쟁적 유인정책(incentives)이 주목받고 있다(이영주, 2004). 이는 지역의 경제성장이 과거와 같이 주어지는 것이 아니라 개발되고 창조될 수 있다는 점을 강조하는 것이다.

넷째는 연계형 클러스터의 창조이다. 연계 클러스터는 포터의 클러스터를 발전시킨 형태로서 클러스터 간 '경쟁'의 개념보다는 '협력'의 개념, 그리고 '독립'된 자체 클러스터보다는 '연계(linking)'의 개념을 중시한다.

Porter가 강조한 클러스터의 역할은 그 입지 자체의 독립성을 지니고 있으며, 다른 유사 클러스터와는 상호 경쟁의 관점을 갖고 있다. 반면, '연계 클러스터(linking cluster)'는 입지상호 간 지역적 · 국제적 연결을 추구하며, 협력을 추구하는 개념으로서, 전 세계의 글로벌화에 부응하여 지역적으로 연계된 클러스터를 매개로 상호교류를 통해 참여자 모두의 국제경쟁력을 강화시킬 수 있다(문휘창 · 정진섭, 2008).

이러한 연계는 동종산업뿐 아니라 이종산업도 광범위하게 포함한다. 또한, 독립 클러스터에서는 주로 규모의 경제와 일부 현지 지역을 중심으로 한 범위의 경제가 발생하지만, 새로운 연계 클러스터에서는 자체 클러스터에서의 규모의 경제뿐 아니라 관련지역을 넘어 범위의 경제도 중시한다. 특히 연계 클러스터에서는 지역적 또는 국제적 연계를 훨씬 광범위하게 활용하고 있다. 또한 연계 클러스터는 이종산업 간 융복합이 가능하다는 점에서 관광클러스터에 적합한 모형이다.

〈표 12-1〉 독립 및 연계 클러스터 개념 비교

구분	Porter의 독립 클러스터	연계 클러스터
주요 관점	독립, 경쟁	연계, 협력
산업	동종산업	동종산업+이종산업
주요 경제효과	규모의 경제	규모의 경제+범위의 경제
시너지 창출	지리적 집중에 의한 시너지창출	지리적 집중과 지역적 연계

출처: 문휘창 · 정진섭(2008), 클러스터 진화의 단계적 고찰과 새로운 글로벌 연계 클러스터의 생성. 한국경영사학회, 경영사학, 23(1).

2) 관광클러스터의 선정 및 특화전략

오랜 기간에 걸쳐 자연적으로 클러스터가 형성되어 온 선진국과는 달리 개발도상국의 경우에는 인위적인 클러스터의 형성을 통하여 산업구조를 개편할 수 있다. 이러한 인위적 클러스터의 육성은 국내 지역에서도 활발히 추진되고 있다. 예를 들어 강원도나 제주도의 경우에는 관광산업이 가장 중요한 지역 클러스터 정책의 대상이 되고 있다. 나머지 지역의 경우에도 중장기적으로 관광산업의 전망이 높고 그에 대한 기대치가 높을수록 현재의 관광산업정책과는 달리 혁신형 관광클러스터를 적극 육성하는 것이 불가피하다.

지역적 수준에서의 산업클러스터는 거시적으로 볼 때 기존 지역 내 주력산업이 침체되어 있거나 부재되어 있는 경우 지역산업의 활성화 차원에서 제시될 수 있는 새로운 패러다임이며, 지역혁신 시스템에 기반을 둔 지역산업 혁신과 신산업 창출의 전략적 대안이 될 수 있다(산업자원부, 2002). 관광산업의 비중이 높은 지역이나 새로이 유망한 지역도 관광클러스터의 육성을 통하여 신성장동력을 창출할 수 있다. 미시적으로 보면 클러스터의 형성으로 인해 지역 내 관광기업들은 관광관련 자원과 시설의 공동이용, 마케팅상의 전략적 제휴, 정보획득의 기회, 혁신적인 교육기회 제공 등과 같은 집적경제의 효과를 얻을 수 있다(이영주, 2004).

문제는 각 지역별 유망 관광클러스터의 선정 및 특화전략이다. 예를 들어 지역특성에 따른 농촌관광 클러스터, 리조트산업 클러스터, 생태관광 클러스터, 문화관광 클러스터, 음식관광 클러스터 등이 그것이다. 따라서 관광클러스터의 선정 시 각 지역의 특성과 관광산업 여건을 감안하여 관광기업의 집적이 어느 정도 이루어졌거나 혁신주체의 형성이 이루어진 지역을 대상으로 단계적으로 추진하는 것이 필요하다.

각 지역의 경우 어떠한 유형 및 콘텐츠로 관광클러스터를 조성할 것인가에 대해서는 지역의 보유관광 자원과 변화하는 시장수요에 대한 면밀한 분석과 정부차원에서 향후 추진될 각종 계획과 구상, 나아가 선진국 등에서 새롭게 부상하고 있는 관광트렌드 등을 종합적으로 검토하는 것이 선행되어야 하며, 나아가 내부의 추진역량과 재원확보 방안에 대해서도 냉정한 분석 · 평가를 거쳐야 할 것이다.

3) 관광클러스터 육성 지원책

(1) '지역관광산업진흥원' 설립

정부차원에서도 관광클러스터에 대한 논의는 문화산업 등에 비해 비교적 최근에 이루어지고 있다. 그동안 정부 내에서 지역관광혁신 체계 구축 차원에서 조직개발에 대한 논의가 있었다. 그 필요성은 첫째, 대내외 관광환경 변화에 대한 혁신적인 수용체계 마련과 대응전략이 시급하다는 점, 둘째, 지역의 관광혁신가치의 창출은 국가차원의 관광경쟁력 제고와 연결되어 있다는 점, 셋째, 지역 관광산업의 지속적 발전을 위한 환경구축 차원에서 필요하다는 점, 넷째, 지역중심의 자립형 관광발전체계 마련 차원 등이었다(심원섭, 2004). 그리고 이러한 과업의 핵심주체로 '지역관광혁신센터'를 설립할 것을 검토한 바 있다. 그러나 재원확보 등 여러 가지 측면에서 준비가 미흡하여 무산되었다.

그럼에도 현재의 지역 관광진흥체제로는 지역 관광산업의 육성을 담보할 수 없다는 점에서 자체적으로 관광클러스터를 강력히 추진할 핵심선도기관(anchor tenant)으로 (가칭)'지역관광산업진흥원'를 설립할 필요가 있다. 이와 관련 대구시와 경상북도는 한방클러스터 조성을 추진할 선도기관으로 2009년 3월 재단법인 형태의 '대구경북 한방산업진흥원'을 설립한 바 있다.

(2) 스타 선도기업의 유치 · 지원

관광클러스터가 조기에 성공하기 위해서는 스타 선도기업의 발굴 및 육성이 필요하다. 성공적인 클러스터 지역은 핵심적인 선도기업에 의해 전문화 과정을 거치게 된다(심원섭, 2004). 관광클러스터가 성장하기 위한 조건은 핵심기업, 지원 비즈니스, 소프트 인프라, 하드 인프라 등 4가지 범주로 구분해 원(core)으로 그릴 수 있으며, 핵심기업을 중심으로 회전(pivot)하는 형태가 되어야 한다. 핵심기업은 노동력이나 기업가를 클러스터로 유인하는 비즈니스를 말하며, 클러스터의 경계 내에서 수익을 창출하기보다는 경계 외에 있는 고객에 의해 수익의 대부분을 획득한다. 지원 비즈니스는 클러스터의 핵심기업을 직 · 간접적으로 지원하는 비즈니스이다. 소프트지원 인프라는 지역의 학교, 관광협회, 공공기관, 그리고 그들의 활동을 지원하는 다른 지원구조를 말하며 클러스터의 성과를 높이는 요인으로 작용한다. 하드지원 인프라는 도로, 공항, 항구, 커뮤니케이션의 연결 등이 해당된다(박종진, 2007). 따라서 관광클러스터가 성공하기 위해서는 핵심기업의 유치 노력을 적극 전개하며, 이 핵심기업이 충분한 성과를 낼 수 있도록 지원 비즈니스, 소프트 · 하드 인프라를 제공할 필요가 있다(Cluster Navigators Ltd., 2001).

(3) 융복합형 · 연계형 관광클러스터 구축

지역 관광클러스터 사업을 추진하는 데 있어서 중요한 관점은 기존과 같은 관광자원 및 시설개발 형태에서 벗어나 관광산업과 기존 지역산업의 융복합 육성계획이 반드시 포함되어야 한다는 것이다. 이는 최근 국민들의 관광니즈가 다양화되고, 이러한 관광을 둘러싼 시장여건의 변화에 따라 지역사회의 다양한 자연요소, 지연산업을 활용한 새로운 형태의 관광개발 패러다임이 요구되고 있기 때문이다. 또한 노령화, 이농현상 등 지역경제 여건이 악화됨에 따라 관광산업이 주민의 소득증대 및 지역산업의 발전에 기여해야 할 책무를 지니고 있기 때문이다.

그동안 농촌관광, 생태관광, 어촌관광, 해양관광, 산촌관광 등 1차 산업과의 융복합에 초점을 둔 관광클러스터 사업이 추진되었다면, 향후에는 의료관광, MICE산업, 공연관광, 스포츠관광, 음식관광, 영상관광 등 3차 산업과의 제휴를 적극적으로 모색하여 관광산업의 고도화를 촉진시키는 계기로 삼아야 할 것이다. 또한 관광클러스터 사업을 특정지역에 한정해서는 안 되며, 지역에 산재해 있는 클러스터 소재를 상호 연계시켜 네트워크를 구축하는 데에도 초점을 두어야 한다. 이를 통하여 관광클러스터는 선진화된 융복합형 · 연계형 클러스터로 거듭나야 한다.

4) 지역 관광클러스터 모형(종합)

이상에서 논의된 마이클 포터의 클러스터 이론과 적용된 국내외 사례를 종합적으로 검토하고, 지역 관광산업의 현황과 클러스터 추진여건을 전반적으로 검토할 때, 지역 관광클러스터의 개념적 모형을 다음과 같이 제시할 수 있다. '지역 관광클러스터'의 참여자(participants)로 생산자 · 유통자, 진흥자, 지원자, 촉진자, 그리고 인프라 등 5가지를 선정하였다.

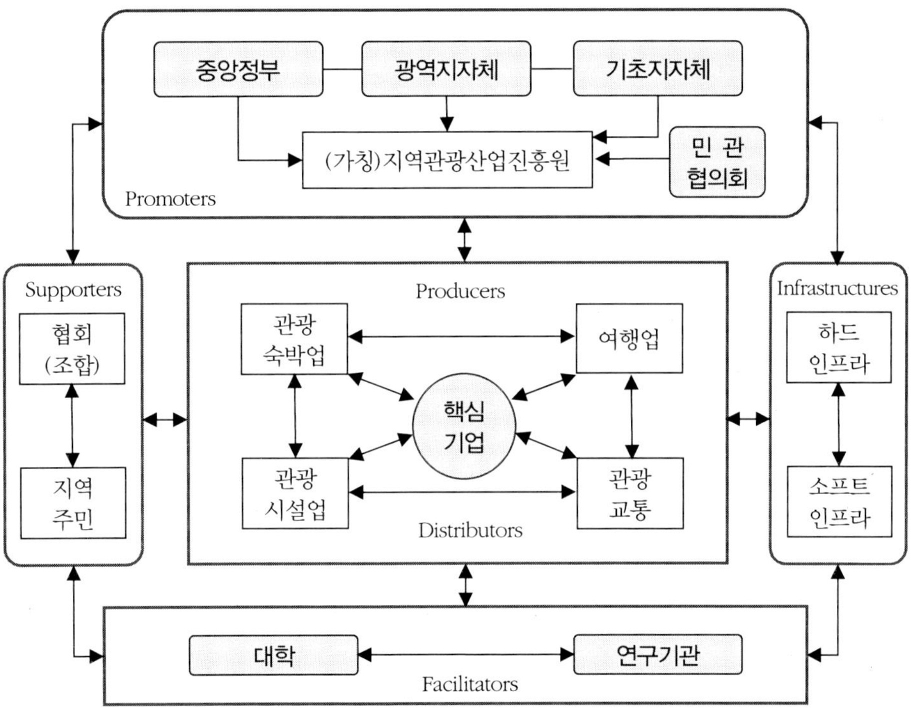

자료: 장병권(2009), 마이클 포터의 관광클러스터 이론에 입각한 지역 관광클러스터의 모형 탐색, 한국관광학회, 관광학연구.

[그림 12-6] 지역 관광클러스터의 개념적 모델

이들 참여자는 모든 종류의 관광클러스터를 작동하는 데 있어서 핵심적인 역할을 담당하게 된다. 그리고 관광클러스터의 생산자 · 유통자는 핵심기업(core company)을 중심으로 관광숙박업, 관광교통업, 관광시설업, 여행업이 상호 협력을 통하여 관광상품과 서비스를 개발 · 유통 · 제공하는 역할을 수행한다. 관광클러스터의 진흥자는 광역지자체가 주도적으로 참여하고 중앙정부의 지원과 시 · 군의 협조하에 핵심 선도기관으로 (가칭)'지역관광산업진흥원'을 설립할 경우 클러스터에 대한 비전제시 및 행 · 재정적 지원을 담당한다. 지원자들은 관광협회 및 지역주민, 자원봉사단체(관광해설사) 등이 해당된다.

5. 맺음말

최근 지역 관광산업은 양적 성장이 나타나고 있음에도 불구하고 산업의 질적 고도화 측면에서는 여전히 미흡한 상태이다. 이에 따라 지역관광의 새로운 성장 모멘텀을 구축하고 지속가능한 성장을 도모할 수 있는 새로운 관광발전 모델을 창출하는 것이 시급하다.

본래 클러스터는 '자연발생적인 기업군집 현상'을 의미한다. 따라서 관광클러스터의 개념 속에는 지리적 인접성, 집적성, 상호 관련성, 시너지, 역동성 등이 중요한 가치로 자리잡고 있다. 그동안 제시된 클러스터의 일반적 개념과 유사사례를 종합할 경우, 관광클러스터를 '일정 권역의 관광자원 및 시설을 중심으로 관광산업으로 분류되는 각종 기업들과 다양한 관련기관들이 네트워크를 형성하여 지역관광사업의 혁신 및 활력증진 효과를 도모해 가는 집합체'로 제시하고자 한다.

관광클러스터의 체계에 대해서는 국내에서는 연구된 실적이 빈약한 실정이다. 이에 해외사례의 검토에서 얻을 수 있는 교훈은 해당 지자체들이 적극적으로 관광클러스터를 육성하고 있으며, 관광에 직접 관련된 사업체뿐만 아니라 지역사회 구성원들에게도 관광경제 효과를 파급시키고 있다는 것이다. 그리고 비전제시자, 시스템통합자, 전문공급자 간 적절한 역할분담과 함께 양호한 협력체계를 구축하고 있고, 산 · 학 · 관 · 민 협력을 통해 브랜드화 · 고급화를 도모한다는 것이다.

향후 지역 관광클러스터의 육성방안은 다음과 같다. 첫째, 차별적 · 단계적 접근이다. 관광클러스터는 지역별로 다양성을 보유하고 내부 역량과 추진력이 다르기 때문에 차별적인 사업을 발굴할 필요가 있다. 둘째, 정부 관광정책에 대한 선제적 접근이다. 국내외 관광동향을 적극 검토하여 중 · 장기적인 관점에서 대응하며, 정부정책의 추진방향과 전망에 대한 종합적인 검토를 통하여 선제적 대응능력을 확보할 필요가 있다. 셋째, 핵심선도기관의 설립이다. 지역 관광산업 육성을 위해서는 현재의 진흥체제로는 추진력을 담보할 수 없다는 점에서 자체적으로 관광클러스터를 강력히 추진할 핵심선도기관, 즉 (가칭)'지역관광산업진흥원'을 설립하고, 관광관련 협회, 연구기관, 대학, 지역주민의 참여를 통하여 거버넌스를 확보할 필요가 있다.

넷째, 스타 선도기업의 발굴 · 유치이다. 관광클러스터가 조기에 성공하기 위해서는 관광클러스터 내 스타 선도기업의 발굴 및 육성이 필요하다. 다섯째, 융복합형 클러스터의 육성이다. 기존과 같은 관광자원 및 시설개발 형태에서 벗어나 관광산업과 기존 지역산업의 융복합 발전계획이 반드시 포함되어야 한다는 것이다. 끝으로 연계형 클러스터의 조성이다. 지역별로 고유한 자원기반과 선도기업을 보유하고 있는 경우 독립형 클러스터가 적합하지만, 핵심 관광자원이 지역 내에 산재하여 네트워크를 통해 이용활성화를 도모하기 위해서는 연계형 클러스터 조성에 더 많은 정책적 노력을 기울여야 한다.

제13장
한국형 복합리조트 조성방안

1. 머리말

2010년대로 들어와 급증한 외래관광객을 자세히 관찰해 보면, 향후 우리나라 관광정책을 수립하는 데 시사점을 줄 수 있다. 2011년의 경우 외래관광객의 성별 분포를 보면, 남성(48.4%)보다 여성(51.6%)의 비중이 더 많아졌으며, 대륙별로는 아시아시장의 비중이 79.3%로 더 심화되고 있으며, 국적별로는 일본과 중화권(중국, 대만, 홍콩)의 비중이 63.6%를 점유하고 있으며, 방한기간 중 활동은 쇼핑(69.9%), 식도락관광(46.1%), 관광지 방문(38.5%), 업무수행(22.8%), 유흥오락(11.5%)의 순으로 나타나 전통적인 관광행태(즉, 관광지 방문 위주)에서 벗어나 있으며, 외래객 입국창구는 인천공항이 65.6%를 차지하고 있다(문화체육관광부, 2012).

외래 방문객의 한국 방문기간 중 주요 활동에 대한 경험률을 살펴보면, 한국에서 쇼핑(60.0%), 관광지 방문(52.9%), 식도락 관광(38.5) 등의 활동들을 주로 하고 있으며, MICE 관련 활동 8.4%, 카지노 시설 이용은 3.8%, 휴양/휴식과 유흥/오락 활동은 16.0%, 전통 문화 체험과 공연 및 민속 행사 참여는 11.3%, 미용관광과 온천/스파, 그리고 치료 등 의료관광 관련 활동은 12.3%가 경험하고 있어(문화체육관광부, 2011), 이들 유사체험 시설을 복합화하여 관광트렌드의 변화에 적극 대응할 필요가 있다.

이러한 특징들은 점진적인 변화일 수 있으나 향후 뚜렷한 트렌드로 나타날 수 있다는 점에서 외래관광 수요특성에 대응할 수 있는 관광전략을 수립할 필요가 있다. 특히 주목해야 할 것은 인접국 관광객의 비중 증가와 인천공항 중심의 입국패턴, 쇼핑·식도락·명소·오락을 중심으로 한 관광행태의 다양성이다. 한국관광의 발전을 위해 수도권의 외래관광객 집중은 당연히 배격되어야 하지만, 외래관광객들의 입장에서는 편리하고 다양하며 수용태세가 잘 갖춰진 수도권을 선호하고 있는 것이 걸림돌이 되고 있다.

〈표 13-1〉 외래 방문객의 방문기간 중 주요 활동

(단위: 천 명, %)

구분	전체 외래 방문객	일본 국적 방문객	중국 국적 방문객	대만 국적 방문객
2010년 외래 방문객 수	8,798	3,023	1,875	406
2010년 카지노 방문자 수	1,946	799	585	92
쇼핑	60.0	69.9	72.9	69.9
관광지 방문	52.9	50.1	57.9	73.2
식도락 관광	38.5	66.5	30.8	34.6
업무수행	21.3	16.7	11.5	6.5
미팅/회의/학술대회 참가	8.4	6.2	6.5	-
휴양/휴식	8.0	4.4	11.4	9.2
유흥/오락	8.0	4.4	5.2	-
테마파크	7.9	-	12.4	29.2
미용관광	7.9	17.0	-	-
연수/교육/연구	6.8	-	9.6	-
전통문화체험	5.9	-	8.7	12.6
공연, 민속행사, 축제 관람	5.4	5.6	-	7.6
스포츠 및 레포츠 활동	4.9	-	-	11.4
산업시설 시찰	4.0	-	-	4.4
온천, 스파	3.8	-	-	4.4
카지노	3.8	4.7	7.1	-
치료(안과, 치과, 성형수술)	0.6	-	-	-

자료: 문화체육관광부(2011), 2010 외래관광객 실태조사 보고서.

이러한 관광시장 동향을 파악하고 수익성을 저울질하던 일부 외국 자본가들은 수도권에 대규모 조건부 투자를 하겠다는 의사를 표명하고, 정부와 일부 지자체들이 대규모 투자유치 차원에서 '복합리조트(IR: integrated resort)'라는 신개념 관광개발 프로젝트를 추진하기에 이르렀다. 복합리조트화 현상은 이 시대의 분명한 트렌드이지만, 이러한 복합리조트를 조성하려는 움직임이 당초 관광부문의 '필요'에 의해서라기보다는 외부요인에 의해 '촉발'되고 있다는 점에서 관광정책당국의 슬기로운 대처가 필요한 시점이다.

2. 카지노형 복합리조트 왜 주목받는가?

바야흐로 '리조트' 전성시대로 접어들고 있다. 우리나라의 경우 2000년 이전까지는 6개에 불과하였던 리조트가 2000년대에 급속히 증가하여 2012년 현재 전국에 46개로 증가하였기 때문이다(유광민, 2012). 리조트는 "휴가 또는 그 이외의 다양한 목적으로 즐거움을 가지고 이를 이용하는 개인, 가족, 그룹 등을 위한 시설, 서비스, 그리고 다양한 레크리에이션 활동이 준비된 지역"을 말한다(류광훈, 2012).

이를 반영하듯 최근 리조트들은 기존의 숙박과 편의시설 중심에서 테마파크, 문화예술공연장, 명상원, 병원 등 연관시설 기반 서비스사업의 경계를 넘나들며 확대되는 추세이다(김국태, 2011). 또한 원스톱(one-stop) 레저서비스, 몰링(malling) 문화, 올인원(all-in-one) 레저패턴 등의 용어처럼 리조트가 다수의 서비스를 전달하는 복합리조트로 진화되고 있다.

그동안 국내 리조트의 발전과정을 보면, 과거 전통적인 리조트들이 휴식과 보양 등 휴양이라는 서비스를 제공하는 데 주력하였다면 최근에는 그 기능이 다양화되고 있는 것이 특징이다. 이는 카지노, 골프장, 스키장으로 출발한 강원랜드가 테마형 워터파크, 탄광문화관광촌 등을 건립하여 가족형 복합리조트인 하이원 리조트로 전환되고 있는 데서도 엿볼 수 있다. 그러나 문제는 대부분의 국내 리조트들이 내국인들의 관광수요를 충족시키는 데 초점을 두고 있으며 외래관광객을 끌어들일 만한 매력이 부족하다는 것이다.

강원랜드는 내장 방문객 1천만 명 시대를 대비하여 '아시아 최고의 사계절 가족 종합리조트 완성'이라는 비전을 수립하고 자생력 확보, 지역상생, 경영내실화 및 사회적 책임의 4대 전략을 선정하였으며, 자생력을 확보하기 위해 차별화된 명품 리조트로의 변모, 카지노 산업의 경쟁력 강화, 미래 성장동력 확보를 추진하고 있다. 차별화된 명품 리조트로 탈바꿈하기 위해 워터파크와 지역연계 관광시설(탄광관광문화촌, 하늘길 조성 등) 등 사계절 가족형 콘텐츠를 확충하면서 독창적이고 차별화된 시설과 서비스로 아시아 최고의 복합리조트 조성을 추진하고 있다. 또한 장기적 안목에서 지역과의 상생 프로그램을 준비해 실행할 계획이 있는데, 강원랜드와 지역사회가 2025년 이후 자생력을 갖출 수 있도록 적극적인 방안을 찾아나갈 계획을 갖고 있다. 카지노 산업부분에서는 고객 중심의 카지노 영업환경을 구축하고 리조트 중심의 카지노 영업체계로 전환해 나갈 계획이 있다. 또한 미래 성장동력을 확보하기 위해 중장기 리조트 마스터플랜을 수립하고 MICE 산업을 전략적으로 육성하는 한편 신규 수익사업에 대한 발굴을 계속해 나갈 계획이다.

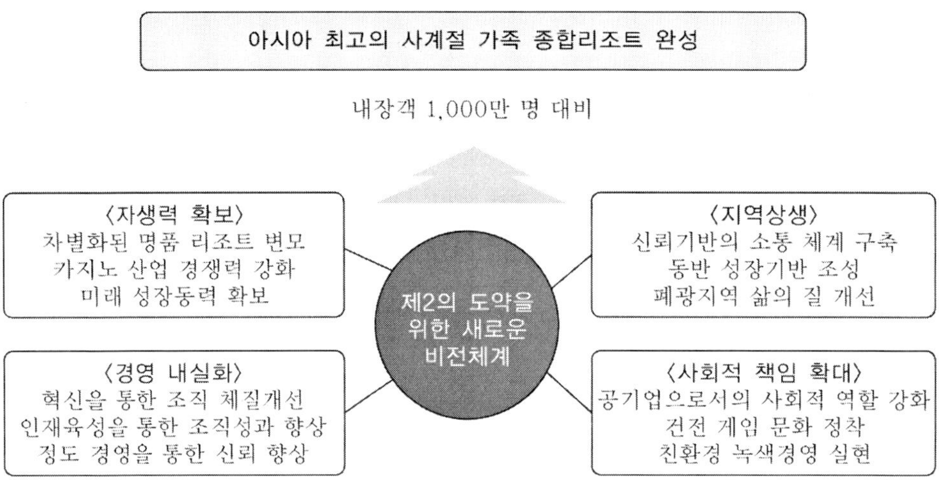

자료: 하이원리조트 홈페이지

[그림 13-1] 강원랜드 하이원리조트의 경영전략

복합리조트는 소수의 기능에 초점을 둔 리조트보다는 여러 기능을 제공한다는 점에서 메가리조트(MR: mega resort)로 불리기도 하며, 비교적 광범위한 지역에 다양한 숙박 및 관광관련 기능을 보유한 공간이라는 점에서 복합관광리조트(ITR: integrated tourism resort, 호주), 엔터테인먼트시티(entertainment city, 필리핀) 등으로 불리기도 한다.

그렇지만 최근 들어 카지노가 포함된 리조트를 지칭하고 있다. 이러한 용어는 복합리조트라는 용어가 세계적인 카지노 리조트인 말레이시아의 겐팅하이랜드, 싱가포르의 마리나베이샌즈(MBS)와 센토사 리조트 등이 성공적으로 개발되면서 고착화되는 경향이 있다.

그리하여 복합리조트의 개념은 '카지노를 기반으로 호텔, 컨벤션, 전시시설, 공연장, 쇼핑센터, 테마파크, 박물관, 레저스포츠 시설 등이 함께 어우러진 리조트'로 굳어가고 있다(이립, 2011). 복합리조트의 건설에 있어서 카지노 허가가 연계되는 이유는 비교적 자본회임 기간이 길고 대규모 투자를 유발하는 리조트 개발사업에 있어서 사업리스크를 상쇄시키는 한편 수익성을 확보하는 데 있어서 카지노가 상당한 기여를 하기 때문이다(류광훈, 2012).

일본 노무라경제연구소의 분석에 따르면, 싱가포르 복합리조트의 경우 수익의 70~80%가 카지노 사업에서 발생하며, 이를 활용하여 수익성이 낮은 시설에 투자를 유도하는 한편 MICE 유치로 호텔 등 타 시설의 수익을 확대하는 전략을 구사하고 있다(野村綜合研究所, 2012).

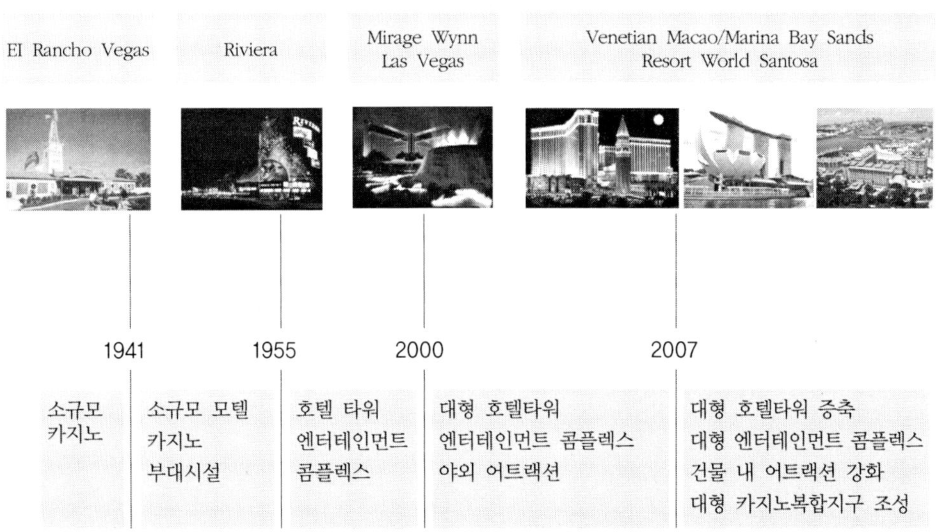

자료: 한국카지노업관광협회(2012), 내국인의 해외 카지노 이용실태 조사.

[그림 13-2] 카지노산업의 발전과정

그렇다면 세계적인 추세는 어떠한가? 미국 라스베이거스를 중심으로 개발된 카지노 개발은 초창기 단독카지노 형태에서 벗어나 종합적인 엔터테인먼트와 MICE 중심으로 진화되고 있으며, 이러한 변화는 마카오, 싱가포르 등 아시아로 확산되고 있다. 다시 말해 동일 단지 또는 시설 내에서 제공한 목적형 카지노리조트로 전환하여 카지노와 더불어 테마파크, 문화시설, 숙박 및 쇼핑시설 등이 동시에 조성되고 있다.

최근에는 복합카지노를 연계한 카지노 스트립(strip)을 조성하여 복합카지노의 집적화를 모색하고 있다. 한국은 이러한 국제적인 카지노산업의 동향과는 동떨어져 여전히 서너 번째 단계에 머물러 있고, 주변 경쟁국에 비해 상대적으로 부진한 실정이다.

최근 복합리조트는 마카오 샌즈카지노의 개발과 이후 코타이 스트립 조성, 그리고 싱가포르의 대규모 투자유치를 통한 카지노사업의 성공에 힘입어 필리핀, 일본, 베트남 등으로 확산되고 있다. 일본의 경우 '특정복합관광시설구역' 허용을 추진하면서 오키나와 등에서 복합리조트 건설을 모색하고 있으며, 필리핀의 경우 엔터테인먼트시티 프로젝트를 통해 4개소의 복합리조트 개발이 추진되고 있다.

마카오의 복합리조트 사업의 성공요인은 3가지로 집약할 수 있다. 첫째는 중국대륙과 인접한 지경학적 입지이다. 지리적으로 중국 주해시와 국경을 인접하고, 홍콩과도 배편으로 1시간 거리에 위치하며, 마카오 중심의 항공편으로 2시간 거리 내 약 10억 명의 인구가 상주하며, 중국과의 육로 왕래가 가능하다. 둘째는 외국자본에 대한 개방이다. 2003년 자유경쟁체제 도입으로 외국자본의 카지노투자를 허용하면서 샌즈그룹, 윈리조트, MGM 등 미국 라스베이거스, 영국, 홍콩 등의 카지노 재벌들의 대규모 투자유치가 성공하였으며, 현재 마카오 투자 잠재 외국자본규모 최소 400억 달러로 추정되고 있다. 셋째는 중국정부의 여행제한규정 완화이다. 중국인 마카오여행 자유화에 따른 마카오 방문객수는 연간 1,500만 명 내외에 달하고 있으며, 중국인 관광객 수의 급증은 마카오 카지노 산업성장에 직접적인 영향을 주고 있다(코트라, 2008).

또한 베트남에서는 2013년 1월 MGM 리조트인터내셔널의 투자로 카지노, 고급호텔, 컨벤션센터, 스파, 레스토랑과 바, 골프장을 갖춘 MGM 그랜드 호 트람 비치라는 복합리조트가 오픈되었다.

아 · 태지역의 경우 2010년 현재 마카오의 카지노 시장점유율이 68.4%로 매우 높으며 호주 10%, 싱가포르 8.4%, 한국 7.7%의 순이다. 2015년에는 마카오 78.4%, 싱가포르 9.0%, 호주 4.7%, 한국 3.3%로 나타나(PWC, 2012), 한국은 매출규모에 있어서 현상유지를 기록하고 시장점유율은 주변경쟁국에 비해 하락할 것으로 전망됨에 따라 카지노 산업정책에 대한 종합적인 검토가 필요한 시점이다.

여기에 서비스 경제부문을 집중 육성하여 중화권, 일본 등 주변국 관광시장의 엔터테인먼트 기지화를 모색하고, 이를 계기도 지역발전 및 고용창출효과를 극대화하기 위해서는 관광산업의 성장 모멘텀을 새롭게 확보할 필요가 있다(이우형, 2011; 장병권, 2012). 이와 관련 복합리조트 사업을 종합적으로 재정비할 필요가 있다.

3. 카지노형 복합리조트 개발, 시작이 중요하다

이명박 정부에서 경제자유구역의 투자유치 활성화라는 명목으로 사전에 공론화를 충분히 거치지 못하고 카지노형 복합리조트의 사전심사제를 도입하면서 관광지, 관광단지, 관광레저도시 등 관광공간과 종합휴양업, 카지노업 등 관광산업을 담당하고 있는 관광정책당국으로선 새로운 과제를 떠안게 되었다.

> 싱가포르의 복합리조트사업이 성공적인 모델이라는 평가를 받게 된 배경에는 복합리조트를 도입하는 과정에서 공공의제형성 및 여론화사업, 공모제형 투자유치사업, 부정적 영향의 저감화를 위한 과감한 대책, 투자기업에 대한 지속적인 관리와 지속적인 커뮤니케이션과 협력네트워크 조성, 그리고 사업추진 성과에 대한 지속적인 모니터링의 전개에 대한 일련의 정책과정론적 접근이 주효하였기 때문이다. 즉 2004년 제안서 접수 및 평가에서부터 2010년 카지노개장에 이르기까지 동원 가능한 정책수단을 총가동하여 효과를 극대화하고 부작용을 최소화하는 방안을 강구하게 되었다(이립, 2011).

사전심사제는 정식 허가신청서 제출 전 사전심사를 청구하고 행정기관이 심사결과를 통지하여 허가신청 과정에 투자자의 경제적 · 시간적 부담을 경감코자 도입된 제도이다(지식경제부, 2012). 카지노형 복합리조트의 사전심사제가 카지노 운영 허가를 서류만으로 미리 내 주는 사실상의 '사전허가제'로 인식되면서 도입과정의 불투명성과 특혜시비, 투기자본 유입에 따른 론스타식 '먹튀 사건' 재연 우려, 카지노 난립으로 인한 각종 후유증 등이 도마에 올랐다.

사전심사제는 미국 라스베이거스, 중국의 홍콩과 마카오, 싱가포르 등 세계적 카지노 도시(국가 포함)에서도 그 유례를 찾기 힘든 제도로, 그간 이를 관철하기 위한 외국투자업체의 로비가 치열했다(최영철, 2013)는 비판적 시각도 제기되고 있기 때문이다.

관광진흥법으로서는 새롭게 시도되고 있는 복합리조트를 종합적으로 관리할 수 있는 법적 근거가 미약한 반면 기업도시 및 경제자유구역에 한해 설치될 수 있도록 되어 있다. 기업도시개발특별법상 관광레저형 기업도시는 특정지역에 다양한 관광레저시설을 유기적으로 배치하여 계획적으로 조성된 공간으로서 정주 기능이 없는 기존 관광단지와 달리 자족적 생활공간 기능을 포함하는 새로운 신도시를 말한다. 동법 시행령 제38조에는 관광레저형 기업도시에 총 5천억 원 이상을 관광사업에 투자하며, 이 중 기 3천억 원을 투자한 경우 특급 관광호텔 및 국제회의시설업의 부대시설로 카지노 설치가 가능토록 규정하고 있다.

또한 경제자유구역에는 복합리조트와 유사한 공간 및 시설을 설치할 수 있도록 제도가 마련되어 있다. 2007년 12월 7일자 경제자유구역의 지정 및 운영에 관한 특별법 시행령의 개정 시 관광산업 부문에 미화 5억 달러 이상을 투자하는 경우 카지노 허가를 부여하는 것을 포함하면서 관광호텔, 국제회의시설, 카지노 등을 설치할 수 있도록 하고 있다. 그리고 2012년 9월 21일 동법 시행령 개정을 통해 대규모 관광투자를 하는 경우 사전에 실현가능성 및 투자규모 등을 심사하여 카지노 허가를 사전에 확인해 주는 제도가 도입되었다.

경제자유구역의 지정 및 운영에 관한 특별법 시행령 20조의 4에 의하면, 카지노 사전허가는 신용평가 등급이 투자적격 이상일 것, 호텔업을 포함하여 관광사업 3종류 이상을 경영할 것, 카지노업 영업개시 신고 시점까지 미화 3억 달러 이상을 투자하고 영업 개시 후 2년까지 총 5억 달러를 투자할 것을 규정하고 있다.

현재 복합리조트로 인정할 수 있는 사업체는 인천 영종도에 조성되었거나 조성 중인 시저스코리아, 인스파이어, 파라다이스시티와 제주 서귀포시에 소재한 제주신화월드 4개이다. 이 가운데 시저스코리아와 인스파이어는 정부의 카지노 사전허가제의 혜택으로 추진 중인 사업체이다. 그러나 이들 업체는 개장일정이 2021~2022년이나 유동적인 상황이다.

반면 파라다이스시티는 2017년 개장하여 카지노 입장객이 19만여 명으로 집계되었고, 매출은 1,759억 원이다. 하지만 2018년에는 약 30만 명이 입장하여 2,494억 원의 매출을 기록하였다. 제주신화월드는 2017년 405억 원의 매출액에서 2018년 3,850억 원으로 증가하여 약 10배 이상 신장되었다.

〈표 13-2〉 국내 복합리조트 개발 현황

구분	시저스코리아	인스파이어	파라다이스시티	제주신화월드
소재지	인천 영종 미단시티	인천 국제공항 IBC-Ⅲ	인천 국제공항 IBC-Ⅰ	제주 서귀포시
개발/운영사	시저스엔터테인먼트, R&F 프로퍼티스	모히건썬	파라다이스, 세가사미	람정제주개발, 람정엔터테인먼트코리아
면적	부지: 38,365㎡ 건축연면적: 170,608㎡	부지: 1,058,000㎡ 건축연면적: 340,858㎡	부지: 330,000㎡ 건축연면적: 478,147㎡	부지: 3,986,000㎡ 건축연면적: 873,000㎡
주요 시설	호텔, 가족호텔, 야외공연장, 레스토랑, 스파, 콘퍼런스 센터, 외국인 전용카지노 등	호텔, 실내외 테마파크, 아레나, 컨벤션, 외국인 전용카지노	호텔, 쇼핑몰, 스파숍, 컨벤션, 클럽, 아레나, 외국인 전용카지노	호텔, 콘도, 테마파크, 워터파크, 무비월드, 면세점, MICE시설, 쇼핑 및 F&B시설, 외국인 전용카지노
사업비	약 8,000억 원(예상)	약 2조 8천억 원(예상)	약 2조 원	약 2.2조 원
개장 일정	2021년(예정)	2022년(예정)	1-1단계: 2017년 1-2단계: 2018년	1단계: 2017년 2단계: 미정

자료: 서원석(2019), 복합리조트(IR) 도입에 따른 법 · 제도 개선방안, 한국문화관광연구원, 한국문화관광정책, 여름호.

문제는 특정 지역에 과도한 복합리조트 건설이 한국의 국제관광 이미지와 지역관광의 발전에 어떤 영향을 줄 것인가이다. 영종도 일대에 다수의 복합리조트가 경쟁적으로 추진된다면 '제2의 마카오'로 전락될 소지가 있다. 그리고 과거 노무현 정부 시절 관광레저형 기업도시 제도를 도입하면서 기업이 주도적으로 개발하여 국내외 관광객을 유치할 것으로 기대를 모았으나 도입된 지 수년이 지났지만 별다른 성과를 내지 못하고 있는 상황에서 외부요인에 의해 복합리조트라는 새로운 관광사업유형을 떠안게 되었기 때문이다.

또한 현재 16개에 이르는 외국인 전용카지노 중 서울 및 부산의 4개 업체(파라다이스, 세븐럭 강남, 세븐럭 강북, 세븐럭 부산)가 차지하는 비중이 2006년 76.1%에서 2011년에는 84.1%를 점유하고 있는 반면, 나머지 카지노 업체들은 여전히 영세적인 경영특성을 보이고 있다. 이에 따라 카지노 사전심사제 도입이 카지노의 난립을 초래하여 기존 카지노 업체의 경영악화를 가중시킬 수도 있다.

여기에 외국인들의 선호도가 높은 수도권 지역으로 복합리조트가 추가로 개발될 경우 지역관광의 발전에도 저해요인으로 작용할 수 있다. 또한 허술한 복합리조트 필수 도입시설 및 최소투자규모에 대한 규정도 문제로 부각되고 있다. 현재 단순히 3종류 이상의 관광사업으로 명시된 특별법 등에서의 조항과 나아가 비현실적인 총사업비 규정도 현실에 맞게 재조정될 필요가 있다.

현행 5억 달러의 투자규모는 일반적인 복합리조트가 아닌 관광호텔과 카지노만을 개발하는 데 그치고 다른 부대시설에의 투자를 기피할 가능성이 높다. 그리고 싱가포르는 카지노 전용면적의 규모를 총시설면적의 5%, 필리핀은 7.5%를 초과하지 못하도록 하고 있으나 우리의 경우에는 그러한 규정조차 없어 외국투자자들에게 변칙적 투자·경영의 빌미를 줄 수 있다.

4. 한국형 복합리조트 개발전략이 필요하다

복합리조트를 조성하여 대규모 외국인 관광객을 유치하고 이들에게 카지노를 포함한 다양한 관광서비스를 제공하는 것은 시대적 흐름이라는 점에서 수용할 만하다. 그러나 한국관광의 장기적인 플랜에 근거하지 않고 제도화가 미흡한 상태에서 성급하게 추진할 경우 자칫 부작용을 떠안을 수도 있다는 점에서 관광정책당국의 신중하면서도 체계적인 접근이 필요하다. 외국기업의 투자는 적극 수용하되 개발과 운영은 철저히 '한국형'에 부합하도록 선제적인 대응책을 강구할 필요가 있다. 이와 관련 몇 가지 제안을 하고자 한다.

첫째, 복합리조트 제도의 근거를 관광진흥법에 두도록 해야 한다. 즉 복합리조트를 관광사업의 업종으로 편입시키고 관련 특별법에서도 도입시설 및 최소투자 금액한도를 준용할 수 있도록 유도해야 한다. 이와 관련 관광사업의 업종 중 휴양업의 업종을 세분하여 별도의 휴양업으로 두는 방안과 종합휴양업에 새로운 업종을 추가하는 방안이 있을 수 있다(류광훈, 2012).

또 다른 방안으로는 카지노업을 개별카지노업과 복합카지노업으로 구분하여 제도화하는 방안을 검토할 필요가 있다. 이 경우 복합카지노업은 기존 16개 외국인전용 카지노가 있는 상황에서 카지노 난립 및 기존업체에 대한 피해를 예방하기 위해서는 보다 강화된 기준(투자규모, 시설규모 등)을 적용할 필요가 있다.

둘째, 복합리조트의 경우 조성면적 및 투자규모별 최소 도입시설의 종류와 최소투자금액 한도를 재설정하고 카지노 전용면적도 투자규모 및 시설면적에 따라 탄력적으로 설정할 필요가 있다. 즉 도입시설의 경우 필수시설, 권장시설, 서브시설로 유형화하여 필수시설은 한국관광의 주력사업이 될 수 있는 MICE, 테마파크, 의료서비스, 한류문화체험 등과 관련된 시설로 명시하고, 서브시설로 전체 시설면적의 5% 미만으로 제한하여 카지노를 두며, 권장시설은 업체가 자율적으로 선택할 있도록 관련제도를 개선할 필요가 있다.

나아가 총사업비 규정도 현실에 맞게 재조정될 필요가 있다. 현행 최소 5억 달러 규모를 상향 조정하여 면적 대비 최소 10억 달러 규모로 확대하여 관련 부대시설의 조성과 활성화를 도모할 필요가 있다. 마카오의 경우 복합리조트유형의 카지노호텔의 건립에 30억불 내외의 투자가 실제 이루어졌으며, 최근 엔터테인먼트시티 사업을 추진하고 있는 필리핀의 경우에는 4개 사업자에 대해서 개별적으로 최소 투자한도를 10억 달러로 규정하고 있다(류광훈, 2012).

셋째, 카지노형 복합리조트 조성에 집착하는 것은 신규 유망 관광시장을 선점하지 못할 가능성이 있다는 점에서 한국형 복합리조트의 유형화가 필요하다. 현재 카지노형 복합리조트에 국한된 논의와 시행에 그치지 않고 향후 유사 복합리조트(예: 유니버설 스튜디오 등)의 조성도 감안하여 한국형 복합리조트를 '리조트, 호텔, 컨벤션 홀, 쇼핑몰, 공연장, 위락시설, 스포츠센터 등 서비스 시설을 한 군데 모아놓고 다양하면서도 질이 우수한 서비스를 집중적으로 제공하여 시간과 공간의 이점을 최대한 살리는 통합적 서비스 공간'(김성국, 2013)으로 규정하여 제도를 개발할 필요가 있다.

일본 오키나와현의 경우 복합리조트의 유형을 목표시장을 기준으로 MICE형과 엔터테인먼트형 리조트로 구분하고 있고(沖縄県, 2011), 싱가포르의 경우 리조트월드 센토사는 가족형 복합리조트이며 마리나베이샌즈는 MICE · 비즈니스형 복합리조트이다. 국내리조트의 경우에도 최근 에듀-컬처형, 에코-힐링형 신개념 리조트로의 진화현상이 뚜렷하게 나타난다는 점(김국태, 2011)에서 미래지향적인 복합리조트의 콘셉트를 창안할 필요가 있다.

넷째, 복합리조트 개발에 따라 확보된 공공재원의 활용방안에 대한 심층적 논의가 필요하다. 기존의 강원랜드 및 외국인전용카지노의 경우 관광진흥개발기금을 부과토록 되어 있으며, 이를 통해 관광산업 진흥에 재투자되고 있다. 복합리조트의 경우에는 경제자유구역 등에 집중될 가능성이 있다는 점에서 공공재원의 확보 및 활용방안에 대한 심도있는 논의가 필요하다. 싱가포르의 경우 2개의 복합카지노에서 징수한 세금을 통하여 또 다른 성장산업인 의료와 교육, 그리고 장애인 복지에 활용하고 있다(조선일보, 2012.11.20).

다섯째, 복합리조트의 도입으로 기존의 관광지, 관광단지, 관광특구, 관광레저도시 등 관광관련 각종 개발제도와 종합휴양업, 카지노업 등 관광사업의 목표, 기능, 도입시설, 인센티브 등에 대한 전반적인 재검토를 통하여 '미래지향적 관광공급체계'를 구축할 필요가 있다. 복합리조트를 경제자유구역법의 틀 안에서 유지할 경우 기존 관광업체 및 관광공간과의 중복, 갈등 등을 초래할 수 있다는 점에서 관광진흥법이 종합적으로 관리할 수 있는 방안을 모색해야 한다.

끝으로, 정부는 한때 관광산업 경쟁력 강화를 위해 MICE, 의료, 한류, 크루즈, 역사 · 전통체험, 레저 · 스포츠 등 고부가가치 6대 관광 · 레저산업을 육성하는데 역점을 두었다(제18대 대통령직 인수위원회, 2013). 이들 6대 사업별 개별적인 정책추진도 중요하지만 이들 사업들이 융합된 '복합리조트'와 같은 창조적 관광개발정책을 통하여 외래관광객 유치, 일자리 창출, 지역경제 활성화라는 시너지 효과를 창출하는 방안도 적극 검토할 필요가 있다.

5. 맺음말

최근 외래관광객 행동에서 뚜렷한 트렌드로는 인접국 관광객의 비중 증가와 인천공항 중심의 입국패턴, 그리고 쇼핑 · 식도락 · 명소 · 오락을 중심으로 한 관광행태의 다양성이다. 이러한 트렌드를 감안할 경우 복합리조트를 적극적으로 검토할 필요가 있다.

복합리조트는 소수의 기능에 초점을 둔 리조트보다는 여러 기능을 제공한다는 점에서 메가리조트로 불리기도 하며, 비교적 광범위한 지역에 다양한 숙박 및 관광관련 기능을 보유한 공간이라는 점에서 복합관광리조트로도 불린다. 복합리조트는 카지노를 기반으로 호텔, 컨벤션, 전시시설, 공연장, 쇼핑센터, 테마파크, 박물관, 레저스포츠 시설 등이 함께 어우러진 리조트인 것이다.

복합리조트는 마카오 샌즈카지노의 개발과 이후 코타이 스트립 조성, 그리고 싱가포르의 대규모 투자유치를 통한 카지노사업의 성공에 힘입어 필리핀, 일본, 베트남 등으로 확산되고 있다.

복합리조트를 조성하여 대규모 외국인 관광객을 유치하고 이들에게 카지노를 포함한 다양한 관광서비스를 제공하는 것은 시대적 흐름이다. 그러나 한국관광의 장기적인 플랜에 근거하지 않고 제도화가 미흡한 상태에서 성급하게 추진할 경우 자칫 부작용을 떠안을 수도 있다는 점에서 신중한 접근이 필요하다.

이에 따라 복합리조트 제도의 근거를 관광진흥법에서 두어야 하며, 복합리조트의 경우 조성면적 및 투자규모별 최소 도입시설의 종류와 최소투자금액 한도를 재설정하고 카지노 전용면적도 투자규모 및 시설면적에 따라 탄력적으로 설정할 필요가 있다. 나아가 카지노형 복합리조트 조성에 집착하는 것은 신규 유망 관광시장을 선점하지 못할 가능성이 있다는 점에서 한국형 복합리조트의 유형화가 필요하다. 그리고 복합리조트 개발에 따라 확보된 공공재원의 활용방안에 대한 심층적 논의가 필요하다. 끝으로 '한국형 복합리조트'와 같은 창조적 관광개발정책을 통하여 외래관광객 유치, 일자리 창출, 지역경제 활성화라는 시너지 효과를 창출하여야 한다.

제14장
관광산업 투자유치 활성화 방안

1. 머리말

최근 지역 관광산업의 활성화에 관한 논의가 활발해지고 있다. 우선 국내관광의 활성화를 통하여 지역경제의 효과를 제고하고 지역주민의 일자리 창출 및 지역관광의 지속가능한 발전이 모색되고 있다. 그뿐만 아니라 외래관광객이 2천만 시대로 다가서면서 정부 관광정책의 중요한 과제로 외래관광객의 지역분산이 중요한 과제로 떠오르고 있다.

이에 따라 각 지역의 입장에서도 기존의 관광콘텐츠(자연 · 역사 · 전통문화 자원)의 부가가치를 제고하기 위하여 국내외 관광투자유치를 적극 모색할 필요가 있다. 그렇지만 투자자의 입장에서 수익성이 담보되지 않는 경우 관광투자를 꺼리게 된다는 점에서 지역 간 관광투자유치의 '부익부 · 빈익빈' 현상이 초래되고 있다. 이와 관련하여 관광산업시스템의 변화, 관광산업 투자유치의 이론, 관광산업 투자유치의 현황과 문제점, 그리고 국내 및 해외 관광산업 투자유치 방향에 대해 살펴보고자 한다.

그동안 관광산업의 경우 여행업, 운수업, 숙박업, 음식업, 유흥업 등 전통적인 업종들이 결합된 하나의 관광시스템을 형성하여 왔다. 이 경우 지역의 관광자원 중 자연자원, 문화자원이 우수한 경우 관광산업의 업종별 기반을 구축할 경우 관광사업을 추진하기가 용이하였다.

그러나 최근 들어 산업간 융복합이 활발히 전개되고 정보통신기술이 가미되면서 종래의 '우수 자연 · 문화자원 연계형 관광산업시스템'이 점차 퇴색해 가고 있다. 다시 말해 관광중심적인 전통적 관광산업시스템에서 벗어나 문화산업, 음식산업, 스포츠산업, 의료산업, MICE 등 연관산업으로 사업의 영역이 확산되는 '융복합형 관광우산시스템(tourism umbrella system)' 또는 '관광구절판 관광산업모형'이 적극 모색되고 있다.

이는 관광산업의 타 산업에 대한 기여효과가 커지고 있기 때문이며, 지역 및 도시의 입장에서는 관광산업과의 융복합을 통하여 산업의 활력 확보는 물론 지역의 재생을 촉진할 수 있기 때문이다.

'관광우산'이란 관광산업의 구성요소들에게 지속적으로 이익을 줄 수 있는 시스템으로 종래 관광사업체뿐만 아니라 의료기관, 전통시장, 엔터테인먼트, 소매점, 고택, 맛집, 농어촌, 섬, 쇼핑업체 등도 과감히 포용하여 관광산업과의 융복합 효과를 확산하는 것이다. 즉 전통적인 관광정책의 영역(1단 우산)은 숙박, 항공, 식음료, 여행사, 관광지 등에 국한된 정책이 강조되었으나, 융합시대를 맞아 엔터테인먼트, 의료, MICE, 스포츠, ICT, 제조업 등 다양한 산업분야와의 융합 · 복합 · 연계(2단 우산)가 강조되면서 관광우산은 더욱 확장되는 추세를 보이고 있다(심원섭, 2012).

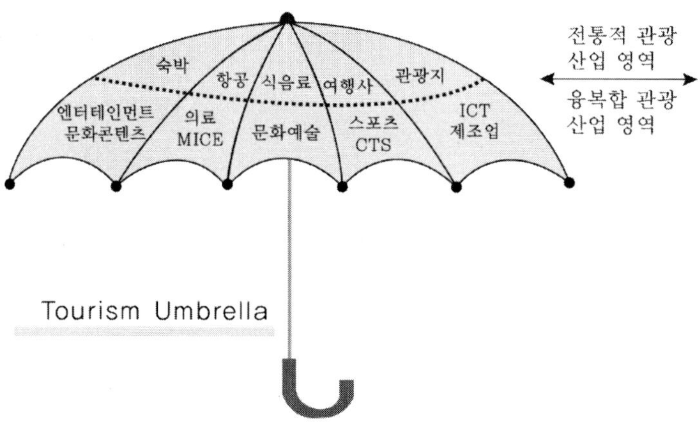

자료: 심원섭(2012), 미래 관광환경 변화 전망과 新관광정책 방향, 한국문화관광연구원.

[그림 14-1] 관광우산시스템 모형

그리고 '관광구절판'은 관광산업이 모든 영역을 담는 그릇이라는 관점에서 밀전병을 관광이라고 한다면 1단계 야채에는 출입국, 교통, 숙박, 관광코스, 관광업종사자 등 다양한 전통적 개념의 관광업계 구성체가 해당한다. 이 그릇을 한 단계 더 확장시키면 문화, 환경, 의료, 한류, 산업, 농업, 해양, 교육, 스포츠 등 결국 사회 전 분야가 관광산업에 포함되는 영역인 것이다(박광무, 2013).

이처럼 관광산업 시스템이 복융합형으로 전환됨에 따라 이를 조기에 실현할 수 있도록 재원을 확보하는 것이 중요한 과제로 부상되고 있으며, 관광산업에 대한 적극적인 투자유치 노력을 전개할 필요가 있다.

2. 관광산업 투자유치의 개념과 유형

1) 관광산업투자의 개념

관광산업 투자란 관광산업 분야에 수익의 획득(민간투자) 또는 지역활성화, 지역경제성장 등 공공의 목적(공공투자)으로 생산적인 활동에 자본을 투입하는 것을 의미한다. 관광산업 투자는 민간투자유치의 하위개념이며, 여기에서 민간투자유치는 국가 또는 지방자치단체 등 공공부문이 공공시설의 건설과 운영을 위하여 부족한 재원의 전부 또는 일부를 민간부문으로부터 조달하고 대신 민간부문에게 일정범위 내 공공시설의 운영 및 수익을 보장하는 제도이다.

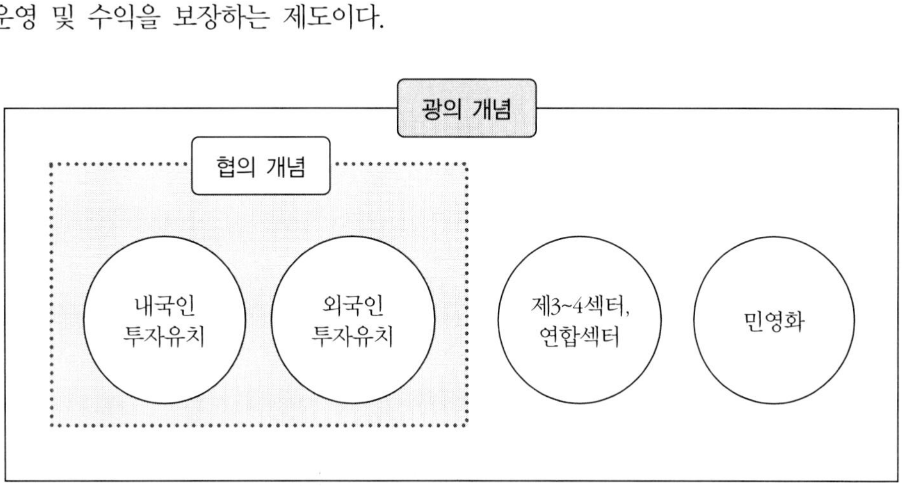

자료: 김상태(2004), 관광산업 민간투자유치 확대방안, 한국문화관광연구원.

[그림 14-2] 관광산업투자의 개념도

민간투자유치는 자본시설의 운영 및 기부 체납 또는 소유 및 운영을 전제로 하고 있다. 따라서 민자유치는 민영화와 구별된다. 민영화는 주로 공기업의 지분매각, 민간

위탁, 외주 등을 뜻하지만 민간투자유치는 미래의 사회간접자본에 대한 매각, 위탁, 외주 등을 전제로 한다는 점에서 기존의 민영화 개념과 차이가 있다. 따라서 관광산업 투자유치는 협의의 개념으로 내국인 투자유치와 외국인 투자유치로 한정할 수 있으며, 광의의 관점에서는 제3섹터 · 제4섹터 · 연합섹터, 민영화까지도 포함하는 개념이다.

2) 관광산업 투자자 유형

관광산업의 투자자는 전략적 투자자, 건설투자자, 재무적 투자자로 구분된다. 첫째, 전략적 투자자(SI: strategic investors)는 관광개발사업 등을 할 때 경영권 확보를 목적으로 자금을 지원하는 투자자로 개발, 사업이 성공했을 때의 모든 이익을 함께 나누는 동시에 경영을 지속적 · 장기적으로 책임질 투자자이며, 관광분야 전문 사업체, 부동산 개발사(사업기획, 자금조달, 분양 등), 브랜드 소유자(자사의 브랜드를 판매)가 이에 해당된다.

둘째, 건설 투자자(CI: construction investors)는 관광개발사업에서 시공을 목적으로 투자하고, 해당 개발사업의 공사를 담당하는 투자자를 말한다. 셋째, 재무적 투자자(FI: financial investors)는 관광개발사업을 진행할 때, 자금조달 역할 수행, 투자금의 배당금의 획득을 목적으로 투자하는 투자자를 말하며, 은행, 증권사, 보험사, 자산운용사, REITs(real estate investment trusts, 부동산투자회사), PEF(private equity fund, 사모투자펀드) 등이 이에 해당된다. 이를 도식화하면 다음과 같다.

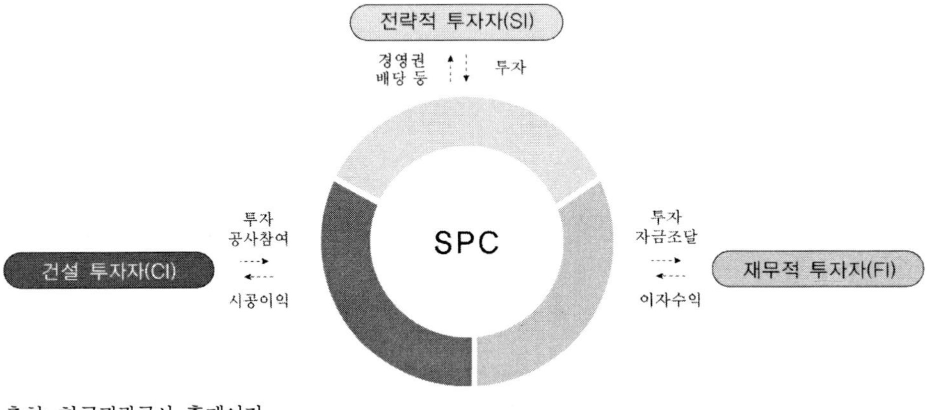

출처: 한국관광공사 홈페이지

[그림 14-3] 관광산업 투자자 유형과 특성

3) 투자 유형에 따른 관광개발방식의 구분

관광개발방식은 사업주체에 따라 공공, 민간, 주민으로 구분하여 단독개발 방식인 제1섹터, 제2섹터와 합동개발방식인 제3~5섹터 방식으로 구분할 수 있다. 단독개발방식인 제1섹터는 공공부문에 의한 개발방식이며 서울대공원, 어린이공원 등이 해당된다. 제2섹터는 민간부문에 의한 개발방식으로 에버랜드, 대명리조트 등이 해당된다. 제3섹터 방식은 공공부문과 민간기업의 합동개발방식으로 한강 세빛둥둥섬, 삽교호함상공원 등이 해당된다. 제4섹터는 공공부문과 지역주민 간 합동개발방식으로 제주컨벤션센터, 제주 올레길이 대표적이다.

이론적으로 가능하나 사례가 거의 없는 제5섹터는 민간기업과 지역주민 간 합동개발방식이며, 연합섹터는 공공부문, 민간기업, 지역주민이 모두 참여하는 개발방식으로 지주공동개발사업(조합개방방식)이 이에 해당된다.

개발방식		구성주체	사례
단독개발	제1섹터	공공부문 (국가, 지자체, 정부투자기관 등)	서울대공원, 어린이공원 등
	제2섹터	민간기업	에버랜드, 대명리조트 등
합동개발	제3섹터	공공부문+민간기업	한강 세빛둥둥섬, 삽교호함상공원 등
	제4섹터	공공부문+지역주민	제주컨벤션센터, 제주 올레길 등
	제5섹터	민간기업+지역주민	지주공동개발사업(조합개발방식)
	연합섹터	공공부문+민간기업+지역주민	지주공동개발사업(조합개발방식)

출처: 한국관광공사 홈페이지

[그림 14-4] 사업자 유형에 따른 관광개발방식의 구분

4) 토지활용 조달방식

토지(자산)를 활용한 재원조달방식은 분할상환 방식, 지주공동사업 방식, 환지방식으로 구분된다. 첫째, 분할상환 방식은 토지, 건물 등 부동산을 구입하는 경우 매도자와의 협의에 따라 대금 상환을 분할, 또는 연불 형태에 의하여 조달하고 필요에 따라

매도자에게 개발지역에 대한 사업 참여 기회 등 인센티브를 부여하여 매도자 금융(seller financing)을 유도할 수 있다.

> 매도자 금융(seller financing)과 판매자 금융(vendor financing)의 차이점을 살펴볼 필요가 있다. 매도자 금융은 자산을 매각할 소유자가 매수자에게 융자를 제공함으로써 자산을 매각하는 방식이다. 판매자 금융은 제품을 판매하는 공급업자가 소비자에게 제공하는 금융이다. 자동차 할부판매나 인터넷 망사업자들이 모뎀 등의 장비와 설치비용을 제공하는 경우로 볼 수 있다.

둘째, 지주공동사업 방식은 관광시설사업 주체인 SPC에 토지 또는 건물 소유자가 현물출자 방식에 의하여 지분에 참여하도록 함으로써 부동산투자 재원을 매도자의 금융을 통해 조달하게 되며, 각 지방자치단체에서는 보유한 국공유지를 현물출자하는 방식으로 민간투자유치를 이끌어 낼 수 있을 것으로 판단된다.

셋째, 환지방식은 관광시설 부지의 소유 구조가 복합적이고 지목 등이 다양한 경우에 해당 지구에 대한 종합적인 개발계획을 수립하여 단지를 조성하고 부지공사 완료 후 토지 소유자에게 지목이 변경된 토지를 소정의 비율로 환지시켜 주는 방식이다. 이 경우 환지 후 잔여 분량의 토지를 매각하여 공사비를 지급하고 일부 부지는 사업용도로 활용할 수 있으며, 토지 소유자에게 환지 후 토지를 관광사업체(SPC)에 현물로 출자하도록 하여 투자자금을 조달할 수도 있다. 최근 전북 부안의 변산해수욕장이 환지방식에 의거, 개발되고 있다.

3. 관광산업 투자유치의 추진현황

1) 정부차원의 관광투자유치 현황

2019년 말 현재 문화체육관광부의 관광행정조직은 관광정책국과 관광산업정책관으로 구분되고 있다. 이 가운데 관광산업 투자유치와 관련된 사업은 관광개발과에서 담당하며 주요 업무는 국내외 관광 투자유치 촉진 및 지방자치단체의 외자유치 지원, 관광레저형 기업도시 개발, 지역발전 투자협약, 국내외 관광 투자 박람회 개최 지원 및 관광 투자유치 관련 전문인력 양성 등이다.

종전 관광자원 개발기능을 담당하였던 한국관광공사의 경우 직접적인 개발사업 기능은 배제되고 최근에는 지자체 관광투자 지원체제로 전환되었다. 한국관광공사의 지자체 대상 관광투자 지원사업은 관광투자 콘퍼런스 개최, 국내 주요 관광개발 사업 홍보, 지자체 투자유치 컨설팅 및 워크숍 개최, 고객맞춤 서비스 제공 및 잠재투자자 초청 현장설명회 개최, 투자유치 관련 제도개선 과제 발굴 및 건의, 관광투자 정보 제공, 지역관광개발 사업 활성화 등이다. 그리고 관광공사에서 지원하는 관광투자 프로젝트는 공사관련 사업, 지자체관련 사업, 유관기관 투자사업으로 구분되고 있다.

〈표 14-1〉 한국관광공사의 지역관광투자 지원사업 현황

지역	공사관련 사업	지자체관련 사업	유관기관 투자사업
인천	-	-	인천경제자유구역청 (운북복합지구)
광주	-	어등산 빛과 예술의 테마파크 조성사업	-
울산	-	강동권 개발사업	-
경기	-	고양관광문화단지(한류우드) 조성사업	한강 시네폴리스, 수동관광지
강원	-	어답산 관광지, 백두대간 역사문화촌	-
충북	-	제천온천관광지, 늘머니과일랜드 관광지 개발계획	-
충남	-	금강하구둑 관광지 썰매장, 용연저수지 관광지 조성사업	황해경제자유구역청 (인주지구)
전북	정읍 내장산리조트	태권도원, 미륵사지지구 관광지	-
전남	오시아노 관광단지	국립공원 월출산지구 관광휴양시설 (성전 리조트 호텔), 땅끝관광지 개발사업	광양만권 경제자유구역청 (화양지구)
경북	경주 감포관광단지 안동 문화관광단지	고래불 관광지 개발, 호미곶 관광지 개발사업	-
경남	-	합천 미승산 관광지, 함양 농월정 관광지	부산진해경제자유구역청 (웅동지구)
제주	중문관광단지	돈내코 관광지	제주국제자유도시개발센터 (제주공항자유무역단지)
계	5	18	7

자료: 한국관광공사 홈페이지 참조 재작성.

전체적으로 보면 공사관련 사업이 5개로 줄어든 상태이며, 지자체 관련사업이 18개로 가장 많은 비중을 차지하고 있고, 유관기관 투자사업은 주로 경제자유구역에 집중되어 있다. 한국관광공사는 지자체 관광개발 사업의 투자유치 활성화를 위하여 투자유치 절차, 관계법의 해석 및 적용, 세무, 회계 등 전 분야에 걸쳐 전문가 자문을 통한 투자유치 컨설팅 사업을 실시하고 있다. 또한 관광투자유치 설명회 및 현장답사 등 실질적인 투자유치 관련 사업 추진에 어려움을 겪는 지자체들을 대상으로 대행사업을 실시하고 있다.

2) 관광부문 외국인 투자현황

정부는 2014년 8월 11일 제6차 무역투자진흥회의에서 경제혁신 3개년 계획 핵심과제로 6대 유망서비스 산업을 중심으로 한 투자활성화대책을 발표하였다. 6대 유망서비스 산업은 보건의료, 관광콘텐츠, 교육, 금융, 물류, 소프트웨어 서비스산업이며 이 중에서 관광콘텐츠 서비스산업 육성을 위한 구체화된 프로젝트로서 복합리조트 설립지원, 국제테마파크 유치지원, 관광호텔 설립 지원 등과 관련한 활성화 대책과 불합리한 규제개선 대책을 마련 중에 있다.

그러나 서비스업 부문의 외국인 직접투자액 중 비중이 높은 업종은 금융 · 보험업, 부동산 · 임대, 비즈니스 서비스업 등으로 2013년 기준으로 이들 업종에서의 투자액이 전체 서비스업 투자액의 80.1%에 달한다. 반면 관광산업과 직접 관련된 문화 · 오락 · 서비스업의 외국인 직접투자액은 2012년 이후 감소하고 2013년에는 81백만 달러에 달하여 전체 외국인 직접투자액의 0.56%, 서비스업 외국인 직접투자액의 0.82%에 지나지 않는다.

관광산업과 간접적으로 연관된 음식숙박업과 운수창고업까지 합해도 전체 외국인 직접투자액의 7.7%, 서비스업 외국인 직접투자액의 11.3%에 불과하다. 관광산업 분야에 외국인의 국내투자가 부진한 이유는 불합리한 규제 등 투자환경이 다소 열악하기 때문이다(김균수, 2014).

〈표 14-2〉 전국 서비스업의 외국인 직접투자 신고금액 추이

(단위: 백만 달러)

구분		2009	2010	2011	2012	2013
서비스업		7,743	6,409	7,959	10,184	9,847
	도 · 소매업(유통)	2,204	965	1,743	1,237	657
	음식 · 숙박	176	58	127	908	937
	운수 · 창고(물류)	265	197	143	66	98
	통신	1	21	1	33	16
	금융 · 보험	1,252	960	1,742	2,186	2,925
	부동산 · 임대	1,420	2,687	1,474	1,753	2,550
	비즈니스 서비스업	1,947	952	1,291	3,107	2,514
	문화 · 오락	55	110	469	97	81
	공공 · 기타 서비스	275	353	280	215	69
전 산업		11,484	13,071	13,673	16,286	14,548

자료: 산업통상자원부 외국인투자통계 사이트.

3) 국내 관광개발 민간투자 유치실적

2012년 말 기준으로 전국의 지정 관광지등은 263개로 관광지 227개, 관광단지 36개이며, 전국에 지정된 관광휴양형 지구단위계획구역 사업은 총 539개이며, 이 중 관광지 및 관광단지와 중복되는 사업은 각각 147개와 17개로 관광지 및 관광단지 조성사업과의 중복을 제외할 경우 375개이다(박경열, 2013).

첫째, 2012년 말 관광지 조성사업의 민간투자 계획비는 20조 1,294억 원, 민간투자 유치실적은 5조 9,819억 원으로 투자계획 대비 실적율은 29.7%로 나타났다. 둘째, 2012년 말 관광단지 조성사업의 민간투자 계획비는 22조 9,068억 원, 민간투자 유치실적은 9조 247억 원으로 투자계획대비 실적율은 39.4%로 나타났다. 셋째, 2012년 말 관광휴양형 지구단위계획구역 사업의 민간투자 계획비는 15조 8,541억 원, 민간투자 유치실적은 8조 4,943억 원으로 투자계획대비 실적율은 53.6%이다.

〈표 14-3〉 관광지 조성사업 민간투자 실적

(단위: 백만 원, %)

구분	민간투자계획 사업비	민간투자 유치금액		계획 대비 유치 실적율		
기간	~2012	~2007	2008~2012	~2007	2008~2012	~2012
관광지	20,129,422	4,009,890	1,971,963	20.0	9.8	29.7
관광단지	22,906,842	3,730,363	5,294,377	16.3	23.1	39.4
관광휴양형	15,854,068	8,494,261		53.6		

주: 198개 관광지를 대상으로 함
출처: 박경열(2013), 관광개발사업 민간투자유치 동향 및 투자활성화 방안, 한국문화관광연구원(재작성).

이에 따라 관광지 조성사업 민간투자 유치 계획대비 실적율은 29.7%, 관광단지 조성사업 민간투자 유치 계획대비 실적율은 39.4%, 관광휴양형 지구단위계획구역 사업 민간투자 유치 계획대비 실적율은 53.6%이며, 세 가지 사업의 평균 유치율은 39.9%이다.

〈표 14-4〉 관광개발사업 민간투자 실적 비교

(단위: 백만 원, %)

구 분	민간투자계획 사업비	민간투자 유치금액	계획 대비 유치 실적율
계	58,890,332	23,498,224	39.9
관광지 조성사업	20,129,422	5,981,853	29.7
관광단지 조성사업	22,906,842	9,024,740	39.4
관광휴양형 지구단위계획구역사업	15,854,068	8,494,261	53.6

출처: 박경열(2013), 관광개발사업 민간투자유치 동향 및 투자활성화 방안, 한국문화관광연구원(재작성).

4) 관광산업 투자유치의 문제점

지난 수십년 동안 관광산업에 대한 투자유치가 이루어지고 있음에도 공공주도형 관광개발사업의 틀을 벗어나지 못하고 있다(장병권, 2009). 공공주도형 관광자원 개발정책의 핵심사업인 관광지의 개발실적이 저조(관광지 개발사업 완료 14%, 투자실적 25.5%)하며, 신규 지정관광지의 증가가 크게 감소(70년대 36개소, 80년대 66개소, 90년대 80개소, 2000년대 48개소)하여 관광인프라 확충을 저해하고 있다.

관광개발사업의 공익적 가치가 높고 그 중요성도 높아지고 있는 가운데, 개발주체가 공공주도에서 민간주도로 전환되고 있으나 공익적 기능을 수행하는 민간부문에 대한 동반자 의식, 규제 합리화, 인센티브 지원책, 협력적 개발방식 모색 등이 뒤따라가지 못하고 있다. 즉 변화하는 소비자의 요구와 무관한 공급자 중심적 관광개발로 소비자의 외면과 관광자원의 지속가능한 이용을 저해하고 있으며, 관광자원과 관광기업에 대한 통합적 사고(즉, 클러스터전략)가 부족하여 관광지 및 관광단지의 경쟁력 약화와 민간의 투자외면이 야기되고 있다.

관광개발에서 기반 인프라를 제외한 시설투자는 상당 부분 민간투자에 의존할 수밖에 없다. 관광(단)지뿐만 아니라 대규모 관광개발은 대부분 이러한 구조적 특징을 가지고 있다. 즉, 민간자본을 유치하지 못할 경우 관광(단)지의 개발은 부분적인 인프라 조성단계에서 머무르게 된다. 2009년 기준 우리나라 관광지 지정면적 대비 미개발면적 비율을 보면 약 90%가 미개발된 상태이며, 관광단지 역시 지정면적의 절반 이상이 미개발상태로 분석되고 있다.

또한 제2차 관광개발기본계획(2002~2011)의 민자유치 목표대비 실적은 겨우 25.9%에 그치고 있다. 이렇듯 계획 대비 관광개발 비율이 낮은 이유는 민간투자유치 단계에서 발목이 잡혀 진전되지 못하는 경우가 많기 때문이다. 관광개발 사업에서 민간투자유치가 실패하는 가장 큰 이유는 토지매입비 등 초기 투자비가 높은 데 비해 투자비 회수기간이 장기라는 특성 때문이다(정명희, 2012).

1980년대까지만 관광지 및 관광단지와 같은 관광개발 사업은 공공성과 높은 외부효과, 초기투자비의 부담, 손익분기점 이전에 지속적인 재투자의 필요성으로 인하여 공공부문이 주도적으로 추진되었다.

그러나 1990년대 이후 관광개발사업에 있어서 정부가 주도하나 민간부문의 투자비가 대부분을 차지하고, 순수 민간주도형 관광(단)지가 개발되는 등 관광개발사업이 점차 민간부문의 영역으로 이전되는 경향이 있으나, 공공재를 조성하는 민간부문에 대한 지원책은 상대적으로 소홀하여 관광자원 개발의 공익성 증진을 저해하고 있다.

관광개발에 대한 민간참여의 부진이유는 관광개발의 수익성 보장미흡, 투자비 회수기간의 장기화로 인한 위험부담, 초기투자비의 과다로 인한 재정적 부담, 부동산 보유메리트 상실, 전통적 관광자원에 대한 수요의 감소로 인한 관광(단)지의 투자외면 등이 거론되고 있다.

관광자원 개발사업을 지속적으로 확대하고 공익성을 확보해 나가기 위해서는 현재 지지부진한 성과를 내고 있는 관광지, 관광단지, 각종 관광개발사업에 대한 지속적이며 정기적인 점검과 평가, 개발부진의 근본적 문제점에 대한 시의적절한 처방을 강구하여야 한다.

그동안 관광개발사업 중 관광지, 문화 및 생태 · 녹색관광자원, 관광특구, 광역관광개발사업 등에 대해서만 평가 · 모니터링이 실시되고, 일부 사업은 평가결과를 반영하였으나 여전히 일회성 평가에 그치고 있다.

향후의 평가 · 모니터링 사업은 사업시행주체(정부, 지자체, 민간, 공모사업 등)별 사업추진 성과, 문제점, 개선점 등을 종합적 · 정기적으로 모니터링할 필요가 있으며, 이를 위해서는 평가전담기관의 선정, 관광개발 지식관리시스템 구축, 민간관광투자의 지원 및 보상체계 확보 등을 종합적으로 검토할 필요가 있다.

향후 관광개발사업에 있어서 민간의 참여가 계속 늘어날 전망이나 이를 더욱 장려하기 위해서는 정부주도에 따른 부작용을 최소화하고 민간부문의 역량을 극대 활용하는 방안을 강구할 필요가 있다.

관광개발사업을 공공주도형과 민간주도형으로 구분하되, 공익적 가치를 감안하여 민간주도 개발사업의 활성화를 위한 지원책을 강구해야 한다. 즉 입지규제, 반개발 정서, 초기 투자비 과다, 자본회수 장기화, 계절성 등 대내외적 요인에 의한 저조한 관광개발 여건을 획기적으로 개선하며, 관광지, 각종 관광자원 개발사업 등 공공부문 주도의 관광개발은 자연보호 및 지역사회 중심의 관광개발로 전환하고, 민간이 주도적으로 추진하는 관광단지에 대한 진입규제를 완화하며 관광단지에 대한 인프라 지원, 인허가 간소화, 세제감면 등 정책 지원을 확대할 필요가 있다.

4. 지역 관광산업 투자유치의 방향

1) 지역 관광산업 투자유치 전략

우리나라는 아직 관광인프라가 완비되지 못하고 국제경쟁력을 갖춘 관광거점을 충분히 확보하지 못한 상태라는 점에서 향후 지속적인 관광투자가 필요하다. 일단 국제 관광 경쟁력을 확보하기 위해서도 충분한 투자가 필요하다. 경쟁이 치열해지고 있는 아시아 관광시장에서 살아남고 시장을 선도하기 위해서는 정부의 관광개발 사업이 지속적으로 추진됨과 동시에 국내외 자본의 투자유치가 필요하다.

특히 외국인 관광객의 한국방문을 지속적으로 견인할 수 있는 숙박시설, 국제수준의 관광단지, 테마파크 등을 적극 개발할 필요가 있다. 그리고 숙박시설 부족에 따른 숙박비의 과다책정 및 단체관광코스의 왜곡된 현상 등으로 가격경쟁력 저하는 물론 관광객의 불만요인을 사전에 제거할 필요가 있다.

외래관광객의 지속적인 유치와 국내관광수요의 발굴을 통하여 서비스 경제시스템의 확립, 지역경제 활성화, 일자리 창출 등을 모색하기 위해서는 정부차원에서 대대적인 관광투자가 전개될 필요가 있다. 그동안 관광지, 관광단지, 관광레저도시, 관광특구 등 정부의 관광개발사업이 지속적으로 추진되어 왔음에도 불구하고 뚜렷한 성과를 거두지 못하고 있는 것은 이에 상응한 민간부문의 대응투자가 이루어지지 못하였기 때문이다.

또한 관광지 개발사업이 관광트렌드에 부응하지 못하여 효율성이 저하되고 있는 상태이며, 천편일률적 · 중복적 관광투자로 인하여 관광개발사업이 성과를 내지 못하고 있다. 이에 따라 정부차원에서 관광개발에 대한 강력한 리더십의 발휘가 필요하다. 지난 수년간 정부의 관광개발정책이 선거공약의 수행을 위해 편의적으로 수행된 측면이 적지 않았다.

그리고 관광수요에 효과적으로 대응하기 위한 모델사업을 지속적으로 추진하기보다는 단편적인 추진에 그친 경우가 많았으며, 사업성과가 낮은 지역관광자원개발에 '예산퍼주기형' 사업도 적지 않았다.

이에 따라 국내 관광투자를 활성화하기 위해서는 다양한 제도의 도입이 필요하다. 이와 관련하여 네트워크형 관광투자 프로그램을 검토할 필요가 있다. 이는 하나의 관광투자 프로젝트를 구성함에 있어서 각각의 구성주체별 적절한 투자주체를 발굴 · 결합시키는 것이다.

다른 제조업과 달리 관광투자는 투자규모가 크고 자금회수에 긴 시간이 소요되는 리스크를 안고 있다는 점에서 투자리스크를 분산시키고 대형 투자의 밸류체인(value chain)별 전문성 제고를 위해서 각각 적합한 주체의 참여가 필요하다. 즉 하나의 프로젝트에 국내 투자자, 출자자, 해외투자자, 운영업체 등 각각의 주체가 적절히 참여하여 투자체계를 구성하는 것을 말한다(주영민, 2009).

다음으로 관광산업의 투자유치 전략은 제품화(product)전략, 표적화(targeting)전략, 단계별(phasing)전략으로 구분할 수 있다. 첫 번째의 제품화 전략은 도입하고자 하는 관광시설의 성격을 확실히 설정하고 특성화하는 것이다. 예를 들어 연수형 관광지의 경우에도 직무분야 교육형 연수, 기업단체 인성형 연수, 인센티브 휴양형 연수, 그리고 이들의 결합형인 휴양형 복합연수 등으로 구성할 수 있다.

그리고 두 번째의 표적화 전략의 경우 투자유치대상 선도기업군을 선정하는 것이다. 연수형 관광지의 경우 1차적 고려대상으로 전국단위 업무의 공기업, 모집원 활용형 금융기업, 방문형 교육기업, 콜센터·백업센터 보유기업 등으로 구분할 수 있다. 2차적 고려대상으로는 지역연고 및 출향기업, 연수시설 필요 기업, 국내 리조트 전문사 등을 선정할 수 있다.

세 번째의 단계별 전략에서는 공공사업비의 효율적 활용방안을 강구하여 공공사업비의 우선투입 방안, 민간 유치를 위한 필수 관광인프라 구축방안 등을 결정할 필요가 있다.

제품화(product) 전략	표적화(targeting) 전략	단계화(phasing) 전략
개발·도입하고자 하는 관광시설의 성격과 특성을 명확히 정의(규정)	유관 투자유치 대상 선도기업군 발굴 및 2차적 고려대상 선정	1단계 공공사업비의 효율적 활용방안 강구, 민자유치 관광인프라 강구

자료: 관광개발연구원(2011), 연수 관광지 투자유치 활성화 방안.

[그림 14-5] 관광산업 투자유치 전략의 구성요소 및 프로세스

2) 해외 관광산업 투자유치의 전략

최근 들어 관광산업에서 중국자본의 관심은 리조트, 호텔, 쇼핑센터 등 유통 부분을 중심으로 이루어지고 있다. 이는 한국에서 중국관광객의 증가와 밀접한 관계를 가지

는 것으로 볼 필요가 있다. 최근 한국에 대한 해외자본의 관광투자 내용을 살펴보면 이러한 경향을 잘 나타내 주고 있다.

국토해양부의 발표에 따르면 2011년 상반기 동안 중국인이 매입한 국내 부동산은 515건에 953.3억 원으로 전년도 동기간의 250건, 640.3억 원에 비해 건수는 2배, 금액은 1.5배의 증가를 보였다. 면적도 전년도 상반기의 8만 6,579㎡에 비해 3배가 넘는 26만 660㎡를 기록했다. 이로서 현재 중국인이 보유한 국내 부동산은 336만㎡로 여의도 면적보다 크다. 중국인은 특히 제주도 부동산 투자에 높은 관심을 가지고 있다. 이는 2010년 2월부터 제주도에서 시행되고 있는 '부동산 투자자 영주권' 제도의 영향을 받은 것으로 보인다.

제주도에서 실시하고 있는 '부동산 투자자 영주권' 제도는 외국인에게 5억 원 이상의 요양시설이나 리조트 구매 허용, 5년 이상 해당 부동산을 보유하거나 거주하면 영구 거주권을 발급하는 것이다. 이는 기존의 그린필드형 또는 M&A형 투자유치 외에 새로운 유형의 중국자본 유입형태이며, 관광 · 서비스산업에 대한 투자유치에도 유익한 시사점을 주고 있다.

해외자본의 관광산업 투자유치 시에는 다음과 같은 전략적 접근이 필요하다(이정훈, 2011). 첫째는 성장하고 있는 중국의 주요 관광기업을 타깃으로 한 전략적 투자유치 활동이다. 둘째는 맞춤형 투자유치 인센티브 및 판촉이다. 셋째는 외래관광객을 손님으로 보지 않고 '동일 생활권 거주자'라는 개념을 도입할 필요가 있다. 넷째, 중국관광객이 다수 방문하고 있는 서울, 인천, 부산, 제주는 물론 향후 중국관광객의 방문이 증가될 것으로 보이는 도시의 경우 중국관광객 수 증가에 연동하여 시의적절한 투자유치 대책을 강구할 필요가 있다.

그러나 관광산업 육성을 위한 외국인 직접투자 지원을 위해서는 정부차원에서 다양한 개선책이 강구되어야 한다. 그 대표적인 방안으로 첫 번째 외국인 투자기업의 인센티브 총량제를 실시하는 방안이다. 두 번째로 외국인 투자기업의 토지매입 대행 지원이다. 세 번째는 현금지원 인센티브의 차별화이다. 네 번째로 낙후지역에 대한 관광업종 외국인투자지역 지정요건의 완화이다.

5. 맺음말

관광산업 투자란 관광산업 분야에 수익의 획득 또는 지역활성화, 지역경제성장 등 공공의 목적으로 생산적인 활동에 자본을 투입하는 것을 의미한다. 관광산업 투자는 민간투자유치의 하위개념이며, 여기에서 민간투자유치는 국가 또는 지방자치단체 등 공공부문이 공공시설의 건설과 운영을 위하여 부족한 재원의 전부 또는 일부를 민간부문으로부터 조달하고 대신 민간부문에게 일정범위 내 공공시설의 운영 및 수익을 보장하는 제도이다.

한국관광공사의 경우 직접적인 개발사업 기능은 배제되고 지자체 관광투자 지원체제로 전환되었다. 한국관광공사의 지자체 대상 관광투자 지원사업은 관광투자 콘퍼런스 개최, 국내주요 관광개발 사업홍보, 지자체 투자유치 컨설팅 및 워크숍 개최, 고객맞춤 서비스 제공 및 잠재투자자 초청 현장설명회 개최, 투자유치 관련 제도개선 과제 발굴 및 건의, 관광투자 정보 제공, 지역관광개발 사업 활성화 등이다. 그리고 관광공사에서 지원하는 관광투자 프로젝트는 공사관련 사업, 지자체관련 사업, 유관기관 투자사업으로 구분되고 있다.

지난 수십 년 동안 관광산업에 대한 투자유치가 이루어지고 있음에도 공공주도형 관광개발사업의 틀을 벗어나지 못하고 있다. 2012년 말 기준으로 전국 지정 관광지등은 263개로 관광지 227개, 관광단지 36개이다. 전국에 지정된 관광휴양형 지구단위계획구역 사업은 총 539개이며, 이 중 관광지 및 관광단지와 중복되는 사업은 각각 147개와 17개로 관광지 및 관광단지 조성사업과의 중복을 제외할 경우 375개이다.

관광개발사업의 공익적 가치가 높고 그 중요성도 높아지고 있는 가운데, 개발주체가 공공주도에서 민간주도로 전환되고 있으나 공익적 기능을 수행하는 민간부문에 대한 동반자 의식, 규제 합리화, 인센티브 지원책, 협력적 개발방식 모색 등이 뒤따라가지 못하고 있다.

국내 관광투자를 활성화하기 위해서는 다양한 제도 도입이 필요하다. 이와 관련하여 네트워크형 관광투자 프로그램을 모색해 볼 필요가 있다. 이는 하나의 관광투자 프로젝트를 구성함에 있어서 각각의 구성주체별 적절한 투자주체를 발굴 · 결합시키는 것이다. 또한 관광산업의 투자유치 전략을 도입테마 또는 콘텐츠별로 구축하는 것으로 제품화 전략, 표적화 전략, 단계별 전략으로 구분하여 추진될 필요가 있다.

해외자본의 관광산업 투자유치 시에는 성장하고 있는 중국의 주요 관광기업을 타깃으로 한 전략적 투자유치 활동을 전개하고, 맞춤형 투자유치 인센티브 및 판촉을 실시하며, 외래관광객을 손님으로 보지 않고 '동일 생활권 거주자'라는 개념을 도입할 필요가 있다. 또한 중국관광객이 다수 방문하고 있는 서울, 인천, 부산, 제주는 물론 향후 중국관광객의 방문이 증가될 것으로 보이는 도시의 경우 중국관광객 수 증가에 연동하여 시의적절한 투자유치 대책을 강구할 필요가 있다.

PART

5

관광산업혁신: 융복합 기술을 배양하자

제15장 혁신성장을 통한 관광산업 발전방향

제16장 관광산업정책의 키워드, 관광테크놀로지

제17장 관광산업 분야 청년 일자리 창출

제18장 관광두레PD의 역량강화 방안

PART 5의 구성과 주요 내용

"관광산업혁신: 융복합 기술을 배양하자"라는 주제를 설정하였다. 관광산업의 혁신이 중요한 과제로 부상하고 있으며, 이는 융복합을 통해서 달성할 수 있기 때문이다. 이에 따라 관광산업의 혁신성장 정책과제, 관광테크놀로지, 관광산업의 청년 일자리 창출, 관광두레PD의 역량강화 방안에 초점을 두었다.

제15장

'관광산업의 혁신성장 정책과제'를 주제로 삼고 관광산업 혁신성장 정책의 추진현황과 추진과제를 도출하였다. 이 글은 한국문화관광연구원 계간지 한국관광정책(2017년 겨울호)에 실린 '혁신성장을 통한 관광산업 발전방안'을 수정 · 보완하였다.

제16장

'관광산업정책의 키워드, 관광테크놀로지'를 주제로 삼았다. 이 글은 2000년대 중반 관광기술이 중요한 화두로 등장하면서 효과적인 추진방향을 모색하고자 2007년 한국관광공사의 지원으로 학술발표대회에서 발표한 '신관광시대의 산업정책, 관광테크놀로지(TT)'를 수정 · 보완하여, 한국관광학회 관광학연구에 실은 글이다.

제17장

'관광산업 분야 청년 일자리 창출'을 주제로 삼아 대학관광교육과 관광산업계의 미스매치를 해소하고 청년들이 신명나게 일할 수 있는 방안이 없는가에 초점을 두었다. 이 글은 2015년 11월 25일 문화체육관광부 주최 '문화 · 체육 · 관광분야 청년 일자리 창출 대토론회'(전경련 회관)에서 발표한 내용을 수정 · 보완하였다.

제18장

'관광두레PD의 역량강화 방안'을 주제로 삼았다. 2013년부터 시작된 관광두레사업의 효율적 추진을 위해 관광두레PD의 역량강화 방안이 강조되었으며, 2015년 한국문화관광연구원 관광두레사업단의 의뢰로 관광두레PD에 대한 의견수렴과 대안 마련을 위하여 작성되었다.

제15장
혁신성장을 통한 관광산업 발전방향

1. 머리말

문재인 정부는 출범 초기 경제정책 방향으로 초기에는 '소득주도 성장'을 강조하였으나 이제는 '혁신성장'도 균형있게 다루며 사회보상체계의 혁신을 도모하는 방향으로 전환하였다. 경제정책의 목표를 분배와 성장이 선순환을 이루는 '사람 중심 경제'의 구현에 두었으며, 4대 정책방향으로 소득주도 성장, 일자리 중심 경제, 공정 경제, 혁신성장을 삼았다. 여기에서 소득주도 성장은 한마디로 가계소득을 늘려 경제성장의 발판으로 삼겠다는 것으로 소득분배 개선을 통한 경제성장을 추구하는 임금주도 성장과 맥을 같이한다(매일경제, 2017.10.4).

반대로 혁신성장은 수요보다 공급 분야, 즉 규제개혁과 신산업 발굴 등 기업의 혁신을 촉진하기 위한 대규모 규제철폐를 핵심으로 한다는 점에서 소득주도 성장과 차이가 있다. 슘페터식 공급혁신 이론에 입각한 혁신성장은 이전 정부부터 중시된 창조경제와 연장선상에 있는 개념으로서, 정부의 역할은 각 경제주체들이 하는 일에서 혁신을 통한 성장이 성공할 수 있도록 지원하는 것이다.

최근 혁신성장이 최우선 국정 어젠다의 하나가 된 이유에 대해 사공일 전 재무부 장관은 "현재 우리 경제가 당면한 가장 큰 도전으로 이미 2% 중반 수준으로 떨어진 성장잠재력은 대대적 혁신을 통한 빠른 생산성 향상이 없이는 머지않아 0%대로 떨어질 수밖에 없으며, 기존의 생산방식과 산업구조 및 고용구조, 인류의 생활방식과 소비형태, 그리고 경쟁 패러다임이 급변하고 있는 제4차 산업혁명 시대에 범세계적 혁신경쟁에서 뒤처질 수밖에 없기 때문이다"라고 주장하고 있다(사공일, 2107.10.14).

이에 따라 향후 관광정책 추진 시 상대적으로 비중이 커진 수요측면의 복지 · 분배를 비중있게 다루되 공급 측면에서의 산업혁신과 성장을 절대 소홀히 하지 않고 균형을 모색하여야 한다. 복지 관점에서의 국민 관광참여 지원은 물론 혁신성장 관점에서의 관광 일자리의 질 개선, 공정관광 생태계 조성, 관광산업 구조개혁과 혁신 등도 달성할 수 있도록 관광관련 법과 제도 개선에 역점을 둘 필요가 있다. 지난 박근혜 정부에서 추진했던 창조경제와 달리 혁신성장이 지속가능하게 추진되기 위해서는 관광산업 혁신을 이끌어 내는 근본적인 동력을 발굴하고 혁신을 촉진하기 위한 강력한 지원체계를 구축하는 것이 중요하다.

〈표 15-1〉 문재인 정부 경제정책 방향과 관광부문 시사점

구분	주요 내용		관광부문 시사점
목표	사람 중심 경제		• 관광복지와 산업 혁신성장의 균형 모색
정책 방향	소득 주도 성장	• 가계 가처분 소득 증대, 사회안전망 확충, 인적자본 투자 확대	• 복지관광 참여 지원 강화
	일자리중심 경제	• 고용친화적 시스템 구축, 노동시장 제도 · 관행 개선, 적극적 노동시장 정책	• 관광산업 일자리 질 개선
	공정 경제	• 불공정 거래관행 근절, 기업 지배구조 개선, 대 · 중소기업 동반성장	• 공정관광 산업 생태계 구축
	혁신 성장	• 중소기업 성장동력화, 4차 산업 혁명 대응, 대외개방 · 전략적 해외진출	• 관광산업 구조 개혁과 혁신
이행 기반	리스크 관리 등 경제안정 + 정책인프라 혁신		• 관광관련 법 및 제도 혁신

자료: 관계부처 합동(2017.7.25), 새정부 경제정책 방향(경제 패러다임의 전환).

문재인 정부는 2017년 8월 100대 국정과제를 발표하면서, 국가비전을 '국민의 나라 정의로운 대한민국'에 두고 5대 국정지표로 국민이 주인인 정부, 더불어 잘사는 경제, 내 삶을 책임지는 국가, 고르게 발전하는 지역, 평화와 번영의 한반도로 삼았으며, 관

광은 '자유와 창의가 넘치는 문화국가' 차원에서 다루고 있다(대한민국 정부, 2017). 주목할 점은 정부차원에서 혁신성장의 주력 산업에 대한 구체적인 청사진이 나타나 있지 않다는 것이다.

> 과학기술정보통신부는 2017년 9월 27일 제3차 생명공학육성기본계획(일명 바이오경제 혁신전략 2025, 2017~2025)을 확정 · 발표하였다. 동계획은 바이오기술이 인류의 복지와 경제성장을 동시에 달성하는 새로운 경제패러다임인 '바이오경제'에 주목하여 바이오 R&D 혁신, 바이오경제 창출, 국가생태계 기반 조성 등 3대 전략을 수립하고 이를 통해 글로벌 바이오강국 도약, 글로벌 최초 성과(혁신 신약), 신규 일자리 창출, 사회문제 해소, 기술수출 확대 효과를 도모하고 있다(과학기술정보통신부, 2017).

박근혜 정부의 창조경제 관련 5대 유망서비스 산업에서는 보건 · 의료, 교육, 관광, 금융, 소프트웨어가 포함되어 창조경제를 통한 역동적인 혁신경제를 구현하기 위한 경제혁신 3개년 계획이 수립 · 시행된 바 있다.

2. 관광산업 혁신성장 정책 추진현황

문재인 정부의 관광정책 방향을 가늠할 수 있는 국정기획자문위원회의 '문재인정부 국정운영 5개년 계획'과 최종 확정된 정부의 '100대 국정과제' 속에 반영된 '관광복지와 관광산업 활성화 방안'을 검토해 보면, 정부의 관광정책이 관광복지적 관점과 산업혁신적 관점에서 접근하고 있음을 알 수 있다(국정기획자문위원회, 2017; 대한민국 정부, 2017).

전자의 관광복지가 '분배' 중심의 관광정책이라면, 후자의 관광산업 활성화는 '성장' 중심의 관광정책이다. 전자의 복지에 초점을 둔 관광정책은 국민 일반의 관광복지 수준을 개선하는 데 초점을 두지만, 후자는 새로운 산업군(群)을 창출하고 혁신을 모색한다는 점에서 혁신성장에 더 가깝다. 따라서 혁신성장론에 입각한 관광정책은 관광산업에 대한 과감한 구조조정과 새로운 성장동력의 창출 기반을 만들어 내는 데 초점을 두어야 한다.

구체적으로 정부의 혁신성장 정책방향과 궤를 같이하는 '관광복지와 관광산업 활성화 방안'의 세부 실천과제는 온라인 플랫폼 운영 · 개선, 관광품질인증제 강화, 관광벤처기업 발굴 · 지원, 융합관광산업 육성(VR · AR 콘텐츠 제작 등), 지역특화 관광명소 집중육성, 고부가 관광산업 육성(웰니스 관광클러스터 지원 등), 관광산업 펀드 조성이 대표적이다. 이는 정부가 관광부문의 혁신성장을 위해 제4차 산업혁명시대에 대응한 온라인 플랫폼 강화 및 융합관광산업 육성, 관광벤처 육성, 관광품질 혁신, 일자리 창출형 지역관광 혁신, 관광산업 펀드 활성화 등에 역점을 두어야 할 것임을 보여준다.

정부가 혁신성장의 기조하에 핵심 엔진으로 관광산업을 육성하려는 움직임도 가시적으로 나타나고 있다. 관광산업의 일자리 창출 효과가 크고 수출 못지않게 국부창출 효과가 크다는 점에서 우리 경제의 신성장 동력으로 삼겠다는 의지도 엿보인다. 2017년 11월 3일 경제부총리 주재로 개최된 민관합동 관광관련 경제현안 간담회에서 '방한 관광시장 활성화 방안'을 발표하면서, 관광시장의 창출과 더불어 의료관광, 관광벤처 육성, 여행업 진입규제 완화, 온라인 플랫폼 육성 등에 주목하고 있다(관계부처 합동, 2017.11).

문화체육관광부는 2017년 8월 대규모 조직개편을 통하여 관광정책국 산하에 관광산업을 전담하는 관광산업정책관을 두고 관광산업정책과와 융합산업관광과를 통하여 관광분야 일자리 창출, 관광사업 창업지원 및 벤처육성, 웰니스 관광상품화 등을 담당토록 하고 있다.

이는 종전 관광정책실 내 관광정책국은 존치하고 국제관광정책국을 폐지하는 대신 관광산업정책관을 두어 관광산업 육성에 주력할 것임을 보여주는 것이다. 특히 정부의 국정과제를 달성하기 위하여 관광복지 실현, 관광산업과 일자리, 관광을 통한 지역균형발전, 인바운드 관광활성화 및 경쟁력 강화를 위한 정책개발에 주력하고 있다.

이와 연계하여 한국관광공사도 정부의 일자리 창출 및 관광산업 경쟁력 강화 방침에 따라 핵심 국정과제별 전담조직을 신설하였다. 공사 내에 노사공동 일자리위원회를 구성하고 일자리 전담부서인 일자리창출팀을 신설하였고, 관광사업지원단을 관광기업지원실로 확대 개편하여 관광벤처를 비롯한 중소 관광기업의 창업 · 운영지원을 강화하였으며, 관광벤처 보육센터를 운영하고 혁신성장팀의 신설을 통하여 관광산업의 혁신성장을 위한 기반을 확충하는 데 주력하고 있다.

그러나 정부의 역점 시책에도 불구하고 관광산업의 혁신성장의 주체인 민간부문과의 협치는 더딘 상황이다. 예를 들어 한국관광협회중앙회는 범관광산업 네트워크 구축을 위하여 관광산업융복합추진협의회 운영, 민관관광산업 선진화위원회의 조직화 및 정부정책의 현장 확산과 관광사업체의 정책순응 제고, 고부가 관광산업화를 위한 R&D기능 강화, 복지관광 사업 확대를 위한 복지관광재단 설립 등의 추진방안을 강구하고 있으나 더 적극적인 추진력을 확보할 필요가 있다. 정부차원에서도 혁신성장의 주체인 관광기업뿐만 아니라 관광협회의 역량을 강화할 수 있도록 유도할 필요가 있다.

3. 관광산업의 혁신성장 추진과제 도출

2017년 11월 3일 관계부처가 합동으로 관광관련 경제현안 간담회에서 '방한 관광시장 활성화 방안'의 목표를 '방한관광시장의 성장동력 회복'에 둔 것은 관광산업을 혁신성장의 정책기조하에서 지속적으로 육성하겠다는 의도라는 점에서 의미가 있다. 또한 이를 달성하기 위하여 혁신성장의 전략으로 방한 관광시장의 균형성장, 고부가가치 관광 확대, 개별관광 편의제고를 선정함으로써 관광산업 성장의 돌파구를 마련하는 데 기여할 수 있다.

이와 동시에 추진과제로 전략 관광시장의 다변화, 크루즈관광 · 의료관광 · MICE · 쇼핑관광 육성, 맞춤형 관광경험제공, 관광벤처 육성, 대중교육 이용편의 향상, 관광불편 최소화를 선정하고 있는데(관계부처 합동, 2017.11.3), 이는 정부의 혁신성장 정책기조, 정부의 100대 국정과제(관광) 등과 정책 일관성을 유지한다는 점에서 적절하다.

이제부터 관광산업의 혁신을 위한 과제 도출을 위해서는 관광시장과 산업경쟁력 현황에 대하여 좀 더 객관적 분석이 필요하다. 우선 우리의 국제 관광경쟁력 순위는 2015년 29위에서 2017년 19위로 크게 상승하였지만(WEF, 2015; 2017), 과도한 중국시장 의존과 2017년 사드배치로 인한 중국관광객 급감에 따라 지속가능성 제고 차원에서 관광시장의 다변화 정책을 지속 추진할 필요가 있다.

외국인 관광객의 증가에도 불구하고 국내소비가 1인당 1,600달러대에서 정체되어 있다. 아웃바운드의 경우 급증추세에 있고 관광수지 적자규모도 더욱 커지고 있으며, 해외여행 소비액 규모가 2016년 현재 세계 7위(2018년은 세계 9위)까지 상승하였다. 국내

관광의 경우 총량이 미미하게 성장함에 따라 국내관광 지출액도 25조 원 수준에 머물러 있으며, 다만 국민관광 경험률과 1인당 관광횟수는 약간씩 상승하고 있다.

〈표 15-2〉 한국의 관광시장 변화추이

(단위: 만 명, %, 달러, 위, 일, 조 원, 회)

구 분		2014(a)	2015	2016(b)	증감(b/a 또는 b−a)
인바운드	방한 외래관광객	1,420	1,323	1,724	21.4
	중국시장 의존도	43.2	45.2	46.8	3.6
	1인당 소비지출액	1,605.5	1,712.5	1,625.3	1.2
	관광수입 세계 순위	18	23	20	2순위 상승
	평균체재일수	6.1	6.6	6.4	0.5
	서울방문 비율	80.4	78.7	78.0	-2.4
아웃바운드	국민해외여행객	1,608	1,931	2,238	39.2
	관광수지 적자규모	17.6	64.4	60.3	242.6
	1인당 평균지출액	1,211	1,115	1,033	-14.7
	관광지출 세계 순위	14	8	7	7순위 상승
국내관광	국민여행총량	39,831	40,682	41,238	3.5
	국내관광지출액	24.9	25.4	25.7	0.8
	국내여행경험률	86.4	87.9	89.5	3.1
	1인당 관광횟수	5.17	5.47	5.51	0.34

자료: 문화체육관광부(2017), 2016년 한국관광통계; 문화체육관광부(2017), 2016년 국민여행실태조사보고서; 문화체육관광부(2017), 2016년 외래관광객 실태조사 보고서.

또한 한국 관광산업의 경제적 기여도는 세계 평균, 아태지역 평균에 비해 여전히 미흡한 수준임을 알 수 있다. 한국의 GDP 대비 관광산업의 직접 비중은 2016년 1.8%로 세계평균 3.1%, 아태지역 평균 2.8%에 비해 크게 뒤떨어지고 있다. 간접 비중을 포함한 총비중도 비교대상에 비해 절반수준에 그치고 있다. 관광산업의 직접고용 비중과 총고용 비중 역시 낮은 수준이며, 현재와 같은 추세라면 2027년도까지 큰 폭의 증가를 기대하기 어려울 것이다(WTTC, 2016, 2017; 한국고용정보원, 2016).

다음으로 관광산업의 규모 및 일자리의 질과 성과도 자세히 살펴볼 필요가 있다. 2016년 12월 말 기준 관광진흥법에 근거한 관광사업체 수는 27,696개로 여행업이 16,605개로 전체의 60.0%를 차지하고 있으며, 관광편의시설업, 관광객이용시설업의 순이다. 지역별 분포로는 서울이 9,457개로 전체의 34.1%를 차지하고 있으며 다음으로 경기, 제주, 부산의 순이다.

〈표 15-3〉 한국의 관광산업 경제적 기여도

(단위 : %)

구분	한국			세계 평균			아태 지역 평균		
	2015	2016	2027	2015	2016	2027	2015	2016	2027
관광산업 GDP 직접 비중	1.8	1.8	1.9	3.0	3.1	3.5	2.7	2.8	3.4
관광산업 GDP 총비중**	5.1	5.1	5.5	9.8	9.8	11.4	8.5	9.0	10.7
직접고용 비중	2.2	2.3	2.7	3.6	3.6	4.0	3.7	3.7	4.2
총고용 비중**	5.6	5.8	6.5	9.5	9.6	11.1	8.6	8.7	10.6

주: * 2027년은 예측치임 ** 총비중은 직접 비중과 간접 비중을 합한 것임
자료: WTTC(2015, 2016, 2017), Travel & Tourism Economic Impact; 한국고용정보원(2016), 관광산업의 고용변화와 인력수요 전망.

관광사업체 종사자 수는 2014년 23여 만 명에서 2016년에는 26만여 명으로 13.7%가 늘어났으며, 업종별로는 여행업이 84,558명으로 전체의 37.6%를 차지하고 있으며 다음으로 관광숙박업, 관광편의시설업, 유원시설업의 순이다.

그러나 관광사업체 1개소당 평균 종사자 수는 2014년 11.1명에서 2015년 9.9명, 2016년 9.5점으로 점차 감소 추세에 있으며, 특히 카지노업, 관광숙박업, 관광객이용시설업의 감소가 두드러지고 있다. 관광사업체의 매출액은 2014년 22조 5,672억 원에서 2016년 25조 360억 원으로 10.9%로 크게 증가하였으며, 업종별로는 관광숙박업이 33.0%, 여행업이 30.5%를 차지하고 있다.

그러나 관광사업체 1개소당 연간평균 매출액은 2014년 10억 8,700만 원에서 2016년에는 9억 4,000만 원으로 지속적인 감소추세에 있다. 그리하여 관광사업체 종사자 1인당 평균매출액은 2014년 9,440만 원에서 2016년 9,400만 원으로 소폭 감소하였다. 또한 관광산업체 총이용객 수도 2014년 5억 6,893만 명에서 메르스 사태가 있었던 2015년을 감안해도 2016년에는 5억 6,045만 명으로 오히려 감소하였다.

이상에서 관광산업의 혁신성장의 과제 도출을 위하여 관광시장과 산업경쟁력 현황,

관광산업의 경제적 기여도, 관광사업체의 사업성과를 살펴보았다. 이를 토대로 할 경우 관광산업의 국제경쟁력 제고를 위한 다각적인 대책을 강구하고, 관광시장의 다변화 노력을 경주함과 동시에 외래객의 소비지출 확대를 위한 고부가가치형 관광 신산업을 적극 육성할 필요가 있다.

〈표 15-4〉 한국의 관광사업체 실적 추이

(단위: 개, 년, 월, 명, 억 원, 백만 원, 천 명, %)

구 분		2014(a)	2015	2016(b)	증감(b/a 또는 b-a)
관광 사업체 수 및 영업 현황	전국 사업체 수	20,769	23,874	27,696	33.4
	전체사업체 중 여행업 비중	61.9	61.2	60.0	-1.9
	서울지역 비중	35.8	35.2	34.1	-1.7
	사업체 평균 존속기간	8.0	8.0	8.0	0.0
	평균 자본금	1,488	1,548	1,642	10.3
	평균 영업 개월 수	11.3	11.4	11.4	8.8
종사자 현황	전국 종사자 수	230,334	235,604	261,978	13.7
	상용근로자 비중	73.8	75.8	74.2	0.4
	자격증보유자 수	22,830	22,867	28,746	25.9
사업 실적	총매출액	225,672	223,582	250,360	10.9
	사업체 1개소당 평균 매출액	1,087	937	904	-16.8
	사업체 총이용객 수	568,934	454,304	560,453	-1.5
	전자상거래 실시 업체 비중	27.7	27.2	37.4	9.7

자료: 문화체육관광부(2017), 2016년 기준 관광사업체 기초통계조사 보고서.

아웃바운드의 급성장에 따른 관광수지적자의 심화 현상을 냉정하게 주목해야 하며, 국내관광의 총량 확대를 통한 지역경제 활성화 기여도를 제고할 필요가 있다. 관광산업의 경제적 기여도가 세계 평균이나 아태지역 평균과 비교 시 여전히 미흡하다는 점에서 경제적 기여도를 제고하는 데 역점을 두어야 한다.

또한 관광사업체와 종사자 수, 매출액의 양적 증가에도 불구하고 평균 종사자 수가 감소하고 있으며, 사업체당 그리고 종사자당 평균매출액이 감소하고 있다는 점에서 관광산업의 부가가치 확대방안을 강구해야 한다.

4. 관광산업의 혁신성장 추진방안

향후 관광산업의 혁신성장을 충실히 추진하기 위해서는 정책목표를 '관광산업의 체질개선과 국제경쟁력 강화'를 통하여 고부가 관광서비스 혁신, 관광시장의 지속적 확장, 관광일자리의 창출에 초점을 두어야 한다. GDP 및 고용에 대한 관광산업의 직접 기여도는 세계평균 및 아태지역 평균에 비하여 높지 않지만, 간접 기여도를 포함할 경우 관광산업의 지속적인 성장기반을 확충하는 것이 매우 중요하다.

이러한 점에서 관광산업의 혁신성장 전략으로 혁신비전 수립, 혁신생태계 조성, 혁신거점 조성, 혁신인프라 강화, 혁신 산업군 육성, 혁신 제도화를 구사할 필요가 있다.

첫째, 관광산업의 혁신성장을 위해서는 정부의 강력한 의지가 담긴 관광산업 혁신비전과 실천계획을 조기에 수립하여 강력히 추진할 필요가 있다. 글로벌 무한경쟁 시대에 주도적으로 참여하여 성과를 내기 위해서는 정부의 강력한 의지가 계획이나 프로모션 사업, 또는 경쟁우위의 콘텐츠 창출이 필요하다. 일본의 관광대국화를 이끌고 있는 '관광입국플랜', 말레이시아 정부가 관광객 유치를 위해 강력히 추진했던 'Malaysia, Truly Asia', 카지노 금지를 과감히 포기한 싱가포르의 복합리조트 등은 대표적인 혁신성장의 사례이다(신용석, 2017).

둘째, 관광산업의 혁신생태계 조성을 위하여 4차 산업혁명 시대에 부응한 관광산업 혁신성장 전략을 조속히 수립하고 관광산업에 대한 투자촉진과 함께 공공데이터 개방을 통하여 관광 연구개발(R&D) 프로세스의 혁신방안을 강구하여야 한다.

셋째, 혁신거점의 구축을 위해서는 특히 인바운드의 경우 서울 · 제주 중심에서 탈피하여 인구 100만 명 내외의 비수도권 도시 중 관광인프라가 잘 구축된 2선 관광거점도시(가칭 '국제관광 거점도시')를 선정 · 육성할 필요가 있다. 관광자원 개발 시 장소중심형 지역특화 관광명소를 선정하여 문화체육관광부는 물론 관련부처의 정책지원 수단을 연계하는 '지역관광혁신 패키지 모델사업'을 추진할 필요가 있다(김향자 · 최자은, 2017).

넷째, 혁신성장 인프라 강화를 위해서는 관광스타트업(관광벤처)을 집중 육성하고 여전히 전자상거래 기반이 미흡한 관광사업체 대상 온라인 플랫폼을 구축해 주며, 이를 지원할 수 있는 관광산업펀드의 조성 · 운용이 요구된다.

다섯째, 혁신 산업군(群)으로는 부가가치가 높고 성장가능성이 높은 ICT융합 관광산업, 웰니스 관광클러스터, 의료관광, MICE, 크루즈관광, 쇼핑관광 등에 대한 집중 육성이 필요하다.

끝으로 관광산업에 대한 규제혁신의 제도화를 위해서는 기존 관광진흥법을 관광산업진흥법과 관광자원개발법으로 분리하여 산업진흥을 위한 다양한 경쟁제한적 규제혁신을 통하여 관광산업 진입장벽을 낮추고 자유롭고 창의로운 기업활동을 지원하며, 소비자 보호를 위해 관광품질인증제도, 공정경쟁제도 등을 추진할 필요가 있다.

또한 시급히 개선되어야 할 추진과제로는 4차 산업혁명 시대 데이터기반 스마트 관광기술 혁신, 관광품질인증 및 서비스 혁신, 융복합 관광산업의 육성, 온-디맨드형 관광서비스 시스템 구축, 혁신형 관광창업 확대, 지역 관광산업 혁신, 관광산업 일자리 확대 등을 들 수 있다.

목표	관광산업의 체질 혁신과 국제경쟁력 제고 (고부가 서비스 혁신→관광시장 지속 확장→관광일자리 창출의 善循環)					
전략	혁신비전	혁신생태계	혁신거점	혁신인프라	혁신산업군	혁신제도화
	관광산업 혁신 비전 계획 수립	투자확대 · 공공데이터 개방	국제관광 거점 '2선도시' 육성	온라인 플랫폼, 산업 펀드 조성	융합관광, 의료관광, MICE 등	관광법제 혁신, 소비자 보호
과제	스마트 관광기술 혁신	관광산업 품질인증 및 서비스 혁신	융복합 관광산업 육성	온-디맨드 관광서비스 시스템 구축	혁신형 관광창업 확대	지역관광 산업의 혁신 체계 구축

[그림 15-1] 관광산업 혁신성장의 목표-전략-과제

첫째, 4차 산업혁명 시대에 부응한 스마트 관광기술 혁신을 위해서는 데이터 기반 관광R&D사업을 적극 추진하여야 한다. 4차 산업혁명 시대의 경쟁원천은 데이터에 있으며, 대규모 시설 및 인력의 중요성은 상대적으로 감소하고 데이터에 기반을 둔 소비자 맞춤형 제품 · 서비스 등 시장 대응이 중요해져 경쟁방식이 데이터를 지속적으로 생성 · 활용하는 형태로 변화되고 있다(4차산업혁명위원회, 2017). 우선 전국 주요 관광지에

무료 와이파이 구역을 조성하고 빅데이터 수집과 활용을 통하여 관광정보를 철저히 분석하여 이를 지자체 및 관광업계에 제공할 필요가 있다. 관광분야에 빅데이터를 활용한다면 수요자 중심의 맞춤형 서비스 제공과 새로운 시장의 창출로 일자리 제공 등 산업혁신에 기여할 수 있다.

4차 산업혁명 시대에 관광산업이 대응하기 위해서는 발 빠른 공진화(共進化) 노력이 필요하다. 무엇보다 새로운 기술을 기존 관광산업으로 접목시키는 플랫폼을 구축할 필요가 있다. 한국관광공사가 스마트관광 통합 플랫폼의 구축에 주력하는 것도 시의적절하다. 정부와 관광기업 간의 중간지원기관들을 집합시켜 왕성한 서비스 기술을 발굴 · 개발하는 혁신지원시스템이 모색돼야 한다. ICT 분야의 중소기업, 소상공인, 청년사업가, 창업자 등을 규합하여 관광부문으로 더 끌어들여야 한다(장병권, 2017).

둘째, 관광산업의 품질인증 및 서비스 혁신을 위해서는 기존에 추진중인 한옥체험업, 외국인 관광도시민박업, 일반 · 생활숙박업, 관광면세업을 중심으로 한 품질인증사업을 여행상품, 의료관광, 농촌관광 등으로 확대하여 한국관광품질인증제를 체계적으로 확립할 필요가 있다. 이를 통하여 외국인 및 내국인 대상 관광서비스를 획기적으로 개선하는 계기가 되어야 한다.

셋째, 융복합 관광산업 육성을 위하여 관광산업도 신산업 직종 발굴과 육성을 위한 교육 · 훈련과정을 확충하고 관광융복합 분야에 대한 규제개선과 서비스 R&D 투자확대를 강화할 필요가 있다. 동시에 관광상품의 기획 · 생산단계에서 제조업-서비스 융합 강화를 위하여 관광선호도가 높은 산업관광 분야와의 관광융합 확대, AI · 빅데이터 · VR 등 신기술을 활용한 관광산업의 고부가가치화를 모색할 필요가 있다. 특히 여전히 저부가 서비스 수준에 있는 음식, 숙박 등 관광산업에 IT와 SW를 활용하여 경쟁력을 높일 필요가 있다(관계부처 합동, 2017).

넷째, 온-디맨드(on-demand)형 관광서비스 시스템의 구축은 저가항공의 확대, 모바일 플랫폼 구축, 모바일 여행사의 영향력 강화에 신속하게 대응하여 점점 더 개인화 · 고도화되고 있는 FIT의 눈높이에 부합하면서 동시에 관광산업도 혁신하는 계기가 될 수 있다. 관광상품의 구매 트렌드가 1세대는 불과 10여 년 전까지 여행사의 오프라인

'패키지'를 중심으로 이루어졌다면, 2세대는 2000년대 온라인 채널의 급성장에 따라 '온라인+FIT'의 형태로 나타났으며, 2010년대에는 모바일 플랫폼의 등장과 저가항공(LCC)의 공급확대 및 이로 인한 가격 합리화 등을 배경으로 '모바일+FIT'가 3세대형 트렌드가 자리잡고 있다. 이에 따라 실시간에 가까운 데이터 분석을 기반으로 정보를 갱신해 이용자가 일일이 검색해야 하는 불편을 줄이고 신뢰도 높은 최신 정보를 한눈에 보여주는 시스템을 갖추도록 할 필요가 있다.

다섯째, 혁신형 관광창업 확대와 관련하여, 정부가 새로운 일자리 창출원천인 혁신창업이 활성화되도록 창업생태계를 구축하고, 창업기업이 스케일업(scale-up) 기업으로 성장할 수 있도록 창업정책 패러다임을 전환하고 있듯이, 관광산업계에서도 혁신창업을 확대하기 위한 다각적인 지원책을 강구할 필요가 있다. 관광스타트업의 육성에 주목해야 하는 것은 스타트업은 기존 사업에 새로운 패러다임을 제시하며 혁신주도형 경제를 주도할 수 있기 때문이다. 이를 위하여 관광진흥법상 관광사업체 종류에 관광스타트업(또는 관광벤처업)을 신설하여 창업, 성장, 회수 등 벤처기업의 성장 단계별로 자금이 원활하게 순환하도록 공적·민간 투자자금을 모아 '관광벤처 성장사다리 펀드'를 제공할 필요가 있다.

여섯째, 지역 관광산업의 혁신을 위하여 우선 혁신을 주도할 수 있는 추진체계를 구축하는 것이 중요하다. 관광진흥법상에 반영된 '지역관광협의체'만으로는 혁신성장을 기대할 수 없다. 사업예산과 실행력을 갖춘 (가칭)'지역관광산업진흥원'을 설치 운영할 필요가 있다. 자원과 소재는 있으나 이를 관광콘텐츠 개발로 창출시킬 수 있는 중간지원조직의 필요성이 제기되고 있는 이유도 그 때문이다. 기존 각 시도별로 설치 운영 중에 있는 경제통상진흥원, 생물산업진흥원, 콘텐츠산업진흥원 등과 같이 지역 관광산업의 혁신을 위한 시·도 단위 관광산업진흥원을 설치하고 정부차원에서 관광기금 지원사업을 추진하는 것도 고려할 필요가 있다.

끝으로 현 정부가 스스로 '일자리 정부'를 표방하고 있는 이상 관광산업도 혁신을 통한 일자리 창출에 역점을 두어야 한다. 2017년 10월 정부의 일자리위원회가 발표한 '일자리정책 5년 로드맵'에서는 민간부문의 일자리 창출을 위하여 혁신형 창업촉진, 산업경쟁력 제고 및 신산업·서비스업 육성, 사회적경제 활성화, 지역일자리 창출에 초점을 두고 있다(일자리위원회·관계부처 합동, 2017). 높은 이직률, 여전한 미스매치 현상 등 아직도 관광산업 내에 일자리의 질 문제들이 남아있다는 점에서 이를 해소하기 위한 노력을 경주할 필요가 있다.

관광일자리를 창출하는 데 있어서 미래형 관광일자리를 발굴하고 新직업을 육성하는 적극적인 노력도 병행돼야 한다. 관광산업의 신규 채용규모가 지속적으로 감소하고 있는 현상을 그대로 방치할 수 없다. 대학 관광전공자들의 관광분야 취업률이 30% 내외로 낮아진 이유는 저임금, 비정규직, 사회적 저평가 등 관광산업의 낮은 고용의 질에도 이유가 있지만 기존 관광산업에서는 이들의 창의와 도전정신을 발휘할 공간을 제공하지 못하고 있는 미스매치 현상도 간과할 수 없다. 따라서 사회변화에 부응한 공정여행기획자, 관광재생디자이너, 복지여행 동행자, 할랄전문가, 관광스타트업 등 관광분야 유망 신직업을 발굴하고 제도적으로 육성해야 한다(장병권, 2017).

5. 맺음말

문재인 정부의 관광정책 방향은 국정기획자문위원회의 '문재인 정부 국정운영 5개년 계획'과 최종 확정된 정부의 '100대 국정과제' 속에 반영된 '관광복지와 관광산업 활성화 방안'에 반영되어 있고, 주로 관광복지적 관점과 산업혁신적 관점에서 접근하고 있음을 알 수 있다.

문화체육관광부는 2017년 8월 대규모 조직개편을 통하여 관광정책국 산하에 관광산업을 전담하는 관광산업정책관을 두고 관광산업정책과와 융합산업관광과를 통하여 관광분야 일자리 창출, 관광사업 창업지원 및 벤처육성, 웰니스 관광상품화 등을 담당토록 하고 있다.

2017년 11월 3일 관계부처가 합동으로 관광관련 경제현안 간담회에서 '방한 관광시장 활성화 방안'의 목표를 '방한관광시장의 성장동력 회복'에 둔 것은 관광산업을 혁신성장의 정책기조하에서 지속적으로 육성하겠다는 의도라는 점에서 의미가 있다. 그러나 관광산업의 혁신을 위한 과제 도출을 위해서는 관광시장과 산업경쟁력 현황에 대하여 좀 더 객관적 분석이 필요하다.

한국 관광산업의 경제적 기여도는 세계 평균, 아태지역 평균에 비해 여전히 미흡한 수준임을 알 수 있다. 한국의 GDP 대비 관광산업의 직접 비중은 2016년 1.8%로 세계 평균 3.1%, 아태지역 평균 2.8%에 비해 크게 뒤떨어지고 있다.

관광사업체 1개소당 연간평균 매출액은 2014년 10억 8,700만 원에서 2016년에는 9억 4,000만 원으로 지속적인 감소추세에 있다. 관광사업체 종사자 1인당 평균매출액은 2014년 9,440만 원에서 2016년 9,400만 원으로 소폭 감소하였다. 또한 관광산업체 총 이용객 수도 2014년 5억 6,893만 명에서 2016년에는 5억 6,045만 명으로 오히려 감소하였다.

따라서 관광산업의 혁신성장 정책은 정책목표를 '관광산업의 체질개선과 국제경쟁력 강화'를 통하여 고부가 관광서비스 혁신, 관광시장의 지속적 확장, 관광일자리의 창출에 두어야 한다. 그리고 관광산업의 혁신성장 전략으로 혁신비전 수립, 혁신생태계 조성, 혁신거점 조성, 혁신인프라 강화, 혁신 산업군 육성, 혁신 제도화를 구사할 필요가 있다.

끝으로 시급히 개선되어야 할 추진과제로는 4차 산업혁명 시대 데이터기반 스마트 관광기술 혁신, 관광품질인증 및 서비스 혁신, 융복합 관광산업의 육성, 온-디맨드형 관광서비스 시스템 구축, 혁신형 관광창업 확대, 지역 관광산업 혁신, 관광산업 일자리 확대 등을 들 수 있다.

제16장
관광정책의 키워드, 관광테크놀로지

1. 머리말

"곤충 테크놀로지라는 말이 있다. 다시 말해 곤충의 능력을 활용하거나 모방하는 것을 '곤충 테크놀로지(bug technology)'라 할 수 있다. 곤충은 인공적으로 합성할 수 없는 물질을 만들거나 인간이 흉내 낼 수 없는 탁월 감각과 기능을 가지고 있다. 곤충을 이용한 식용 · 애완용 곤충의 사육과 유기농업의 활용, 또는 나비축제, 반딧불축제 등 관광산업이 대표적이다"(예영준, 2006). '곤충 테크놀로지'를 거론하는 것은 '관광테크놀로지'도 이와 비슷한 관점에서 접근할 경우 그 본질규명은 물론 관광산업의 발전 방향을 모색할 수 있기 때문이다.

관광테크놀로지를 논의하기 위해서는 우리가 처한 상황부터 진단해 볼 필요가 있다. 세계경제포럼은 각국의 관광경쟁력에 대한 지수를 산출하기 위해 해당 국가의 관련법과 기반 시설 외에 각 정부의 여행 및 관광 정책과 치안, 위생, 가격 경쟁력 및 자연 자원 등 13개 분야를 평가하였는데, 한국의 관광경쟁력 순위는 2006년의 경우 조사대상 124개국 중 42위(WEF, 2007)에서 2007년은 조사대상 130개국 중 31위(WEF, 2008)로 상승하였다. 그러나 외래객 관광환대(112위), 관광가격 경쟁력(106위), 자연자원 매력도(80위), 관광일반 인프라(70위), 여행안전 보장(67위), 환경적 지속가능성(50위) 등은 여전히 열세를 면치 못하고 있다.

이러한 외부적 평가에 비해 내부적으로 최근 한국관광에 대한 평가는 더 냉혹할 정도이다. 한마디로 '고비용 · 저만족 구조'를 극복하지 못하고 있다. 그 첫 번째 원인은 관광객들의 인식변화와 관광을 통한 삶의 질 향상 욕구가 더욱 거세지면서 전문화된 양질의 관광상품에 대한 요구로 이어지지만 새로운 관광패러다임 변화에 대응하기 위한 산업구조의 고도화를 이끌어 내지 못했기 때문이다. 두 번째는 관광산업의 경쟁력 확보를 위한 전략적 접근이 부족했기 때문이다. 즉 관광산업의 생산성, 상품의 질, 고객감동 경영을 위한 노력을 게을리하였다. 세 번째는 관광산업부문이 새로운 관광패턴의 도래에도 불구하고 변화하는 소비자의 요구와 눈높이에 적절히 부합할 수 있는 전략을 구사하지 못하였기 때문이다.

이러한 관광산업 구조는 신관광시대의 경쟁환경에 대한 적극적 대응을 어렵게 하여 장기적으로 우리나라 관광산업의 경쟁력을 제고하는 데 장애요인으로 작용할 수 있다(김향자 외, 2006). 따라서 관광산업이 소비자에게 감동을 주고 관광 및 관련산업의 발전에 기여하며, 나아가 국가의 성장엔진이 되기 위해서는 관광산업 스스로 '환골탈태'에 가까울 정도로 체질을 개선해야 한다. 또한 우리가 세계 수준의 경쟁력을 갖추고 있는 정보기술을 최대한 이용하여 시너지 효과를 극대화해야 한다. 바로 '관광테크놀로지'라는 콘셉트를 적극 검토해야 할 시점이다.

그러나 관광테크놀로지의 개념화는 아직 이념(ideal)의 수준에 그치고 있다는 점에서 '기술'로서의 정체성과 독자영역을 확보하는 것이 시급하다. 또한 관광테크놀로지를 관광산업 전반에 신패러다임을 구축하는 정책도구로 활용되어야 할 시점에 다다랐다는 점에서 이에 대한 정부, 업계, 학계 간 폭넓은 논의가 선행되어야 한다.

2. 관광테크놀로지의 개념 및 특성

1) 관광테크놀로지의 개념

관광테크놀로지(tourism technology)라는 용어의 창안은 한국관광공사에 의해 2006년에 이루어졌는데, 당시 관광공사가 주창한 관광테크놀로지는 '관광산업의 패러다임 변화를 통해 관광산업을 한국경제의 성장엔진으로 육성하는 데 필요한 기술 또는 노하우', 또는 '인문, 사회, 경영, 통계 학문의 지식과 기술이 관광산업과 융합되어 새로운 관광산업의 원동력으로 작용하는 것'으로 정의하고 있다(한국관광공사, 2007). 이는 관광테크놀로지가 관광 고유의 자체기술을 기반으로 하기보다는 수많은 학문이 참여하는 복합학문적 접근대상임을 보여준다.

인터넷 온라인 백과사전인 위키피디아(Wikipedia.org, 2008)에 실린 관광테크놀로지의 개념에 대해 미시적으로는 '관광상품의 가치를 높이는 데 활용되는 지식'이며, 거시적으로는 '여행 · 관광산업의 경영에 활용되는 지식'으로 규정하여 '지식'을 관광테크놀로지의 기반으로 보고 있다. 또한 의료관광, 교육관광, 농촌관광, 해양관광 등과 같은 관광유형도 다른 산업부문에 정보기술과 관광테크놀로지를 적용한 결과로 간주하고 있다.

이와는 달리 또 다른 온라인백과사전인 앤서스닷컴(Answers.com, 2008)에는 여행테크놀로지(travel technology)라는 용어가 있다. 이 말은 '여행, 관광 및 환대산업에 대한 정보기술 또는 정보통신기술의 응용'을 의미한다. 예를 들면 현재 활발히 활용되고 있는 웹2.0(Web 2.0), 확장성생성언어(XML), 통관기술인 테큐러티(tecurity) 시스템이 그 대표적인 사례이다. 따라서 여행테크놀로지는 주로 관광객의 관점에서 이용가능한 정보기술이라고 할 수 있다.

> 또한 Hornecker and Bartie(2006)도 관광에서의 기술(technology in tourism)이라는 관점에서 관광테크놀로지의 핵심 구성요소로 이용 기기(what), 소유권(ownership), 이용구역(where), 활용목적(aim), 그리고 응용기술(technologies) 등 다섯 가지를 제시하고 있다(Hornecker and Bartie, 2006)

그런데 위의 두 가지 용어는 개념적으로 약간 다른 입장을 보이고 있다. 여행테크놀로지는 이용자의 입장에서 주로 가상공간(인터넷)을 활용하는 데 사용되는 관광분야의 정보통신기술의 응용이라는 의미가 강하다. 반면 관광테크놀로지는 이용자 · 공급자 모두가 가상공간은 물론 물리적 공간에서도 활용할 수 있는 정보기술기반 관광솔루션의 의미를 가지고 있다. 따라서 관광테크놀로지의 개념이 여행테크놀로지의 개념을 포괄하는 상위개념으로 파악할 수 있다.

물론 관광테크놀로지도 보는 관점에 따라 정의되고 있다. 관광테크놀로지는 협의의 관점과 광의의 관점에서 논의하고 있다(한국관광공사, 2005). 즉 협의의 관광테크놀로지는 '관광산업을 발전시키는 데 필요한 기술'을 의미하며, 구체적으로는 '관광산업의 발전을 위해 관광상품 개발에서 전달에 이르는 가치사슬 각 단계마다 개입하여 부가가치를 더해주는 역할'로 정의하고 있다. 반면 광의의 관광테크놀로지는 '한국의 이미지를 상품화하여 한국에 대한 기억을 고객에게 효과적으로 활성화시키는 데 필요한 기술'로 규정하고 있다.

	활용주체	활용공간	특 징
여행테크놀로지 (travel technology)	이용자 중심	가상공간	관광산업 분야의 정보통신기술의 응용
관광테크놀로지 (tourism technology)	이용자 및 공급자	가상공간 및 물리적 공간	정보기술기반 관광산업 분야의 솔루션

자료: 한국관광공사(2007). 관광테크놀로지에 대한 실체적 접근.

[그림 16-1] 여행테크놀로지와 관광테크놀로지의 비교

반면 김철원(2007)은 복융합화 현상과 경험경제에 있어서의 관광목적지 방문경험에 따른 부가적 가치창출의 관점에서 관광테크놀로지를 '관광산업을 우리 경제의 성장동력으로 육성시키기 위해 필요한 유·무형적 지적재산(tangible and intangible intelligence assets)'으로 규정하고, 관광목적지, 호텔, 여행사, 컨벤션, IT 등의 분야에서 정책, 개발, 마케팅, 경영관리를 체계적으로 수행하는 자산 혹은 프로세스로 보고 있다. 이는 관광테크놀로지를 산업적 차원뿐만 아니라 정책적 차원에서도 모색되어야 함을 제시하는 것이다.

이상에서 관광테크놀로지에 대한 몇 가지 정의에 대하여 살펴보았다. 관광테크놀로지에 대한 전통적 개념은 여전히 '관광에서의 기술', 즉 정보기기 및 소프트웨어로 인식하는 경향이 강함을 보여준다. 반면 한국관광공사와 국내 연구자가 주장하는 관광테크놀로지 개념은 관광만의 독창적 기술, 즉 관광상품의 개발 노하우 및 지식, 이미지 창조까지도 포함하고 있다는 점에서 차이점이 있다.

따라서 관광테크놀로지에 대한 개념화에는 이들 두 가지 정의를 정책적인 관점에서 통합적으로 모색하는 방안을 강구할 필요가 있다. 즉 관광테크놀로지의 기반, 대

상, 방법, 목표, 비전요소가 그것이다. 첫째, 관광테크놀로지의 핵심기반은 정보기술과 문화기술이 되어야 한다. 둘째, 관광테크놀로지의 대상은 관광산업 자체는 물론 연관산업으로 네트워킹과 복융합이 핵심이다. 셋째, 관광테크놀로지의 방법은 관광상품의 콘텐츠화 · 부가가치화 · 브랜드화에 집중되어야 한다. 넷째, 관광테크놀로지의 목표는 관광산업 고객을 감동시키는 것이다. 끝으로 관광테크놀로지의 비전은 관광산업의 경쟁력 강화에 있다.

이에 관광테크놀로지를 산업정책적 측면을 감안하여 "IT · CT를 기반으로 관광산업과 연관산업 간 네트워킹 · 복융합을 강화하고, 관광상품의 콘텐츠화 · 부가가치화 · 브랜드화를 도모하여, 고객감동을 실현하는 동시에 궁극적으로 관광산업의 국제경쟁력 강화를 위한 지식과 노하우"로 정의하고자 한다.

2) 관광테크놀로지와 IT · CT의 관계

관광산업이 종래 전통적인 인적 서비스산업에서 벗어나게 된 것은 정보기술과의 접목이 결정적인 역할을 하였다. 단순한 정보처리 수준을 넘어 관광안내시스템에 획기적인 변화를 가져왔고, 또한 e-Tourism 시장의 비중을 높이는 계기가 되었다. 정보기술은 정보화 시스템 구축에 필요한 유형, 무형의 모든 기술이라는 점에서 문화기술은 물론 관광테크놀로지의 핵심기반이 되고 있다.

정보기술의 대표적 형태인 인터넷의 등장은 관광산업의 가치사슬에 커다란 변화를 가져오고 있다. 전통적인 가치사슬 구조에서는 관광소비자와 관광지 간에 다층적 네트워크가 유지되어 왔으나 인터넷 등장 이후 인터넷이 관광의 모든 요소를 연결함으로써 관광사업의 핵심적 요소로 부상하게 되었다(전효재, 2006). 정보기술 시대로 들어와 관광객들은 웹이나 모바일 폰, 그리고 디지털 카메라 등 많은 새로운 기술을 사용하고 있다는 점에서 최근에 와서는 보다 우수한 관광기술들을 개발할 필요성이 커지고 있다(Brown and Chalmers, 2003).

그러나 관광테크놀로지를 정보기술과의 연계성만으로 설명하기에는 충분하지 않다. 관광테크놀로지가 활성화되기 위해서는 문화기술과의 광범위한 접목도 필요하다. 문화기술은 보통 디지털 미디어를 기반으로 하여 방송, 영화, 음반, 애니메이션, 게임, 음악 등 문화예술 산업을 첨단산업으로 발전시키기 위한 기술을 의미한다.

따라서 좁게 보면 문화기술(culture technology)은 문화콘텐츠를 디지털화하는 기술이지만, 넓게 보면 문화예술, 인문사회, 과학기술이 융합하여 인간의 삶의 질을 향상시키고 더 나은 방향으로 변화하게 하는 기술인 것이다. 문화기술은 문화콘텐츠 산업의 가치사슬의 모든 단계에 적용, 즉 전체 가치사슬의 각 단계마다 개입하여 부가가치를 더해주는 역할을 하게 된다. 따라서 관광테크놀로지는 문화기술과 밀접한 관계를 맺고 있으며, 문화기술의 핵심기술도 적극 활용할 필요가 있다(한국관광공사, 2005).

그런데 문화기술은 콘텐츠를 제작하는 데 작용하는 하드웨어, 그것을 운용하기 위해 탑재된 소프트웨어, 그리고 콘텐츠의 품질과 차별성을 장려하기 위하여 하드웨어와 소프트웨어에 개입되는 아트웨어(artware)를 총칭하는 개념이라는 점에서 관광테크놀로지와는 구별될 수 있다.

관광테크놀로지는 관광의 핵심요소인 하드웨어(hardware), 그리고 소프트웨어(software), 웨트웨어(wetware)를 바탕으로 한다는 점에서 문화기술만으로는 관광테크놀로지를 충분히 성장시킬 수 없다. 왜냐하면 문화컨텐츠가 '원소스 멀티유스(OSMU: one source multi-use)'라면 관광은 '원소스 멀티프로듀싱(OSMP: one source multi-producing)'이기 때문이다(유건, 2004).

따라서 관광테크놀로지만의 고유한 특성과 영역을 도출할 필요가 있다. 이와 관련 관광테크놀로지의 핵심을 네트워킹과 복융합에서 찾아야 한다. 관광은 숙박, 식음료, 여객운송, 스포츠, 오락유흥, 문화공연, 여행서비스를 핵심서비스로 한다는 점에서 연관산업과의 네트워킹이 필수적이며(한국관광공사, 2005), 그동안 관광지라는 일정 공간을 중심으로 이루어졌던 관광이 이제는 공간적 경계를 벗어나 다양한 산업 및 자원과 연계가 모색되어야 한다.

3. 관광산업 여건변화와 관광테크놀로지의 의의

1) 포스트모더니즘 사회화

20세기의 관광은 한마디로 대량관광의 형태였다. 여기에서 대량관광은 '다수의 고객에게 일정한 가격으로 판매하는 표준화된 대형 패키지현상'을 말한다. 대량관광은 대량생산 · 대량소비로 대표되는 모더니즘(Modernism), 포디즘(Fordism)의 전형적 특징이었다. 그러므로 대량관광은 표준화, 일반화되고 경직된 패키지상품, 유사한 고객을 대상으로 한 불특정 마케팅, 대량소비를 특징으로 하였다.

그러나 1990년대 중반 이후 새로운 관광패러다임이 등장하였다. 특히 포스트모더니즘으로의 사회변화는 다품종 소량생산과 분야 간 복융합으로 특징지워지고 관광패러다임도 종래 대량관광과 구별되는 개별 자유여행, 특별흥미여행 등의 대안관광으로 전환하게 되었다. 또한 환경보전의식이 강해지면서 관광산업도 생태관광, 지속가능한 관광, 녹색관광, 특수목적관광, 농촌관광, 유적관광 등 새로운 관광유형을 창출하기에 이르렀다(UNWTO, 2001).

이를 푼(Poon, 1994)은 구관광에서 신관광으로의 전환으로 표현하고 있다. 즉 종래의 대량관광이 구관광(old tourism)이라면, 현재 진행되고 있는 보다 세분화되고 실제적인 관광경험을 찾고자 하는 형태를 신관광(new tourism)으로 명명하고 있다.

그리하여 현대의 관광은 관광행위 그 자체보다는 '어떠한 관광경험을 하였는가?'라는 경험의 질을 중요시하게 되며, 이에 따라 기존의 관광상품 공급자에 의하여 짜진 일정에 의해 관광을 즐기는 단체관광 위주의 관광행태와는 별도로 개별적인 관심에 따라 다양한 유형의 관광활동을 즐기고자 하는 방향으로 전개되고 있다. 또한 최근 웰빙을 뛰어넘는 로하스(LOHAS)의 개념이 등장하여 미래에도 지속발전이 가능한 '사회적 웰빙' 개념이 확산되고 개인중심적 활동이 사회적 기여라는 측면에서 관광행태 또한 범사회적 개인지향 행태로 변화할 전망이다(장병권, 2007).

이와 관련하여 유엔세계관광기구(UNWTO, 2001)는 21세기 세계관광의 흐름이 세계화에서 지방화로의 전환, 관광목적지 선정 및 판매망 구축 시 정보기술의 막강한 영향력 발휘, 여행수속의 간편화 및 신속화, 전에 가 보지 않은 낯선 지역의 여행 증가를 열거하면서 이러한 신관광 형태는 국제 정치적 흐름이나 정보기술, 관광의식 변화 등에 의해 촉발된 것임을 보여주는 것이다.

또한 세계관광협의회(WTTC, 2003)도 21세기의 관광을 신관광으로 명명하면서, 관광분야 이해당사자들의 역할도 새롭게 요구된다고 보고 있다. 즉 새로운 관광객들은 정보기술을 기반으로 한 혁신적인 유통을 통하여 새로운 체험을 추구함에 따라 관광사업자들은 지역사회에 대한 편익제공은 물론 급변하는 관광객의 기대에 부응하는 것이 중요해지고 있다.

그리고 정부관광기관들은 관광산업의 지속가능한 발전을 위한 제도적 장치를 마련하는 것이 중요하다. 이상의 논의를 종합할 때 신관광은 관광의 특정부문에 국한된 현상이 아니며 관광객, 관광자원, 관광기업, 관광조직 전반에 걸쳐 나타나고 있는 현상이라고 할 수 있다.

2) 정보기술의 일상화

현대사회로 들어와 정보기술의 일상화를 기반으로 삶의 양태와 소비패턴이 변화하면서 문화공간과 문화소비의 특성도 변화하고 있다. 또한 주5일 근무제의 도입과 더불어 생활문화 전반에 엔터테인먼트화가 가속화되면서 문화산업에 대한 소비가 5~10% 정도 증가할 것으로 전망되며(삼성경제연구소, 2002), 여가생활의 탈표준화, 디지털화, 상호작용성, 신(新)전문화 현상이 두드러지게 나타나고 있다(정보통신정책연구원, 2004).

여기에는 물건으로 자신의 신분을 과시하는 '전리품 문화'를 거부하고 경험과 콘텐츠가 가져다주는 정신적인 풍요로움과 단순한 삶을 추구하는 삶의 방식 변화와도 관련이 깊다. 고가의 보석이나 승용차 구입 대신 공연관람, 외식 등에 투자하며, 소위 콘텐츠 중심의 여가상품이나 경험상품의 소비가 증가하는 추세가 나타나며, 풍부한 경험과 콘텐츠에 기반한 문화상품의 사회가 도래하여 귀족적 유목민(noblesse nomad)들이 웰빙가치 추구에 더 많은 비중을 두게 되기 때문이다(군둘라 엥리슈, 2002).

정보기술에 의한 사이버공간의 활용과 유비쿼터스 기술의 발전으로 인해 문화활동 및 관광은 공간적 제약(거리의 근접성 proximate distance)과 공간적 확장(원거리 근접성 distance proximities)과 밀접히 연관된다. 즉 물리적으로는 근접하더라도 거리감을 느끼는 반면, 물리적으로 떨어져 있어도 가깝게 느낄 수 있는 것이다. 이는 현대의 정보기술 진보의 결과로 문화·관광부문이 이러한 기술에 의해 크게 영향을 받고 있음(정보통신정책연구원, 2005)을 여실히 보여주는 것이다.

따라서 정보기술의 일상화는 사회문화를 지식과 문화의 생산요소화, 인간의 호모루덴스화, 무형자산의 가치증대, 추억·감성의 중요성 등이 중시됨에 따라 관광테크놀로지의 개발에서도 이에 대한 면밀한 검토가 요구된다.

또한 인터넷의 등장 이후 문화·관람과 여행·관광분야에서 소비자들이 인터넷을 활용한 후 나타난 효과 가운데 대체효과의 경우 문화·관람은 대체효과를 인정하는 반면, 여행·관광의 경우 대체효과에 대해 인정하지 않는 부정적인 대답이 강하게 나타나고 있다. 이는 인터넷의 활성화로 인해 문화체험의 일부를 인터넷이 잠식하지만, 여행·관광의 경우에는 오히려 인터넷 이용이 여행을 촉진하는 작용을 하고 있음을 보여준다. 따라서 관광기업의 정보기술기반 강화는 관광산업의 활성화에 크게 기여하게 됨을 보여주는 것이다.

3) 컨버전스의 가속화

본래 컨버전스(convergence)라는 용어는 둘 또는 그 이상의 개체나 어떤 현상이 함께 어우러지는 것을 말한다. 이러한 컨버전스는 단순히 다른 기술이나 제품을 합치는 것이 아니라 다른 기술이나 기존 제품들의 산출합보다 더 큰 가치를 창출해 내는 것을 의미한다(유지윤, 2006). 디지털 컨버전스 현상은 크게 '유선과 무선의 통합', '통신과 방송의 융합', '온라인과 오프라인의 결합' 등 3가지로 압축할 수 있다. 이는 서로 다른 네트워크의 광대역 통합, 다양한 서비스의 융합과 기기의 복합, 이종산업 간 접목과 기업의 결합을 의미한다.

그리고 정치·경제·사회·문화 등 거의 모든 분야에 있어서 컨버전스가 우리의 일상생활에 많은 영향을 미칠 것으로 관측된다. 이러한 디지털 컨버전스는 향후 디지털 기술에 기반을 둔 광대역 네트워크의 구축과 컴퓨팅의 고도화, 콘텐츠의 디지털화, 인텔리전트 에이전트 정보기술의 발전 등을 통해 유비쿼터스 사회로 발전하게 될 전망이다.

오늘날 문화기술에 기반을 둔 개인맞춤형 온-디맨드 문화(on-demand culture), 이동하면서 콘텐츠를 즐기는 손 안의 문화(hand held culture), 언제·어디서나 지능형 서비스가 가능한 유비쿼터스 문화(ubiquitous culture)는 시·공간성을 초월하려는 '호모루덴스(Homo Ludens)'의 욕구확장과 일맥상통한다(정보통신정책연구원, 2005).

디지털 컨버전스 사회에서는 모든 사물과 기기에 소형 컴퓨터 칩이 내장되고 하나의 단일 네트워크로 묶임으로써 언제 어디서나 끊임없는 정보 이용과 인간중심의 지능형 서비스가 가능해지게 된다. 또한 디지털 컨버전스는 향후 IT를 축으로 하여 타 분야들과의 대융합인 '메가 컨버전스'로 확장될 공산이 크다(임주환, 2005). 문화기술과 같이 창의성 높은 신생 기술은 향후 하이테크를 기반으로 인간 감성에 친화되는 하이터치, 인간중심의 인터페이스를 추구하는 휴먼 컴퓨터 인터액션(HCI: Human-Computer Interaction)와 연계되어 고도화될 것이다(노춘식, 2005).

또한 정보와 지식에 대한 수요의 증가, 디지털 기술의 발전, 네트워크화 진전에 따라 전 세계적으로 디지털 경제가 급속하게 확산되어 시·공간의 제약이 사라지고 있다. 디지털 경제의 확산에 따라 제조업과 서비스업 간의 상호침투가 발생하고 원격쇼핑이 가능하여 진입장벽이 해체되고 전자상거래의 시장규모가 증가하고 있다. 또한 인터넷을 통한 관광산업 간 및 관광산업과 개인간의 거래장벽 해소에 따라 IT를 기반으로 한 신관광 산업이 등장하였다(문화관광부, 2004).

따라서 관광산업과 같이 복융합적 성격이 강한 산업의 경우 새로운 산업의 성장아이템 확보를 위한 관광테크놀로지 개발에 초점을 두어 시장차별화 상품을 지속적으로 개발하여야 한다(한국관광공사, 2005). 스포츠, 산업기반, 자연환경, 문화, 역사, 방송, 영화, 도서 등 모든 영역이 관광의 영역이 될 수 있기 때문에 이종산업과의 융합을 통해 관광산업에 편입될 수 있는 토대를 만드는 것이 무엇보다 중요하다.

4) 유비쿼터스(콘텐츠) 사회화

2000년대에 들어와 네트워크 및 미디어를 활용한 콘텐츠가 일상화되는 유비쿼터스 사회에서는 사이버 공간과 물리적 공간의 융합과 통합이 진전되고 영상, 이미지, 감성, 문화 등에 대한 표현이 다양한 양태로 전개되면서 사물의 지능화로 이어지고 있다. 물리적 공간 자체가 콘텐츠 시장화되면서 언제 어디서나 콘텐츠를 향유할 수 있게 됨에 따라 차별성과 감성을 중시하는 콘텐츠가 산업영역의 하나로 확고한 자리를 잡아가고 있다(정보통신정책연구원, 2002).

과거의 공간혁명이 물리적 공간에서의 변화였다면 정보혁명과 유비쿼터스 혁명은 정보기술을 이용한 디지털 기술과 물리적 공간의 상호작용으로 인한 변화라고 할 수 있다. 특히 정보혁명은 물리적 공간의 개념을 뛰어넘어서 사이버 공간을 탄생시킨 공간혁명이다. 그리고 유비쿼터스 혁명은 물리적 공간과 사이버공간을 연결·통합하여 하나의 단위로 작용하도록 하는 혁명이다. 즉 다양한 형태의 물자와 정보의 흐름을 통합하고 접근할 수 있는 상호접속이 요구됨에 따라 물리적 공간과 사이버 공간을 상호 접속하는 공간혁명이 유비쿼터스 혁명이다(한국문화콘텐츠진흥원, 2003).

유비쿼터스 콘텐츠사회는 언제나(anytime), 어디서나(anywhere), 어떤 기기든지(any device), 네트워크에 구애됨이 없이(any network), 어떤 콘텐츠라도(anything) 향유할 수 있는 사회, 즉 '5 Any 시대'를 말한다(한국관광공사, 2005). 또한 문화공간과 여가공간에 대한 정보의 확대와 더불어 문화향수의 디지털화와 네트워킹, 문화자본의 거대화로 이어진다. 이러한 사회는 시공간적 제약이 완화되고 문화와 여가·관광에 대한 수요의 증가가 가속화되며, 문화·관람과 관광은 어느 분야보다도 온·오프라인 융합의 시너지 효과가 큰 부분으로 부각되고 있다. 이는 문화공간의 이용과 관광의 이용영역의 확장뿐만 아니라 새로운 형태의 문화·관광이 지속적으로 창출됨을 의미한다.

관광분야에서 유비쿼터스는 관광객의 이동, 교통상황 등을 실시간으로 파악하여 입출국, 관광객 조사, 관광안내, 관광시설 예약 등 다양한 분야에 적용될 것으로 예상된다(김향자 외, 2006). 그리고 다양한 문화유적, 관광명소 등에 유비쿼터스 칩을 내장하여 관광가이드 없이 관광객의 이동에 따라 자동적으로 양질의 안내서비스를 제공할 수 있다. 또한 위치기반서비스(LBS)와 결합하여 무선통신 기반의 관광안내, 관광상품 예약, 티켓팅 등이 활성화될 것이다.

나아가 미래에는 사람과 정보, 상품이 더욱 유기적으로 결합하게 될 것이며, 여행이 확실한 생활엔터테인먼트(life entertainment)로 자리잡고, 소비의 여행을 넘어서 생산하는 여행의 단계로 나아갈 것이라는 점에서 관광테크놀로지는 여행을 생활엔진(travel=life engine)으로 육성하는 데 초점을 두어야 한다(김민정, 2006). 그리고 관광테크놀로지가 성공적으로 추진되기 위해서는 정보기술 이후 나타난 사회변화의 흐름을 잘 파악하고 공급자 중심의 관광안내 수준에서 벗어나 이용자 중심의 관광콘텐츠로 전환되어야 할 것이다.

5) 경험경제의 시대

일반적으로 국민소득이 3만 달러를 넘어서면서 경험경제 패러다임이 강하게 나타난다. 2만 달러 시대에는 제품이나 서비스 자체를 구매하는 데 초점이 두어졌다면, 3만 달러 시대에는 좋은 경험과 만족감을 사는 경향이 두드러지게 나타나게 된다. 그

래서 경험경제 시대가 되면 고급화, 다양화, 개성화를 추구하는 소비패턴이 자리잡게 된다. 특히 경험경제 시대 여가시간의 확대로 산업계도 변화하고 있다. 특히 서비스업의 경우 고가상품의 체험형 소비가 증가하고, SNS와 플랫폼을 통해 개인 경험을 공유하게 된다. 유통분야의 경우 펀핑(fun+shopping=funping)이나 몰링(malling) 문화에서 벗어나 오프라인 공간은 경험을 위한 공간으로 변화되며, 여가분야의 경우 요트, 승마, 크루즈 여행수요가 확산된다.

〈표 16-1〉 경험경제 시대 산업계의 변화

구분		주요 내용
제조업		가정 내 체류시간이 늘면서 프리미엄 홈퍼니싱, 가전, 식품 소비 증가
	홈페니싱	가구를 포함한 인테리아, 리모델링 활발
	가전제품	의료관리기, QLED TV, 안마의자 등 하이엔드 제품 매출 증가
서비스업		고가상품의 체험형 소비 증가, SNS · 플랫폼을 통해 개인 경험 공유
	유통	펀핑 · 몰링 문화→오프라인 매장은 경험을 위한 공간, 실구매는 e커머스 집중
	여가	승마, 요트, 크루즈 여행수요 확산, 특급호텔 '호캉스' 프로모션 인기

자료: IBK경제연구소(2019), 경험경제 패러다임, IBK 경제브리프(639호).

Pine II & Gilmore(1999)에 의하면, 경제구조는 경제적 가치의 변화에 따라 농업경제, 산업경제, 서비스경제, 경험경제로 진화되고 있으며, 산업생산에서 문화생산으로 이동함에 따라 문화상품은 정보재, 경험재, 상징재, 기호재로 존재하고 '문화의 자산가치화'가 이루지고 있다. 또한 미래학자 롤프 젠슨(Rolf Jensen, 1999)은 우리 사회가 점차 드림소사이어티(Dream Society)로 전환하게 되면서, 소비자는 상품이 아니라 상품에 담겨있는 스타일과 이야기, 경험과 감성을 구매하게 된다고 보고 있다.

여기에서 경험이란 1차 상품, 공산품, 서비스가 아닌 그 상위의 가치로 신체적, 정신적 또는 미적 감동을 의미한다. 따라서 경험지향의 엔터테인먼트가 시장에서 위력을 발휘함에 따라 관광산업도 스토리텔링과 그 이야기의 경험이라는 가치를 재현한 상품, 서비스의 제공과 비즈니스로의 전환이 요구되고 있다. 특히 관광산업은 21세기 경험경제의 대표적 산업으로 주목받고 있다.

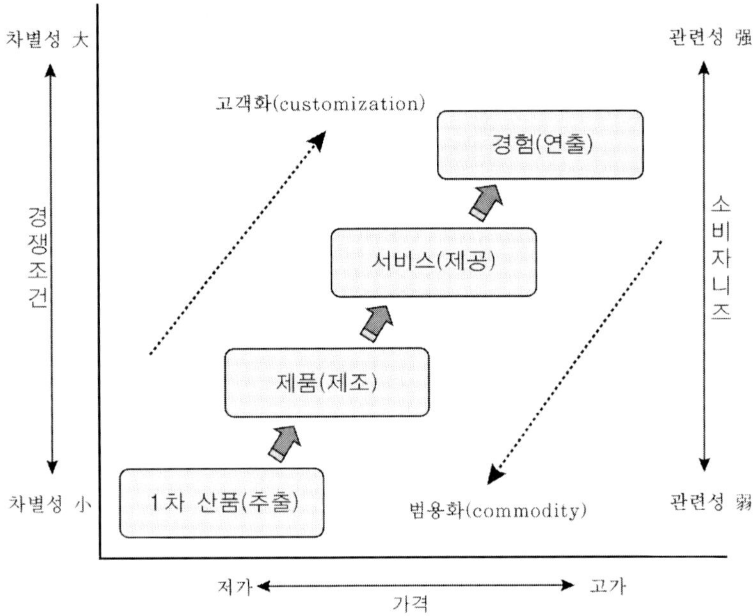

자료: 현대경제연구원, 경험가치(Experience Value) 마케팅, 경영리서치.

[그림 16-2] 경험경제로의 경제적 가치변화

경험경제 시대에는 기존의 제품이나 서비스의 경쟁력뿐만 아니라 이들 제품과 서비스, 그리고 이들과 직간접으로 관련을 맺고 있는 문화산업, 이미지, 상징 등과 가치연결시스템(value chain system)을 구축하여 부가가치가 큰 경험상품을 연출하는 능력이 요구된다(이연택, 2003). 그리하여 관광테크놀로지는 수많은 관광소재를 잘 꿰어 보배로 만드는 철저한 장인정신이 요구된다.

경험경제와 관련된 중요한 현상중의 하나는 '소비의 서비스화'이다. 생산과정에서의 서비스화와 함께 소비의 서비스화 현상이 빠르게 진행 중에 있다. 소득수준의 향상과 소비구조의 다양화 · 고급화가 진전되면서 서비스상품에 대한 수요도 증가추세에 있다.

소비패턴이 기존의 식료품을 비롯한 생활필수품 위주에서 좀 더 가치있는 생활을 추구하기 위하여 통신, 교육, 교양오락, 취미생활 등으로 다양화되고 질적으로도 고급화되고 있다. 소비의 서비스화 진전은 정보화 사회와 맞물려 외식 및 여행수요를 증가시키고, 특히 숙박, 음식 등의 서비스에 대한 소비지출 비중을 크게 증가시키고 있다(대한민국정부, 2004).

이처럼 경험경제가 빠르게 진행되고 있는 이유는 첫째, 소득수준의 상승에 따라 나타나는 소비의 질적 변화와 둘째, 기술의 발달과 인구구조의 변화로 새로운 서비스 수요가 창출되고 있기 때문이다. 서비스 산업은 광범위하며 각 업종별로 산업적 특성, 성장잠재력, 정제기여도 등에 차이가 있으므로 자원의 효율적 활용을 위해 성장잠재력이 높고 파급효과가 큰 업종을 선정하여 육성하는 것이 바람직하다.

이 가운데 문화 · 관광부문은 고용창출 효과가 크고 한국의 지정학적 위치를 살릴 수 있으며, 우수한 소프트자원을 살릴 수 있다. 이와 관련 관광산업은 산업의 매력도와 한국의 잠재력에 비추어 우수하나 타 산업에의 파급효과나 현재의 경쟁력은 다소 부족한 것으로 나타나고 있어 관광테크놀로지에 의거 전략적 서비스 산업으로 집중 육성할 필요가 있다(삼성경제연구소, 2005).

6) 논의의 종합과 시사점

이상에서 관광테크놀로지와 관련하여 21세기 신관광시대의 특성과 패러다임 전환에 영향을 주고 있는 요인들에 대하여 살펴보았다. 특히 정보기술의 일상화, 활발한 컨버전스의 진행, 유비쿼터스 콘텐츠사회로의 전환은 신관광시대 관광산업의 발전방향을 가름할 정도로 커다란 영향을 주고 있다. 따라서 정보기술과 이를 응용한 문화기술 등을 관광산업에서 얼마나 적절히 수용하여 창조적으로 활용하는가가 관광테크놀로지를 개발하는 데 매우 중요한 과제로 부각될 수 있다.

또한 종전의 구관광 패러다임에서는 일부 정보기술이 도입되기도 하였지만 그것은 '관광에서의 기술(technology in tourism)'일 뿐 엄밀한 의미의 관광테크놀로지(tourism technology)라고는 할 수 없다. 바로 사회 · 경제구조변화를 반영하고 정보기술을 반영하여 새롭게 전개된 신관광시대에서 관광테크놀로지의 개발이 가능하게 된 것이다. 나아가 관광테크놀로지는 정보기술과 문화기술의 범위를 뛰어넘는 독자적인 기술영역과 솔루션을 확보하는 것이 성공의 관건이다.

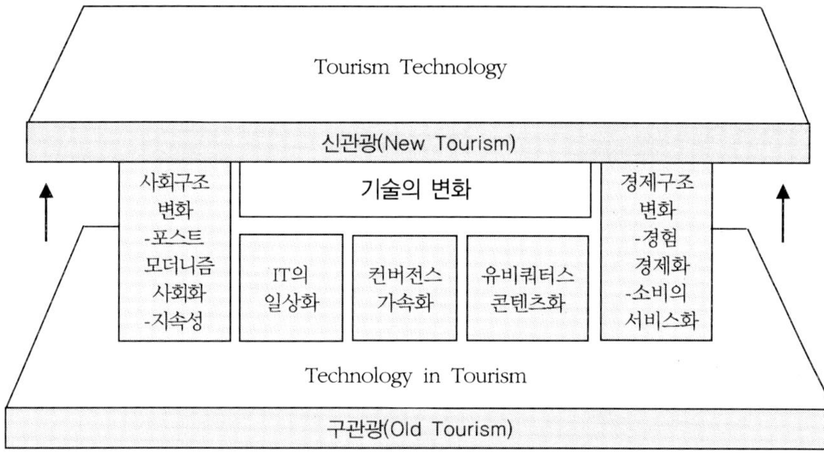

자료: 한국관광공사(2007), 관광테크놀로지에 대한 실체적 접근.

[그림 16-3] 신 · 구관광 패러다임 전환과 관광테크놀로지

4. 관광테크놀로지 정책의 현황과 과제

1) 관광테크놀로지의 추진현황

당초 정부의 미래 유망신기술로는 1990년대 정보기술(IT)과 생명공학기술(BT)이 선정되어 육성되고, 2000년에 와서 여기에 나노기술(NT)과 환경기술(ET)이 추가되었고, 2003년에 해양공학기술(MT)과 문화기술(CT)이 추가되었다. 이렇듯 유망기술은 시대가 흐르면서 새로운 성장동력산업이 부상하고 있다. 그러나 다른 기술부문에 비하여 정부차원에서 관광테크놀로지에 대한 인식부족으로 인하여 이를 체계적으로 육성하기 위한 노력은 미흡하였다.

정부의 관광계획 중 '제2차 관광진흥 5개년 계획'에서는 관광산업의 내실화에 목표를 두고 관광산업의 경쟁력 강화차원에서 지역관광 통합정보서비스를 구축하고 관광분야 전자상거래 활성화를 통하여 고부가가치를 창출하고 국가경쟁력 향상에 기여토록 하고 있다(문화관광부, 2004). 또한 문화관광부(2004)의 '창의한국: 문화비전'에서는 관광산업발전을 초점을 두고 관광자원과 상품의 고품질화를 통한 경쟁력 확보, 신성장산업으로서 관광산업의 고도화를 목표로 삼고 잠재적 관광자원의 상품화, 문화예술과

관광의 접목, 관광산업의 지식기반화 등의 세부 추진과제를 선정하고 있다.

그동안 문화체육관광부는 관광테크놀로지와 관련된 시책으로 ① U-Toupia 사업 등 정보기술을 활용한 관광안내체계 구축, ② 지역별 유망자원 발굴 및 관광콘텐츠 중심의 계획 수립, ③ 다양한 한류관광 프로그램 개발 및 한(韓) 브랜드의 관광 자원화 추진, ④ 한국관광 브랜드를 통한 통합 마케팅 실시, ⑤ 역사 · 생태 · 레포츠 등 문화와 삶의 현장을 관광상품화, ⑥ 문화예술 및 생태적 가치지향 관광상품 확충, ⑧ 관광지 리모델링 사업, ⑨ 고부가가치 해양 크루즈 관광산업 본격 육성, ⑩ 콘텐츠 융합형 관광개발사업 등의 사업을 추진하였다. 그러나 단편적 · 분산적으로 추진되었을 뿐 관광테크놀로지라는 관점에서 종합적으로 추진되지 못하고 있다.

오히려 관광테크놀로지 사업은 한국관광공사를 중심으로 추진되었다. 공사는 2000년대 중반 자체 내에 E-Tourism 본부 및 관광테크놀로지 본부 등의 조직을 신설하여 추진해 왔다. 그동안 추진된 주요 사업은 ① 관광테크놀로지 논리개발, ② 해양관광개발(등대 관광상품 등), ③ 1.5차 산업활성화, ④ 의료관광 활성화, ⑤ 한류관광, 공연관광 상품개발, ⑥ 종교관광상품개발, ⑦ 관광스토리텔링 공모전, ⑧ 구석구석캠페인, ⑨ 텔레매틱스 사업, ⑩ 맞춤형 관광안내정보 제공, ⑪ 문학투어 개발, ⑫ 스포츠관광 개발 등이 있다(한국관광공사, 2008).

민간부문에서도 관광테크놀로지의 활용사례는 수없이 많다. 그 대표적인 사례는 다음과 같다. 첫째는 산업 간 융복합화 현상을 활용한 신규 관광상품의 개발이다. 농산어촌, 의료, 생태 등 관광과 연계된 새로운 분야의 지속적인 대두에 따라 농산어촌관광, 의료관광, 생태관광상품을 개발하게 되었다.

둘째는 지역의 문화관광자원에 대한 낮은 인식을 개선하고 고품질 관광상품의 개발이 모색되었다. 한류 등 신규 소재를 활용한 고품질 상품개발 및 마케팅 역량을 향상하기 위한 노력이 추진되었다.

셋째는 관광산업에 있어 전자상거래의 확산이다. e-마케팅과 e-커머스의 영향으로 관광산업의 마케팅과 전자상거래에 새로운 지평을 열게 되었다. 관광과 정보기술의 복융합은 마케팅 비용을 줄이고 중간 유통과정을 없애며, 새로운 마케팅 관계를 구축하는 역할을 하고 있다.

이상에서 공공부문 및 민간부문에서 그동안 추진된 관광테크놀로지의 개발 및 활용사례에 대하여 살펴보았다. 하지만 아직은 초기단계라는 점에서 제도 정비의 미비, 정부차원의 관광테크놀로지 종합대책의 부재, 고급 전문인력의 부족, 핵심 원천기술의 취약, 민간부문의 모방확산 등의 문제점은 관광산업의 경쟁력 확보를 위해 시급히 해결해야 할 과제로 남아 있다.

2) 관광테크놀로지 산업정책의 추진과제

관광테크놀로지가 중요한 이유는 관광산업의 특성상 적은 투자비용으로 많은 고용창출과 경제성장을 이룰 수 있다는 장점을 지니는 동시에 타 산업과의 복융합을 통해 새로운 사업영역을 창출할 수 있기 때문이다(김향자 외, 2006). 따라서 관광테크놀로지는 변화하는 고객의 욕구에 부합하여 감동을 제공하여 관광산업 전반에 걸친 혁신적 변화를 모색해야 하며, 나아가 관광체험과 서비스의 품질을 향상시켜 관광산업의 고부가가치화는 물론 브랜드가치를 제고하여야 한다.

따라서 정책적인 차원에서 관광테크놀로지를 육성하는 것은 새로운 고객효용의 창출, e-Tourism 시장의 성장, 신관광 블루오션 시장의 창출, 친관광시장 지향적 산업구조 조성, 전통사양산업의 부활, 즐기는 기술의 창조, 관광브랜드 자산의 가치증대 등에 초점을 두고 추진될 필요가 있다.

첫째, 관광테크놀로지의 육성은 기존 산업 내 제품·서비스로는 창출하기 힘든 고객효용을 창출해야 한다. 편의성 제고를 추구하는 인간의 욕구가 진화하는 가운데 산업혁신을 통한 효용증대는 한계에 봉착했으나, 산업 복융합 영역에서 다양한 혁신의 생성과 획기적인 효용증대가 가능하게 되었다(한국전산원, 2006).

예를 들어 의료관광의 경우 의료서비스의 고부가가치 산업화를 위해 추진되기 시작하였으나, 현재는 관광산업 부문에서의 고부가가치 창출로 인한 신의료기술의 연구·개발 증대, 장기체재를 위한 휴양시설 개발, 관광서비스 허브상품의 동반성장 등의 효용을 창출하고 있다(유지윤, 2006).

둘째, 관광테크놀로지를 통하여 e-Tourism 시장을 확대해야 한다. 컨버전스 영역의 경우 게임 룰에 근본적인 변화가 발생하며, 전통적인 관광산업에서는 서비스의 질이 핵심 성공요인이었다면, 정보기술과의 복융합으로 인해 현대의 관광산업에서는 콘텐츠의 질이 새로운 성공요인으로 작용하게 된다. 이러한 특징은 그동안 산업외부에 있었던 기업들이 관광시장에 참여할 수 있는 기회를 제공하게 된다. 미국 등 선진국에서는 여행검색 포털사이트를 이용한 온라인 관광산업이 고도성장을 구가하고 있으나, 국내의 경우 OTA 기반이 취약한 상황이다.

셋째, 신관광 블루오션 시장을 창출해야 한다. 대부분의 기존 산업이나 사업이 레드오션으로 변모하는 상황에서 복융합화는 경쟁에서 자유로운 블루오션 생성을 통해 고부가가치 사업의 창출이 가능하다. 관광산업은 무형의 서비스를 제공하는 사업으로 새로운 가치창조를 위해서는 다른 매개체(OTA, 관광벤처 등)가 필요하다. 관광산업 각각의 구성요소들을 엮어줄 매개체와의 복융합을 통해 관광산업의 총체적인 발전을 꾀하여야 한다.

넷째, 친관광시장적 산업구조를 조성해야 한다. 그동안 관광산업은 타 산업과의 복융합을 모색하지 않고도 자체 순수관광시장 중심으로 경영되어 왔다. 그러나 상황이 역전되어 관광연관 산업들의 불황과 쇠퇴국면이 이어지면서 산업회생 차원에서 관광산업과의 접목을 추진하게 되었다. 그 대표적인 예가 지역축제의 관광축제화, 농산어촌의 관광자원화, 드라마 세트장의 관광상품화, 폐광지역의 관광개발 등을 들 수 있다. 따라서 관광테크놀로지의 개발을 통하여 경제사회 전반에 걸쳐 친관광시장 지향적인 산업구조를 형성해야 한다.

다섯째, 관광테크놀로지를 통하여 '즐기는 기술(pleasure technology)'을 창조해야 한다. 그동안의 산업기술의 흐름을 보면 단순기술인 '먹고 사는 기술'에 머무르지 않고 '즐기는 기술'이 대두되고 있다. 기술에서 시작된 융합은 사회 · 문화적 융합으로 확대되어 거대한 복합문화를 형성하여 '예술과 기술의 문화적 통합'을 이루고 있다(한국관광공사, 2005). 관광테크놀로지 역시 관광객들에게 감동과 행복을 줌으로써 관광을 단순히 유흥 · 오락의 수준에서 교육, 건강, 웰빙, 로하스의 수준으로 격상시키는 데 기여해야 한다.

여섯째, 관광브랜드 자산의 가치증대이다. 최근 정부차원에서 한국관광의 이미지를 제고하고 관광객을 유치하기 위하여 도입한 관광브랜드 '코리아 스파클링(Korea Sparkling)'이나 민간부문에서 호텔신라가 '창조적, 지속적 IT혁신 서비스를 통하여 호텔신라의 대고객감동 경영'을 추진하여, 결과적으로 브랜드자산을 강화하는 계기가 되었듯이(장우종, 2006), 관광테크놀로지를 통하여 국가 및 지역, 기업 및 시설의 브랜드 자산가치를 증대시키는 데 초점을 두어야 한다.

5. 맺음말

이 글은 사회경제적인 변화와 더불어 기술의 변화에 따라 신관광패러다임이 등장함에 따라 바람직한 관광산업정책의 수단이자 시책으로서 관광테크놀로지의 도입 타당성과 필요성을 제기하였다. 물론 관광테크놀로지가 관광의 모든 문제를 해결해 주지는 않을 것이다. 다만 소비자에게 감동을 주고 관광 및 관련산업의 발전에 기여하며, 나아가 국가의 성장엔진이 되기 위해서는 관광산업 스스로 '환골탈태'에 가까울 정도로 체질을 개선해야 한다.

관광테크놀로지가 등장하게 된 배경에는 관광패러다임의 전환이 중요한 계기가 되었으며, 우선 구관광에서 신관광으로의 전환에는 정치 · 경제 · 사회 · 생태환경뿐만 아니라 정보기술의 일상화, 활발한 컨버전스의 진행, 유비쿼터스 콘텐츠사회로의 전환 등 정보기술의 영향이 지대하게 작용하였다. 따라서 정보기술과 이를 응용한 문화기술 등을 관광산업에서 얼마나 적절히 수용하여 창조적으로 활용하는가가 관광테크놀로지를 개발하는 데 매우 중요한 과제로 부각될 수 있다.

그동안 공공부문 및 민간부문에서 그동안 추진된 관광테크놀로지의 개발 및 활용사례에 대하여 살펴보면, 아직은 초기단계라는 점에서 법제도 정비의 미비, 정부차원의 관광테크놀로지 종합대책의 부재, 고급 전문인력의 부족, 핵심 원천기술의 취약, 민간부문의 모방확대 등의 문제점을 지니고 있다. 따라서 관광테크놀로지가 활성화되기 위해서는 정책적인 차원에서 새로운 고객효용의 창출, e-Tourism 및 OTA 시장의 성장, 신관광블루오션 시장의 창출, 친관광시장 지향적 산업구조 조성, 즐기는 기술의 창조, 관광브랜드 자산의 가치증대 등에 초점을 두고 육성해야 할 것이다.

물론 가장 시급한 것은 관광테크놀로지는 아직 이념의 수준에 그치고 있다는 점에서 관광테크놀로지에 대한 학술적 공감대 형성과 더불어 '기술'로서의 정체성과 독자적인 기술영역과 솔루션을 확보하기 위하여 정부 · NTO · 업계 · 학계 간 폭넓은 논의가 지속적으로 전개되어야 한다.

제17장
관광산업 분야 청년 일자리 창출

1. 머리말

최근 일자리 창출은 성장의 새로운 패러다임으로 인식되고 있다. 그것은 뉴노멀(New Normal) 시대가 도래하였기 때문이다. 뉴노멀 시대는 엘 에리언(El-Erian)이 '새로운 부의 탄생(2008)'에서 세계 금융위기 이후의 새로운 경제질서를 지칭하는 용어로 널리 쓰이고 있다. 세계 경제위기 이후 저성장 · 저소비 · 고실업으로 대표되는 뉴노멀 시대가 도래함에 따라 이를 극복하기 위한 수단으로 고용창출을 동반한 성장 패러다임이 중요시되고 있다.

본래 관광산업은 일자리 창출의 보물창고(寶物倉庫)로 인식되고 있다. 2011~17년간 전 산업의 일자리 성장 규모가 연평균 1.5%에 불과하지만 관광산업은 연평균 5% 이상 증가되었다. 그리고 관광산업의 핵심역량은 고용창출에 있으며, 타 산업에 미치는 높은 후방연쇄효과로 관련 섹터에서 다양한 일자리가 부가적으로 창출되는 특징(예: 의료관광, 공연관광)을 보유하고 있다.

그렇지만 청년일자리의 창출이 관광산업의 새로운 도전과 과제로 떠오르고 있다. 관광산업도 청년일자리 문제해결을 위한 적극적 대응자세가 필요하다. 현재 청년 일자리 문제의 심각성에 대한 높은 인식(88.9%, KDI조사, 2015)에 따라 청년의 시각에서 접근이 필요하다.

그동안 관광산업의 GDP 및 총고용 대비 양적 비중을 확대하는 측면이 강조되어 왔으나, 향후 양적 확대뿐만 아니라 좋은(decent) 일자리의 창출을 요구하고 있다. 관광산업 종사자 중 청년의 비중이 감소되고 있는 추세를 해소해야 한다. 관광산업 내

30세 미만의 비중이 42.1%(2008년)에서 31.3%(2011년), 27.2%(2014년)로 계속 줄어들고 있다.

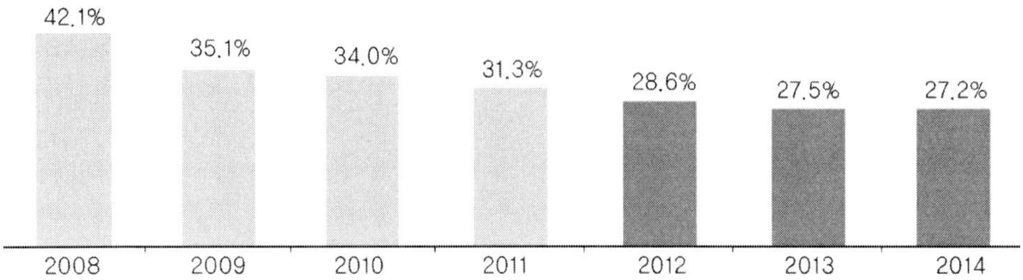

자료: 문화체육관광부(각년도), 관광사업체 기초통계조사.

[그림 17-1] 관광종사자 중 청년비중의 감소추이

2. 서비스 경제시대와 관광일자리 창출

1) 서비스 경제시대와 문화 · 체육 · 관광산업의 중요성

탈산업화 · 서비스화로 표현되는 서비스 경제시대가 도래하였다. 과거 제조업 중심의 일자리 패러다임도 지식기반 서비스업으로 전환되고 있으며, 관광산업도 경제의 서비스 시대에 부응하여 일자리 창출에 기여하고 있다. 지식기반 서비스업은 지식을 창출 · 가공 · 활용 · 유통시키거나 지식이 체화된 중간재를 생산활동에 집약시켜 활용하여 고부가가치의 서비스를 제공하는 산업을 말한다.

미래의 경제 성장동력이자 청년층 일자리로 기대되는 7대 유망서비스 산업의 성장이 최근 정체되면서 일자리 창출에 애로요인으로 작용하고 있다. 7대 산업은 물류(운수), 금융보험, 교육, 보건의료, 관광, 콘텐츠, 소프트웨어를 지칭한다. 창조경제를 선도하는 핵심 서비스산업으로서 관광산업의 잠재력에 주목하고 있다. 창조경제의 핵심인 문화 · 체육 · 관광의 성장률과 부가가치의 크기로 볼 때 이들 산업을 강조하는 방향으로 산업구조의 재편이 필요하다.

창조형 서비스산업은 명실상부한 일자리의 보고(寶庫)이자 유망 일자리를 창출할 수 있는 잠재력을 보유하고 있다. 청년층이 선호하는 양질의 일자리도 서비스부문에서

만들어지고 있으며, 청년들의 취·창업 선호 분야 중 40~50%가 문화·체육·관광 등 서비스 분야이다. 서비스업의 일자리 창출 효과는 10억 원당 평균 18명으로 제조업의 2배 이상이며, 서비스산업의 활성화는 곧 청년실업의 문제를 해결하는 유효수단이다.

그러나 서비스 산업의 고용비중과 선진국과 비교할 경우 경쟁력이 아직 미약하다. 서비스 산업의 고용비중은 1993년 62%에서 2011년 73%로 상승하고 있는 반면 부가가치 비중은 여전히 낮다. 제조업 노동생산성은 미국의 75.5% 수준이나 서비스업은 미국의 42.4%에 불과하고 G7국가와 비교해도 서비스업 노동생산성은 3분의 2 수준이다. 청년들은 서비스 산업의 경쟁력이 선진국과 비교 시 낮다(66.4%)고 평가하고 있으며, 서비스 산업에 대한 인식 전환과 인프라 구축이 시급한 것으로 인식하고 있다.

2) 서비스 경제시대 관광산업의 일자리 창출

관광부문은 취업자 비중은 낮지만 창출력이 우수한 산업으로 인식되고 있다. 전 산업 취업자 중에서 관광산업의 비중은 2007년 1.1%에서 2013년 1.2%로 경미한 증가(0.1%p)를 보였지만, 7대 유망서비스 중 보건의료업과 함께 취업자 비중이 증가하고 있다. 관광산업 종사자 수는 2007년 168천 명에서 2013년 227천 명으로 35.1% 증가하여, 타 7대 유망서비스 산업의 증가율보다 우수한 일자리 창출력을 보였다.

〈표 17-1〉 관광산업의 취업자 비중 및 종사자 수

(단위: %, 천 명)

구분	2007	2008	2009	2010	2011	2012	2013	증가율
취업자 비중	1.1	1.0	1.0	1.1	1.1	1.2	1.2	0.1%p
종사자 수	168	167	169	186	205	230	227	35.1%

자료: 문화체육관광부(각년도), 대통령직속 청년위원회(2015)

〈표 17-2〉 관광산업 인력수요 장기전망

(단위: 명, %)

구분	2011	2016		2021		기간증감	
	실측치	전망치	증가율	전망치	증가율	2012~'16	2012~'21
여행업	59,287	65,491	2.0	72,171	2.0	6,204	12,884
관광숙박업	62,783	84,331	6.1	113,536	6.1	21,548	50,753
국제회의업	12,638	20,383	10.0	27,868	8.2	7,745	15,230
카지노업	6,923	8,223	3.5	112,461	6.0	1,300	2,827
기타산업	62,948	83,986	5.9	112,461	6.0	21,038	49,513
합계	204,579	262,414	5.1	335,786	5.1	57,835	131,207

자료: 문화체육관광부(2013), 관광산업 인적자원 육성 체계화 방안.

이와 같이 관광산업의 인력수요 전망은 대체로 양호하다. 전 산업 일자리 성장전망이 중기 1.5%, 장기 1.0%이나 관광산업 중장기 인력수요는 연평균 5.1%씩 증가가 전망되어 2012~21년간 13만 명 순증가가 예상된다(문화체육관광부, 2013).

3) 정부의 관광일자리 창출사업 추진현황

(1) 문화체육관광부의 일자리 사업 현황

문화체육관광부는 재정지원 직접 일자리 사업, 직업능력개발(교육 · 훈련), 고용서비스(일자리 매칭), 산업육성(간접일자리 창출) 등을 통하여 관광일자리 확보 노력을 전개하고 있다. 관광부문의 일자리 사업 중 관광산업 채용박람회, 관광주간 실시, 관광벤처 육성, 관광두레사업 추진, 관광특성화고교 교육지원 등은 정부가 역점을 두고 추진하는 사업이다.

전통적인 관광산업의 범주에 집중된 일자리 사업에서 벗어나 신규 유망분야, 융복합 분야를 중심으로 새로운 일자리(新직업)를 발굴하고 산업외연 확대를 위한 적극적인 지원으로 고용수요를 창출하고 있다. 관광부문의 경우 관광벤처 육성, 복합리조트, 의료관광호텔업 및 소형호텔업 신설, 국제회의 복합지구 도입 등 신규 유망분야를 집중 육성하고 있다.

(2) 문화체육관광부의 청년 관광 일자리 창출 사업

문화체육관광부는 청년일자리 집중 육성, 신규 일자리 발굴, 투자사업 및 재정사업을 통한 일자리 창출, 해외취업 활성화 사업을 전개하고 있다. 첫째, 창조관광 일자리 집중 육성을 위해 예비 창조관광사업자(관광벤처) 지원, 창조관광펀드 운용, 창조관광업 청년 창직인턴제를 도입하였다.

둘째, 레저스포츠 등 신규 청년 일자리 발굴·확산을 위해 수상레저 스포츠 강사, 관광두레PD, 융복합 신규 직종을 발굴하고 있다. 셋째, 투자사업 일자리 창출 지원으로 복합리조트 육성, 레고랜드 코리아, 차이나 드림시티, 강문해변 복합리조트 조성 등을 추진하고 있다. 넷째, 재정사업 일자리창출 지원은 외래객 유치, 올림픽특구, 폐광관광상품 개발, 관광채용박람회 등이 있다. 다섯째, 해외취업 활성화 및 고용부 사업연계로는 관광분야 해외인턴십 확대, 해외취업설명회 개최, 중소기업 청년 취업인턴제가 있다.

3. 관광산업의 고용 및 취업동향 분석

1) 한국 관광산업의 고용창출 기여도와 장기전망

2014년 한국의 GDP 대비 관광산업의 기여율은 직접 기여도는 3.8%, 간접 기여도 2.9%를 포함할 경우 총기여도는 6.7%이다. 한국관광산업 GDP기여도 순위는 절대규모는 184개국 중 18위(13년 기준)이나 GDP 대비 상대적 기여도는 142위에 그치고 있다(WTTC, 2015). 관광산업의 고용 기여도는 직접 기여도 2.8%(63.7만 명)와 간접 기여도를 포함할 경우 전체 고용의 6.3%(160.8만 명)를 차지하고 있다(WTTC, 2015).

그러나 세계관광협의회(WTTC, 2015)에 의하면, 2014~2024년간 장기 관광인력 수요·공급이 모두 성장하는 국가는 중동과 코스타리카, 터키 등이며, 고령화가 진행 중인 유럽과 동북아, 호주, 러시아는 최악의 상황에 직면할 수 있다. 한국의 경우, 관광인력 수요 물론 인력공급의 성장률도 조사대상 46개국 중 각각 42위, 44위로 최하위에 처해질 것으로 전망함에 따라 고령화 대비 관광인력 수급계획을 수립·시행할 필요가 있다.

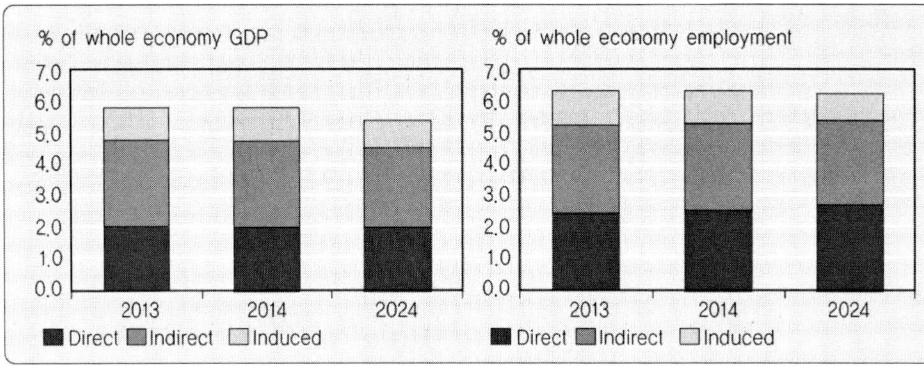

자료: WTTC(2015), Travel & Tourism Economic impact.

[그림 17-2] 한국관광산업의 경제적 기여도

Top & Bottom 5 countries for Travel & Tourism talent demand and supply growth
(Long-run, 2014~2024)

DEMAND	RANK	RANK	SUPPLY
THAILAND	1	1	SAUDI ARABIA
TURKEY	2	2	BAHRAIN
SAUDI ARABIA	3	3	OMAN
OMAN	4	4	TURKEY
COSTA RICA	5	5	PHILIPPINES
SOUTH KOREA	42	42	AUSTRIA
AUSTRALIA	43	43	CZECH REPUBLIC
JAPAN	44	44	SOUTH KOREA
GERMANY	45	45	JAPAN
NORWAY	46	46	RUSSIA

자료: WTTC(2015), Travel & Tourism Economic Report.

[그림 17-3] 관광인력수요 및 인력공급의 성장률 순위

2) 관광산업의 고용동향과 시사점

우리나라의 관광사업체 수는 2010년 18,264개에서 2015년 6월 현재 26,118개로 5년간 43%가 증가하였다. 관광사업체 중 여행업체의 비중은 2010년 72.2%에서 2012년 71.8%, 그리고 2015년에는 69.7%로 점차 감소추세이다.

〈표 17-3〉 전국 관광사업체 현황 및 여행업의 비중

(단위: 개, %)

구분	2010	2011	2012	2013	2014	2015.6
관광사업체(a)	18,264	19,678	21,119	21,696	25,177	29,118
여행업(b)	13,182	14,169	15,159	15,368	17,585	18,193
비중(b/a)	72.2	72.0	71.8	70.8	69.8	69.7

자료: 한국관광협회중앙회(각년도), 전국 관광사업체 현황.

2014년 전국의 관광사업체의 총종사자 수는 228,141명이고, 여행업(69,371명)과 관광숙박업(64,904명)이 가장 많은 비중을 차지하고 있으며, 최근 약간 정체되어 있다. 단, 관광사업체별 평균 종사자 수는 13명에서 9명대로 지속 감소하고 있다.

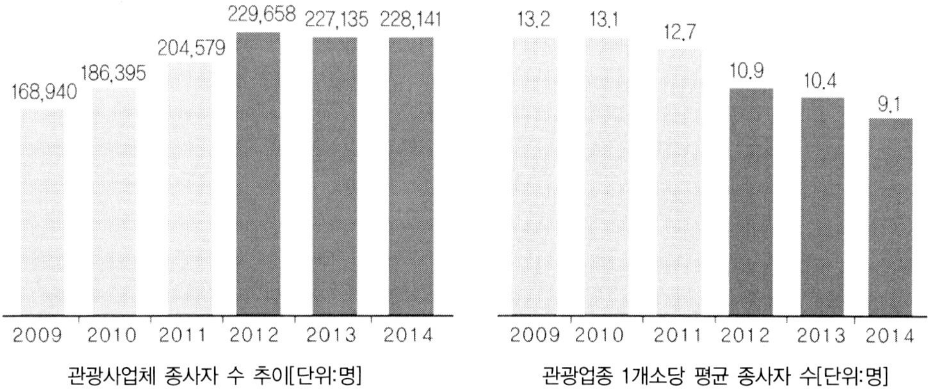

자료: 문화체육관광부(각년도), 관광사업체 기초통계 조사.

[그림 17-4] 관광사업체 종사자 수 추이 및 관광업종 1개소당 평균 종사자 수 추이

2014년 관광종사자의 고용형태는 상용근로자가 73.8%로 가장 많으나 2012년의 76.6%에 비해 감소하고 있다. 업종별로 보면 상용근로자 비중은 카지노업(94.2%), 여행업(84.7%), 관광숙박업(78.7%)이 상대적으로 높고 유원시설업, 관광편의시설업은 50% 대에 그치고 있다. 성별 분포는 남자가 56%로 우세이나 최근 여성 비중이 증가하고 있다.

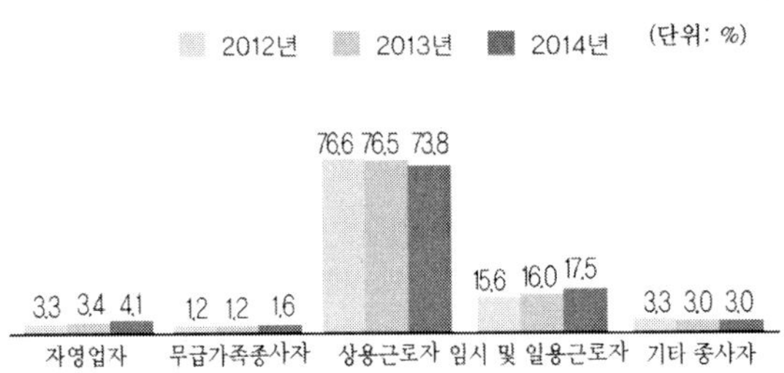

관광사업체 종사자의 고용형태

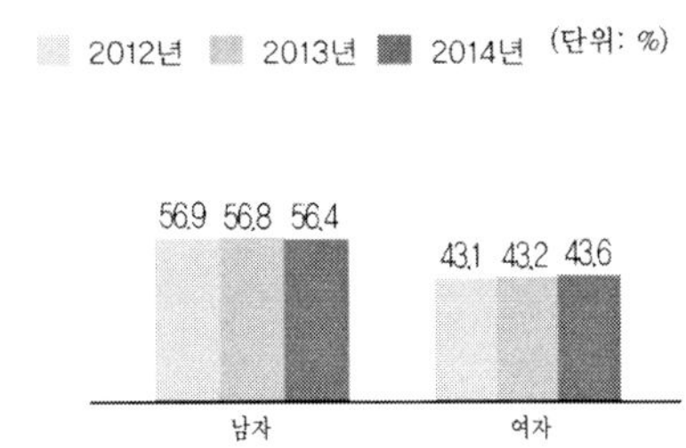

관광사업체 종사자의 성별 분포

자료: 문화체육관광부(각년도), 관광사업체 기초통계 조사.

[그림 17-5] 관광사업자 종사자 고용형태 및 성별 분포

2014년 관광종사자의 연령분포는 30대가 28.8%로 가장 많고 20대, 40대 순으로 나타났으며, 단, 30대 이하의 비중이 감소추세이다. 30대 미만의 청년들은 유원시설업의 46.4%, 국제회의업의 32.9%를 차지하고 있으나 종사원 규모가 적고 영세한 여행업은 17%에 그치고 있다. 학력수준은 대졸이 가장 많으나 고졸 이하의 비중도 증가하고 있다.

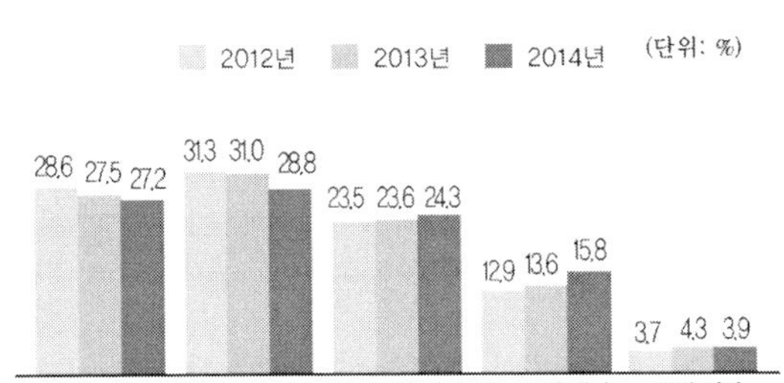

관광사업체 종사자의 연령분포

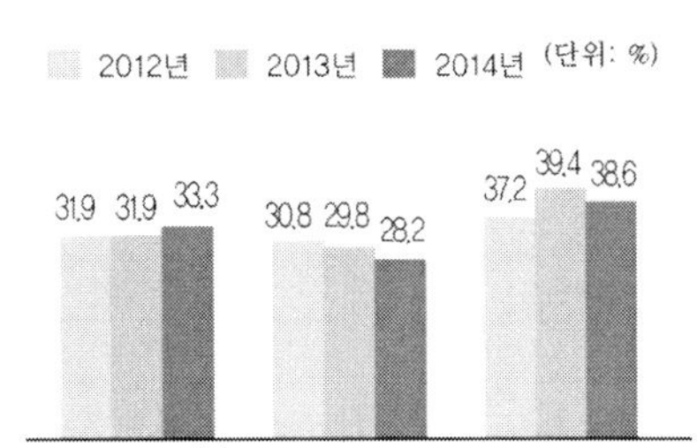

관광사업체 종사자의 학력수준

자료: 문화체육관광부(각년도), 관광사업체 기초통계 조사

[그림 17-6] 관광사업체 종사자의 연령분포 및 학력수준

2014년 관광사업체의 신규채용 규모는 38,703명으로 전년 대비 11.5% 감소하고 여성보다 남성의 비중이 더 줄어들었다. 이직자 수는 32,122명으로 전년 대비 6.5% 증가하였으며, 남성(52.0%)이 여성(48.0%)보다 더 높은 이직률을 보이고 있다.

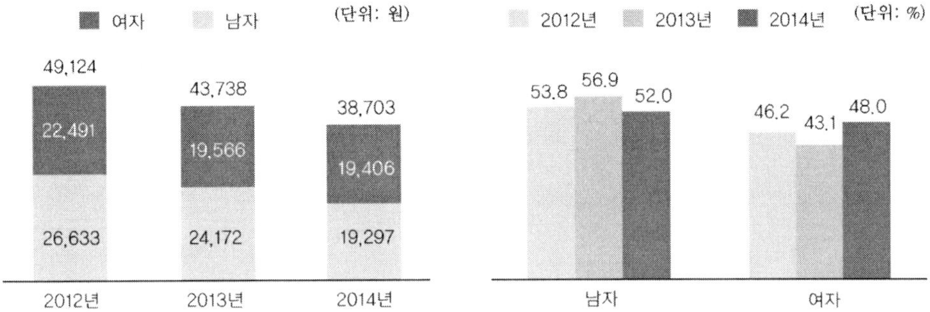

관광사업체 종사자의 신규 채용 추이 관광사업체 종사자의 성별 이직자 비중

자료: 문화체육관광부(각년도), 관광사업체 기초통계 조사.

[그림 17-7] 관광사업체 신규 채용추이 및 성별 이직자 비중

3) 관광산업의 취업동향과 시사점

전국의 관광교육기관에서 배출되는 인력은 2012년 현재 연간 28,819명이며, 취업률은 53.5%이나 관광특성화고가 62.8%로 가장 높으며, 관광분야 전공일치율은 평균 57%이며 전문대학이 69%로 가장 높고 관광특성화고가 27.9%로 가장 낮았다. 2014년 관광전공자의 취업률은 대학교 51.1%, 전문대학 53.8%로 나타났다.

〈표 17-4〉 전국 관광관련 학과의 취업률 및 전공일치율(2012)

(단위: 명, %)

구분(개교)	졸업생 (a)	취업생 (b)	취업률 (b/a)	관광분야 취업자 수(c)	전공일치율 (c/b)
관광특성화고(56)	4,730	2,969	62.8	819	27.9
전문대학(117)	16,319	8,604	52.7	5,937	69.0
대학교(82)	7,770	3,841	49.4	2,036	53.0
계	28,819	15,414	53.5	8,792	57.0

자료: 한국문화관광연구원(2013), 관광산업 인적자원 육성정책 체계화 방안.

문화체육관광부의 의뢰로 한국관광학회가 수행한 전국 관광대학 취업률 조사결과, 취업업종을 보면 3년(2009~2011) 평균을 기준으로 볼 때 호텔업이 전체의 29%로 가장 많은 비중을 차지하고 있으며, 외식업이 23%, 여행업이 19%, 유원시설업이 5.6%를 보이고 있다. 호텔업과 외식업의 비중이 지속적으로 증가하고 있다.

20~30대 청년이 선호하는 일자리는 공공행정 · 국방 및 사회보장행정이 22.1%로 가장 앞서고 있으며, 관광산업은 서비스업 중 상대적으로 낮은 선호도를 보이고 있다. 숙박 · 관광업은 3.3%에 그치고 있어 청년층 유입 확대를 위한 대응책이 필요하다. 청년(15~24세) 일자리의 저임금 비중도 44.4%(2004) → 50.5%(2014)로 계속 증가하고 있어 취업 확대에 장애요인으로 작용하고 있다(한국노동연구원, 2015).

4. 관광산업 청년일자리 창출의 방향

1) 서비스 경제시대 청년일자리 창출의 방향

(1) 중장기적인 인력양성 계획의 체계적 추진

현재 관광산업 육성을 통한 일자리 창출은 학령인구 감소, 고령화 시대에 대비한 유망관광사업 발굴, 인적자원의 양성, 취업기회 확대, 근로조건 개선 등 산 · 관 · 학을 연계하는 종합적인 접근이 필요하다.

대표적인 사례는 싱가포르의 토탈플랜(TOurism TALent Plan)이다. 2007년 싱가포르 관광청(STB) · 싱가포르 인력개발청(WDA) · 싱가포르생산성기준혁신위원회(SPRING)가 공동으로 2015년 1,700만 명의 외래객 유치를 목표로 다양한 분야에서 약 5~6만 개의 관광관련 유망직종이 창출될 것으로 예상하고, 직업능력과 서비스 마인드를 갖춘 관광전문 인력을 양성 · 공급하기 위한 계획으로 3.6억 싱가포르 달러를 투자하여 7.4만 명을 양성하였다(WTTC, 2015).

(2) 양적 확대에서 양질의 일자리 창출로 전환

관광산업의 경제적 기여도로 GDP 또는 총고용 대비 관광산업의 비중을 확대하는 측면이 강조되어 왔으나, 이제는 일자리의 양적 확대뿐만 아니라 질 좋고 지속가능한 일자리(decent & sustainable job)의 창출과 확산 노력이 필요하다.

관광산업 내 근로자의 연령분포에서 청년의 비중이 줄지 않고 늘어날 경우 좋은 일자리로 인식될 수 있는데(LG경제연구원, 2015), 산 · 학 · 관 협력 네트워크 구축을 통하여 청년 관광일자리 창출의 미스매치를 해소하고, 이들의 창의성과 융복합 역량을 고취할 창조형 · 고부가가치형 일자리의 지속적인 발굴이 필수이다.

(3) 청년들에게 다가가는 진정성 있는 대응책 강구

청년들의 80%가 서비스 산업분야의 일자리를 선호하고 있으나, 양질의 일자리가 부족하다(55.1%)고 느끼며, 질 좋은 일자리 창출을 위한 정부의 역할이 막중하다(85.2%)고 인식하고, 구체적으로 전문인력 양성 또는 법적 지원기반 마련이 시급한 것으로 인식되고 있다.

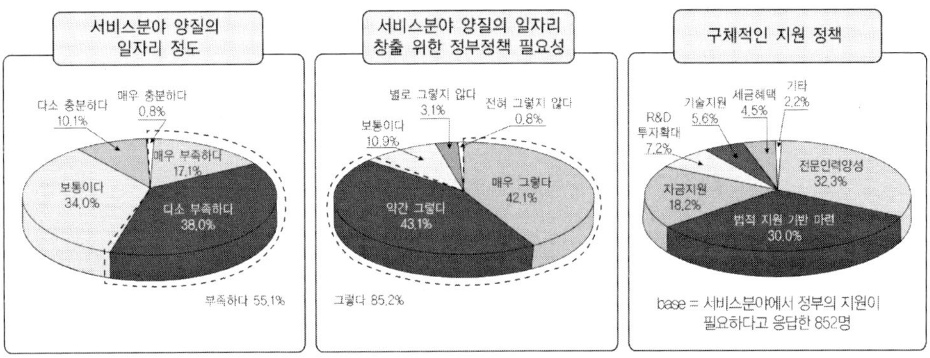

자료: 대통령직속 청년위원회 · KDI(2015), 서비스산업에 대한 청년의식 조사결과.

[그림 17-8] 서비스산업에 대한 청년의식 조사결과

2) 관광산업 청년일자리 창출의 목표와 전략

관광산업 청년일자리 창출의 목표는 '청년들에게 질 좋고 지속가능한 관광일자리 제공'에 두어야 한다. 그리고 거시 전략의 목표는 '관광산업 구조개혁과 양질의 일자리 만들기'에 두고 관광수요 창출을 통한 지속가능한 성장기반 확보, 글로벌 경쟁력 확보를 위한 각종 규제완화 추진, 융복합 기반 미래형 유망 관광 일자리 개발, 창업·창직형 관광산업 일자리 대폭 확대를 추진해야 한다.

미시 전략은 '우수한 관광인력 양성 및 맞춤형 취업지원'에 목표를 두고, 친기업형 관광교육 및 자격증 우대 풍토 조성, 해외 진출형 관광산업 일자리 수요 창출, 관광일자리에 대한 미스매치 극복 및 청년층 흡수, 청년 맞춤형 관광 일자리 중개시스템의 구축을 추진해야 한다.

3) 관광산업 청년일자리 창출의 과제

(1) 관광수요 창출을 통한 지속가능한 성장기반 마련

청년 일자리 창출정책은 관광수요 확대→관광업계 수익개선→관광 투자확대→양질의 관광상품 개발→일자리 창출→여행수요 확대라는 선순환 구조 창출을 위해 수요창출형 진흥사업을 지속 전개해야 한다.

2009년 700만 명대의 외래객이 2014년 1,400만 명대로 급증하면서 양적 고용확대 효과를 가져왔듯이 2016~2018 한국방문의 해 사업을 계기로 외래객 2,000만 명대로 조기 진입해야 한다. 일자리 확대 차원에서 국내관광 수요를 확대하기 위한 휴가분산제도 개선, 가족여행 활성화, 다양한 중저가 숙박시설 확충, 관광주간 내실화, 구석구석 캠페인 등도 적극 추진해야 한다.

(2) 글로벌 경쟁력 확보 위한 각종 규제완화 추진

향후 글로벌 관광대국에 부응한 숙박수용력의 확보가 시급하다. 대규모 관광일자리 창출에 기여할 수 있도록 관광호텔의 지속적 확충을 위해 법적 지원기반을 마련해야 한다. 최근 5년간(2010~2014) 관광호텔과 객실이 증가하면서 관광호텔 신규 채용자는 71,843명, 이직자는 61,003명으로 10,840명의 순증가 효과가 발생했던 것도 참고해야 한다.

또한 각종 불합리한 세제 및 부담금 제도, 불필요한 개발제한 규제에 대한 과감한 개혁도 추진되어야 한다. 호텔리츠산업 육성, 친환경적 산악관광특구·해양관광특구 등 지역 관광콘텐츠를 다각화해야 한다.

(3) 융복합 기반 미래형 유망 관광 일자리 개발

문화예술, 콘텐츠, 스포츠 등은 관광산업의 외연을 확장하고 새로운 상품영역의 발굴소재가 되고, 관광산업의 고부가가치화 수단이 된다는 점에서 왕성한 융복합을 모색해야 한다. MICE, 크루즈, 요트투어, 의료관광, 승마관광, 교육연수관광, 생태관광 등 고부가가치형 관광에 대한 집중 육성을 통하여 유망 일자리가 확대되어야 한다.

다음은 고부가가치형 산업 생태계 구축 및 新비즈니스 발굴이 필요하다. 온라인 관광마케팅 전문업체, 스마트관광 앱 개발업체 등 신규 업종의 제도권 내 편입을 통하여 시너지 효과를 제고해야 한다. 관광종사원 대상 교육훈련 방식도 새로운 비즈니스 모델을 발굴하고 신상품 및 콘텐츠 발굴, 신규 마케팅 기법 적용을 위한 창의적 방식을 모색할 때다.

(4) 창업 · 창직형 관광산업 일자리 대폭 확대

대학생을 대상으로 한 예비 관광벤처사업의 활성화를 모색할 때다. 청년 관광벤처캠프를 운영하여 '관광벤처 새싹프로젝트'의 일환으로 대학을 중심으로 전공융합형 관광창업스쿨을 추진하여야 한다. 그리고 민관협력형 관광창업재단을 설립하여 벤처기업을 집적화시켜 창조관광 랩(Lab)을 구성하고, 관광빅데이터기반 컨설팅을 지원해야 한다.

지역주민의 관광창업 · 창직도 지원되어야 한다. 관광창업 인큐베이팅 지원을 위해 창조경제혁신센터와 연계하여 지역관광창업지원센터를 운영하고, 사회적기업, 관광협동조합, 관광두레의 활성화를 위한 중간지원조직을 선정 · 운영할 필요가 있다.

(5) 친기업형 관광교육 및 자격증 우대풍토 조성

親기업형 관광교육 프로그램의 혁신을 모색해야 한다. 산 · 학이 함께하는 선진형 관광교육제도를 도입하여 산학협력 우수 프로그램을 육성하며, 관광기업(협회)이 참여하는 대학관광교육 컨설팅 제도를 시행할 필요가 있다.

또한 관광자격증 위상 강화 및 취업맞춤형 교육을 실시해야 한다. 관광관련 신규 자격제도로 코디네이터, 머천다이저, 브랜드매니저, 컨시어지, 마케터, 컨설턴트, 크루즈디렉터, 관광개발기획사 등을 도입해야 한다. 관광자격증 소지자의 취업 시 가산점

부여 및 인턴십 참여자에 대한 재정지원을 확대하고, 관광기금을 활용하여 취업맞춤형 교육프로그램 공모사업을 추진해야 한다.

(6) 해외진출형 관광산업 일자리수요 창출

국내 청년일자리뿐만 아니라 해외취업을 통하여 부족한 국내 일자리의 한계를 극복해야 한다. 공공부문에서 관광분야 국제기구 진출지원, 관광ODA 사업 참여 지원, 해외MICE 연수사업 등을 확대하여야 한다. 민간부문에서 해외 유명호텔과 리조트·항공사 인사담당자 초청 취업설명회 개최, 국내 관광기업의 해외진출을 통한 취업 확대를 시도해야 한다.

그리고 한국형 실무전문 호텔·관광 교육시스템을 구축해야 한다. NCS기반 매 학년 기업과 연계된 현장실습을 병행하여 국내는 물론 전 세계 최고급 호텔 취업 기회를 제공해야 한다. 프랑스의 대표적 호텔학교인 바텔대학(Batel School)이 프랑스 4개 대학 및 전 세계에 41개국에 캠퍼스를 운영하며 세계적 호텔과 연계한 실무중심형 인재를 양성하여 졸업생에게 프랑스 국가인정 학위와 유럽 인증학위를 동시에 수여하고 있듯이, 국내의 경우에도 '한국형 바텔대학' 육성 사업을 추진해야 한다.

(7) 관광일자리에 대한 미스매치 해소 및 청년층 흡수

취업난과 구인난이 동시 발생하는 인력수급 불균형, 즉 미스매치를 극복하기 위해서는 관광산업 육성을 통하여 일자리를 지속적으로 창출하는 데 초점을 두어야 한다. 관광업계, 교육기관, 정부간 청년취업 미스매치 해소를 위한 협력 네트워크, (가칭)'관광분야 청년취업 위원회'를 구성하여 협력사업을 추진해야 한다.

관광종사원 처우개선과 괜찮은 직장만들기에도 공동 노력을 모색해야 한다. 관광분야 종사자의 19.6%가 임시 및 일용직이며, 40세 미만의 근로자 비중이 2013년 65.4%에서 2014년 56%로 급감하였으며, 이직률이 13.3%로 전 산업 평균의 4.0%에 3배 수준인 상황을 해소하기 위해서는 다각적인 노력이 필요하다. 관광진흥법상 규정에 의하여 1987년 설립된 여행공제회는 여행업계 종사자만의 권익보호에 한정하고 있다는 점에서 2019년 5월 관광공제회가 출범한 것도 관광종사원의 권익 보호에 긍정적으로 작용할 것이다.

(8) 청년 맞춤형 관광일자리 중개(매칭)시스템 구축

관광취업지원센터(TJC)를 설립하여 관광특성화고 산업예비인력의 관광업계 진출 지원 및 선취업 · 후진학 기회를 제공하고, 맞춤형 연중 취업포털사이트를 구축하여 여전히 지인을 활용하여 구인하고 있는 현상을 타개해야 한다. 실례로 부산지역 180개 업체 중 74개 업체가 지인을 활용하여 구인하고 있다(연합뉴스 2012.1.23.). 또한 우수관광인력(자격증 소지자)의 인턴채용을 지원하며, 청년희망펀드를 활용하여 '프리미엄 관광가이드'를 육성해야 한다.

나아가 관광업계 전체가 참여하는 관광채용박람회를 지속적으로 개최해야 한다. 업종(호텔, MICE, 여행업, 통역안내사, 외식경영 등)별 채용박람회의 내실화는 물론 수시로 개최되어야 한다.

5. 맺음말

관광산업은 탈산업화, 서비스화로 표현되는 서비스 경제시대에 가장 유망한 분야로 각광받고 있다. 정부도 관광산업의 미래 경제성장 동력으로 집중 육성하고 있다.

그러나 관광산업은 고용창출 기여도가 높은 반면 최근 들어 청년층의 이탈로 활력이 저하되고 있어 '청년'의 시각에서 산업구조 재편 및 유망 일자리 창출을 위한 전략을 수립할 필요가 있다. 관광일자리 창출은 중장기적인 인력양성 계획을 통하여 체계적으로 추진하며, 청년층을 끌어들일 질 좋고 지속가능한 일자리의 제공에 역점을 두어야 한다.

현재 관광산업 육성을 통한 일자리 창출은 유망관광사업 발굴, 인적자원의 양성, 취업기회 확대, 근로조건 개선 등 산 · 관 · 학이 상호 연계하는 종합적인 접근이 필요하다. 그동안 관광산업의 경제적 기여도로 GDP 또는 총고용 대비 관광산업의 비중을 확대하는 전략이 강조되어 왔으나 이제는 일자리의 양적 확대뿐만 아니라 '질 좋고 지속가능한 일자리'의 창출까지 종합적으로 검토하여 추진되어야 한다.

관광산업 구조개혁과 양질의 일자리 만들기를 위한 과제로는 ① 관광수요 창출을 통한 관광산업의 지속가능한 성장 유도 ② 글로벌 경쟁력 확보를 위한 각종 규제완화 추진 ③ 융복합 기반 미래형 유망 관광일자리 개발 ④ 창업 · 창직형 관광산업 일자리 대폭 확대를 들 수 있다.

우수한 관광인력 양성 및 맞춤형 취업지원 과제로는 ① 친기업형 관광교육 및 자격증 우대 풍토 조성 ② 해외 진출형 관광산업 일자리 수요 창출 ③ 관광일자리에 대한 미스매치 극복 및 청년층 흡수 ④ 청년 맞춤형 관광 일자리 중개시스템 구축을 들 수 있다.

제18장 관광두레PD의 역량강화 방안

1. 머리말

최근 관광두레가 지니고 있는 가장 큰 가치는 '전통적인 관광'에서 '지속가능한 관광'으로 전환되고 있는 상황과 가장 부합될 수 있는 사업모델이라는 점이다. 전통적인 관광이 '영리'를 바탕으로 관광객(주체), 관광사업(매체), 관광자원(객체) 간 상호작용이라면, 지속가능한 관광은 '지역주민'이 제4의 핵심요소로 추가되었으며, 관광두레도 지역주민의 역할(참여와 보상)이 보장된 지속가능한 관광시대가 도래하면서 비로소 빛을 보게 되었다.

관광두레의 양적 확대와 지속가능한 경영을 위해서는 관광두레PD의 역량을 강화하여야 한다. 관광두레사업은 신규 사업이라는 점에서 사업성과의 예측이 용이하지 않다는 문제점을 지니고 있는 동시에, 정부가 역점을 두고 있는 정책사업이라는 점에서 예산확보 등 지속추진을 위해서는 연차별 정책성과의 창출이 매우 중요한 게 사실이며, 따라서 정책담당자 및 사업실행자 간 긴밀한 소통과 협력은 물론 관광두레PD의 역량제고를 위한 인센티브 제공도 중요한 과제로 부상하고 있다.

향후 관광두레의 성공적 추진을 위하여 관광두레PD에 대한 심층적인 분석을 통하여 애로사항과 문제점을 도출하고 활동증진을 위한 경쟁시스템을 구축하며, 사회적 위상 제고 및 역할강화 방안을 강구할 필요가 있다. 이 글에서는 '관광두레PD의 위상 및 역량강화'에 초점을 두고 구체적으로 사업추진의 애로사항 분석, 사업역량 및 활동증진방안, 그리고 지속가능한 역할 제고방안, 경쟁시스템 도입방안 등을 모색하는 데 주안점을 두었다.

2. 관광두레PD의 위상 및 업무추진 현황

1) 관광두레와 사업추진 체계

관광두레는 '지역주민들이 자발적으로 나서서 서로 협력하며 숙박, 식음, 여행알선, 체험, 레저, 기념품 등 다양한 분야의 관광사업체를 만들고 자립적으로 경영해 나가는 사업단위'를 말한다.

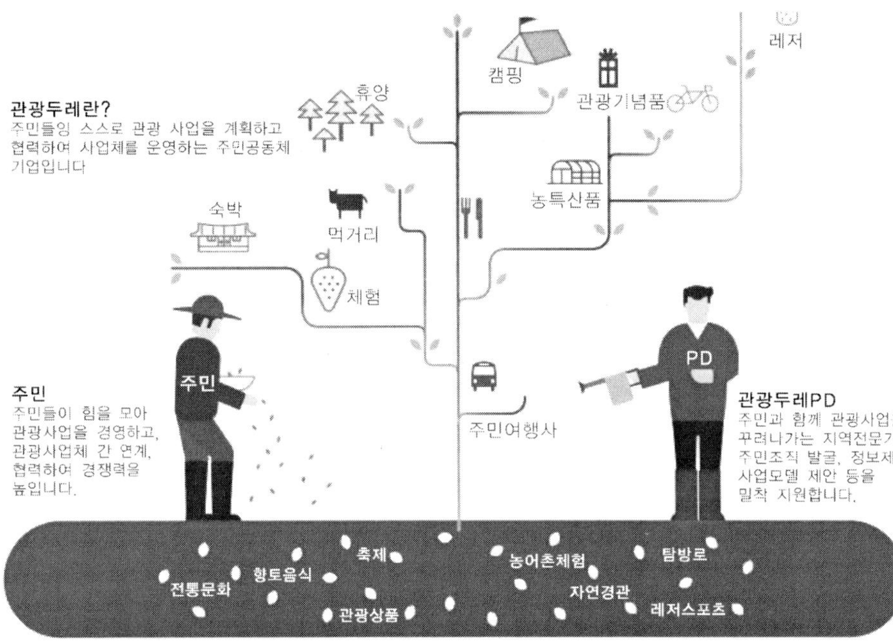

자료: 한국문화관광연구원 관광두레사업단 홈페이지.

[그림 18-1] 관광두레의 개념적 모형

관광두레사업에 있어서 주민들은 힘을 모아 관광사업을 경영하고 사업체 간 연계, 협력하여 경쟁력을 높이며, 관광두레PD는 주민과 함께 관광사업을 꾸려가는 지역전문가로 주민조직 발굴, 정보제공, 사업모델 제안 등을 밀착 지원하며, 이를 토대로 관광객을 대상으로 숙박, 체험, 휴양, 먹거리, 농·특산품, 레저가 결합된 경쟁력이 있는 상품을 창출하는 역할을 담당하고 있다.

관광두레는 문화체육관광부, 지방자치단체, 한국문화관광연구원, 한국관광공사(지역협력단)가 주민 주도의 지역관광 활성화 사업의 일환으로 두레PD와 청년PD를 선발하고 이를 통해 지역주민이 참여하는 관광두레를 형성하는 사업추진체계를 구축하고 있다. 그리고 관광두레의 수요창출 차원에서 관광두레 서포터즈가 운영되고 있다.

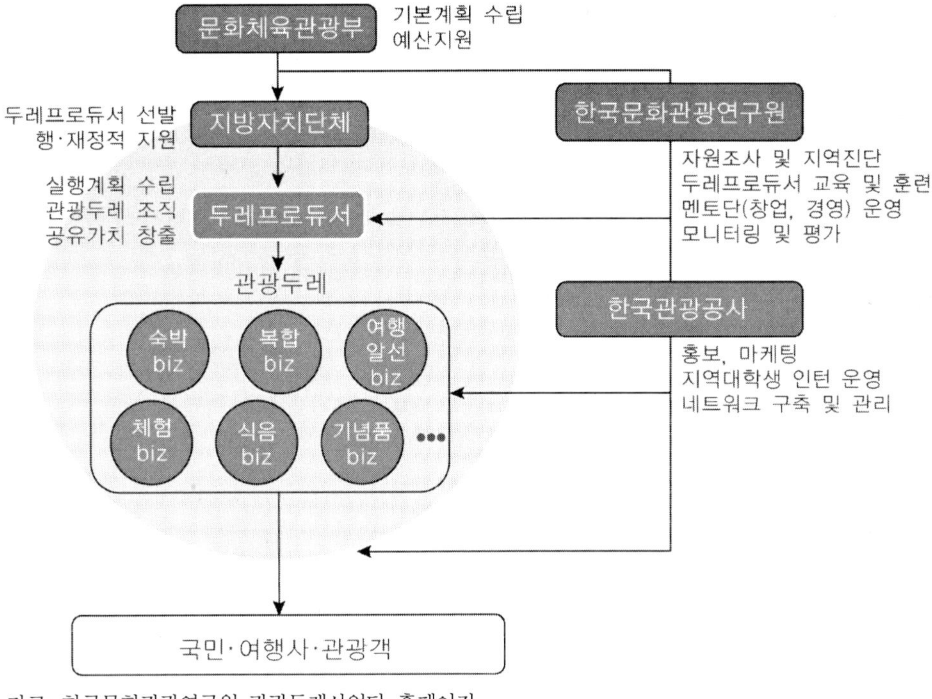

자료: 한국문화관광연구원 관광두레사업단 홈페이지.

[그림 18-2] 관광두레사업의 추진체계

2) 관광두레사업과 두레PD의 역할

관광두레는 지역주민들이 공동체를 기반으로 지역을 방문하는 관광객을 대상으로 숙박과 식음, 여행알선, 운송, 오락과 휴양과 같은 관광비즈니스를 경영하는 관광사업체를 말하며, 관광두레PD의 역량과 활동이 관광두레사업의 핵심 성공요인이다.

관광두레PD는 주민 공동체가 주도하는 지속가능한 관광사업을 육성하기 위해 주민 공동체의 발굴과 조직화에서부터 역량강화, 창업과 경영개선 지원, 네트워크 구축까지 사업 전반을 주도적으로 진행한다.

관광두레PD는 중간 지원자 역할을 담당하며, 관광두레센터와 주민, 지역(행정, 단체, 기업)과 주민, 고객과 주민, 주민과 주민의 중간에서 비전과 미션을 중개하고 네트워크를 형성하는 중추적 역할을 하며, 이에 따라 열정과 리더십, 의사소통 및 문제해결 능력, 자발성과 책임성 등 다방면에 걸친 역량을 보유하고 있어야 한다.

관광두레PD로 선정되면 3개년에 걸쳐 사업을 추진하게 되며, 성과 평가를 통해 성과가 우수한 지역의 경우 추가로 2년을 더 지원하여 지속적인 사업성과 창출을 모색하고 있다. 1차년도에는 주민공동체 조직 발굴 및 사업계획을 수립하는 데 역점을 두며, 2차년도에는 관광두레기업의 성공창업을 유도하며, 3차년도에는 관광두레 네트워크 구축 및 자립발전 기반을 구축하는 데 초점을 두고 있다.

〈표 18-1〉 관광두레PD의 연차별 추진업무

구분	업무명	세부업무 내용
1차년도	관광두레PD 교육, 지역진단, 관광두레 발굴 및 사업계획 수립	관광두레PD 선발 및 역량강화, 자원조사 및 지역진단, 주민 참여 워크숍을 통한 비즈니스 모델 개발과 사업계획서 작성
2차년도	창업파일럿 사업의 시범운영을 통한 관광두레 기업 창업	관광두레포럼 개최, 창업 및 경영개선 파일럿 사업 추진, 맞춤형 멘토링 및 교육훈련, 홍보마케팅을 통한 관광사업 착수
3차년도	관광두레 네트워크 구축 및 운영, 자립발전 기반 구축	관광상품 및 서비스의 생산 · 유통 · 판촉혁신, 조직운영과 재무전략 등 경영전문화 추진, 주민공동체 조직 간 네트워크 추진을 통해 관광두레 생태계 조성
평가(사업추진 성과평가, 자생력을 갖춘 관광두레 선정 2년 추가 지원)		
4,5차년도	지속성장 및 모범사례 육성	경영다각화 및 수익 확대 지원, 관광두레 네트워크 지속 운영, 홍보 · 마케팅

자료: 김성진 · 박주영(2014), 관광두레사업의 성과와 과제, 한국문화관광연구원.

한국문화관광연구원 관광두레사업단에서는 관광두레PD의 역량 강화를 위하여 그동안 ① 관광두레사업의 이해, 퍼실리테이션 기법, 커뮤니티 비즈니스 창출, 비즈니스 모델 개발, 사업계획서 작성 등 교육 · 훈련을 진행하였으며, ② 관광두레PD 간 활동의 공유, 월간 목표와 계획의 수립, 활동성과의 점검 등 매월 월간 워크숍을 진행하고,

③ 분과 연구회(체험마을, 주민여행사, 공예기념품 분과) 운영을 통해 관광두레 육성조직의 경쟁력 있는 비즈니스 모델을 구축하고, ④ 마을만들기 전국대회 참석 및 관광두레 세션을 진행하였으며, ⑤ 관광두레 네이버 온라인 카페를 개설하고, ⑥ 관광두레PD 활동일지 작성 등을 실시하고 있다.

3) 관광두레PD의 주요 업무 추진현황

첫째는 관광두레 조직의 발굴 및 육성이다. 2013년 관광두레사업이 착수된 이래 5개 대상지역에서 32개 육성조직(주민 202명 참여)을 발굴하였으며, 2014년에는 19개 지역에서 102개 육성조직(주민 1,016명 참여)을 발굴하여 지역의 청년, 다문화 여상, 부녀자, 귀촌인 등이 모인 다양한 조직이 선정되었다.

둘째는 관광두레 지역진단 및 사업계획 수립이다. 지역자원 조사 및 조직진단, 사업화 계획 수립을 위한 워크숍 및 최종보고를 통하여 사업계획 확정하고 전문업체와 협업을 실시한다.

셋째는 기획두레의 선정 및 집중 육성이다. 2014년 2기 사업부터 지역의 대표조직(1지역 1개 총 20개)으로서 성공가능성이 높은 육성조직을 으뜸두레로 선정하여 집중 육성하고 있다.

넷째는 관광두레 멘토링 및 교육훈련 추진이다. 관광두레 육성조직이 성공적으로 창업 및 경영개선할 수 있도록 멘토링 및 역량강화 사업을 진행한다. 2015년 6월 관광두레 멘토단이 정식 출범되었다.

다섯째는 창업(경영개선) 파일럿 사업의 추진이다. 2013년 시작된 5개 시범사업의 37개 관광두레 육성조직이 성공적으로 창업할 수 있도록 여행상품 프로그램 진행, 박람회 및 지역축제 참가를 통한 시제품 판매 등 창업 파일럿 사업을 진행하고 있다.

여섯째는 관광두레 홍보 및 마케팅이다. 2014년의 경우 팸투어, 블로거 방문, 방송촬영, 리플렛 제작 등 46회의 홍보 · 마케팅을 지원하였다.

3. 관광두레PD 대상 의식조사 분석결과

1) 조사분석의 개요

관광두레사업 전반에 대한 진단과 개선방안 중 관광두레 프로듀서의 활동 진단을 통하여 관광두레PD의 효과적인 업무추진 및 경쟁력 제고방안을 강구하는 데 있다. 본 조사는 관광두레PD로 선정되어 활동중인 31명 전원을 대상으로 하였으나 신규 PD 선정에 따른 응답 곤란을 이유로 조사를 거절한 9명을 제외한 22명을 대상으로 조사하였다.

응답자의 성별은 남성이 14명(70%), 여성이 6명(26.1%)이며, 연령은 40대가 13명(65%)으로 가장 많고 50대 6명(30%), 30대 1명(5%)으로 나타났으며, 관광두레 봉사지역은 경기 · 강원권이 6명(30%), 전라권 5명(25%), 경상권 5명(25%), 충청권 3명(15%), 대도시권 1명(5%)의 순으로 나타났다.

본 조사는 관광두레사업단의 협조하에 전체 관광두레PD에 대한 사전 집단 인터뷰(FGI)를 실시하고 이를 설문지화 하여 자기기입식 응답방식을 통하여 실시되었다. 조사는 2015년 7월 24일 안동 유교랜드에서 개최된 워크숍 기간에 실시되었다.

주요 조사항목은 관광두레PD의 협력관계(지자체, 지역주민, 관광두레사업단, 두레 멘토단), 관광두레PD 활동의 역점부문 및 애로사항, 관광두레PD 활동의 평가에 대한 의견(두레PD 활동의 평가기준 및 두레사업의 지속가능성 확보방안, 두레사업의 자생력 확보 예상 소요기간), 관광두레PD의 역량강화 방안(두레PD 지원책의 찬성도, 두레PD의 인생진로 고민 및 관광분야 계속 종사계획), 관광두레의 활성화 및 두레PD 역량강화 방안(건의사항)이다.

2) 조사분석의 결과

(1) 관광두레PD 활동의 협력네트워크

관광두레 사업을 추진하는 데 있어서 두레PD가 가장 막중한 역할을 담당하고 있으나, 이들이 효과적으로 활동하기 위해서는 관련 이해당사자들의 적극적인 협조가 필수적이며, 두레사업을 추진하는 지자체 및 지역주민, 두레사업을 지원하는 관광두레사업단 및 멘토단 등과의 협력 네트워크를 구축하는 것이 필요하다.

관광두레PD를 대상으로 두레PD로 선정된 이후 각각의 이해당사자들로부터 어느 정도의 협력을 이끌어냈는가에 대한 분석결과, 지역주민으로부터의 협력이 5점 만점에 3.91점으로 가장 높았으며, 관광두레사업단(센터)으로부터의 협력도 3.73점으로 비교적 높게 나타났다.

〈표 18-2〉 관광두레PD 관련 이해당사자의 협력 정도

(단위: %, 점)

구 분	매우 도움받지 못했다	도움받지 못했다	보통	도움 받았다	큰 도움 받았다	계	평균 (5점 만점)
해당지자체	-	27.3	18.2	47.8	4.3	100.0	3.32
지역 주민	-	9.1	18.2	45.5	27.3	100.0	3.91
관광두레센터	-	9.1	27.3	45.5	18.2	100.0	3.73
두레 멘토단	15.8	36.8	21.1	21.1	5.3	100.0	2.63

그러나 지자체로부터의 협력은 3.32점, 두레멘토단으로부터의 협력은 2.63점으로 상대적으로 가장 낮았는데, 이는 두레멘토단이 시기적으로 늦게 출범함(2015년 6월)에 따라 두레사업 관련 체계적인 자문 및 지원을 받지 못한 데서 연유하는 것으로 나타났으며, 지자체의 경우에도 담당인력의 잦은 인사이동과 형식적인 지원으로 사업을 추진하는 데 큰 동력을 얻지 못한 것으로 보인다.

(2) 관광두레PD의 자체 활동 진단

관광두레PD로 선정된 이후 가장 역점을 둔 활동은 관광두레 비즈니스모델 및 사업계획 수립으로 전체의 36%를 차지하였으며, 다음으로는 지역자원 조사 및 진단(20%), 관광상품 개발 및 홍보마케팅(16%), 지역공동체 구성 및 멘토링(12%), 창업파일럿 사업 활동(8%), 관광두레 네트워크 구축(4%)의 순으로 나타났다.

한편, 관광두레PD로 선정된 이후 수행했던 업무의 수월성(또는 애로도)을 조사한 결과 지역자원 조사 및 진단(3.24점), 관광두레 네트워크 구축(3.11점)을 제외하고는 전반적으로 애로도가 높은 것으로 나타났다.

〈표 18-3〉 관광두레PD의 자체 활동 진단 정도

(단위: %, 점)

구 분	애로가 매우 컸다	애로가 있었다	보통	수월 하였다	매우 수월 하였다	계	평균 (5점 만점)
관광두레사업 인식확대	9.5	38.1	28.6	14.3	9.5	100.0	2.76
지역자원 조사 및 진단	4.8	19.0	33.3	33.3	9.5	100.0	3.24
비즈니스모델 및 사업계획 수립	5.3	31.6	47.4	15.8	-	100.0	2.74
지역공동체 구성 및 멘토링	5.3	36.8	31.6	26.3	-	100.0	2.79
관광두레포럼 및 협의회 참여	15.8	26.3	21.1	26.3	10.5	100.0	2.89
관광두레 네트워크 구축	5.3	26.3	42.1	5.3	21.1	100.0	3.11
관광상품 개발 및 홍보마케팅	15.8	36.8	26.3	15.8	5.3	100.0	2.58
창업파일럿 사업 활동	15.8	36.8	36.8	10.5	-	100.0	2.42
관광두레센터와의 업무협조	10.5	31.6	36.8	15.8	5.3	100.0	2.74

상대적으로 애로도가 높았던 업무는 창업파일럿 사업활동(2.42점), 관광상품 개발 및 홍보마케팅(2.58점), 관광두레사업단과의 업무협조(2.74점), 비즈니스모델 및 사업계획 수립(2.74점) 등으로 관광두레PD에게 두레관련 사업 전반에 대하여 최고의 역량을 발휘하도록 요구하는 것은 불합리할 수 있으며, 지원조직 및 지원인력을 가동할 필요가 있다.

위의 9가지 활동을 추진하면서 가장 큰 애로사항은 지역주민의 인식부족이 25%로 가장 높았으며, 시의적절한 맞춤형 멘토링 미흡(17.9%), 관광두레사업단 대상 사업추진 업무 과다(17.9%), 관련 사업자들의 비협조 및 사업파트너 구축 곤란(14.3%), 지자체의 소극적 지원(10.7%), 어중간한 관광두레PD의 위상(10.7%)로 나타났다. 이는 관광두레사업이 정부의 신규시책으로서 경험이 부족한 상태에서 실행주체인 지역주민들의 인식개선 및 맞춤형 멘토링 사업을 동시에 실시하는 데 애로가 많았음을 보여주었다.

(3) 관광두레사업의 자생력 확보기간 및 지속가능성 확보방안

관광두레PD를 대상으로 "현재 추진 중인 관광두레사업의 자생력 및 지속성 확보를 위한 최소한의 기간은 어느 정도 필요할 것인가"를 질문한 결과 5년 이내 기간이 소요

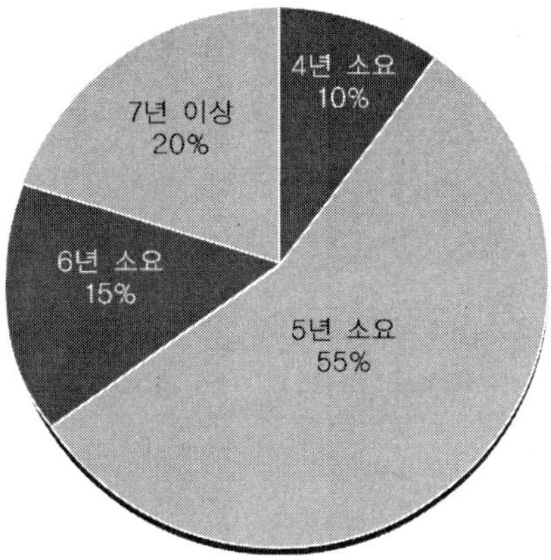

[그림 18-3] 관광두레의 자생력 확보기간

될 것이라는 의견이 전체의 65%로 가장 많았으며, 7년 이상 소요될 것으로 보는 의견도 20%에 달하고 있다.

한편 관광두레사업의 지속가능한 성장 및 존속과 관련하여 수렴된 여러 가지 대안에 대한 찬반 정도를 보면 관광두레사업에 대한 대국민 홍보 및 고객확보 지원이 4.43점으로 가장 높게 나타났으며, 다음으로 광역별 관광두레 중간지원조직의 설립·운영이 4.33점, 관광공사의 관광두레 소비자 확보를 위한 책임홍보가 4.29점으로 나타나 관광두레사업의 수익창출을 위한 관광두레시장 형성 및 소비자 대상 홍보, 그리고 지자체 차원의 실질적인 지원이 필요한 것으로 나타났다. 반대로 기존 관광두레 서포터즈와 지역차원의 대학참여 방안, 관광두레 전국 축제화, 해외진출 모델화 등에 대해서는 상대적으로 찬성도가 낮았다.

〈표 18-4〉 관광두레의 지속성 확보방안별 찬반 정도

(단위: %, 점)

구 분	매우 반대	반대	보통	찬성	매우 찬성	계	평균 (5점 만점)
광역 관광두레 중간지원조직 운영	4.8	-	4.8	38.1	52.4	100.0	4.33
관광두레 전국축제 및 이벤트 (박람회 개최)	9.5	9.5	33.3	28.6	17.4	100.0	3.38
관광두레사업에 대한 대국민 홍보 및 고객확보	-	-	19.0	19.0	62.0	100.0	4.43
우수 관광두레사업에 대한 해외진출 모델화	-	14.3	47.6	9.5	28.6	100.0	3.52
부진/애로 관광두레사업의 멘토링 강화	-	-	23.8	47.6	28.6	100.0	4.05
지역대학(교수, 학생)의 관광두레 서포터즈 참여	14.3	14.3	19.0	33.3	19.0	100.0	3.29
관광공사의 관광두레 소비자 확보를 위한 책임홍보	-	-	23.8	23.8	52.4	100.0	4.29

(4) 관광두레PD 활동의 평가기준별 적합성

관광두레PD 활동에 대한 평가에서 평가기준으로 적합성 정도를 조사한 결과, 리더십이 4.10점으로 가장 높게 나타났으며, 다음으로 추진력(4.05점), 조직육성(3.75점)의 순으로 나타났으며, 반대로 홍보노력(3.50점), 사업성과(3.55점), 성실도(3.67점) 등은 상대적으로 낮게 나타났다. 이로 미루어 아직 사업성과가 두드러지지 않은 현실에서 관광두레사업에 대한 홍보 노력이나 사업성과, 성실도 등의 기준은 평가기준으로 활용하는데 다소 설득력이 부족하였다.

〈표 18-5〉 관광두레PD 평가기준별 적합 정도

(단위: %, 점)

구 분	매우 부적합	부적합	보통	적합	매우 적합	계	평균 (5점 만점)
리더십(주민의 사업참여 및 자발적 활동 유도)	-	-	19.0	52.4	28.6	100.0	4.10
성실도(주간/월간 PD활동 실적보고 노력)	-	9.5	33.3	38.1	19.0	100.0	3.67
추진력(사업추진 자료수집, 지역답사, 인터뷰)	-	-	23.8	47.6	28.6	100.0	4.05
실행력(연초 사업계획 대비 실행 정도)	-	-	47.4	36.8	15.8	100.0	3.68
조직육성(주민참여 조직 발굴 및 멘토링 실적)	-	-	45.0	35.0	20.0	100.0	3.75
사업성과(법인화 및 사업경영 개선실적)	5.0	5.0	35.0	40.0	15.0	100.0	3.55
홍보노력(지역관광두레 홍보실적)	5.0	5.0	30.0	55.0	5.0	100.0	3.50

(5) 관광두레PD 역량강화를 위한 지원책의 찬반 정도

관광두레PD를 대상으로 관광두레사업단과의 계약종료 후 인생진로에 대한 고민 여부를 조사한 경우 절반 이상인 57.2%가 진로에 대해 고민 중에 있는 것으로 나타났으며, 관광두레 분야에 계속 종사할 의향도 86.2%에 달하였다.

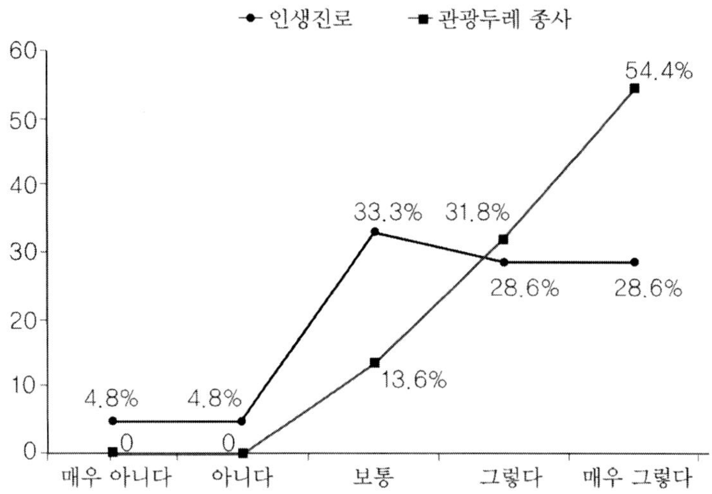

[그림 18-4] 관광두레PD의 인생진로 고민 및 관광분야 계속 종사 의견

〈표 18-6〉 관광두레PD의 역량강화 방안별 찬반 정도

(단위: %, 점)

구 분	매우 반대	반대	보통	찬성	매우 찬성	계	평균 (5점만점)
우수 관광두레PD의 재정지원 사업 연장(3+2년)	-	-	23.8	23.8	52.4	100.0	4.29
전국단위 관광두레 협의체 구성 및 권익보호	-	-	14.3	61.9	23.8	100.0	4.10
우수 두레PD의 '명장' 선정 및 멘토 활용방안	-	9.5	28.6	42.9	19.0	100.0	3.71
관광두레PD의 평가와 차등적 지원책 실시	-	19.0	47.6	33.3	-	100.0	3.14
지역 내 복수관광두레PD 선정 및 경쟁체제 도입	42.9	28.6	23.8	4.8	-	100.0	1.90
관광두레PD의 해외 선진사례 연수기회 균등부여	-	4.8	19.0	28.6	47.6	100.0	4.19
관광두레 사업시스템의 단순화를 통한 PD업무 경감	-	4.8	-	42.9	52.4	100.0	4.43

향후 관광두레PD의 역량강화를 위한 지원책에 대한 찬반 정도를 조사한 결과 관광두레사업시스템의 단순화를 통한 PD업무 경감에 대한 응답이 4.43점으로 가장 높게 나타났으며, 다음으로 우수 관광두레PD의 재정지원 사업연장(4.29점), 관광두레PD의 해외 선진사례 연수기회 균등부여(4.19점) 등이 높게 나타났다.

그러나 지역 내 복수관광두레PD 선정 및 경쟁시스템 도입(1.90점), 관광두레PD 평가와 차등적 지원책 실시(3.14점), 우수두레PD의 명장 및 멘토활용(3.71점) 등의 방안에 대해서는 상대적으로 낮은 찬성도를 보였으며, 특히 지역 내 복수 관광두레PD 도입방안에 대해서는 상당한 거부감을 표명하고 있다.

3) 조사분석의 요약과 시사점

(1) 수직적 사업추진 체계에 비해 횡적 연계체계 미약

관광두레PD를 대상으로 한 협력 정도를 조사한 결과 두레멘토단의 협력이 미흡한 것으로 나타남에 따라 관광두레의 성공적 추진을 위한 민관협력형 거버넌스의 구축과 그동안 형식적으로 입장에 있었던 지자체, 한국관광공사, 언론기관, 지역대학 및 연구기관 등의 역할과 기능을 강화할 수 있는 현장중심의 횡적 연계체계를 구축할 필요가 있다.

관광두레PD의 업무수행 시 이해당사자들의 협력 정도(5점만점 기준)는 지역주민(3.91점) 〉 관광두레사업단(3.73점) 〉 해당 지자체(3.32점) 〉 두레멘토단(2.63점)의 순으로 나타났으며, 이는 '높은 수준의 협력 사업틀(framework)'이 구축되어 있지 못한 것으로 나타났다.

(2) 관광두레PD의 업무과중에 따른 성과 조기가시화 애로

관광두레사업의 성공적 추진을 위해서는 두레PD의 역량을 강화하고 현장즉응적 경영기법 학습, 주민 멘토링 등 핵심사업에 전념하는 것이 중요하나 현재 관광두레PD들은 두레사업 전반에 대한 실질적인 책무를 떠안고 있으며 과중한 업무로 인해 스트레스를 호소하고 있는 상황이다.

따라서 지역별 관광두레 사업의 업무를 실무적으로 지원할 수 있는 중간지원조직을 설립하여 지원하는 방안과 간소화된 업무보고 시스템을 구축하는 것이 필요한 시점이다.

(3) 관광두레PD의 전문적인 역량제고를 위한 지원 필요

관광두레사업단을 중심으로 월 1회의 관광두레PD 워크숍 및 멘토링 사업이 추진되고 있으나 두레PD의 창업파일럿 사업활동, 관광상품 개발 및 홍보마케팅, 그리고 비즈니스 모델 개발 및 사업계획 수립 등의 분야에 대해서는 높은 애로도를 보이고 있다는 점에서 이들 전문 분야를 보완해 줄 수 있는 사업(전문가 파견 또는 매뉴얼 제작 등)의 추진이 필요하다.

관광두레PD에 대한 업무의 수월성(또는 애로도)을 조사한 결과 지역자원 조사 및 진단(3.24점), 관광두레 네트워크 구축(3.11점)을 제외하고는 전반적 활동에서 높은 애로도를 느끼고 있는 것으로 나타났다.

(4) 관광두레PD의 위상 및 권익제고를 통한 자긍심 부여

관광두레사업은 법적 근거보다는 정책 프로그램의 일환으로 추진됨에 따라 사업의 핵심리더인 두레PD의 위상과 권익이 제대로 확보되지 못한 상태이며, 나아가 관광두레사업의 성공적 추진과 장기적 · 전국적 확산을 위해서는 사회적 위상을 확보하고 권익을 부여하여 자긍심을 갖도록 뒷받침해 줄 필요가 있다.

(5) 관광두레의 지속가능성 확보에 초점을 둔 PD 지원 필요

관광두레PD에 대한 각종 교육훈련과 지원책을 보면 3년 내에 가시적인 성과를 도출하는 데 초점을 두고 있으나 이러한 단기적인 시각에서는 관광두레사업의 지속가능성(탄탄한 사업기반 구축)을 확보하기 곤란하다. 정부의 관광두레PD에 대한 재정지원 및 성과평과는 두레사업이 자생력을 확보하고 지속가능성을 확보하기 위해서는 평균 5~6년이 소요될 것이라는 관점에서 접근되어야 한다.

따라서 관광두레PD에 대한 평가 시 '사람'에 대한 평가가 아니라 '사업'에 초점을 둔 평가를 통하여 사업의 지속가능성을 확보하고, 사업추진과정에서 제기되고 있는 신규 추진과제(예: 고객확보, 홍보, 성공사례 도출)를 적기에 도출해 나가는 지원체제를 구축하는 것이 중요하다.

(6) 관광두레PD의 바람직한 경쟁유도 방안 강구

관광두레사업이 전국적으로 높은 호응도와 참여 열기를 보이고 있으나 주민이 주도하는 신규 사업모델이라는 점에서 사업성과를 조기에 가시화하기가 쉽지 않은 측면이 있다. 그러나 정부차원에서는 비중이 높은 정책사업이라는 점에서 '사업성과의 조기 도출에 초점을 둔 경쟁시스템'을 유도하고 있다는 점에서 중앙정부, 사업실행기관, 관광두레PD · 지역공동체 등이 합의할 수 있는 경쟁기반 구축 및 인센티브의 제공이 요구된다.

4. 관광두레PD의 사업추진 역량강화 방안

1) 사업추진 구상

정부차원에서 관광두레사업의 성공적 추진을 위하여 다각적인 노력을 경주하고 있으나 ① 수직적 사업추진체계에 비해 횡적 연계체계의 미약, ② 관광두레PD의 업무과중에 따른 성과의 조기 가시화 기대 곤란, ③ 관광두레PD의 부족한 전문적인 역량제고를 위한 지원사업 필요, ④ 관광두레PD의 위상 및 권익 제고를 통한 자긍심 부여, ⑤ 관광두레의 지속가능성 확보를 위한 PD의 역량 확대, ⑥ 관광두레PD의 바람직한 경쟁유도 등의 과제를 떠안고 있다.

관광두레사업은 당초 시범사업에서 정식 정책사업으로 채택되는 과정에서 '관광두레 사업 기본계획 및 연도별 사업계획'에 의거하여 추진되고 있으나 사업추진과정이 지극히 동태적이고 수정 · 보완할 과제가 수시로 발생하고 있다. 이에 따라 관광두레사업이 성공적으로 추진되기 위해서는 ① 관광두레PD 지원의 효과적인 협력체계 구축, ② 관광두레PD의 애로사항 해소 및 자긍심 제고, ③ 관광두레PD의 경쟁시스템 및 인센티브 도입 등을 정책방향으로 삼을 필요가 있다.

기존 관광두레사업의 추진 시 제기되고 있는 문제점들을 해소하고, 향후 관광두레사업의 성공적 추진을 위한 과제로 민관협력형 관광두레사업 거버넌스 확충, 스마트형 관광두레 업무지원체제 구축, 관광두레PD 업무 애로사항 해소 지원, 관광두레PD의 사회적 기여도 증진 유도, 관광두레사업의 지속가능성 확보, 관광두레PD의 경쟁기반 조성 등 6대 과제 · 15개 세부 추진과제를 선정하였다.

목표	관광두레PD의 역량강화를 통한 사업성과 제고		
추진 방향	관광두레PD 지원의 효과적 협력체계 구축	관광두레PD 업무 애로 해소 및 자긍심 부여	관광두레PD 경쟁 시스템과 인센티브 도입
6대 추진 과제	1 민관협력형 관광 두레 사업 거버넌스 확충	3 관광두레PD 업무 애로해소 방안 강구	5 관광두레사업의 지속 가능성 확보 방안 강구
	① 관광두레 육성 거버넌스 구축 ② 관광두레사업 활성화 추진위원회 구성 ③ 관광두레PD 역량강화 협력 네트워크 구축	⑥ 관광두레PD 사업추진 애로 분산 유도 ⑦ 관광두레PD의 핵심 애로 해소 매뉴얼 제작	⑪ 관광두레 사업지원 심사평가제도 강화 ⑫ 관광두레 신규 고객 시장 조기 발굴 및 지원
	2 스마트형 관광두레 업무 지원 체제 구축	4 관광두레PD의 사회적 기여도 증진방안 강구	6 관광두레PD의 경쟁 기반 조성
	④ 광역단위 관광두레 중간지원조직 운영 ⑤ 관광두레PD의 업무 간소화 업무 시스템 구축	⑧ 명예 관광두레PD의 도입·운용 ⑨ 전국단위 관광두레(PD) 협의체 결성 ⑩ 해외선진사례 연수 기회 부여	⑬ 우수 관광두레 재정 지원 사업 연장 ⑭ 관광두레PD 명장 선정 및 포상 ⑮ 성과분석과 실질적 인센티브 제공

[그림 18-5] 관광두레PD 역량강화 사업의 추진체계

2) 사업추진 과제

(1) 민관협력형 관광두레사업 거버넌스 확충

관광두레사업의 추진 체계가 문화체육관광부(주민공동체 조직발굴 및 사업계획 수립) → 한국문화관광연구원(사업기획 및 총괄)·한국관광공사(홍보마케팅 지원) → 관광두레PD(주민공동체 발굴, 조직화, 사업화 등 현장 밀착지원) → 주민공동체(창업 및 경영개선)라는 수직적 추진체계에 집중되어 있는 관계로 지자체, 한국관광공사(지역협력단), 언론기관, 지역대학 및 연구기관 등 사업의 성공적 추진을 지원할 수 있는 현장의 횡적 연계체계를 구축할 필요가

있다.

관광두레사업이 성공적으로 추진되기 위해서는 기존의 중앙정부(한국관광공사 · 문화관광연구원 포함)–관광두레PD–지역주민 간 협력이라는 수직적 추진체계에서 벗어나 지역 내 민간부문의 역량을 강화할 필요가 있으며, 이와 동시에 관광두레PD에게 근무공간의 제공에 국한되고 있는 지자체의 관광두레사업에 대한 기여를 실질적으로 확대할 수 있도록 제도를 정비해야 한다. 주요 추진과제는 다음과 같다.

첫째, 관광두레 육성을 위한 거버넌스를 구축해야 한다. 중앙정부 중심의 관광두레사업 시스템에서 벗어나 지역의 공공기관, 교육기관, 언론기관, 소비자단체 등이 참여하는 지역별 관광두레 육성 거버넌스를 구축하는 방향으로 전환될 필요가 있다.

둘째, 정부 내 '관광두레 사업 활성화 추진위원회'를 구성해야 한다. 관광두레사업의 지속가능성 확보 및 실질적인 지역관광 성장동력화를 위한 정책개발 및 의견수렴을 실시해야 한다.

셋째, 관광두레PD 역량강화를 위한 협력 네트워크를 구축해야 한다. 기존의 경우 관광두레PD가 활동함에 있어서 중앙정부(관광두레사업단)와 지역주민의 협력이 큰 역할을 하였지만, 향후 두레PD가 효과적으로 역량을 발휘할 수 있도록 지역조직(지자체, 지역의 언론사 및 대학 등)의 참여 및 두레멘토단의 협력을 확대해야 한다.

(2) 스마트형 관광두레 업무 지원체제 구축

기존 관광두레사업 추진체계는 중앙정부가 주도하면서 시범사업의 성격상 한국문화관광연구원 관광두레사업단에서 실무업무를 전담하고 있으나, 향후 관광두레사업의 확대에 효율적으로 대응하기 위해서는 전문성과 실무인력을 보유한 전담기관(한국관광공사)에서 체계적으로 추진되어야 한다.

또한 사업의 초기 단계로 인하여 관광두레PD의 각종 보고 및 회의참석 업무가 과중한 것으로 나타나고 있어 두레사업 지원업무를 전담할 수 있도록 중간지원조직을 설립하는 방안을 고려해야 한다.

이와 동시에 관광두레사업단과 두레PD 간 보고업무가 과다하여 현장 두레업무에 지장을 받고 있는 상황이라는 점에서 두레PD의 업무를 경감시킬 수 있는 시스템을 구축할 필요가 있다. 주요 추진과제는 다음과 같다.

첫째, 광역단위로 관광두레 중간지원조직을 설립을 검토해야 한다. 향후 관광두레 사업의 지속적 증가 및 효과적인 관리를 위해서는 광역지자체 차원에서 전담 지원조직을 설립할 필요가 있으며, 중앙정부 내 관광두레사업단은 두레사업 관련 정책개발 및 평가를 담당하며, 관광두레PD의 선발, 교육·훈련, 멘토링, 홍보 및 마케팅 업무 등을 중간지원조직이 담당하도록 역할 분담을 모색해야 한다.

둘째, 관광두레PD의 업무 간소화를 위한 스마트 업무시스템을 구축해야 한다. 기존 관광두레사업이 두레PD 1인을 중심으로 업무관련 정보가 우편 또는 메일(e-mail) 형태로 전달됨에 따라 과중한 업무를 해소하기 위해서는 중간지원조직을 통하여 스마트형 관광두레 업무보고 시스템을 구축할 필요가 있다.

(3) 관광두레PD 업무 애로사항 해소 지원

정부에서 바라보는 관광두레PD는 "지역현장에서 관광두레사업을 총괄 진행하고, 주민수요 발굴 조직화, 상담창구, 정보제공, 교류촉진 등을 지원하며, 지자체와의 협력을 통한 공공자원의 활용 및 연계를 유도하고, 관광두레사업 추진 네트워크를 형성하는 자"로 정의되고 있으며, 이는 재정지원을 전제로 관광두레PD에 대한 과도한 역량발휘와 성과창출을 요구하는 근거가 되고 있다.

그러나 현재 관광두레PD로 선정될 경우 지역진단 및 관광사업 모델 개발, 관광두레 네트워크 구축 및 관리, 지역대학생 서포터즈 운영, 홍보 및 마케팅 등 관광두레 전반에 대한 종합적인 업무를 담당하고 있으며, 동시에 두레사업 성과제고 차원에서 관광두레사업단으로부터의 많은 업무 과중을 요구받고 있음을 호소하고 있는 상황이다.

장기적으로 관광두레PD에 전적으로 의존하기보다는 추진체계 및 제도를 적절히 구축하여 시스템에 의해 관광두레가 운영될 수 있도록 유도하는 방안을 검토할 필요가 있다. 주요 추진과제는 다음과 같다.

첫째, 관광두레PD 사업추진 애로의 분산 유도이다. 현재 관광두레PD 1인이 '일당백(一當百)'처럼 다양한 업무를 추진함에 따라 사업성과를 제고하기 어렵다는 점에서 관광두레사업단이 기 구성된 '관광두레 멘토단'을 시의적절하게 파견하여 애로사항 발생 시 신속하게 해소시켜 줌과 동시에 '관광두레서포터즈'를 활용하여 신규 관광수요의 발굴을 모색해야 한다.

둘째, 관광두레PD의 핵심 애로를 해소할 수 있는 매뉴얼의 제작이다. 기존 관광두레PD가 피부로 느끼고 있는 애로사항 중 가장 큰 것은 비즈니스모델 및 사업계획 수립, 창업파일럿 사업활동, 관광상품 개발 및 홍보마케팅 등 전문 경영지식이 필요한 분야라는 점에서 이들 분야에 대한 업무추진 매뉴얼을 제작 · 배포하여야 한다.

(4) 관광두레PD의 사회적 기여도 증진 유도

기존 관광두레PD에 대한 의견조사 결과 관광두레사업단과의 계약종료 이후 인생의 진로에 대한 고민을 많이 하고 있으며, 계약종료 후에도 관광두레 관련분야에 계속 종사할 의향(86.4%)도 매우 높게 나타나고 있다는 점에서 이들의 자긍심을 제고함과 동시에 사회적 기여도를 제고할 수 있는 방안을 강구할 필요가 있다. 주요 추진과제는 다음과 같다.

첫째, '명예 관광두레PD'의 도입 · 운용이다. 현재 관광두레사업의 성공을 위해 적극 활약하고 두레PD를 지역관광발전을 위한 중요한 인적 자산으로 인식하고, 이들의 사업추진 역량을 사회적으로 계속 활용할 수 있는 방안으로 계약종료 후 명예 관광두레PD로 위촉하고 신규 관광두레 선정 지역에 대한 컨설턴트로 활용 방안을 강구해야 한다.

둘째, 전국단위 관광두레(PD)협의체 결성 및 권익보호이다. 관광두레사업의 주도적 추진을 담당할 수 있도록 두레PD로 선정 · 훈련된 인원에 대한 권익보호 차원에서 전국단위 관광두레PD협의체를 결성토록 유도하고, 향후 지역관광운동의 핵심주체로 활용할 수 있다.

셋째, 해외 선진사례 연수기회의 부여이다. 현재 관광두레PD에 대한 사업평가를 통하여 우수한 평가를 받는 PD에 한정하여 해외 선진사례 연수기회를 부여하고 있으나 극소수에 그치고 있다는 점에서, 해외 선진사례 연수효과가 모든 지역으로 파급되기 위해서는 일정 수준(예시: 70점) 이상인 경우 연수기회를 확대할 필요가 있다.

(5) 관광두레사업의 지속가능성 확보 강구

관광두레PD에 대한 정부지원은 3년을 기본으로 하고 있으나 두레PD의 역량, 지역주민의 호응도, 그리고 관광두레 수요창출 등의 이유로 모든 관광두레가 똑같이 성장 · 발전되지 못할 수 있으며, 이 경우 관광두레의 지속가능성 차원에서 사업기간을 탄력적으로 조정할 수 있는 방안을 고려할 필요가 있다. 관광두레PD의 65%는 관광두레가 자생력을 확보하는 데 최소 5년이 소요될 것으로 판단하고 있다.

관광두레 사업의 지속가능성 제고를 위하여 3년 경과 후 평가를 실시하여 성과가 우수 관광두레 지역에 인센티브를 제공할 것인지, 반대로 성과가 미약하나 장래성이 양호한 지역에 두레PD를 계속 지원할 것인지도 면밀하게 검토해야 한다. 주요 추진 과제는 다음과 같다.

첫째, 관광두레 사업지원 심사평가 제도의 강화이다. 현재 관광두레사업에 대해 3년 지원 후 사업성과에 대한 평가를 통하여 우수 지역에 대해서만 추가 2년을 지원하는 구상을 가지고 있지만, 사업성과가 다양한 요인에 의해 영향을 받을 수 있다는 점에서 일률적으로 적용하기보다는 두레PD 역량, 사업전망 및 수요예측, 주민의 참여도 등을 종합적으로 심사하여 두레PD의 추가 지원기간을 1~3년으로 탄력적인 운영이 필요하다.

둘째, 관광두레 신규 고객시장의 조기 발굴 및 지원이다. 현재 관광두레가 점차 사업화 단계로 진입하면서 두레PD가 인식하고 있으나 서둘러 준비하기 곤란한 새로운 과제가 발생하고 있으며, 대표적으로 대국민 홍보 및 고객확보를 위한 노력이 필요하다. 한국관광공사, 언론기관, 시민단체 등을 통한 대국민 홍보를 통하여 공정여행 소비자 시장, 지역 내 복지관광수요, 나아가 교육체험형 수학여행 시장을 적극 발굴하는 방안을 강구할 필요가 있다.

(6) 관광두레PD의 경쟁기반 조성

관광두레PD의 효과적인 활동을 위한 교육 · 훈련사업 및 멘토링 사업과 동시에 사업성과를 객관적으로 평가하여 이를 바탕으로 다양한 인센티브를 제공하는 방안에 대한 검토가 필요하다.

관광두레PD의 경쟁기반 조성은 대상자들의 적극적인 호응과 인센티브를 전제로 하여야 하는데 두레PD에 대한 조사결과, '지역 내 복수의 관광두레PD 선정 및 경쟁체제 도입'에 대해서는 극도의 민감한 거부감(5점 만점 대비 1.90점)을 보였으며, '관광두레PD의 평가와 차등적 지원책 실시'에 대해서도 기대보다 높지 않은 찬성도(5점 만점에 3.15점)를 보임에 따라 인센티브 부여의 시기를 '계약기간 중'보다는 '계약 후'에 초점을 두는 방안을 검토할 필요가 있다. 주요 추진과제는 다음과 같다.

첫째, 우수 관광두레의 재정지원 사업의 연장이다. 현재 추진 중인 관광두레사업 중 3년 내에 소기의 성과를 거둘 수 있는 지역이 많지 않다는 점에서 ① 3년 내에 사업성과가 매우 우수하게 평가된 지역뿐만 아니라 ② 사업성과는 예상보다 낮지만 리더십과 추진력 및 성실도가 우수하여 계속 지원이 필요한 지역을 선정하여 두레PD와 1~3년간의 추가 계약을 체결해야 한다.

둘째, 관광두레PD '명장' 선정 및 포상기회의 부여이다. 매년 실시하고 있는 관광두레PD 평가에서 3년 연속 상위 10% 범위에 랭크된 PD에 대해서는 '관광두레 명장 PD'로 선정하여 신규 관광두레사업에 대한 자문관(멘토)으로 활용하며, 매년 시상하는 '관광의 날 유공자'로 추천한다.

셋째, 성과분석을 바탕으로 실질적인 인센티브의 제공이다. 현재 관광두레PD에 대한 활동비는 선발 당시의 역량에 다른 직급결정을 토대로 지급하고 있다는 점에서 우수한 성과를 창출할 수 있도록 유도하기 어려운 상황이다. 이에 따라 3년간의 성과분석을 통하여 우수 두레PD에 대해서는 재계약 우선순위 부여, 활동비 차등 보수 지급 등의 실질적인 지원방안을 강구해야 한다.

5. 맺음말

최근 추진되고 있는 관광두레는 지역주민이 주도하는 대표적인 관광사업 모델이라는 점에서 사업이 성공적으로 추진될 경우 지역경제 활성화에 기여할 것으로 예상된다.

관광두레PD는 지역주민들이 공동체를 기반으로 관광객을 대상으로 관광비즈니스를 경영하는 관광사업의 핵심 성공요인으로 중간 지원자 역할을 담당하며, 관광두레센터와 주민, 지역(행정, 단체, 기업)과 주민, 고객과 주민, 주민과 주민의 중간에서 비전과 미션을 중개하고 네트워크를 형성하는 중추적 역할을 담당하고 있다.

관광두레PD로 선정되면 3개년에 걸쳐 사업(주민공동체 조직 발굴 및 사업계획 수립 → 관광두레기업의 성공창업 유도 → 관광두레 네트워크 및 자립발전 기반 구축)을 추진하게 되며, 성과 평가를 통해 성과가 우수한 지역의 경우 추가로 2년을 더 지원하여 지속적인 사업성과 창출을 모색하고 있다.

그동안 관광두레PD 관련사업은 관광두레 조직발굴 및 육성사업, 관광두레 지역진단 및 사업계획 수립, 기획두레 선정 및 집중 육성, 관광두레 멘토링 및 교육훈련 추진, 창업(경영개선) 파일럿 사업추진, 관광두레 홍보 및 마케팅 활동에 집중되어 왔다.

현재 활동 중인 전체 관광두레PD 중 22명을 대상으로 의식조사를 실시한 결과를 종합할 경우, 첫째, 수직적 관광두레 사업추진체계에 비해 횡적 연계체계의 활성화가 미흡하며, 둘째, 관광두레PD의 업무과중에 따른 성과의 조기 가시화를 도모하기 곤란한 상황이며, 셋째, 관광두레PD의 전문적인 역량 제고를 위한 지원사업이 시의적절하게 제공될 필요가 있으며, 넷째, 관광두레PD의 위상 및 권익 제고를 통한 자긍심 부여가 필수적인 것으로 나타났으며, 다섯째, 관광두레의 지속가능한 운영에 초점을 둔 두레PD 지원책이 필요하며, 여섯째, 관광두레PD의 바람직한 경쟁유도 방안을 강구할 필요가 있다.

관광두레사업은 당초 시범사업에서 정식 정책사업으로 채택되는 과정에서 '관광두레 사업 기본계획 및 연도별 사업계획'에 의거하여 추진되고 있으나 사업추진과정이 지극히 동태적이고 수정 · 보완할 과제가 수시로 발생하고 있어 시의적절한 대응책을 강구해야 한다.

관광두레 사업이 성공적으로 추진되기 위해서는 관광두레PD의 역량강화를 지원할 수 있는 효과적인 협력체계를 구축하고, 관광두레PD의 애로사항을 해소하는 동시에 자긍심을 키워주며, 관광두레PD의 경쟁시스템 및 인센티브 도입을 정책방향으로 선정해야 한다. 그동안 관광두레사업의 기획과 운영은 한국문화관광연구원이 담당하고, 홍보 및 마케팅은 한국관광공사가 지원하는 형태로 추진되었다. 2020년 관광두레사업을 한국관광공사로 이관함에 따라 체계적인 관리 및 육성이 가능할 것이다.

기존 관광두레사업을 추진하면서 제기되고 있는 이슈 및 문제점들을 해소하고, 향후 관광두레PD의 역량강화를 통한 사업성과를 제고하기 위한 6대 추진과제는 민관협력형 관광두레사업 거버넌스 확충, 스마트형 관광두레 업무지원체제 구축, 관광두레PD 업무 애로사항 해소 지원, 관광두레PD의 사회적 기여도 증진 유도, 관광두레사업의 지속가능성 확보, 관광두레PD의 경쟁기반 조성이다.

PART

6

지역관광육성: 글로컬 관광을 키우자

PART 6의 구성과 주요 내용

"지역관광육성: 글로컬 관광을 키우자"를 주제로 선정하였다. 국가관광 규모의 확대와 경제적 기여도도 중요하지만 이제부터는 지역을 포용하여야 할 시점이라는 점에서 글로벌 시대 지역관광개발 전략, 외래객 지방분산과 지역관광을 글로벌화, 포용적 관광성장을 집중 논의하였다.

제19장

'글로벌 시대 지역관광개발 전략'을 주제로 삼고, 광역경제권 시대 정부관광정책의 역할, 지역관광개발의 현황과 문제점, 그리고 개발방향을 검토하였다. 이들은 한국문화관광연구원 계간지 한국관광정책(제40호, 2010년)에 실린 글을 수정 · 보완하였다.

제20장

'외래객 지방분산과 지역관광의 글로벌화'는 문화체육관광부의 지속가능한 관광개발포럼에 참여하면서 작성한 글을 바탕으로 한국문화관광연구원 계간지 한국관광정책(2015년 봄호)에 게재한 원고를 수정 · 보완한 것이다.

제21장

'포용적 성장과 지역관광의 발전'을 주제로 삼았다. 문재인 정부로 들어와 중요한 국정기조로 '포용성장'이 강조되면서 관광분야에서도 이를 적극 수용할 필요성이 제기되어 2019년 2월 전주에게 국가균형발전위원회가 주최한 '2019 대한민국 국가비전회의'에서 발표한 내용을 보완하여, 한국문화관광연구원 계간지 한국관광정책에 '포용적 성장과 지역관광의 발전과제'라는 주제로 게재한 글이다.

제19장
글로벌 시대 지역관광개발 전략

1. 머리말

현대는 글로벌 경제시대이다. 모든 부문이 다 국제관계 속에서 이루어지고 있으며, 국가나 지역의 발전도 세계 시각에서 접근해야 한다. 동시에 '지방화의 시대'이다. 지방화는 지방자치의 구현, 중앙정부 기능의 지방 이양, 중앙집권적 구조에서 지방분권적 구조로의 전환 등의 형태로 전개된다.

과거 1990년대 초반부터 2000년대 중반까지만 해도 지방화라는 트렌드에 부합되도록 관광개발을 모색해야 한다는 여론이 지배적으로 나타났고, 정부의 10개년 '관광개발기본계획'이나 5개년 '관광진흥계획'에서도 이 문제가 중요한 정책적 화두였다.

그러나 21세기도 10여 년이 지난 현재 글로벌 경제시대에 맞게 '지방화'라는 용어를 새롭게 정의하고 그에 부합하는 정책적 노력을 경주해야 할 시점이다. 이는 지방화를 '수도권에 비하여 상대적으로 낙후된 나머지 지역을 육성해야 한다'는 논리, 이보다 약간 더 나아가 '지역을 혁신해야 한다'는 논리로만 접근할 경우 글로벌 차원에서 지역을 보지 못할 수 있기 때문이다.

따라서 관광부문을 포함하여 2010년대의 지역개발은 그동안 중요시되어 왔던 '균형'과 '혁신'이라는 기조를 바탕으로 '글로컬(glocal)한 지역'으로 한 단계 도약할 수 있는 방안을 강구하지 않으면 안 된다. 그것은 민선 7기에 이르기까지 국가 및 지역여건상 '국내적 차원의 소지역주의' 하에서 지역이익을 극대화하는 데 얽매여 지역 간 연합과 협력이 충실히 발휘하지 못하였기 때문이다.

이제는 중앙과 지역 간 합종(合從)의 시대가 아니라 지역과 지역 간 연횡(連橫)의 시대이다. 따라서 글로벌 경제시대에 있어서 지역관광이 활로를 찾기 위해서는 기존의 '지역별 각개 약진형'보다는 '지역 간 연계협력형' 기조를 적극 모색해야 할 시점이다.

이러한 관점에서 2020년대에는 국가(토) 발전전략의 하나로 지역 간 광역적 접근이 한층 더 모색되어야 하고 그 방식에 있어서도 독창적이며 창조적인 접근이 필요하다. 이와 관련하여 이명박 정부 이래 지역발전의 방식으로 '광역경제권' 개념을 도입하여 운영하고 있다. 이는 신 지역주의(new regionalism)의 등장으로 지역국가(region state)가 무국경 글로벌 경제시대의 주역으로 부상되도록 유도하기 위함이다.

이명박 정부의 제17대 대통령직 인수위원회(2008)는 기존 행정구역을 초월하여 지속적 경제성장, 지역 간 공동발전, 실질적 지방분권이 조화를 이룬 창조적 광역발전의 추구로 글로벌 경쟁력을 확보방안을 제시한 바 있으며, 전국시도연구원협의회(2008)는 광역경제권을 "경제를 중심으로 정치 · 경제 · 사회 · 문화 · 지리 · 역사적 관점에서 다수의 공통점을 가지면서 세계 경쟁에서 나설 수 있는 하나의 자립적 경제단위로 기능할 수 있는 공간단위"로 규정한 바 있다(전국시도연구원협의회, 2008).

물론 광역경제권 구상이 충분히 실현되기 위해서는 자치단체장들의 협력적 리더십이 필요하며 지역주민과의 적극적인 파트너십을 확보하고 지방정부가 스스로 계획하고 실천할 수 있는 기획역량을 키우는 것이 중요하다. 이에 따라 광역경제권 시대의 지역관광 개발방안을 강구하는 데 있어서도 지역을 보는 관점은 물론 지역관광에 대한 개발전략도 새롭게 정립해야 한다.

2. 광역경제권 시대 정부관광정책의 역할

그동안 정부의 지역관광정책은 지역 간 연합과 창의적 차별화를 도모하는 데 충실하였는가부터 자문해 볼 필요가 있다. 또한 각 시 · 도가 지역관광발전을 위하여 자구책으로 창의적 관광개발을 모색하는 데 있어서 정부의 지원이 충분하였는가도 고려할 필요가 있다.

게다가 지역의 민 · 관 부문이 협력할 때 중앙정부의 관광정책보다 더 큰 관광효과를 가져오고 있는 사업들이 점차 늘어나고 있다는 점도 심각하게 받아들어야 할 시점이다. 이처럼 중앙 · 지방 간 관광정책의 패러다임을 변화시키는 대표적인 사례로 다음의 두 가지를 살펴보고자 한다.

첫째, 강원도가 추진하고 있는 '낭만가도' 사업을 들 수 있다. 강원도는 2009년부터 2011년까지 3년 동안 총 60억 원을 투자하여 동해안 연안도시들의 관광경쟁력을 제고시키고 동해안을 연중 명소화시킬 수 있는 세계적인 관광가도 상품 마련을 위한 기본계획을 수립하여 시행하였다. 국도 7호선과 해안도로를 활용한 210km에 걸친 낭만가도는 동해안 6개 시군을 아우르는 연계관광 사업이다. 강원도는 낭만가도 조성사업을 통하여 가도상의 목적지들을 연결시키는 체계적인 도시관광 네트워크 시스템을 구축하고 하나의 광역적인 브랜드를 구축해 나가고 있다.

이에 문화체육관광부도 강원도 '낭만가도' 사업 아이디어의 참신성과 이의 전국적 확산 차원에서 '테마관광국도' 사업을 추진하기에 이르렀다. 이는 지자체의 관광개발이 정부정책에 영향을 준 대표적인 사례이다.

둘째, 제주도에서 새로운 관광자원으로 각광받고 있는 '제주올레' 길은 민간의 창의적 발상과 지자체의 협력이 결실을 맺은 전형적인 사례이다. 비영리 법인인 (사)제주올레가 주도적으로 기획하여 2007년 9월 첫 코스를 개장한 이래 2019년 12월까지 총 26개 코스(본코스 21개, 알파코스 6개)에 총 425km의 길을 열었다.

제주올레 방문객 수는 2007년 1코스 개장 당시 3000명으로 시작해 2011년 100만 명을 돌파했으나, 2019년 58만 명으로 감소하였다. 제주 올레길이 던져주는 시사점은 관광현상이 더 이상 관광객과 관광사업자 간의 관계가 아니라 관광객과 지역사회의 관계로 발전시키는 데 기여하였다는 점이다.

이는 '관광의 실질적인 성과가 지역주민에게 되돌아갔다'는 점에서 매우 의의가 있다. 또한 이후 전국의 각 지역에서 '길'의 관광자원화 사업을 촉발시켰다는 점에서 한국 관광개발의 패러다임을 바꾸는 데 크게 기여했다고 평가할 수 있다.

이와 관련하여 제주일보 기사를 참고할 필요가 있다. 즉 2009년 제주올레가 재래시장의 매출 17% 증가, 버스 이용객 400% 증가, 폐점 상점의 재개업 20곳, 할망

민박 등장, 운영난을 겪던 민박 · 펜션 · 중급 호텔의 성업 등의 효과를 가져왔기 때문이다(제주일보, 2010.2.21).

이상에서 살펴본 바와 같이 관광개발에 있어서 지역의 역량이 증대되고 있으며, 이는 지금까지와 달리 중앙정부 주도적 관광개발 정책에서 시급히 벗어나지 않으면 안 된다는 것을 보여주는 것이다. 또한 추진방식에 있어서도 각 지역들로 하여금 획일적인 관광개발에서 벗어나 독창적인 관광개발을 통하여 한국관광의 다양성을 제고하도록 유도할 필요가 있다.

나아가 글로벌 관광시대에 있어서 국내시장보다는 국제관광시장을 겨냥한 관광개발을 모색해야 한다. 과거 시 · 도별 백화점식 풀세트(full-set)를 지향한 관광개발로 인하여 지역 간 차별성이 부족하고 중복투자에 따른 비효율을 초래하였다는 점에서 이제는 관광개발에 있어서 규모의 경제화, 광역적 접근, 글로벌 차원을 적극 모색해야 할 시점이다.

3. 광역경제권 시대 지역관광개발의 현황과 문제점

정부는 2008년 7월 국가균형(지역)발전위원회에서 지역발전에 대한 기본방향을 수립하고 각 부처에서 이를 구현하도록 유도한 바 있으며, 동년 9월 10일에는 연계 · 특화 · 협력을 통한 광역경제권 활성화 전략과 정책기조를 발표하고 3대 추진전략으로 광역경제권별 선도 프로젝트 추진, 선도 프로젝트 관련 기반구축, 광역경제권 추진체계 확립방안을 제시하였다.

특히 선도 프로젝트 중 권역별 관광발전 전략으로 수도권을 '초일류 지식기반 서비스산업의 중심지 육성', 호남권을 '세계 수준의 해양 · 문화 · 관광레저벨트 개발', 동남권을 '산업 · 물류 및 신성장 벨트 구축', 대경권을 '역사 · 전통문화 유산에 기반한 세계 수준의 관광벨트 개발', 제주권을 '고품격 관광레저산업 육성' 등이 제시하였다. '초일류의', '세계 수준의'라는 단어가 들어갔듯이, 지역특성을 기반으로 지역관광의 세계화, 즉 '관광 글로컬라이제이션(glocalization of tourism)'을 지향하고 있다.

그러나 관광부문에 있어서 지역관광 개발정책은 시 · 도별 개발정책과 광역적 개발정책이 혼합되어 있으며 여전히 그 틀에서 벗어나지 못하고 있다. 즉 관광진흥법상의 법정 관광계획인 관광개발기본계획에서는 제1차(1992~2001년) 계획에서 전국을 5대 관광권 24개발소권으로 구분하였으나, 2002년부터 2011년까지 추진된 제2차 계획과 2012년부터 2021년까지 추진 중인 제3차 계획은 전국 시 · 도별 16개 관광권으로 확대되어 행정 편의적으로 후퇴하기도 하였다.

이는 행정구역 단위의 소규모 분산투자, 산술적 균형에 집착한 '나눠주기'식 사업으로 유사 · 중복 지원 등 비효율성을 초래하는 계기가 되었다. 사실상 정부차원에서 16개 시 · 도에 대한 관광개발정책의 목표를 모두 달성하는 데 한계가 있다는 점에서 정부의 지역관광 개발정책에 대한 기조가 바뀌어야 하고 역할도 변해야 할 것이다.

또한 1990년대 말부터 문화체육관광부는 지역별로 특성있는 관광자원을 발굴하고 이를 유기적으로 연계 개발하여 관광개발의 효과를 높일 뿐만 아니라 자원의 효율적 활용을 위해 6대 광역권 관광개발사업을 추진하고 있다. 2000년부터 시작된 남해안 및 경북 유교문화권 관광개발사업을 필두로 하여 서해안 및 지리산권 관광개발사업은 2006년 12월, 동해안권 계획은 2007년에 확정되었다.

문화체육관광부는 기존의 6대 광역관광권 개발사업 외에 신규로 경북 내륙 3대 문화권(신라 · 가야 · 유교) 중심 관광활성화와 지리산 주변 생태광역 관광자원 개발, 중원문화권 유적지역이 있는 중부내륙권 관광자원 개발, 서부내륙권 관광자원개발을 추진하고 있다. 그러나 중부내륙권과 서부내륙권을 제외할 경우 과거 수립 · 시행된 광역권 관광개발에 또 다시 대규모의 재원을 투입하는 것이다.

게다가 지역관광개발과 관련하여 범정부 차원에서 추진되고 있는 5+2 광역경제권 계획과 여기에 추가하여 추진 중인 초광역권 계획도 있고, 관광부문에서도 이와 비슷한 10개년 관광개발기본계획 및 지자체별 5개년 권역계획, 그리고 광역관광권 개발계획이 있다. 그러나 이들 계획 간 정책의 연계성이 어느 정도인가를 되묻고 싶다.

정부차원에서 제4차 관광개발기본계획(2022~2031년) 수립 프로세스도 진행되기 전에 지역별로 권역계획이 먼저 수립되고 있으며, 또한 권역별 관광개발계획은 기 수립된 광역경제권 계획 내에 포함된 수많은 관광개발계획을 어떻게 소화해 낼 것인가도 중요한 관심사이다.

따라서 지역관광 개발정책의 기조를 확립하고 중복 투자를 최소화하면서 지역의 세계화를 도모하기 위해서는 정부가 거시적인 측면에서 지역관광발전을 종합적으로 관리하려는 노력을 보여주어야 한다.

특히 2018년 7월 민선 7기 시대로 접어들면서 진정한 지역의 세계화를 도모하기 위해서는 정부의 지역관광정책이 광역적인 측면에서 추진되어야 하며, 관광개발기본계획 및 권역별 계획에서도 이러한 인식전환이 전제되어야 한다.

4. 광역경제권 시대 지역관광개발의 방향

글로벌 시대에 지역이 발전하고 관광개발의 성과를 제고하는 방안에 대해서는 여러 가지 전략이 있을 수 있다. 그러나 지역의 인구감소, 노령화, 다문화 사회화, 첨단교통 시대, 정보통신기술(ICT)의 발달, 저탄소 성장시대의 도래 등 향후 국내외 여건을 감안할 때 지역관광개발이 광역적으로 접근해야 한다는 것은 시대적으로 매우 타당하다고 할 수 있다.

따라서 향후 정부의 지역관광개발정책이 '시 · 도별 나눠주기' 정책에 벗어나 '시 · 도별 통합하기' 정책으로 전환하며, 그 정책목표를 '지역의 관광역량 축적 및 글로벌 경쟁력 강화를 통하여 지역관광의 세계화를 달성'하는 데 둘 것을 제안하고자 한다.

목표	지역의 관광역량 축적 및 경쟁력 강화를 통하여 지역관광의 세계화 달성				
추진 방향	트렌드 선도형 (trend-setting)	글로벌 지향형 (global level)	지역 리더형 (leading role)	온리원 지향형 (only one level)	주민 주도형 (civil movement)
추진 전략	글로벌 스탠더드 전략	관광 클러스터 전략	관광 융복합 전략	관광 네트워크 전략	관광 파트너십 전략
추진 기반	연횡(連橫)형 광역 관광협력시스템 구축 (지자체, 기업(협회), 시민단체, 대학, 연구기관)				

[그림 19-1] 글로벌 시대 지역관광개발의 추진체계

그리고 이를 달성할 지역관광개발의 5대 추진방향으로 첫째, 현재보다는 5~10년 후 소비자의 욕구를 지향한 트렌드선도형(trend-setting) 관광개발, 둘째, 내국인은 물론 외국인도 자유롭고 불편함이 없이 여행할 수 있는 글로벌 지향형(global level) 관광개발, 셋째, 관광산업을 중심으로 지연산업 간의 왕성한 제휴로 신규시장을 창출할 수 있는 지역리더형(leading role) 관광개발, 넷째, 발상의 전환과 독창적 개발로 지역의 고유성을 살린 온리원 지향형(only one) 관광개발, 다섯째, 관 주도에서 탈피하여 자생적 관광산업 여건조성을 모색하는 주민 주도형(civil movement) 관광개발이 중요하다. 그리고 이를 구체적으로 추진하기 위하여 다음의 5대 전략과 추진과제를 제시하고자 한다.

첫째는 글로벌 스탠더드(global standard) 전략이다. 중장기적으로 내국인은 물론 외국인(특히 FIT)들도 편리한 여행을 할 수 있도록 관광수용태세를 획기적으로 개선해야 한다. 이를 위해 전통향토음식의 세계화, 관광안내정보의 세계화, 외국어 스토리텔링 사업, 향토기념품 사업, 광역 관광수용태세 평가, 저비용 숙박시설의 현대화 등을 추진할 필요가 있다.

둘째는 관광클러스터(tourism cluster) 전략이다. 기존의 관광(단)지, 관광특구, 관광레저도시 등 개발사업의 문제점을 개선하고 관광과 연관산업의 집적화, 융복합화, 그리고 권역별 핵심-연관사업 간 네트워크화 등을 모색해야 한다. 이를 위해 의료관광 클러스터, 스포츠관광 클러스터, 해양관광 클러스터, MICE산업 클러스터, 영상관광 클러스터 등을 추진해야 한다.

셋째는 관광융복합(tourism convergence) 전략이다. 관광산업은 이종산업과의 연관화, 융합화를 이룰 수 있는 매우 유리한 위치에 있다는 점에서 지역발전에 대한 관광산업의 주도적인 역할이 필요하다. 이를 위해 광역단위 핵심선도 관광진흥기관 설립, 관광산업 솔루션 개발, 관광서비스 표준화 도입, 관광콘텐츠 구축 및 스토리텔링 등을 추진해야 한다.

넷째는 관광네트워크(tourism network) 전략이다. 광역차원의 지역관광개발은 핵심지역과 주변지역 간, 그리고 관광거점과 연계지점 간 왕성한 네트워크의 구축 여부에 달려 있다는 점에서 광역적 개발과 통합적 마케팅 활동이 필요하다. 이를 위해 광역단위 관광진흥협의체 구성, 축제와 주변지역 간 연계화, 공동홍보마케팅 전개, 저탄소형 관광벨트 구축 등을 추진해야 한다.

끝으로 관광파트너십(tourism partnership) 전략이다. 앞서 제주 올레길의 성공사례에서도 지적되었듯이, 지역관광개발에 있어서 장기적으로는 민간중심형을 지향하되 단기적으로는 민관협력형 사업을 추진하여 지역관광발전을 역량을 축적해야 한다. 이를 위해 주민대상 관광경영교육, 산학협력사업(멘토 등) 확대, 지역관광협의체 활성화, 관광지식공유 포럼의 정기개최 등을 추진해야 한다.

5. 맺음말

글로벌 경제시대와 지방화 시대를 동시에 겪으면서 '지역의 세계화'는 국가는 물론 각 지역들의 중요한 관심사이다. 그러나 그 추진방식과 이를 달성하기 위한 정부의 역할도 새롭게 모색하지 않으면 안 된다. 특히 관광개발에 있어서 종전처럼 중앙정부 일변도의 추진관행에서 벗어나 중앙정부와 지자체 간 새로운 협력 파트너십을 구축할 필요가 있다.

또한 훌륭한 아이디어의 발상과 실천적 노력은 시민들에게서 나온다는 시각으로 지자체와 시민사회 간 관광협력사업을 적극 권장하여야 한다. 즉 정부는 지역관광의 세계화를 달성할 수 있도록 창의적 · 상향적 · 민관협력적 관광개발을 적극 지원하는 역할을 떠안아야 한다. 또한 각 지자체들도 불필요한 풀세트(full set)형 관광개발에 집착하지 말고 광역 내 · 광역 간 상호보완관계를 유지하며 관광개발에 있어서 '규모의 경제화'를 적극 모색해야 할 시점이다.

이에 따라 향후 지역관광개발의 목표를 '지역의 관광역량 축적 및 글로벌 경쟁력 강화를 통하여 지역관광의 세계화'를 달성하는 데 두고, 그 추진방향으로 트렌드선도형 관광개발, 글로벌 지향형 관광개발, 지역리더형 관광개발, 온리원 지향형 관광개발, 주민 주도형 관광개발을 추진해야 한다.

그리고 이를 구체적으로 추진하기 위한 5대 전략으로 관광 글로벌 스탠더드 전략, 관광클러스터 전략, 관광융복합 전략, 관광네트워크 전략, 관광파트너십 전략을 제시하였다.

그동안의 지방자치제가 지역이익의 극대화에 초점을 두어 왔다면 향후에는 국내외적 환경과 여건변화를 감안하여 '지역관광의 세계화'에 초점을 두어야 하며, 이를 추진하는 과정에서도 16개 시 · 도별 각개 약진도 중요하지만 지역 간 협력을 통하여 보다 효율적인 세계화 방안을 모색해야 할 시점이다.

또한 문화체육관광부도 광역적 차원에서 지자체, 기업(협회), 시민단체, 대학, 연구기관 등이 '연횡형(連橫型) 관광협력시스템'을 구축하고 강력한 추진력을 확보할 수 있도록 지원할 필요가 있다.

제20장
외래관광객의 지방분산 정책방향

1. 머리말

한국을 찾는 외국관광객은 2012년 한 해 1천만 명을 넘어 매년 사상 최고치를 경신하고 있다. 내·외국인을 합할 경우 2010년 2,000만 시대를 넘어선 이후 2014년 3,000만을 넘어섰으며, 4년 후인 2018년에는 다시 4,000만 시대로 들어섰다. 그러나 속 빈 강정이라 할까. 그 관광객이 서울이나 제주에서만 늘어났을 뿐 다른 지방은 대체로 가보지 않는 편중현상이 좀처럼 개선되지 못하고 있다.

다행인 것은 문화체육관광부와 한국관광공사가 2012년 12월 29일 청주국제공항에서 1,400만 명째 입국하는 외국관광객 환영행사를 개최하였는데, 당시 김종덕 문화체육관광부장관은 "외국인 관광객 2,000만 명 유치를 조기 달성하기 위해 수도권에 집중된 외국인 관광객을 지방으로 분산하는 것이 필수적이며, 이를 위해 필요한 지원을 아끼지 않을 것"이라며 정부정책의 큰 변화가 있을 것임을 예고하였다.

사실 외래관광객이 2010년대 전반기에 연평균 12.8%씩 기하급수적으로 증가하였다. 한국동란 직후인 1954년 우리나라를 방문한 외국인은 고작 2,100명에 그쳤다. 이후 고도성장과 안정성장을 반복하면서 2008년에 우리나라를 방문한 외국관광객이 689만 명이었다. 그런데 불과 6년 만에 외래관광객 수가 2배인 1,400만 명을 넘어섰다. 그동안 물밀 듯이 들어오는 외국인 관광객들을 어떻게든 수용하느라 정신이 없었음을 짐작할 수 있다. 외래관광객 증가를 계기로 수도권과 지방의 관광발전 격차를 해소하기 위한 방책을 미리 수립·시행하였다면 전국 모두 국제관광진흥의 성과를 똑같이 균점(均霑)했을 것이다.

지금이라도 수도권 중심의 관광발전 구조에서 벗어나기 위한 중장기 국가관광대계(國家觀光大計)를 세워야 할 때이다. 우리가 처해 있는 외래객의 급증 상황을 냉정히 파악하고 국가이익을 극대화하기 위한 방안이 무엇인가를 엄중하게 찾아내지 않으면 안 될 시점이다. 외래관광객이 1000만 명을 넘기면서 서울, 제주 등의 경우 숙박시설 부족, 서비스 품질 약화, 교통혼잡, 도시경제구조 왜곡(오버투어리즘 등장) 등의 부작용이 나타났던 것도 반면교사로 삼아야 한다.

이들 문제점을 해소하고 향후 글로벌 관광대국으로 발돋움하기 위해서는 그동안 중요한 역할을 해 왔던 수도권 중심의 관광콘텐츠에 못지않게 지방에 기반을 둔 핵심 킬러콘텐츠를 발굴하고(장병권, 2015), 맞춤형 특화 상품개발을 통하여 지방관광 활성화를 도모해야 한다(현대경제연구원, 2015). 이에 외래객의 지방분산 현황을 데이터를 통하여 검토해 보고, 주요국의 사례와 비교 검토해서 시사점을 도출하여, 외래객 지방분산 정책의 추진방향과 정책과제를 논의하고자 한다.

2. 외래관광객의 지방분산 현황

그동안 외래관광객을 대상으로 한 실태조사 결과를 바탕으로 외래객들의 지방 분산현황과 특징을 살펴볼 필요가 있다. 지난 1993년부터 조사 분석된 외래관광객 실태조사는 2008년까지 행정구역이 아닌 '관광지'라는 사이트를 중심으로 외국관광객의 방문 여부를 집계하였다.

당시 조사결과 흥미를 끄는 것은 외래관광객의 서울집중도가 1993년부터 2003년까지 지속적으로 증가하였지만 이후에는 점차 집중도가 완화되어 2003년 85%에서 2007년에는 73.4%로 낮아졌다. 서울집중도가 낮아진 배경에는 수도권 내 인천시, 수원화성, 대장금 테마파크, 춘천 남이섬 등 신흥 한류 관광지가 계속 부상하였기 때문이다.

그리고 상위 7위까지의 관광지 중 수도권의 비중은 1996년 3개소, 1999년 4개소, 2005~2006년 5개, 2007년 4개, 2008년 5개로 약간 증가 추세를 보이고 있다. 따라서 1996~2008년 기간 동안의 외래관광객 방문패턴을 종합해 보면, 서울방문객의 비중이 약간 감소했지만 지방으로 확산되기보다는 수도권 내 신흥 관광명소로 분산되는 데 그쳤음을 알 수 있다.

〈표 20-1〉 외래관광객이 선호하는 한국의 관광지 추이

(단위: %)

순위	1993		1996		1997		1998		1999		2000	
1위	서울	72.4	서울	77.4	서울	78.9	서울	76.9	서울	81.7	서울	84.7
2위	부산	24.3	부산	23.2	부산	23.6	부산	21.5	부산	22.9	부산	17.8
3위	민속촌	18.1	민속촌	21.7	민속촌	18.6	민속촌	16.8	민속촌	16.7	민속촌	13.2
4위	제주도	13.0	제주도	13.7	판문점	10.7	경주	10.7	경주	13.2	경주	9.1
5위	경주	11.4	경주	12.1	경주	9.9	제주도	10.0	제주도	12.4	제주도	8.2
6위	판문점	7.7	판문점	8.0	제주도	9.1	판문점	9.1	판문점	6.8	에버랜드	6.1
7위	설악산	2.4	설악산	3.8	설악산	1.9	설악산	3.9	에버랜드	5.5	판문점	5.6

순위	2003		2004		2005		2006		2007		2008	
1위	서울	85.0	서울	80.9	서울	78.1	서울	76.8	서울	73.4	서울	74.5
2위	부산	19.5	부산	20.2	부산	23.1	부산	18.0	인천	19.1	인천	20.9
3위	민속촌	16.6	민속촌	13.1	인천	20.9	인천	13.9	부산	18.8	부산	17.7
4위	에버랜드	12.0	제주도	9.7	민속촌	14.0	민속촌	12.7	제주도	13.8	민속촌	13.6
5위	제주도	9.8	에버랜드	8.5	에버랜드	9.5	제주도	12.4	민속촌	11.6	제주도	11.0
6위	경주	8.8	경주	8.1	제주도	9.3	에버랜드	9.2	판문점	7.5	에버랜드	9.8
7위	설악산	7.5	판문점	7.6	수원	8.6	대장금테마파크	7.4	경주	6.6	판문점	7.7

자료: 문화체육관광부(1993~2009), 외래관광객 실태조사(참조 재작성, 단, 1994~1995년, 2001~2002년 제외).

한편 2009년부터 2013년까지는 종전 '관광지' 기준에서 벗어나 '행정구역'을 기준으로 외래관광객의 방문비율을 조사하고 있다. 이전에 실시된 조사결과와 연장선상에서 결부시킬 수 없겠지만, 서울권의 방문비율은 2008년 74.5%에서 2010년에는 80%대로 급상승하였으며 이후 80.2%의 평균 방문비율을 보이고 있다. 반대로 과거 1993년부터 2006년까지 부산의 방문비율은 20% 이상을 보였으나 2009년부터 경상권의 방문비율이 계속 감소하여 2013년에는 15.6%로 나타났다.

또한 경기권 및 인천권의 비중이 2009~2010년 37%를 기록하였다가 2013년에는 15.7%로 급감하였다. 최근 3년을 기준으로 할 경우 외래관광객의 방문비율이 향상된 곳은 서울권과 제주권에 그치고 있는 것으로 나타났다. 이는 외래관광객들이 급속히 방한하고 있으나 특정지역 '집중도'만 심화되었을 뿐 지방 '분산도'로 이어지지 않았음을 보여주는 것이다.

〈표 20-2〉 외래관광객의 한국 지자체 방문 추이

(단위: %)

순위	2009	2010	2011	2012	2013	평균
서울권	77.4	80.3	79.7	82.5	80.9	80.2
경기권	37.2	37.6	23.8	21.3	17.9	21.0
인천권			9.0	7.7	7.8	8.2
제주권	12.4	13.1	10.2	12.0	16.7	12.9
경상권	20.9	20.9	19.3	16.1	15.6	18.6
강원권	11.2	11.9	11.1	9.7	9.2	10.6
충청권	6.3	7.2	5.1	4.1	4.0	5.3
전라권	4.1	5.8	3.9	4.1	3.8	4.3

자료: 문화체육관광부, 외래관광객 실태조사, 2010~2014(참조 재작성).

〈표 20-3〉 국적별 한국여행 시 방문지역 비율

(단위: %)

구분	년도	서울권	경기권	인천권	제주권	경상권	강원권	충청권	전라권	전체
중국 관광객	2011	91.3	26.4	14.7	23.6	14.5	11.6	4.6	4.4	191.1
	2012	86.2	21.0	12.0	25.8	10.7	7.9	2.7	3.2	169.5
	2013	79.3	17.2	8.8	35.1	9.5	9.5	2.5	3.2	165.1
	평균	85.6	21.5	11.8	28.1	11.5	9.6	3.2	3.6	175.2
일본 관광객	2011	69.3	12.3	2.5	5.2	19.5	3.3	3.4	1.8	117.3
	2012	73.7	11.6	2.2	4.5	17.9	2.0	2.9	2.8	117.6
	2013	75.0	10.4	2.4	3.5	20.2	2.5	3.3	1.9	119.2
	평균	72.6	11.4	2.3	4.4	19.2	2.6	3.2	2.1	118.0
미국 관광객	2011	80.5	31.0	9.4	7.4	27.0	6.3	8.1	8.8	178.5
	2012	86.0	31.6	9.3	8.5	25.0	7.8	9.1	9.5	186.8
	2013	82.2	27.4	11.5	7.1	26.2	8.2	8.4	8.0	179.0
	평균	82.9	30.0	10.0	7.6	26.0	7.4	8.5	8.7	181.4

자료: 문화체육관광부, 외래관광객실태조사, 2012~2014(참조 재작성).

또한 한국을 방문하는 3대 관광시장인 중국, 일본, 미국을 대상으로 2011~2013년간 한국 여행 중 방문권역을 비교하면 다음과 같다. 첫째, 가장 특징적인 것은 한국의 지자체별 방문빈도는 미국 관광객이 181.4%, 중국 관광객이 175.2%로 높은 반면 일본 관광객은 118.0%로 가장 적다. 이는 곧 미국과 중국 관광객들은 한국 내 많은 관광지를 둘러보는 형태라면 일본은 특정지역에 체류하며 인접 지역방문이 최소화되고 있음을 보여준다.

둘째, 수도권 내 관광지 방문비율은 중국 관광객의 경우 3년 평균 118.9% 정도로 전체 방문비율 175.2%의 67.9%를 점유하고 있으며, 같은 방식으로 미국인도 67.8%를 점유하고 있는 반면, 일본인은 73.1%로 큰 차이가 나고 있다. 다시 말해 일본인 관광객들은 수도권 방문 비중이 상대적으로 높은 편이며, 그리하여 수도권 이외의 지역으로 여행가는 비율도 상대적으로 낮다.

셋째, 국적별 방문지역의 순위를 보면 중국인은 서울→제주→경기→인천→경상의 순으로 나타난 반면, 일본인은 서울→경상→경기→제주→충청의 순이며, 그리고 미국인은 서울→경기→경상→인천→전라의 순으로 나타나 서울을 제외할 경우 나머지 지역은 국적별로 차이가 있음을 볼 수 있다. 따라서 외래관광객의 지방분산 시책을 강구함에 있어서도 기존의 관련 데이터를 충분히 활용할 필요가 있다.

한편, 한국 내에서 외래관광객의 전체 숙박일수 중 서울 숙박일수가 상대적으로 높은 것은 중장기적으로 지역관광 활성화에 부정적인 영향을 줄 수 있다. 서울연구원

〈표 20-4〉 서울방문 외국인의 지역별 숙박일수

(단위: 일, %)

구분	서울 숙박일수	서울외 숙박일수	전체 숙박일수
일본	4.5 (91.8)	0.4 (8.2)	4.9 (100.0)
중국	4.6 (75.4)	1.5 (24.6)	6.1 (100.0)
동남아	5.3 (79.1)	1.4 (20.9)	6.7 (100.0)
구미주	7.2 (72.0)	2.8 (28.0)	10.0 (100.0)
기타	7.8 (69.6)	3.4 (30.4)	11.2 (100.0)
전체	5.3 (77.9)	1.5 (22.1)	6.8 (100.0)

자료: 서울연구원(2014), 2013 서울시 외래관광객 실태조사 보고서(참조 재작성).

의 조사에 따르면, 서울지역 방문 외국관광객의 전체 숙박일수는 2013년 현재 6.8일(2018년은 6.53일)이며 이 중 77.9%인 5.3일(2018년 5.44일)을 서울에서 숙박하며 지방에서는 1.5일에 그치고 있다. 특히 일본 관광객들은 서울숙박일수가 전체 숙박일수 4.9일 중 91.8%인 4.5일로 나타나 지방으로의 숙박여행을 기피하는 것으로 나타났다(서울연구원 2014; 2019).

이와 관련하여 한국과 일본의 외래관광객 지방방문 현황을 비교해 보면 우리나라의 지방분산이 여전히 미흡함을 알 수 있다. 한국의 경우 최근 5년간 외래관광객 모두 서울방문이 평균 80.2%로 가장 높은 비율을 차지하고 있으며, 다음으로 경기, 경남, 제주, 강원의 순으로 나타나고 있다. 외래관광객의 연간 숙박객수도 2013년 현재 총 1,506만 명 중에서 서울이 755만 명으로 전체의 50.1%를 차지하고 있을 정도이다.

그런데 일본의 경우에는 도쿄를 가장 많이 방문하고 있으나 전체 관광객의 60.3%에 그치고 있으며, 오사카 26.1%, 교토 24.0%, 가나자와 17.8%, 지바 15.0%의 분포를 보이고 있어 우리나라보다는 상대적으로 양호하다(김현주, 2012). 그리고 2013년 일본의 숙박일수를 기준으로 외국인의 지방분산 정도를 살펴보면, 연간 총 3,351만 숙박일수 중 도쿄가 983만 일을 기록하여 전체의 29.3%를 차지하고 있으며, 도쿄를 제외한 오사카 432만 일(12.9%), 홋카이도 307만 일(9.2%), 교토 263만 일(7.8%), 지바 205만 일(6.1%), 오키나와 149만 일(4.4%), 아치 115만 일(3.4%), 가나자와 107만 일(3.2%) 등 7개 지역이 전체의 절반을 차지하고 있다(JTA, 2014).

이처럼 일본에 비하여 우리나라의 외래객 지역분산이 활성화되지 못한 이유는 여러 가지로 추론할 수 있다. 첫째, 접근성 개선 노력이 부진하였다. 개별관광을 대상으로 한 지방관광 교통체계의 구축에 소홀하였으며, 지역 내 관광안내소의 기능도 당해 지역으로 한정되어 지방관광 연계 정보제공 기능에 한계를 보였다.

둘째, 편의성 제공이 미흡하였다. 지방의 관광숙박시설, 음식점 등 관련 시설에서 제공되는 인적·물적 서비스 수준이 수도권과 격차를 보이고 있으며, 특히 관광종사원의 서비스 표준화 등 인적 서비스 수준도 향상되지 못하였다. 셋째, 상품과 콘텐츠의 부족이다. 여행사들이 지역관광 상품 판매 시 수익성을 확보하지 못해 기피하고 있으며, 국제관광 시장에서 각 지역 관광상품 및 콘텐츠의 경쟁력이 충분히 확보되지 못하였다. 넷째, 홍보 및 마케팅 역량이 미흡하였다. 지자체 단위로 추진하는 관광홍보 체계의 실효성이 크지 못하였으며, 수많은 지역관광 콘텐츠를 상품화하는 역량이 미흡하였다.

다섯째, 재방문자 및 개별여행자 등의 니즈(needs)에 대한 세심한 분석과 대응전략 강구가 미흡하여 이들 관광객들을 지방으로 유도하지 못하였다. 여섯째, 그동안 지자체 차원에서 다양한 사업을 통하여 외래관광객 유치사업을 추진하였으나 시장조사 분석이 과학적이지 못하고 상황적 접근에 의존함에 따라 기대한 만큼의 사업성과를 얻지 못하였다.

3. 외래객 지방분산 정책의 목표와 추진방향

2013년 11월 호주에서 열린 G20 정상회의에서 기조연설을 한 탈립 리파이(Taleb Rifai) 세계관광기구 사무총장은 향후 세계관광이 '글로벌 성장과 로컬 혜택(global growth, local impact)'이라는 두 가지 좌표를 추구해야 함을 강조한 적이 있다. 국제기구들도 이구동성으로 일자리 창출, 낙후지역 개발, 지역재생에 대한 관광산업의 중요성에 대해 견해를 같이하고 있다. 이제 우리나라도 외래관광객의 급증 효과가 지역으로 골고루 파급되는 '외래객 지방분산 정책'으로 전환할 때가 되었다(장병권, 2014).

그러나 외래관광객의 분산정책은 관광객 수의 지방별 양적 확대 조치로만 단순하게 인식해서는 안 된다. 소기의 성과를 얻기 위해서는 중장기적 국가관광발전 시스템의 혁신을 전제로 하여야 한다. 그리하여 외래객의 지방분산 정책도 단계적으로 추진해야 한다는 의견이 지배적이다. 외래객 지방분산 정책이 등장하게 된 것은 2012년 외래관광객 1천만 명의 유치가 계기가 되었다.

당시 급증하는 외래객을 대상으로 관광수용태세 정비의 5대 핵심 정책방향으로 질적인 관광정책, 관광객 시장 변화에의 대응, 정책관리 추진의 체계화, 관광수용태세의 요소별 관리와 함께 지역관광 경쟁력 강화가 크게 부각되었다(김향자, 2012). 특히 관광객의 지역분산을 통한 지역관광 경쟁력 강화방안으로 지역특화 관광상품 개발을 통한 경쟁력 제고, 수도권과 지방주요 관광목적지의 네트워크형 관광거점 개발전략, 지방관광의 접근성 제고 등이 거론되었다.

또한 2012년 한국문화관광연구원이 방한외래객의 지역분산을 위한 정책방안을 마련하기 위하여 전문가를 대상으로 접근성, 편의성, 상품 · 콘텐츠, 홍보 · 마케팅, 제도 등 5개 영역 13가지 정책과제에 대한 중요도를 조사한 결과, 외래객의 지방분산이 간단하거나 쉬운 정책이 아니며, 체계적인 대책과 지속적인 재정투입을 전제로 하고 있음을 엿볼 수 있다.

즉 지역분산을 위해 가장 중요한 과제는 '지방관광 종사원 교육확대'였으며, 지방분산 유도를 위한 재정지원 규모의 확대, 개별관광객 대상 정책수단 발굴 확대, 노후관광숙박시설 개선, 지방관광 콘텐츠의 관광상품화 시스템 구축, 지역 간 관광 공동홍보, 지방공항 연계상품 개발 등도 역점적으로 추진해야 할 과제로 나타났다(김현주, 2012).

이상의 논의에서 도출된 결과를 통하여 외래관광객 지방분산을 위한 정책목표는 '지역관광의 글로벌 경쟁력 확보 및 외래객 분산'에 두고 단계별로 추진했으면 한다. 즉 단기 목표는 서울방문객의 지방여행 관심 유도, 중기 목표는 지방 체류기간 연장, 그리고 장기 목표는 지방의 자생력 확보 및 독자적 관광객 유치기반 구축에 두어야 한다.

그리고 정책 추진방향으로 '협력성'에 기초한 수도권~지방 간 상생형 관광기반 구축, '접근성' 개선에 초점을 둔 외래관광객 출입국 편의시스템 개선, '과학성'에 기초한 빅데이터 활용 외래객 조사분석의 과학화, '매력성'에 기초한 지역관광 핵심콘텐츠 발굴 및 관광수용태세의 글로벌화, 그리고 '연계성'에 기초한 대중교통 중심 지방네트워크 관광 시스템 구축 등의 사업과제를 제시하고자 한다.

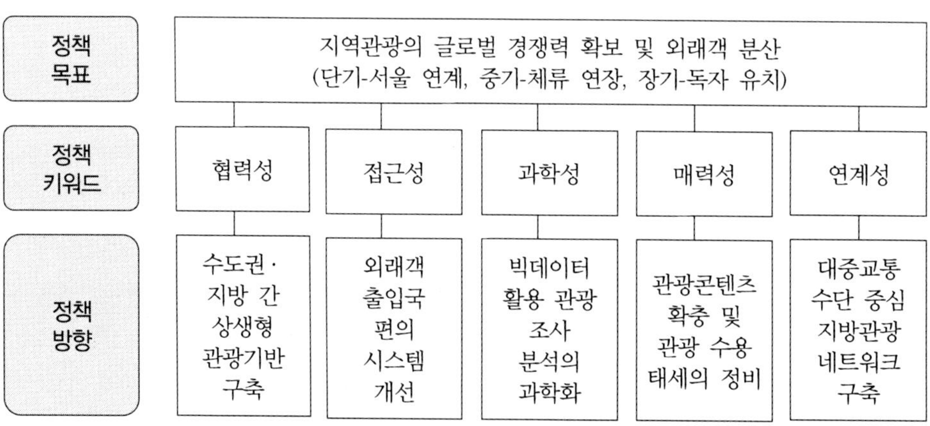

[그림 20-1] 외래관광객 지방분산 정책의 추진체계

4. 외래객 지역분산 정책의 추진과제

1) 수도권 · 지역 간 상생형 관광네트워크 구축

외래객의 지방분산의 첫 번째 추진과제는 수도권과 지역 간 상생형 관광네트워크를 구축하는 것이다. 그동안 외래객의 지방분산을 수도권 대비 나머지 지역의 비중을 높이는 것으로 생각되어 왔다. 그러나 지역분산 정책의 핵심이 서울을 위시한 수도권을 배제하면서 지방의 관광객 방문비율을 높이는 것은 아니며, 또한 그것은 바람직한 방향도 아니다.

수도권과 나머지 지역 간 상생형 관광네트워크를 구축하여 수도권의 한류 · 쇼핑관광뿐만 아니라 지방의 역사 · 문화관광 콘텐츠를 활용하여 한국관광체험의 효과를 극대화하는 것이 필요하다. 즉 서울과 연계된 지방관광상품과 코스개발을 확대하여야 한다.

이와 관련하여 서울연구원의 2013년 '서울 외래관광객 실태조사' 중 눈길을 끄는 것은 권역별 외래관광객의 서울방문 횟수이다. 일본과 구미주 관광객의 경우 서울시 1회 방문자의 비중이 28~46%대를 보이고 있으나 중국과 동남아 관광객은 60~73%대를 보이고 있다. 이는 중국 및 동남아 관광객의 경우 최초 방한자의 비중이 큰 반면, 구미 및 일본관광객들은 재방문자가 많기 때문이다(서울연구원, 2014).

그리고 서울방문자를 대상으로 한국 각 지역에 대한 방문현황을 살펴보면 여전히 '경인권'에 집중되고 있다. 즉 서울을 방문한 외국인 관광객의 지역별 방문비율은 전체 평균이 60%에 그치고 있어 통계적으로 나머지 40%는 서울에만 체류하고 그냥 출국하는 것으로 나타나고 있다. 2018년의 경우는 더욱 심각하다. 서울관광재단의 '2018년 서울시 외래관광객 실태조사' 결과를 보면, 서울 방문자 중 서울 이외 지역을 방문한 비율은 강원도(11.3%), 경기도(9.9%), 부산시(7.5%), 제주도(5.7%), 대구시(1.5%)의 순으로 나타났다. 그러나 서울만 여행했다고 응답한 사람은 2015년 59.6%에서 2018년에는 67.3%로 더 늘어났다(서울특별시 · 서울관광재단, 2019).

특히 중국 관광객의 경우 서울 이외의 방문비중이 85.5%로 가장 높게 나타났으나 일본 관광객들은 서울 이외의 방문비중이 21%에 그치고 있다. 따라서 서울방문자를 대상으로 한 지방여행 촉진 캠페인 사업을 전개하되 시장별 · 국적별로 정교한 분석과 데이터마이닝을 통해 추진할 필요가 있다(한국문화관광연구원, 2014).

〈표 20-5〉 서울방문 외국인의 지역별 방문 비율

(단위: %)

구분	서울	경인권	제주권	경상권	강원권	충청권	전라권	서울이외 방문비율
일본	100.0	9.3	0.3	5.2	1.1	3.4	1.7	21.0
중국	100.0	34.6	30.8	10.7	5.9	1.5	2.0	85.5
동남아	100.0	14.5	12.3	10.8	16.0	4.0	2.3	59.9
구미주	100.0	19.1	4.1	24.7	2.8	3.1	2.8	56.6
기타	100.0	24.2	5.5	17.8	10.6	6.3	5.0	69.4
전체	100,0	22.3	14.7	11.6	6.2	3.0	2.3	60.1

자료: 서울연구원(2014), 2013 서울시 외래관광객 실태조사 보고서(참조 재작성).

2) 외래관광객 출입국 시스템 개선과 접근성 제고

그동안 외래관광객의 입국이 주로 이용하는 공항은 인천공항으로 2013년 현재 전체의 63.6%에 달하고 있다. 이밖에 김포공항, 제주공항, 김해공항의 순으로 나타났으며, 최근에는 지방 국제공항의 이용이 증가추세를 보이고 있다. 현재 인천공항과 김포공항을 제외한 국내 6개 국제공항의 최근 5년간 이용현황을 보면 노선 수 및 탑승객이 지속적으로 증가하고 있다.

대표적으로 청주공항, 양양공항 등은 중국관광객의 증가로 지역관광 활성화의 계기가 되고 있는 상황이다. 청주공항은 누적 이용객이 2000년대 중반 100만 명에 불과했지만 2015년 200만 명을 넘어섰고, 2019년 300만 명을 돌파했으며, 양양공항은 2013년 3.9만 명에서 2014년에는 23.8만 명으로 급증하였다.

이에 따라 지역별 주요 관광거점에 대한 외래관광객의 접근성 제고 차원에서 턱없이 부족한 지방 국제공항의 편의시설을 확충하고 저가 항공노선의 운행을 확대함과 동시에 해당 지자체와 여행사를 중심으로 공항과 연계한 관광코스 및 상품개발을 전담하며, 한국관광공사는 주요 관광시장을 대상으로 홍보마케팅을 적극 전개해 나가야 한다. 또한 국제 항만에 대해서도 출입국 시스템을 개선함과 동시에 크루즈 전용 항만의 단계적 확충 전략을 추진할 필요가 있다.

특히 부산, 인천, 제주, 여수 등 항만을 활용한 크루즈 산업은 향후 지역관광의 신성장 동력으로 각광을 받게 된다는 점에서 관련 부처 간 긴밀한 협력체제를 구축할 필요가 있다. 특히 주요 크루즈 기항지인 4개 항만 중 부산항을 제외할 경우 제주항, 인천항, 여수항의 경우 입출국 시설(CIQ시설)과 편의시설(쇼핑센터 및 특산물판매장터, 환영행사무대, 환전소 등), 그리고 크루즈 활성화 정책이 미흡한 상황이라는 점에서 종합적인 개선대책을 강구할 때이다(윤주, 2013).

3) 빅데이터 기반 외래관광객 조사분석의 과학화

향후 외래관광객의 지방분산을 효율적으로 추진하기 위해서는 중앙정부 시각에서 추진되고 있는 각종 관광통계의 집계기준 및 목표를 과감히 탈피하여 지방관광의 발전방향을 모색하기 위한 통계조사 방식으로 전환되어야 한다. 현재 외래객의 지방분산 정도를 파악하는 데 있어서 '외래관광객 실태조사'에 의존하고 있으나 조사항목도 부족하고 과학적인 대응책을 강구하는 데에도 상당히 미흡한 현실이다.

일본의 경우에는 외래관광객의 지역별 분포를 파악하기 위한 데이터 관리가 철저하다. 우선 일본의 지역별 외국관광객의 점유율을 살펴보자. 한국인들은 규슈, 주고쿠 지역에서 가장 많은 방문자 수를 보이고 있으며 대만인들은 홋카이도, 도호쿠, 시고쿠, 오키나와 등에서 가장 많은 비중을 차지하고 있다. 중국인들은 간토, 주부 지역에서 가장 많은 방문자 수를 보이고 있어 지역별 주요 고객을 대상으로 한 관광객 유치·홍보 마케팅을 전개하는 데 선택과 집중을 할 수 있다.

다음으로 외국 관광객의 주요 권역별 방문비율을 살펴보자. 한국인들은 도쿄 22%, 오사카 19%, 후쿠오카 9%의 방문 비중을 보이고 있지만, 중국인들은 도쿄 28%, 오사카 17%, 지바 9%의 순이며, 대만인들은 도쿄 19%, 홋카이도 16%, 오사카 13%의 순으로 방문하여 3국 간 일본 지역방문 패턴이 상이함을 알 수 있다(JTA, 2014).

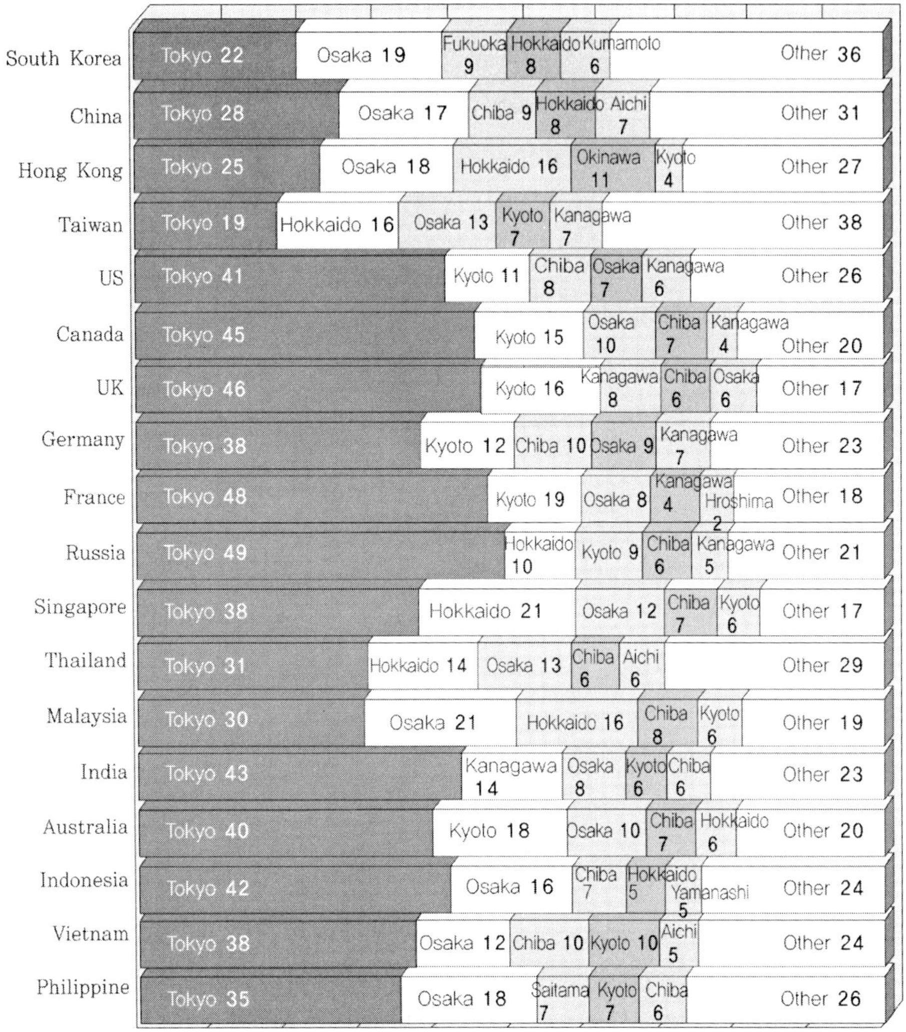

자료: JTA(2014), 2013 Accommodation Survey.

[그림 20-2] 국적별 일본 내 지역 방문 비율[%]

4) 지방 관광콘텐츠 확충 및 글로벌 수용태세 유도

그동안 관광콘텐츠 측면에서 외래관광객을 위한 다양한 사업들이 추진되어 왔다. 특히 수도권을 기반으로 한류관광, 의료관광, MICE 등 새로운 관광성장 동력을 활용하여 관광산업의 고부가가치화를 적극적으로 도모하는 성과를 거두었다. 물론 지방의 경우에도 관광콘텐츠 발굴 및 상품화 노력을 강화하여 의료관광, 음식관광, 한방관광, 뷰티관광 등 융복합형 관광상품 개발을 적극 추진할 필요가 있다.

그러나 장기적으로 지방관광 육성시책은 수도권에 비해 상대적으로 우위에 있는 역사유적 관광, 크루즈 관광, 공연관광, 생태관광, 레저스포츠 관광, 복합리조트 등 신규 유망 관광콘텐츠를 발굴하여 차세대 한국관광의 대표상품으로 육성할 필요가 있다. 또한 '한국만의 특색있는 관광콘텐츠'인 고궁 · 고택, 템플스테이, 세계문화유산, 자연유산, 지질공원, 태권도공원 등 각 지역이 보유하고 있는 우수한 자원을 관광상품화할 필요가 있다(김상태, 2014).

정부가 매년 지원하고 있는 외래관광객을 위한 우수여행상품의 인증 시에도 서울과 제주에 한정된 상품은 배제하고 서울 및 제주와 연계되거나 나머지 지역을 대상으로 개발된 상품, 즉 '지역별 우수여행상품'을 우선적으로 인증하는 방안을 검토해야 한다.

한편 문화체육관광부와 한국관광공사는 지역관광 활성화 차원에서 관광수용태세 개선사업을 추진하면서 관광인프라를 확충하는 데 기여하였다. 그러나 향후 외래관광객의 지방분산이 지속적으로 제기될 전망이라는 점에서 관광수용태세 개선사업을 국내관광 진흥차원으로 한정하기보다는 국제관광의 관점에서 한 단계 더 격상시켜 추진해야 한다. 또한 2014년부터 정부가 추진하고 있는 '올해의 관광도시' 사업도 국내관광객을 대상으로 추진하기보다는 외래객을 위한 글로벌 관광수용태세를 구축하는데 있어서 유효적절한 정책수단으로 활용되었어야 했지만 성과를 거두지 못했다.

나아가 최근 중국관광객의 급증에 따라 외래객의 지역분산을 통하여 지역 사회 · 경제발전을 도모할 수 있도록 주요 외래객 방문거점의 관광수용태세와 테마형 콘텐츠 체험 프로그램을 최적 조합한 '(가칭)지역관광 핵심지구'의 선정 · 육성을 모색할 필요가 있다(장병권, 2014).

지역관광 핵심지구는 "급증하는 외래관광객의 지방분산을 위해 지역 중 외래객 숙박체류(최소 1박 2일형)가 유망한 자연 및 역사 · 문화지구를 선정하여 독창적 테마 설정과 최적화된 수용태세 정비를 통하여 지역사회 · 경제의 발전을 도모하기 위하여 지자체 및 민간부문 간 협력 차원에서 조성되는 글로벌 관광선도 지구"를 말한다. 외래관광객이 급증하고 있다고 마냥 넋을 놓고 있으면 안 된다. 다음 단계의 관광대국에 걸맞은 비장의 준비가 필요하며, 그 해답은 이제 지방에서 찾고 지방에 혜택이 돌아가게끔 시스템을 갖추는 것이다.

5) 대중교통 중심 지방네트워크관광 시스템 구축

외래객의 지방분산을 위해서는 서울에 집중된 외국인 관광객들이 지역으로 여행갈 수 있도록 여행편의를 제공해 줄 필요가 있으며, 특히 개별여행객을 대상으로 한 순환관광버스 시스템 구축은 지역관광 이미지 제고에도 기여할 수 있다.

대표적으로 전라북도가 추진하고 있는 '전북순환관광버스'를 들 수 있다. 지난 2010년부터 운행이 시작되었으며, 인터넷 홈페이지 및 전화예약을 통해 서울에서 전북의 14개 시·군 주요 관광지를 1박 2일 코스를 운영하고 있다. 2011년 1회 평균 이용자 수가 20명이었으나 2014년에는 좌석점유율이 90%이상으로 높아졌으며, 탑승객들이 전북에서 사용하는 1인당 평균 지출액은 43,407원으로, 2014년 한 해 동안 4,847명이 21억원을 전북에서 사용한 것으로 조사되어 전북지역에 미치는 경제효과도 상당한 것으로 나타났다.

외국에서도 수도권과 지방을 연계하는 관광전용 버스시스템이 활발히 추진되고 있다. 영국에서 코치관광으로 대표되는 관광전용 버스시스템은 관광청, 지자체, 운영회사 등 민관공동이 참여하며, 중앙정부는 운영보조금 지원을 통해 경영부담을 완화시켜주고 있으며, 지자체는 지역의 관광명소와 코치 시스템의 연계를 통해 주차 및 휴게시설을 지원하고 있다(김현주, 2012). 우리나라의 경우 2015년 4월부터 KTX가 경부선에 이어 호남선도 개통됨에 따라 KTX 연계형 지역별 순환관광버스(일명 셔틀버스) 활성화 방안이 모색될 필요가 있다.

5. 맺음말

2010년대로 들어와 외래관광객이 지속적으로 증가하고 있으나 여전히 서울중심적 구도에서 벗어나지 못하고 있다. 외래관광객의 서울집중도가 1993년부터 2003년까지 지속적으로 증가하였지만 이후에는 점차 집중도가 완화되어 2003년 85%에서 2007년에는 73.4%로 낮아졌다. 그러나 서울권의 방문비율은 2008년 74.5%에서 2010년에는 80%대로 급상승하였으며 이후 80.2%의 평균 방문비율을 보이고 있다.

외래관광객의 전체 숙박일수 중 서울 숙박일수가 상대적으로 높은 것은 중장기적으로 지역관광 활성화에 부정적인 영향을 줄 수 있다. 서울지역 방문 외국관광객의 전체 숙박일수는 6.8일이며 이 중 77.9%인 5.3일을 서울에서 숙박하며 지방에서는 1.5일에 그치고 있다.

방한 외래객의 지역분산이 더딘 이유는 접근성 부족, 편의성 미흡 상품과 콘텐츠 부족, 홍보 및 마케팅 역량 미흡, 재방문자 및 개별여행자 등의 니즈(needs)에 대한 세심한 분석과 대응전략 미흡에서 찾을 수 있다.

이에 따라 외래관광객 지방분산을 위한 정책목표는 '지역관광의 글로벌 경쟁력 확보 및 외래객 분산'에 두고 단계별로 추진해야 한다. 즉 단기 목표는 서울방문객의 지방여행 관심 유도, 중기 목표는 지방 체류기간 연장, 그리고 장기 목표는 지방의 자생력 확보 및 독자적 관광객 유치기반 구축에 두어야 한다.

그리고 정책 추진방향으로 '협력성'에 기초한 수도권 · 지방 간 상생형 관광기반 구축, '접근성' 개선에 초점을 둔 외래관광객 출입국 편의시스템 개선, '과학성'에 기초한 빅데이터 활용 외래객 조사분석의 과학화, '매력성'에 기초한 지역관광 핵심콘텐츠 발굴 및 관광수용태세의 글로벌화, 그리고 '연계성'에 기초한 대중교통 중심 지방네트워크 관광 시스템 구축 등의 추진과제를 제시하였다.

제21장
포용적 성장과 지역관광 발전

1. 머리말

최근 국내외에 걸쳐 포용적 성장(inclusive growth)이 대세이다. 포용적 성장은 OECD, 세계은행(WB), 세계경제포럼(WEF), 다보스포럼, G20, APEC 등 국제기구를 중심으로 활발히 논의되고 있으며, 그동안 논의의 핵심 이슈는 구조개혁, 교육정책, 일자리 창출과 빈곤감소, 성평등, 공공인프라 정비, 사회적 경제 지원 등이다.

관광분야에서는 포용적 성장에 대한 논의가 뒤늦은 감이 없지 않으나 유엔세계관광기구(UNWTO)를 통하여 이에 대한 실천적 방안에 대한 논의가 활발히 추진되고 있다. 세계관광기구는 2000년대로 들어와 지속가능한 관광에 대한 논의에 집중해 왔으나 최근에는 포용적 관광성장(inclusive tourism growth)으로 더욱 초점화되고 있다(UNWTO, 2018). 그리고 포용적 성장을 국가보다는 지역의 관점에서 접근하고 있으며, 관광수요자 중심에서 지역주민을 포함한 관광공급자까지 범위를 확대하고 있으며, 경제적 가치뿐만 아니라 사회문화적이고 환경적 가치도 적극 모색하고 있다.

우리나라의 경우에도 포용적 성장에 대한 논의가 활발히 진행되고 있으며, 문재인 정부는 '혁신적 포용국가'를 기치로 내걸고 혁신과 포용의 두 마리 토끼를 잡으려 하고 있다. 이미 정부의 국가균형발전 정책에 있어서는 포용적 성장이 새로운 전략으로 자리잡고 있다.

종전 박근혜 정부의 지역개발정책은 '국민행복과 지역희망'의 관점에서 지역행복생활권을 구현하고 맞춤형 패키지사업을 추진하며 지역주도 및 협력강화에 초점을 두었다면, 문재인 정부의 국가균형발전전략은 '지역이 강한 나라, 균형잡힌 대한민국'을 비전으로 삼고 안정되고 품격있는 삶, 방방곡곡 생기도는 공간, 일자리가 생기는 지역 혁신에 중점을 두고 추진하고 있다. 이러한 점에서 지역관광의 발전방향도 지역주도 자립적 성장기반을 마련하는 데 중점을 두고 포용적 성장의 전략을 적극 수용할 필요가 있다.

지난 2019년 2월 12일 국가균형발전위원회가 전주에서 개최한 '대한민국 국가비전 회의II'에서 관광부문의 핵심 화두는 포용적 성장과 지역관광의 추진방향을 모색하는 데 두었으며, 향후 지역관광발전에 있어서 포용적 성장의 전략이 확산될 것임을 예고하고 있다. 그러나 아직까지 관광분야에 있어서 포용적 성장에 대한 적극적인 논의가 부족한 것이 사실이다. 포용적 성장의 개념에 대한 이해도가 낮은 것은 물론이고 이를 관광에 적용하는 방안에 대한 공감대가 폭넓게 형성되어 있지 못한 상황이다.

이에 관광부문의 관점에서 포용적 성장의 의미를 파악하고, 포용적 관광성장을 논의하는 데 있어서 제기되는 이슈들을 검토하며, 그리고 좀 더 구체적으로 지역관광에 있어서 포용적 성장의 구현방안을 심도있게 논의하고자 한다.

2. 포용적 성장과 관광부문에 대한 함의

포용적 성장은 기존의 경제성장 중심에서 벗어나 사회 구성원에게 균등한 경제활동 참여 기회를 주고 성장 혜택이 공정하게 분배돼 경제 성장, 소득 양극화 해소, 삶의 질 향상으로 이어지는 성장을 말한다(OECD, 2014). 소득과 사회경제적 불평등은 장기적으로 성장을 악화시킨다는 점에서 포용적 성장의 강화는 본질적으로 친성장(pro-growth) 전략인 것이다.

포용적 성장이라는 용어는 2009년 세계은행에 의해 처음 주장된 용어이며, 전 세계적인 소득격차 심화, 빈곤, 일자리 위기 등 경제사회적 불평등 문제에 대한 해결책으로 주목받은 전략이다. 포용적 성장을 자세히 이해하기 위해서는 우선 등장배경을 살펴볼 필요가 있다. 포용적 성장은 2007~2008년 미국의 금융시장에서 시작되어 전 세계로 파급된 금융위기 사태를 겪으면서 이를 해결하기 위한 국제적 논의 과정에서 주목받게 되었다.

또한 그동안의 신자유주의 성장정책으로 인해 소수만 성장의 수혜를 받고 다수가 제외되는 배제적 성장(exclusive growth)에 대한 반성에서 비롯된 것이다. 따라서 포용적 성장은 성장의 혜택이 소수가 아닌 여러 사람에게 돌아가는 성장을 말한다. 문재인 정부 초기 소득주도성장과 혁신성장이 상호 조화롭게 추진되지 못하여 큰 성과를 거두지 못하였던 상황에서 소득주도 성장, 혁신성장, 공정경제 등을 아우를 수 있는 전략으로 포용적 성장이 대안으로 주목받고 있다.

포용적 성장이 지역단위에서 주목받게 된 것은 최근 들어 선진국과 개도국 간의 경제격차보다 국가 내의 지역 간 경제격차가 추월하고 있기 때문이다(이익진, 2019). 그리하여 세계경제포럼(WEF)에서는 불평등 심화, 사회불안 증폭, 지속되는 빈곤해결의 유일한 대안으로 포용적 성장을 지목하고 있다.

현재 관광부문에 있어서 포용적 성장에 대한 논의는 국제기구가 선도하고 있다. OECD(2018)는 지속가능하고 포용적 성장동력으로서 관광의 잠재력 실현을 위해서는 견실한 정책과 통합적 전략, 정부기관 간 협력, 관광관련 이해당사자의 참여 유도 및 협력의 필요성을 제기하고 있다. 세계관광기구(UNWTO, 2018)는 관광을 통한 포용적 성장의 핵심이슈로 좋은 일자리 창출, 관광불이익 계층에 대한 편의 증진, 포용적 성장을 위한 이해당사자 간 파트너십(PPPs: public-private partnerships) 구축, 관광여행의 불평등 해소 및 성평등 개선, 낙후지역을 위한 관광지식 공유, 중소기업형(SMEs) 관광사업체 육성 등에 대한 지속적인 논의를 전개하고 있다.

이러한 논의를 종합해 볼 때, 관광부문도 낙후된 지역사회의 발전과 불이익 계층의 복지증대에 기여하고 있다는 점에서 포용적 성장을 달성하기 위한 유효적절한 수단이다. 특히 도농간 빈부격차가 심화되고 농어촌의 초고령화 현상이 가속화되고 일자리의 질 문제 등 지방소멸의 위기를 주민 스스로 타개하기 위한 지역관광 육성전략으로 적극 활용될 수 있다.

기존 '경제와 기업' 중심의 경제성장 정책에서 벗어나 '사람과 지역' 중심으로 정책이 전환되는 포용적 성장시대에 있어서 관광정책도 이제 관광수요자인 관광객뿐만 아니라 지역주민의 복지증진을 위한 정책을 강구해 나가야 한다. 이를 위해서는 관광정책시스템의 대대적인 수술이 필요하다.

즉 관광정책의 대상으로 관광주체(관광객), 관광매체(관광기업), 관광객체(관광대상)에만 초점을 두어서는 안 된다. 여기에 지역주민까지 포함하여 지역주민의 참여가 전제가 되는 관광정책 시스템으로 전환되어야 한다. 또한 지역주민을 '지역에 거주하는 주민(住民)이 아니라 주인의식을 가진 주민(主民)'의 관점에서 이들을 포용하며 스스로 관광사업에 참여할 수 있도록 정책지원대상의 범위가 확대되어야 한다.

가장 대표적인 것이 정부가 역점적으로 추진하고 있는 관광두레사업이다. 관광두레사업은 세계관광기구의 포용적 관광지(inclusive tourism destination) 모델의 우수사례로 선정되었을 정도로 지역주민을 배려한 우리나라만의 대표적인 사업이다.

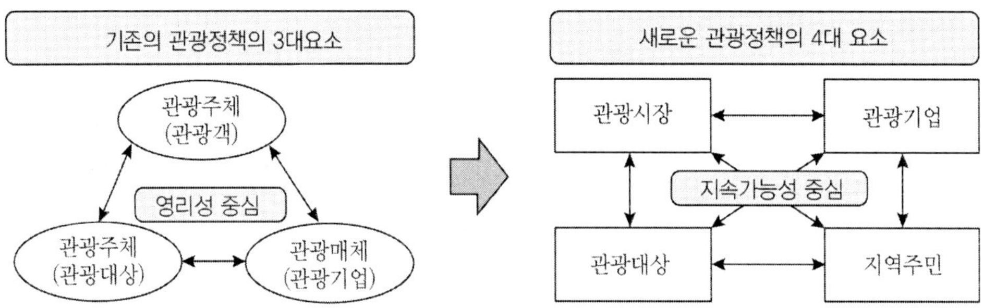

출처: 문화체육관광부 · 한국문화관광연구원(2017), 관광두레 37, 꿈과 희망을 이야기하다 및 장병권(2019), 지역관광에서 포용적 성장의 방향과 과제, 국가균형발전위원회 주최 2019 대한민국 국가비전회의II 발표자료(2019. 2. 12, 전주)에 의거하여 재작성.

[그림 21-1] 포용적 관광성장을 위한 관광정책대상의 전환

포용적 성장의 관점에서 볼 때, 관광은 지역의 새로운 경쟁력을 확보할 수 있는 기반이며, 지역주민이 자신들의 삶의 터전이 관광지화되고 있는 상황에서 배제되기보다는 관광객과 적극적인 접촉과 가치 또는 경험의 공유를 제공할 경우 지역과 지역관광이 더 큰 성장과 성공으로 다가갈 수 있는 지름길로 인식되어야 한다.

특히 저개발 지역이나 농어촌 지역의 경우 지역주민이 주도적으로 관광사업을 전개할 수 있도록 중소형 기업, 사회적기업을 구성하여 관광일자리를 창출할 수 있도록 지원할 경우 효과를 발휘할 수 있다.

따라서 지역관광의 정책패러다임도 기존의 양적 성장에서 질적 발전을 통하여 지속가능한 관광을 실현할 수 있도록 하며, 외지 관광수요자 중심에서 지역주민 등 공급자까지도 포괄하여야 하며, 여기에 대중관광객 중심시설에서 관광불이익 계층까지 배려한 관광시설을 제공하는 것이 중요하다.

물론 포용적 지역관광 정책패러다임이 확립되기 위해서는 정부차원에서 포용적 관광시책을 강구하고 재정지원을 통하여 주민교육 및 훈련을 강화하고, 관광벤처 및 스타트업 등 사회적기업을 육성하며, 여성인력을 우대하고 장애인 편의증진 등 정책적 추진과제가 산적해 있다.

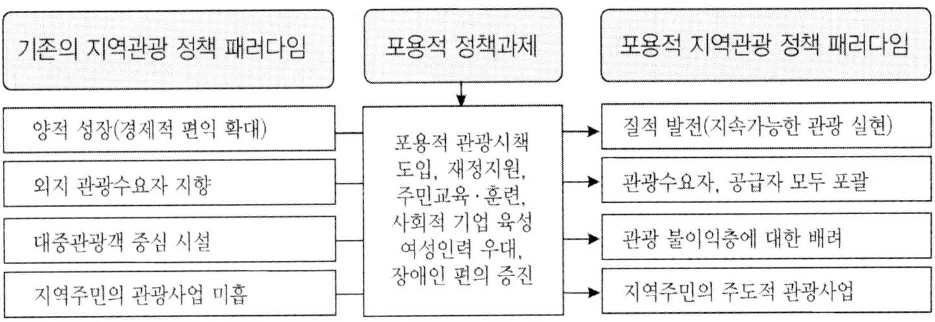

출처: 장병권(2019), 지역관광에서 포용적 성장의 방향과 과제, 국가균형발전위원회 주최 2019 대한민국 국가비전회의II 발표자료(2019. 2. 12, 전주)에 의거하여 재작성.

[그림 21-2] 지역관광 정책패러다임의 전환 방향과 과제

3. 지역관광의 현황과 포용적 성장정책의 의의

지역관광에 포용적 성장을 적용하기 위해서는 지역관광의 현황과 정부정책의 변화를 살펴볼 필요가 있다. 우선 외래관광객 현황과 지역 분포를 살펴보자. 외래관광객은 2013년 1천만 명을 돌파한 이후 2015년 메르스(MERS) 사태와 2017~2018년 중국 한한령(限韓令)으로 인하여 성장발목이 잡혀 2018년 1,535만 명으로 감소된 상황이다. 물론 이러한 양적 추세보다 중요한 것은 외래객의 지역별 분포이다. 이는 지역관광의 글로벌화를 유도하는 차원에서 중요하다.

2013년 외래객의 80.9%는 서울을 방문하였고 2017년의 경우 약간 감소하였지만 78.8%를 점유하고 있다. 지난 5년 동안 경기, 제주, 부산이 그나마 선전하였으나 나머지 지역들은 외래객 중 방문비중이 10%에도 미치지 못하고 있으며 특히 강원도를 제외한 도(道)지역들의 경우 2017년 2% 이하에 그치고 있다(문화체육관광부, 2018). 이는 외래객의 지역방문이 매우 저조한 상황을 보여주는 것으로 중앙정부는 외래객의 '지역분

산', 지자체 차원에서는 '지역유치' 시책을 적극 강구하여야 한다.

현 시점에서 지역관광의 활성화에 기여하는 것은 국내관광시장이다. 국내관광의 참가자 수는 2015년 3,831만 명에서 2017년 4,068만 명으로 증가하고 있으나 여전히 10% 이상의 국민이 여행을 하지 못하고 있다. 그리고 국내관광 이동총량은 2012년 3.7억 일(日)에서 2017년 3.8억 일로 증가하고 있으나 인바운드나 아웃바운드에 비하면 더딘 성장률을 보이고 있다(문화체육관광부, 2018). 다만 국내관광 이동총량의 82.3%는 도(道)지역, 78.3%는 비(非)수도권 지역에 집중되고 있다는 점에서 그나마 지역관광 활성화에 기여하고 있는 상황이다.

다음으로 지역관광을 육성하기 위한 정부정책을 간단히 살펴볼 필요가 있다. 박근혜 정부의 국정과제에서 관광부문은 '관광산업 활성화'에 방점을 찍고 국내관광을 활성화하기 위하여 지역관광협의회 설립, 소외계층 여행바우처 지원, 무장애 환경인프라 구축 등을 추진하였다.

문재인 정부로 들어와 관광부문 국정과제의 방향은 관광산업 활성화 외에 관광복지의 확대가 추가되었으며, 이를 바탕으로 노동자 휴가지원제 도입, 열린 관광지 확대, 지역 특화관광명소 육성, 관광두레 지속 확대, 글로컬 관광지 육성을 추진하며 지역관광에 국내관광뿐만 아니라 인바운드 관광도 연계시키고 있다.

박근혜 정부의 관광 국정과제		→	문재인 정부의 관광 국정과제	
목표	관광산업 활성화		목표	관광복지확대와 관광산업 활성화
지역관광 추진과제	올해의 문화관광도시 선정		지역관광 추진과제	노동자 휴가지원제 도입
	지역관광협의회 설립			열린관광지 확대(5년간 100개 조성)
	소외계층 여행바우처 지원			지역 특화관광명소 집중 육성
	무장애 환경인프라 구축			관광두레 지속 확대
				외국인이 많이 찾는 글로컬 관광지 육성

출처: 제18대 대통령직인수위원회(2013), 국정기획자문위원회(2017) 자료 요약(재작성).

[그림 21-3] 역대 정부의 지역관광관련 국정과제

우리나라 정부관광정책의 최고 의사결정기구는 국무총리를 위원장으로 하는 '국가관광전략회의'다. 그동안 지역관광 활성화와 관련된 회의가 4회(2019년 말 현재) 개최되었는데, 2017년 12월 제1차 회의에서는 '관광으로 크는 지역'을 전략목표로 설정하고 지역관광 역량 및 기반 강화, 지역특화 콘텐츠 발굴에 집중하는 데 주안점을 두었다.

그런데 2018년 7월 제2차 회의에서는 글로컬 시각에서 국제적인 지역관광 거점을 조성하고 지역특화 콘텐츠를 발굴하며 지역주도 관광정책을 추진하여 지역의 관광일자리를 창출하는 데 초점을 둠으로써 지역관광에 인바운드 관광을 연계시키고 있다.

제1차 국가관광전략회의(2017.12.18)		제2차 국가관광전략회의(2018.7.11)	
목표	관광으로 크는 지역	목표	관광으로 크는 지역, 매력있는 한국관광
주요 추진 과제	관광두레, 관광형 마을기업, 주민 협의체 활성화, 한국형 DMO사업 추진	주요 추진 과제	국제적인 관광거점 조성 (관광전략거점도시, 관광클러스터)
	문화적 도시재생, 농산어촌 및 해양관광 활성화		지역특화 콘텐츠 발굴(생태휴양체험 관광지, 숨은 관광지 발굴)
	공유 민박업 도입, 읽기 쉬운 관광안내체제 구축		지역주도 관광정책 추진(한국형 DMO설립, 외래객 지역 유도)
	지역교통거검과 관광지 연계		지역창업지원 및 일자리 창출

출처: 관계부처합동(2017, 2018), 국가관광전략회의 자료집(재작성).

[그림 21-4] 제1, 2차 국가관광전략회의의 지역관광 활성화 목표와 추진과제

이상의 논의결과를 종합할 때, 국내관광시장에 의존한 지역관광 활성화에서 벗어나 인바운드 관광까지 포함하여 바람직하게 추진되고 있으나 여전히 인바운드 관광객의 지역편중 현상을 해소할 필요가 있으며, 국내관광 이동총량의 지속적 확대 노력도 경주해야 한다.

또한 문재인 정부의 국정과제와 국가관광전략회의에서 논의된 의제를 살펴보면, 지역관광 활성화를 위한 구체적인 방안을 적절히 강구하고 있으나 포용적 성장의 관점에서 기존 사업을 좀 더 재구조화하거나 체계화하여 추진될 필요가 있다. 구체적으로 기존 지역관광사업 중 포용적 성장의 우수사례를 발굴하여 확산시킴과 동시에 지

역주민 주도의 관광일자리를 양적, 질적으로 확충하여 실질적인 삶의 질 제고에 기여하는 방향으로 추진되어야 한다.

4. 지역관광의 포용적 성장 추진방향 및 과제

지역관광을 활성화하는 데 있어서 포용적 성장을 중요한 전략으로 활용하기 위해서는 우선 '포용'이 지역관광에 있어서 새로운 경쟁력의 기반임을 인식하는 것이 중요하다. 관광에 포용적 성장이 접목될 경우 새로운 정책가치의 창출은 물론 신규 시장 확대를 통하여 보다 지속가능한 관광지로서의 위상을 확보할 수 있다. 또한 현 시점에서 지역관광에 포용적 성장이 중요한 이유는 지역관광 자체의 애로사항을 해소하는 것뿐만 아니라 지역 자체의 문제점(초고령화, 고용위기, 삶의 질 저하, 지역불균형 등)을 해소하는데 적절하기 때문이다.

따라서 향후 정부의 지역관광 활성화 사업의 기본 가치를 '포용'에 두고 재정립할 필요가 있다. 포용적 성장이 지역관광의 현안 해결을 위한 최상의 솔루션은 아니지만 시대적 가치로서 지역관광의 내실화와 혁신성장을 도모할 수 있고, 기존의 개별 사업적 접근이 아니라 종합적인 관점에서 지역관광사업을 혁신하는 데 유용할 수 있다.

따라서 지역관광에 있어서 포용적 성장의 추진은 '포용적 성장을 통해 모든 지역과 사람이 행복한 지역공동체를 실현'하는 데 비전을 두어야 한다. 포용적 성장은 소외되거나 배제됨이 없이 모든 지역과 계층을 포괄하며 지역의 정체성 있는 독특한 자원과 콘텐츠를 바탕으로 주민의 주체적 참여를 통하여 자립적인 관광사업을 추진할 경우 삶의 질 향상은 물론 관광객의 만족도 제고에 기여할 수 있다.

그리고 지역관광에 포용적 성장을 접목하면 추진목표는 사람을 기준으로 할 경우 '모두가 즐거운 여행공동체' 구현, 주민의 기준으로 할 경우 '살맛나는 관광사업 공동체' 실현, 지역을 기준으로 할 경우 '튼튼한 관광자치 공동체' 달성, 그리고 국가를 기준으로 할 경우 '전국토의 글로컬 관광사회화' 모색이 가능할 수 있다.

이상의 비전과 목표를 달성하기 위한 추진과제는 포용적 성장에 대한 인식확산, 계획수립, 제도정비, 사업실행, 성과창출이라는 사업추진 프로세스(process)로 구분하여 살펴볼 수 있다.

첫째, '인식확산' 단계에서는 포용적 관광성장에 대한 학습과 토론 확산을 통해 이해당사자 간 인식을 공유하는 것이 시급하다. 국제기구를 중심으로 논의되어 온 포용적 성장의 전략이 국가적 차원에서 접목되고 있으나 관광분야의 경우 아직 이에 대한 이해가 부족하여 관련 당사자 간 학습과 토론을 통하여 담론을 형성하고 아이디어를 발굴하는 것이 중요하다.

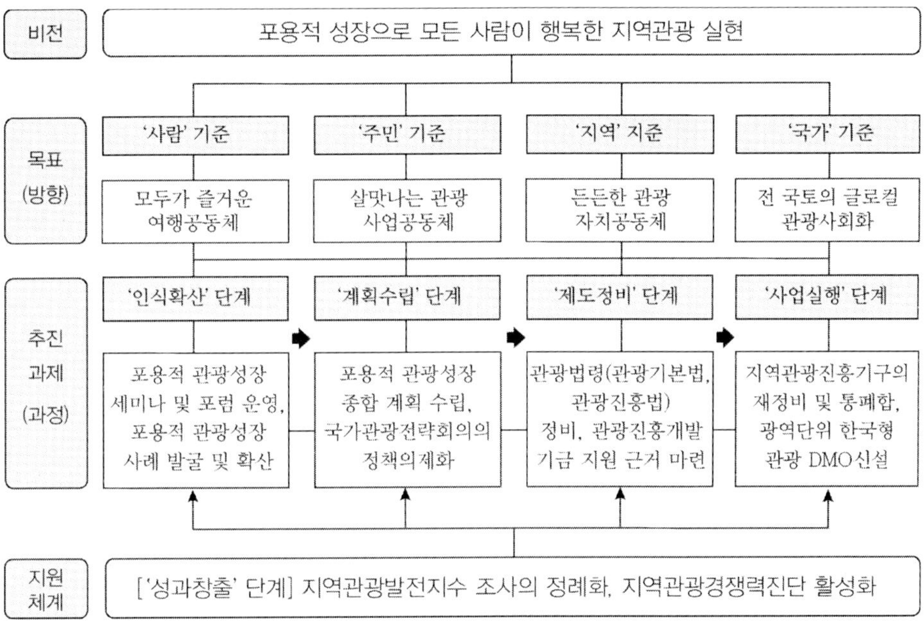

출처: 장병권(2019), 지역관광에서 포용적 성장의 방향과 과제, 국가균형발전위원회 주최 2019 대한민국 국가비전회의II 발표자료(2019.2.12, 전주)에 의거하여 수정 · 보완함.

[그림 21-5] 지역관광의 포용적 성장을 위한 추진체계

이와 관련하여 관광관련 학회, 한국문화관광연구원, 한국관광공사 등을 중심으로 포용적 성장과 지역관광발전에 대한 세미나를 지속적으로 개최하고 국내외 우수사례에 대한 자료수집과 공유를 통하여 지역관광 분야에 접목을 시도해야 한다. 또한 문화체육관광부 차원에서 종래 지속가능한 관광개발포럼, 미래관광포럼 등의 구성 및 운영을 통해 새로운 관광정책개발을 모색했던 경험을 참고하여 정부, NTO 및 RTO, 관광업계, 국내외 전문가 등을 포함한 '(가칭)포용적 지역관광성장 포럼'을 구성하여 아

이디어 도출 및 정책화를 모색할 필요가 있다.

둘째, '계획수립' 단계에서는 포용적 관광성장을 위한 계획수립 및 사업구성을 모색해야 한다. 지역관광 분야에서 포용적 성장이 가시화되기 위해서는 정부 차원에서 추진 중인 유사 · 관련 사업을 종합적으로 재검토하며 기존 사업 중 변경가능한 사업을 도출하여 재구성하며, 별도의 신규 사업을 발굴하여 종합계획을 수립해야 한다. 이를 위해 관광불이익 계층을 배려하고 지역주민의 관광사업 참여를 유도하며 지역관광협력 및 파트너십을 강화하고 지역관광의 글로벌화를 지원할 수 있도록 정부계획을 수립하는 방안을 검토해야 한다.

이 경우 관광개발기본계획의 수정계획 또는 별도의 실행계획을 수립할 수 있다. 또한 지역관광의 포용적 성장을 체계적으로 추진하기 위해서는 기존 정부부처별 시행 중인 사업의 종합적 재검토 및 유사사업의 통합은 물론 포용적 관광성장 추진전략을 수립하여 국가관광전략회의의 정책의제화를 추진하고 범정부 차원에서 진행하여야 한다.

셋째, '제도정비' 단계에서는 포용적 성장이 일시적인 유행이나 트렌드에 국한되지 않고 장기적인 정책추진 전략으로 삼기 위해서는 관련 법령을 재정비하고 관련 예산 항목을 설정할 필요가 있다. 우선 관광기본법의 경우 지역관광진흥에 대한 조항이 부재하다는 점에서 "정부는 지역관광의 지속가능하고 포용적 성장에 필요한 시책을 강구하여야 한다."는 조항을 추가할 필요가 있다.

그리고 관광진흥법의 경우 취약계층의 복지증진 시책 강구(2014년), 지속가능한 관광활성화(2009년), 지역관광협의회 설립(2015년)의 조항 신설 사례처럼 포용적 지역관광 지원사업(예: 관광두레사업, 지역관광지원센터 등)을 구체적으로 명시할 필요가 있다. 또한 재정적 지원을 위해 포용적 관광성장을 위한 지원사업의 발굴과 동시에 예산지원을 위하여 관광진흥개발기금법에 관련 조항을 신설하며, 최근 고용 및 산업위기지역 특별융자 지원사업과 같이 '관광낙후지역'에 대한 포용적 관광지원사업의 근거를 마련해야 한다.

넷째, '사업실행' 단계에서는 포용적 관광성장을 위한 사업추진과 파트너십을 유도해야 한다. 지역관광 부문에서 포용적 성장이 성공적으로 추진되기 위해서는 관련 이해당사자 간 협업 및 파트너십을 강화하고, 상대적으로 미흡한 지역의 관광역량을 개선할 수 있도록 중간지원조직의 설립 및 지원이 필요하다. 이를 위해 지역관광 진흥기구의 재정비 및 통폐합 유도가 필요하다. 지역별 관광관련 기구를 활용하여 추진하기 보다는 정부차원에서 지역관광 진흥기구를 광역단위 또는 시도 단위로 설립하여 강력한 추진력의 확보가 필요하다.

2019년 추진 중인 지역관광지원센터의 운영기관도 지역 내 각기 다른 성격의 기관들에 의해 위탁 운영될 것이라는 점에서(한국관광공사, 2019) 사업의 체계적 추진에 애로로 작용할 수 있다. 광역단위 중간지원 기관으로는 지역관광 홍보 및 마케팅을 전담하는 '한국형 DMO'의 조기 신설을 적극 검토해야 한다(조아라, 2018). 국내관광 수요개발 및 유치뿐만 아니라 글로컬 지역관광 역량제고 및 외래객의 지역방문 촉진을 지원하기 위하여 광역단위 DMO 조직의 신설이 현실적인 대안이 될 수 있다.

다섯째, '성과창출' 단계에서는 포용적 관광성장의 성과평가 및 모니터링을 지속적으로 실시하여야 한다. 포용적 성장을 위해 추진된 각종 지역관광사업의 성과 창출 및 피드백을 지원하기 위하여 사업추진 실적에 대한 지속적인 평가 및 모니터링을 실시하며, 정기적인 조사를 바탕을 찾아가는 관광컨설팅 서비스를 제공해야 한다. 이를 위해 2015년 기준으로 제시된 문화체육관광부(2016)의 '지역관광발전 지수' 동향분석을 현재 5년 자료 기준에서 2~3년 기준으로 단축하고 정기적인 조사분석을 실시해야 한다.

그리고 지역관광발전 지수의 핵심지표로 관광수용력, 관광소비력, 관광정책역량 외에 지역주민의 관광사업 역량(관광두레사업 등)과 같은 포용적 성장지표를 추가하여야 한다. 또한 한국관광공사(2018)에서 추진 중인 '지역관광경쟁력진단' 사업에는 포용적 성장지표를 일부 반영하고 있으나 추가적인 세부지표 개발을 통하여 보완하여야 한다. 그리고 지자체 신청방식에 의거 추진되고 있으나 관광발전 지수가 현저히 낮은 지자체나 관광낙후지역, 도서지역 등은 정책적으로 '찾아가는 관광경쟁력 컨설팅 서비스'를 실시할 경우 포용적 관광성장에 기여할 수 있다.

5. 맺음말

포용적 성장은 시대적 대세이며 지역발전의 유효한 전략이 되고 있다. 국제기구로부터 시작된 포용적 성장론이 국가발전전략으로 설정되었고 이제 각 부문으로 확산되고 있는 상황에서 관광부문도 이를 적극 수용할 필요가 있다. 국내관광의 이동총량의 80% 내외가 비수도권과 비대도시권에 분포하고 있다는 점에서 관광은 지역균형발전을 위한 유효적절한 수단이 되고 있다.

이에 따라 관광부문에 있어서도 포용적 관광성장의 개념을 도입하여 지역과 주민에 초점을 두고 지역주도적, 지역자립적 관광사업 시스템을 구축하여 한다. 이를 위해 포용적 관광정책 패러다임으로의 전환이 요청된다. 기존 양적 성장, 관광객 중심, 대중관광객 위주에서 벗어나 질적 발전, 공급자(지역주민)와 관광불이익층까지 포함하는 정책전환이 필요하다. 나아가 기존 지역관광에 대하여 포용적 성장의 포장만 입혀서는 안 되며, 기존 정책에 대한 면밀한 분석과 재구조화가 필요하다.

포용적 관광성장의 비전은 지역과 사람 모두가 행복한 지역관광이다. 관광불이익계층을 배려한 행복한 여행공동체, 주민이 참여하는 살맛나는 관광사업공동체, 이해당사자 간 협력을 통하여 튼튼한 관광자치공동체, 그리고 외래객이 전국토로 찾아가는 글로컬 관광사회화를 달성하는 데 초점을 두어야 한다. 그러나 포용적 관광성장이 일시에 이루어질 수 없다. 차근차근 단계적으로 전개하여야 성공할 수 있다.

여전히 미흡한 포용적 관광성장에 대한 인식개선이 우선이고 이를 바탕으로 종합계획 수립, 제도정비, 사업실행, 성과창출을 면밀하게 추진해야 한다. 그렇다고 지역관광에 있어서 포용적 성장이 어려운 것은 아니다. 우리는 이미 지역주민이 주체가 되어 관광사업을 영위할 수 있는 관광두레사업을 창출한 바 있으며, 포용적 성장을 반영한 지역관광 경쟁력 진단사업을 추진하였고, 이제 지역주민이 주도하는 관광창업과 일자리 창출을 위하여 지역관광지원센터를 구축하고 있다.

PART

7

국제관광선도: 글로벌 역할을 수행하자

PART 7의 구성과 주요 내용

"국제관광선도: 글로벌 역할을 수행하자"라는 주제를 선정하였다. 향후 2020년대에 부응하기 위해서는 세계 관광대국으로 부상하는 동시에 국제관광협력에 주력하면서 관광국익을 추구할 필요가 있다. 또한 기존에 추진되어 온 관광ODA 사업을 종합적으로 재검토하여 관광원조 지원체계를 구축해야 한다. 나아가 관광대국의 시대를 맞아 국민 국외여행의 가치를 재검토하고 소비자보호 및 품질향상 방안을 살펴보았다.

제22장

'국제 관광협력 동향과 관광ODA'를 주제로 삼고, 2014년 2009~2010년 카자흐스탄 관광개발 마스터플랜 수립, 2012~2013년 적도기니 관광발전 계획 수립 등의 경험을 바탕으로 문화체육관광부와 한국관광공사가 주최한 '관광 공적개발원조(ODA) 활성화'를 위한 제3차 관광분야 국제협력 정책포럼에서 발표한 '관광분야 ODA 사업의 추진현황과 과제' 등의 연구결과를 종합한 글이다. 이를 계기로 2015년 5월 문화체육관광부 차원의 관광공적개발원조(ODA) 추진 협의회의 위원으로 참여하였다.

제23장

'국외여행의 가치제고 및 품질향상'을 주제로 삼아 국외여행 실태분석 및 주요 정책과제를 발굴하고, 국외여행정책의 추진방향을 모색한 글이다. 이 글은 2013년 한국관광공사 주관으로 개최된 "아웃바운드 관광산업포럼"에서 '국민행복을 위한 국외여행 서비스 품질제고 방안'을 발표하였던 원고와 한국문화관광연구원 연구자문 원고를 통합하여 작성되었다.

제22장
한국형 관광ODA 사업의 추진방향

1. 머리말

세계관광은 1950년 이후 지속적으로 성장하고 있다. 지난 60년 동안 오일쇼크, 미국의 이라크 침공, 뉴욕 9 · 11사태, 그리고 사스(SARS) 발생을 제외하고는 매년 증가하고 있다. 1950년에는 2,500만 명에 불과하였던 국제관광객 수가 2007년 9억 명을 넘어섰으며, 2008년에는 9억 2,400만 명으로 집계되고 있다(UNWTO, 2009). 2019년의 경우 15억 명으로 늘어났으며, 2030년에는 18억 명까지 증가될 전망이다. 그 결과 관광산업은 화학, 연료에 이어 세계 3대 산업으로서의 위상을 확보해 가고 있다.

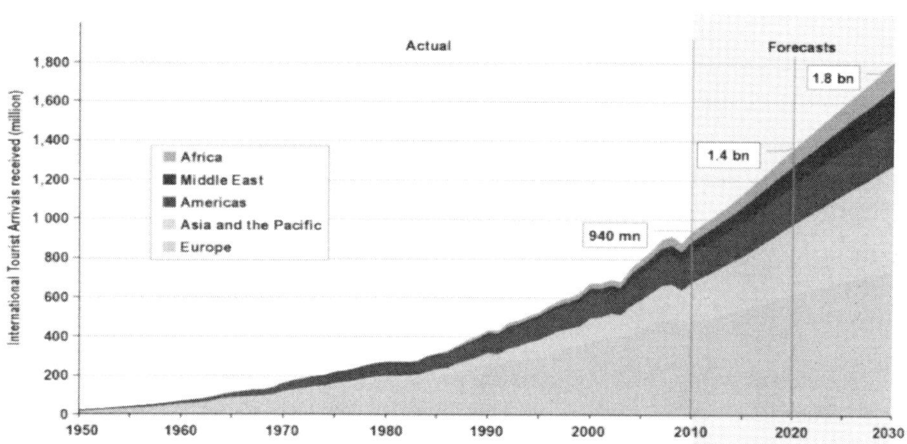

자료: UNWTO(2011), Tourism Towards 2030: Global Overview.

[그림 22-1] 세계관광의 추이와 전망

이처럼 세계관광의 지속적인 성장전망에 따라 전 세계 모든 국가들이 관광산업을 적극 육성하고 있다. 한국이 과거 개도국 시절 외화가 절실히 필요하여 관광을 국가 전략산업으로 육성하였듯이, 많은 후발 개도국 또는 신생국들이 관광산업을 통하여 자국의 경제사회적 발전을 모색하고 있다.

2000년대로 들어와 국제적인 테러와 질병이 발생하고 국제관광환경의 불안정 요인이 확대되면서 각국에서는 테러, 전쟁, 질병, 자연재해 등으로부터 관광객의 안전을 확보하기 위하여 국제적인 협력체계를 구축하기 시작하였으며, 우리나라의 경우에도 세계관광기구, 경제협력개발기구, 아태경제협력기구 등을 중심으로 다양한 협력사업에 참여하게 되었다. 향후 국제관광의 불안정성을 해소하기 위해서 국제기구를 통한 협력활동이 활발히 모색될 전망이다. 또한 환경문제, 빈곤문제 등도 새로운 지구촌 문제로 대두되면서 국제적인 개발협력에 대한 인식도 변화하고 있다. 한국은 급속한 사회경제적 발전을 바탕으로 국제사회에서 공적개발원조의 모범적인 사례로 주목받고 있는 동시에 2010년 OECD 개발원조위원회(DAC) 가입을 계기로 책임있는 공여국으로서의 책무를 떠안게 되었다. 이에 정부는 관계기관 합동으로 2010년 10월 '국제협력 선진화 방안'을 발표하고 본격적인 국제협력정책을 추진하고 있다(관계부처합동, 2010). 동 계획은 국제협력의 3대 선진화 전략으로 '개발협력 콘텐츠 개발', '원조시스템의 효과적 개편', '국제활동 강화'에 두어 이후 관광분야 국제협력의 방향설정에도 큰 영향을 주었다.

그렇다고 모든 나라들이 관광산업의 발전여건을 잘 갖추고 있는 것은 아니다. 쉽게 말해 자연 및 문화 관광자원이 풍부하고, 관광객을 유인할 수 있는 관광인프라가 잘 갖추어져 있으며, 관광서비스를 제공하는 인적자원의 질이 우수할 경우 관광산업의 발전 잠재력이 높을 것이다. 그러나 선진국을 제외하면 개도국들의 경우 이러한 관광산업의 성장요건을 골고루 확보하지 못하고 있는 것이 사실이다.

또한 관광자원이 풍부해도 관광시장으로부터의 접근성이 불량하거나 관광수용태세를 확보하지 못하여 관광발전에 대한 강렬한 욕구에도 불구하고 더딘 성장을 보이는 국가들도 많다. 인적 · 물적 · 기술 자원이 부족한 아시아, 아프리카, 남미의 개도국들과 구소련 체제의 붕괴 후 등장한 신생 독립국가들이 이에 해당할 수 있다. 이들 국가들이 관광발전을 도모하기 위하여 추진하는 국제협력은 크게 다자 간 협력과 쌍무협력으로 나눌 수 있다.

먼저 선진국이든 개도국이든 대부분의 국가들은 자국의 관광발전을 위하여 국제 및 지역 관광기구를 통한 다자 간 관광협력 방안을 강구하고 있다. 예를 들어 세계관광기구, 유네스코, 유럽연합(EU), 아시아경제협력체, 아세안, 미주기구 등이 그것이다.

또한 국제 관광기구에만 의존하지 않고, 국가 간 쌍무적 관광협력도 적극 추진하고 있다. 이는 서로 상대방 국가에게 도움을 줄 수 있는 국가 간의 '짝짓기'라는 점에서 실질적인 관광협력으로 이어질 수 있다. 국가 간 관광협정이나 비자면제 프로그램을 체결하고 고위급 관광회담을 개최함으로써 관광정책의 성과를 이끌어 낼 수 있다.

2. 관광ODA 사업의 중요성과 위상

1) 관광부문 ODA 사업의 중요성

이제 한국경제의 위상에 부응한 국제관광협력을 강화할 때가 되었다. ODA수원국에서 공여국으로 전환함에 따라 새로운 과제도 등장하고 있다. 2000년 UN 새천년정상회의 이후 2001년 발표된 새천년개발목표(MDGs)가 국제사회 공동의 과제이자 목표로 작용하고 있다. 한국은 급속한 경제사회적 발전을 바탕으로 국제사회에서 ODA의 모범적인 사례로 주목받고 있는 동시에 2010년 OECD 개발원조위원회(DAC) 가입을 계기로 책임있는 공여국으로서의 책무를 떠안게 되었다.

향후 저개발국으로의 여행이 더욱 확대되고 개도국 경제에서 관광의 비중이 커짐에 따라 관광ODA 사업을 확대할 필요가 있다. 최빈국을 방문하는 관광객이 1998~2009년 기간 동안 3배로 급증하여 연평균 13%씩 증가함에 따라 관광ODA 수요도 확대될 전망이다.

UN의 새천년 개발목표로 절대빈곤 및 기아퇴치, 지속가능한 환경보호, 글로벌 파트너십 구축 등이 강조되면서 이와 관련된 경험을 축적한 관광부문의 역할도 중요해졌다.

그동안 경제적 측면의 하드웨어형 ODA 사업이 주를 이루었지만, 향후 사회적, 환경적 차원에서 삶의 질 향상, 환경보호 등 전반적인 ODA의 질을 높이기 위해서는 문화·관광 등 질적 ODA 사업을 점진적으로 확대할 필요가 있다. OECD DAC의 ODA 분류체계에서는 관광이 '생산(산업)'의 범주로 분류되고 있어 관광ODA의 사회문화적, 환경적 측면이 간과되고 있다.

한국의 경우 관광ODA 사업이 그동안 '소액다건' 위주로 추진되어 왔으며, 사업추진 주체가 여러 기관으로 분산되어 있어 '한국형 관광ODA 사업모델'을 체계적으로 육성할 때다. 전체 ODA 지원에서 '관광'이 차지하는 비중이 0.1%에 그치고 있으며, '산업분야'에 국한된 양자 간 ODA의 섹터별 지원현황을 보면 2005~2011년간 관광은 전체의 1%에 그치고 있다(산업연구원, 2013).

관광분야 ODA 사업의 내용은 관광마스터플랜(MP) 수립, 생태관광 프로젝트, 관광종사원 교육훈련 등 하드웨어 사업뿐만 아니라 컨설팅 사업도 포함되어 있으며, 최근 수년간 새로운 ODA 사업대상으로 관광이 부각되었다. 그동안 추진된 관광 관련 ODA 사업으로는 카자흐스탄 관광산업진흥 마스터플랜 수립사업(2007~2009), 필리핀 맹그로브 생태관광 기반시설 구축사업(2009~2011), 에콰도르 갈라파고스 생태관광 개발 프로젝트(2009), 베트남 라오까이성 지속가능한 관광개발 마스터플랜 수립사업(2014) 등이 있다

따라서 기존 관광ODA 사업의 문제점을 파악하여 해결함과 동시에 '한국형 관광 ODA 사업'의 핵심가치와 모델개발, 체계적 추진, 재원확보, 역할분담 등을 적극 강구해야 할 시점이다.

2) 관광부문 ODA 사업의 개념과 위상

(1) ODA와 관광ODA의 개념

공적개발원조(ODA : official development assistance)란 정부를 비롯한 공공기관이 개발도상국의 경제발전과 사회복지 증진을 목표로 제공하는 원조를 의미한다. OECD에 따르면, ODA는 정부 그리고 집행기관 등 공적 기관에 의해 추진되어야 하며, 개발도상국의 경제발전과 복지향상에 기여함을 목적으로 공여조건은 증여율 25% 이상인 양허성 조건의 자금으로 원조되어야 한다.

국제관광협력은 국제관광의 장애요인을 제거하고 국제관광의 발전을 통해 상호이익을 도모하기 위한 국가 간의 공동 노력으로 양자 · 다자 간 협력, 수혜성 · 호혜성 협력으로 구분된다. 관광ODA는 국제관광협력의 범위 중 '공공부문의 양자 간 협력에 의한 수혜성 협력방식'을 의미한다.

(2) OECD DAC와 관광ODA 사업의 위상

OECD DAC의 공여국 보고체계(CRS) 원조목적 코드를 보면 관광부문은 농업, 임업, 산업, 건설, 무역 등과 함께 '생산(산업)부문' ODA 항목으로 구성되어 있다. 관광이 생산부문에 포함된 것은 자연자원을 활용한 관광산업이 개도국에서 점차 부상하고 있기 때문이다.

2012년을 기준으로 할 때, OECD DAC 회원국의 양자 ODA 중 '사회적 인프라 · 서비스' 분야가 전체의 47.3%, 경제인프라 · 서비스 분야가 20.6%이며, 관광이 포함된 생산(산업) 부문은 전체의 9.2%에 그치고 있다.

한국의 OECD 개발원조위원회(DAC)에 대한 기여도는 여전히 낮은 수준이다. 2013년 OECD 공적개발원조 잠정통계에 의하면, 한국은 17.4억 달러로 28개 회원국 중 16위를 차지하고 있으며, 양자원조가 74.5%, 다자원조가 25.5%를 차지하고 있다. ODA/GNI 비율은 0.13%로 2012년의 0.14%보다 감소하였다.

한국의 지원실적은 사회인프라 및 서비스가 2012년 현재 47.2%로 가장 많고 경제인프라 및 서비스부문이 26.1%, 생산(산업)부문이 8.1% 차지하고 있다. 관광부문은 2008년 120만 달러에서 이후 감소하였다가 2012년 다시 120만 달러를 기록하고 있으나 전체 지원액의 0.1%에 그치고 있다.

〈표 22-1〉 ODA 총액 대비 관광부문의 비중

(단위: 백만 달러, %)

구분	2008	2009	2010	2011	2012
ODA 총액	539.2	581.1	900.8	989.6	1,193.2
관광지원액	1.2	0.4	0.3	0.4	1.2
관광비율	0.2	0.1	0.0	0.0	0.1

자료: ODA Korea 홈페이지(재작성)

3. 관광ODA 사업의 추진현황과 문제점

1) 정부차원의 ODA 사업 추진기반 구축현황

2010년 OECD DAC 가입과 국제개발협력법 제정, 관계기관 합동 '국제협력 선진화 방안'을 수립하고, 국제개발협력 기본계획(2011~2015) 수립, '한국형 ODA 모델'을 개발하였다. GNI 대비 ODA 비율을 2009년 0.1%에서 2015년 0.25%로 설정하였다. ODA 모델은 경제, 사회, 행정제도/거버넌스, 미래/凡분야 이슈 등 4개 분야(총 159개 프로그램 Pool)로 구성되어 있으며 이 중 40개를 기본 프로그램으로 선정하였다. 그러나 OECD DAC CRS 코드에 포함되어 있는 '관광부문'이 한국형 ODA 모델(159개)에는 독자적 영역으로 포함되어 있지 못하였다.

2) 관광관련 ODA 사업의 추진현황

(1) KOICA의 관광관련 ODA 사업 추진현황

KOICA(한국국제협력단)의 ODA 사업 중 관광부문은 관광마스터플랜 수립, 생태관광관광 프로젝트, 관광종사원 교육훈련 등에 초점을 두고 있다. KOICA는 ODA 사업 중 관광분야를 카자흐스탄에 최초 적용하여 2007~2009년 동안 관광산업진흥 마스터플랜 수립 및 관광종사원 대상 교육훈련 사업을 실시하였다. 참고로 독일 국제협력단(GIZ)은 개발도상국 기술협력사업 중 관광산업진흥에 최우선 순위를 두고 있으며, 2011년 총 41개국에서 환경보호, 천연자원 보전, 경제개발과 빈곤감소, 생태 및 사회적 안정 활동 등 71개의 관광관련 ODA 사업을 추진하고 있다(신용석, 2011).

(2) KDI의 관광ODA 사업 추진현황

2004년 개시된 KDI의 경제발전 공유사업(KSP)은 한국의 발전과정을 통해 축적된 경험과 지식을 바탕으로 개도국의 수요와 여건을 고려한 종합맞춤 컨설팅사업으로 정책연구, 자문, 연수프로그램을 추진하는 기술협력사업이다. 협력대상국은 2008년 8개국에서 2010년 15개국, 그리고 2012년 33개국으로 확대되었으며, OECD 및 G20 회원국, 자원부국도 포함되어 있다. 2011년부터 관광부문에 대한 신규수요 발생으로 아프리카 가봉 · 적도기니를 대상으로 관광정책 노하우를 전수하는 데 기여하였다.

3) 관광부문의 ODA 사업준비 및 추진현황

(1) 문화체육관광부의 국제관광협력정책과 관광ODA

문화체육관광부는 2013년 국제관광협력의 기본방향을 선도형 국제협력으로 전환, 양자 · 다자관계의 실질적 협력강화, 관광협력 기반확충으로 설정하고 이를 실천하기 위한 10대 과제를 선정하고 관광ODA 등 개발원조 확대를 포함하였다. 이에 문화체육관광부는 2013년 한국관광공사, 한국문화관광연구원, 그리고 학술단체 등과 함께 '관광분야 국제협력정책포럼'을 결성하여 2014년까지 3차례에 걸친 포럼을 운영한 바 있다.

2013년 6월 문화체육관광부가 마련한 '관광분야 국제협력 활성화' 방안의 10대 중점과제는 다음과 같다. ① 국제기구 중점 주도 의제 선정 및 협력 강화, ② GCF 유치 계기 지속가능한 관광 어젠다 주도, ③ 국제관광 규범(norm) 형성 적극 참여, ④ 관광ODA 등 개발원조 확대, ⑤ 협력국가 및 국제기구와의 유기적 네트워크 구축, ⑥ 글로벌 인재의 국제기구 진출 지원, ⑦ 국제협력을 우한 조직 정비 및 지자체 협력 강화, ⑧ 국제관광협력 연구 기능 확충, ⑨ 국제관광 전문인력 양성 및 역량 강화, ⑩ 국내관광정책 연계 강화 및 대국민 인식 제고(문화체육관광부, 2013).

이들 과제는 한국의 국제사회 영향력 확대 및 선진국형 관광정책 마련을 위해서는 국제관광기구와의 전략적 협력이 필요하다는 전제하에 마련되었으며, 한국 관광의 국제적 위상 강화를 위해서는 수동적 국제협력에서 선도적 국제협력으로 변환, 양자 · 다자관계의 실질적 협력 강화 필요, 국내외 관광협력의 기반 구축이 선결되어야 함을 강조하고 있다.

이를 실행하기 위하여 한국관광공사는 2014년 국제관광기구와의 협력, 관광ODA 사업 시행, 전문인력 양성 등 국제관광 협력사업을 전담 실행하는 국제협력팀을 신설하였다. 그리고 국제관광 협력 · 지원을 위하여 한국문화관광연구원 내에 국제관광정책 동향 및 시장연구, 국제관광통계연구, 국제기구 및 주요국 관광연구기관 협력업무, 국제관광분야 정책지원 업무를 담당하는 국제관광연구센터를 설치 · 운영하였다.

그러나 향후 한국이 글로벌 관광리더로서 역할을 행사하기 위해서는 개선해야 할 점도 많다. 첫째, 관광ODA 사업 예산의 부족이다. 문화체육관광부가 2005년부터 양자 간 관광ODA 사업으로 저개발국의 지속가능 발전 및 빈곤퇴치 사업을 추진하고 있으나 사업비 규모가 적고 들쭉날쭉한 상황이다.

예를 들어 문화체육관광부의 2005~11년간 ODA예산은 총 587만 달러로 연평균 84만 달러이며, 2007년 387만 달러로 늘어났으나 2011년에는 43만 달러로 줄었다. UNWTO ST-EP재단사업은 연평균 7억 2천만 원이며, 2008~2013년 기간 총 43억 원으로 문화부 전체 ODA예산의 10%에 불과한 실정이다(신용석, 2011).

(2) UNWTO ST-EP재단 설립과 추진사업

UNWTO ST-EP 재단은 우리 정부가 주도적으로 2005년 설립한 관광관련 국제 비영리재단으로 아시아 및 아프리카를 비롯한 저개발국의 빈곤퇴치에 적극적인 역할을 수행하는 한편 우리의 관광개발 노하우와 자본이 이들 국가에 활용될 수 있는 효과적인 채널을 확보하는 계기가 되었다. 설립 이후 총 101개 프로젝트 수행하여 지속가능한 관광개발 프로그램 및 프로젝트의 수행을 통해 빈곤을 퇴치하고 유엔 새천년 발전목표 달성에 기여하였다.

지속가능한 관광개발 프로그램 및 프로젝트의 수행을 통해 빈곤을 퇴치하고 유엔 새천년 발전목표 달성에 기여하고 있다. 설립 이후 총 101개 프로젝트를 수행하였으며 아프리카 지역이 51개로 가장 많은 비중을 차지하고 있다. 그러나 관광관련 사업보다는 빈곤퇴치사업, 작은 도서관 사업 등 사회문화적 사업에 초점을 두어왔다는 점에서 향후에는 '아시아 문화관광 수도' 등 문화관광 융합형 국제협력사업을 발굴할 필요가 있다.

아시아 통합과 번영을 위한 문화 · 관광 인프라 구축도 한국이 리더십을 발휘할 수 있는 대표적 프로젝트로 꼽힌다. 1985년부터 유럽연합(EU)이 매년 유럽 도시 한두 곳을 선정해 1년간 집중적으로 문화행사를 전개하도록 지원하는 '유럽문화수도' 프로젝트는 그 가능성과 효과가 검증됐다. 대표적인 사례가 영국 리버풀이다. 어둡고 칙칙한 낡은 항구 도시였던 리버풀은 2008년 유럽문화수도로 선정된 이후 비틀스를 테마로 한 문화 · 관광 도시로 탈바꿈하며 도시가 바뀌었다. 재정 지원은 EU 상금과 기금을 통해 이뤄졌다. 유럽문화수도 프로젝트는 아시아에서도 실현 가능하다. 갈등 관계에 놓인 한 · 중 · 일 3국부터 기금을 조성하거나 아시아개발은행(ADB) 등 지역 다자은행(MDB)을 통해 재원 마련이 가능하다. 아시아문화관광수도 후보는 무궁무진하다(매일경제, 2015. 3.19).

4) 관광ODA 사업의 추진사례

세계관광규모의 지속적 증대에 따라 대부분의 국가가 관광산업의 발전을 적극 모색하고 있다. 그러나 개도국들의 경우 관광산업의 발전을 단기간에 달성하는 것은 쉽지 않다. 그리하여 우리가 해외 벤치마킹을 하듯이, 개도국들도 시행착오의 최소화하기 위하여 그들에게 적합한 모델을 찾게 된다. 그 대표적인 모델로 떠오르는 나라가 한국이다.

특히 중앙아시아, 동남아시아, 아프리카, 남미 등에 분포한 개도국들은 한국의 경험과 노하우에 대한 높은 호감도를 가지고 있다. 즉 한국은 최단기간에 후진국에서 선발개도국으로 성장했던 경험을 보유하고 있는데, 이것이 후발 개도국이나 신생국가들로서는 꼭 전수받고 싶은 모델(model)이다(장병권, 2007). 이는 짧은 기간 동안 응축된 한국의 경험과 노하우가 다른 선진국의 그것보다 더 값지게 받아들여지고 있기 때문이다.

이와 관련 외교통상부 산하의 한국국제협력단(KOICA)에서 관광분야 최초로 추진된 '카자흐스탄 관광산업진흥 마스터플랜 수립사업'은 향후 해외 관광지원사업, 나아가 관광동반자 사업의 모델이 될 수 있다. 그동안 카자흐스탄에서는 태권도사범, 의료진, IT기술진 등 해외봉사단 파견 사업이 주축을 이루어 왔으나 최근 자국의 관광산업 진흥을 위한 마스터플랜 수립을 요청하면서 양국 간 관광협력을 확대하는 계기가 되고 있다.

1991년 구소련 연방에서 독립한 카자흐스탄은 세계에서 아홉 번째로 넓고, 광물자원이 풍부한 국가로서 2001년부터 시작된 원유가의 상승에 따라 높은 경제성장률을 기록하고 있다. 그러나 카자흐스탄은 석유산업 위주의 산업구조에 안주하지 않고 석유수출로 번 돈으로 기간산업의 다변화 및 고도화를 동시에 모색하고 있다.

이를 위해 2003년 '혁신산업전략(Innovative Industry Strategy)'을 수립하면서 석유 · 가스, 건축자재, 식료품, 물류서비스, 금속, 섬유, 관광 등 7대 미래 성장동력 산업을 선정하여 클러스터(cluster)화를 추진하고, 이를 통하여 2015년까지 국내총생산이 연평균 8.8~9.2%의 고도성장에 목표를 두었다.

카자흐스탄에서 관광산업이 성장동력 산업으로 선정된 것은 향후 원유고갈에 대비하고 아시아하이웨이, 시베리아횡단철도, 실크로드 등 관광 지리적 입지조건을 최대한 활용하여 동북아, 러시아, 서유럽 관광시장을 공략하기 위한 포석으로 볼 수 있다.

그러나 카자흐스탄은 하드웨어, 소프트웨어, 휴먼웨어 등 관광산업의 기초여건이 매우 열악한 상황에 있으며, 이러한 여건이 단기간에 해소되기는 쉽지 않다. 과거 우리의 경험으로 비추어 카자흐스탄도 어디서부터 손을 써야 할 것인가에 대해 많은 부담을 느끼고 있는 상황이다. 세계경제포럼의 '세계관광경쟁력 순위'에서 카자흐스탄은 2007년 82위에서 2008년 91위로 더 낮게 평가되었듯이 우리와 비교할 수 없을 정도로 개선해야 할 것이 훨씬 많은 나라이다(WEF, 2007; 2008). 특히 관광법규 및 제도, 환경적 지속가능성, 관광인프라, 자연 · 문화자원의 매력도가 상대적으로 낮게 나타나고 있다.

이에 따라 카자흐스탄 정부는 2007년 자국의 관광산업 진흥을 위한 마스터플랜의 수립을 한국에 정식 요청하게 되었고, 우리 정부에서는 한국국제협력단을 중심으로 사업타당성 평가 및 실시협의를 거쳐 본격적으로 프로젝트를 추진하게 되었다.

주: 좌로부터 알틴 예멜, 2011 동계아시아게임 경기장인 침블락 스키장

[그림 22-2] 카자흐스탄의 관광명소

그동안 카자흐스탄 정부가 세계관광기구를 통한 생태관광육성, 유럽 컨설팅 기업을 통한 해외시장 조사 및 마케팅 전략수립 등 단편적인 대외지원을 받은 바 있다. 그러나 국가관광 전반에 대한 마스터플랜 수립과 교육·훈련 사업을 요청하기는 한국이 처음이며, 한국으로서도 개도국에 대한 관광협력 사업을 최초로 하게 되는 셈이다. 이는 한국 해외관광시장의 잠재적 중요성을 인식하고 유대를 강화함은 물론 한국기업의 현지 투자를 유치하기 위한 전략으로 볼 수 있다.

양국 간 수차례에 걸친 업무협의를 통하여 법규개선, 행정조직 개편, 통계 개선, 교육훈련 실시, 관광기금 도입 등 소프트웨어 분야의 개선사업은 물론 카자흐스탄의 실크로드 주변 거점도시에 관광센터(tourism center) 조성계획을 수립하였다. 이와 같은 관광산업 마스터플랜 사업 외에도 관광종사원에 대한 현지 교육훈련, 관광공무원에 대한 한국 초청교육, 그리고 공동 관광세미나 등을 추진하였다. 이를 통하여 양국 간 관광교류의 폭을 확대하고 한국관광의 풍부한 경험과 노하우를 전달하는 계기가 되었다.

주: 카자흐스탄 정부 관광담당자와의 업무협의, 최종보고

[그림 22-3] 카자흐스탄 관광산업마스터플랜 수립 주요 장면

이러한 다방면에 걸친 실질 협력의 결과로 지난 2009년 5월 13일 한국과 카자흐스탄 정상은 양국 관계를 정치·경제 및 인적교류 등 제반 분야에서 포괄적 협력을 확대하는 전략적 동반자 관계로 격상시키기로 합의하였다. 그리고 이를 실현하기 위하여 인프라 건설, 농업, IT, 환경, 문화·관광·체육 등 양국 간 잠재력 있는 산업 분야

에서의 구체적인 협력방안을 담은 '대한민국과 카자흐스탄 간 실질협력 증진을 위한 행동계획'을 채택했다(아시아경제, 2009). 나아가 향후 재생에너지원과 친환경 기술을 활용하여 저탄소 경제로 조속히 이행하기 위한 협력을 확대해 나갈 전망이다.

5) 관광ODA 사업의 문제점

우선 관광ODA 사업 예산이 부족하다. 문화체육관광부가 2005년부터 양자 간 관광ODA 사업으로 저개발국의 지속가능 발전 및 빈곤퇴치 사업을 추진하고 있으나 사업비 규모가 적고 들쭉날쭉한 상황이다. 2005~11년간 ODA예산은 총 587만 달러로 연평균 84만 달러이며, 2007년 387만 달러로 늘어났으나 2011년에는 43만 달러로 크게 줄어들었다(한국수출입은행, 2012).

둘째는 관광ODA 사업 추진기관 간 중복사업이 추진되고 있다. UNWTO ST-EP재단, 한국관광공사, 한국문화관광연구원 등 관련기관 간 사업내용의 중복과 기능별 차별화가 제대로 이루어지지 않고 있다.

셋째는 일회성 관광ODA 사업에 치중되어 있다. 관광부문의 ODA 사업은 대부분 1~2년의 단년도 사업에 그쳤으며, 사업추진 실적에 대한 지속적인 모니터링 절차가 없어 추가적인 사업발굴로 이어지지 못하고 있다.

넷째는 관광ODA 사업의 다양성이 부족하다. KOICA, KDI, 그리고 관광부문의 ODA 사업은 그동안 관광자원 개발, 관광마스터플랜 수립, 관광정책 컨설팅 등에 국한되어 있어 수원국의 다양한 요구에 부응하지 못하고 있으며, 하드웨어 및 소프트웨어의 결합형 사업추진도 부진하다(장병권, 2013).

이에 따라 향후 글로벌 관광협력 정책에서 한국만의 차별화되고 특색있는 관광ODA 사업을 추진하고, '한국형 관광발전 모델 구축 및 모듈화 사업'을 구축하는 것이 필요하며, 수원국 맞춤형 및 윈윈(win-win)형 사업추진전략을 구사할 필요가 있다. 그리고 공공 및 타 정부기관에 의한 주도 방식에서 벗어나 문화체육관광부, UNWTO ST-EP재단, 한국관광공사, 한국문화관광연구원, 민간부문 간의 역할분담 체계를 정립해야 한다.

4. 관광부문 ODA 사업의 추진체계와 과제

1) 관광ODA 사업의 추진체계

한국형 관광ODA 사업의 추진을 위해서는 새천년개발목표(MDGs)의 후속조치로 주목받고 있는 지속가능 개발목표(SDGs)를 감안하여 핵심비전과 목적을 한국과 수원국 간 '지속가능한 관광역량 제고 및 양자 간 호혜적 관광교류협력'에 둘 필요가 있다.

그리고 추진방향은 개도국의 자조역량 강화, 개발경험의 공유에 두어야 한다. 한국형 관광ODA 사업추진 시 수원국의 자조적 관광발전 역량을 제고하는 데 초점을 두고 능력을 증대시켜야 한다. 또한 지난 50년간 단계적으로 발전되어 온 한국관광발전 경험 및 정책 노하우를 수원국의 상황에 맞게 제공해야 한다.

추진방식은 윈윈형 · 맞춤형 관광ODA 모델을 구축하여 시행되어야 한다. 한국만의 차별화되고 특성있는 관광ODA 사업을 추진하기 위해서는 정부차원에서 '한국형 관광발전 모델 구축 및 모듈화 사업'을 구축하는 것이 필요하며, 수원국 맞춤형 및 윈윈형 사업추진전략을 구사할 필요가 있다.

사업목표	지속가능한 관광역량 제고 및 호혜적 관광교류 협력					
추진방향	수원국 자조적 관광발전 역량강화			한국 관광발전 경험 및 노하우 전수		
추진방식	맞춤형 관광ODA 모델 개발 (수원국 수요에 부응한 최적사업)			윈윈형 관광ODA 사업 추진 (한국이미지, 민간진출 지원)		
실행주체	국제 및 국내 관광ODA 추진네트워크 구축			관광부문 간 관광ODA 사업 추진협의체 운영		
주요과제	관광ODA 제도 정비 (법규, 재정, 조직 등)	관광ODA 인식제고 및 사업 발굴 (관광비중 확대)	관광ODA 사업모델 및 모듈 개발 (관광특성반영)	관광ODA 실행주체 간 역할 분담 (협력네트워크)	국가협력 전략과 연계화 (인적자원개발)	관광ODA 성과평가 및 모니터링 (복합요소평가)

자료: 장병권(2013. 9. 22), 한국형 관광ODA 사업의 추진현황과 과제, 문화체육관광부 · 한국관광공사 주최 제3차 관광분야 국제협력정책 포럼 발표자료.

[그림 22-4] 한국형 관광ODA 사업의 추진체계 및 주요 과제

실행주체는 범정부 협력추진과 동시에 관광부문의 역할이 강화되어야 한다. 관광 ODA의 성공적 추진을 위해서는 기존 기획재정부, 외교부 등과의 사업 조정 및 협력 사업을 추진하고, 문화체육관광부, ST-EP재단, 한국관광공사, 한국문화관광연구원, 그리고 민간부문 간의 역할분담 체계를 수립해야 한다(장병권, 2013).

2) 관광ODA 사업의 추진 과제

(1) 관광ODA 사업수행을 위한 제도 정비

관광ODA 사업을 수행하기 위해서는 관련 법령을 정비하여야 하며, 관광기본법을 개정하여 국제관광협력 조항을 삽입시켜야 한다. 한국경제의 위상제고 및 세계 관광에서 한국의 비중 확대에 따라 관광정책에 대한 정부의 기본적 책무로 '국제관광협력사업과 관광ODA 추진'을 추가하여 관광기본법에 반영해야 한다.

또한 한국형 관광ODA 사업이 지속적으로 확대되기 위해서는 문화 · 관광부문 ODA 사업을 위한 별도의 계정을 신설할 필요가 있으며, 문화체육관광부 국제관광과, 한국관광공사, 한국문화관광연구원, 대학 등으로 구성된 '관광ODA 사업 추진협의체'를 상시 구성 · 운영하여야 한다.

문화체육관광부는 2015년 5월 국제개발협력위원회의 사전 사업계획 수립 지침에 따른 효과적 개발협력 체계의 구축 및 수원국의 수요를 반영한 사업 발굴을 위해 문화체육관광부 관광정책관(위원장)외 연구기관 · 학계 · 공공기관의 9인의 위원으로 구성된 '관광ODA추진협의회'를 발족하였다(문화체육관광부, 2015.5.19).

2014년~2015년에는 문화체육관광부가 국제관광 리더스 포럼과 관광정책 연수 사업을 아시아, 남미 등 15개국 정부 공무원과 관광업계 종사자를 대상으로 실시하였다. 주요 내용은 한국의 관광 성공모델인 남이섬 한류관광모델, 커뮤니티 기반 문화관광 만들기, 한국의 지역관광명소 탐방, 의료관광 및 산업관광 개발사례 등을 전수하는 것이다(문화체육관광부, 2015.11.6).

(2) 관광ODA 사업의 인식제고 및 사업발굴

관광ODA 사업에 대한 인식 제고 및 외연 확대가 필요하다. 우리나라의 경우 관광 ODA 사업에 대한 인식이 낮으며, 관광이 독자적인 국제개발협력의 사업대상으로 되지 못하고 있다. 관광부문도 ODA 사업 추진 시 독자적 사업추진과 더불어 IT, 대중교통, 마케팅, 브랜드 개발 등 한국의 강점분야와 연계하여 사업 추진의 효과성을 제고해야 한다.

또한 관광ODA 사업의 가치를 홍보하고 인식공유와 사업발굴이 활발히 추진되어야 한다. 정부차원에서 ODA 핵심과제 선정 시 낮은 우선순위로 관광관련 사업이 선정되지 못하고 있는 상황이라는 점에서 관광부문도 관광ODA의 중요성을 홍보하고 유망 사업발굴 및 추진전략을 마련하여 정부정책에 반영하도록 대응이 필요하다. 특히 관광지, 관광단지, 관광특구, 관광두레 등 관광자원 개발에 대한 정책 노하우가 풍부하다는 점에서 우수 사례의 해외전파를 위하여 '관광개발 국제포럼' 등도 적극 개최할 필요가 있다.

(3) 관광ODA 사업의 다각화와 모델개발

우선 한국형 관광ODA 사업모델 및 모듈을 개발해야 한다. 관광ODA 사업은 개발과 보전, 하드웨어와 소프트웨어의 성격에 따라 다양한 스펙트럼으로 구분될 수 있다. KOICA(2014)보고서의 경우 관광ODA 사업을 관광매력물, 관광편의서비스, 관광홍보 및 마케팅, 관광교통, 관광객, 관광지원정책 등 여섯 가지로 구분하고 사업규모에 따라 소규모 · 중규모 · 대규모사업으로 세분하고 있다. 수원국의 관광수요 및 관광개발 선호조사, 관광 개발방식 체계화, 자립형 관광발전모델 개발을 통하여 '한국형 ODA모델'에 반영되어야 한다.

그리고 관광ODA 사업을 효과적으로 추진하기 위해서는 수원국 수요조사, 자체 사업타당성 평가, 사업실행, 사후 관리 등에 대한 종합적인 사업모듈 수립과 역할분담 방안을 강구해야 한다. 그리고 관광ODA가 확대되기 위해서는 수원국 수요와 우리나라의 특성을 고려한 다양한 관광ODA 콘텐츠 개발, 국제적인 사례연구 등이 선행되어야 하며, 중점 협력국가에 대한 기초 DB구축과 맞춤형 사업모델 개발에 대한 연구가 선행되어야 한다.

(4) 관광ODA 사업 실행주체 간 역할 분담

우선 관광ODA 사업의 실행주체 간 역할분담과 네트워크를 구축해야 한다. 관광ODA 사업의 다양한 모델을 사업목적, 성격 등에 맞게 개발하고 효율적으로 실행할 수 있는 조직체계 구축과 네트워크를 확보해야 한다.

사업목적과 방향, 수원국이 분명한 관광ODA 사업모델을 개발하며, 빈곤해결(ST-EP재단), 교육훈련 · 상품개발 · 인적교류(KTO), 정책컨설팅 · 계획수립(KCTI) 사업유형별 역할분담과 국내외 협력네트워크를 구축해야 한다.

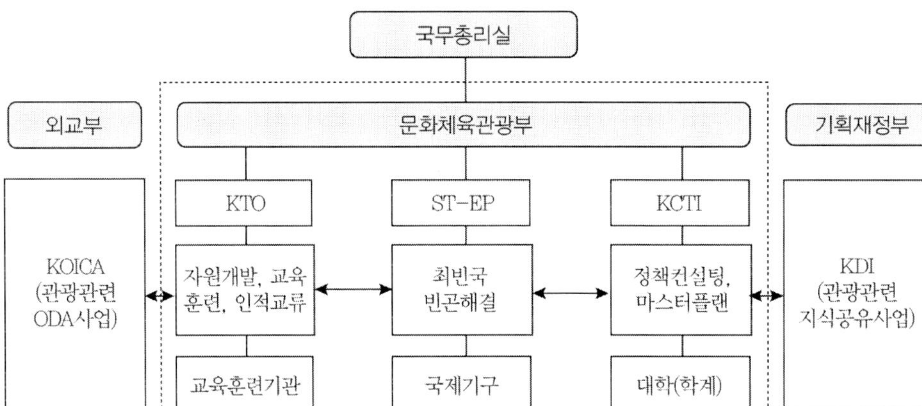

자료: 장병권(2013. 9. 22), 한국형 관광ODA 사업의 추진현황과 과제, 문화체육관광부 · 한국관광공사 주최 제3차 관광분야 국제협력정책 포럼 발표자료.

[그림 22-5] 관광ODA 사업의 추진체계

(5) 국가협력전략(CPS)과 관광ODA 사업의 연계화

우선 국가협력전략에서의 관광의 비중을 늘려야 한다. 정부는 26개(2014년 현재) 중점협력국가를 선정하고 국가협력전략을 작성하였으며, 중점협력분야와 범분야로 사업 우선순위를 설정하고 있다. 26개국 중 관광이 단독으로 중점협력분야로 선정된 국가는 없으며, 네팔, 스리랑카, 캄보디아, 베트남, 르완다, 모잠비크 등 6개국에서 관광을 포함한 '인적자원 개발'이 중점협력과제로 선정되어 있다.

다음으로 관광ODA 콘텐츠를 개발하고 맞춤형 사업모델을 개발해야 한다. 관광ODA

가 확대되기 위해서는 수원국 수요와 우리나라의 특성을 고려한 다양한 관광ODA 콘텐츠 개발, 국제적인 사례연구 등이 선행되어야 하며, 중점 협력국가에 대한 기초 DB 구축과 맞춤형 사업모델 개발에 대한 연구를 추진해야 한다.

(6) 관광ODA 사업의 성과평가 및 모니터링

관광ODA 사업평가 및 모니터링을 통해 개선방안을 강구해야 한다. 정부는 2009년 ST-EP 재단의 개도국 관광발전 지원사업에 대해 사업계획 단계, 성과계획 단계, 사업관리 단계, 사업성과 및 확산단계로 구분하여 평가를 실시한 바 있다. 당시 사업평가의 핵심 성과지표로 '개도국 관광훈련 수혜자 수 증가율(%)'과 '개도국 사업 수혜지역 관광수입 증가율(%)'을 선정하였다.

향후 관광ODA 사업의 평가에 있어서는 경제적 측면뿐만 아니라 사회문화적 측면, 생태환경 측면, 한국기업 및 전문인력의 현지 진출 등의 성과를 적절성, 효율성, 효과성을 기준으로 다각적으로 평가함과 동시에 사업성과의 지속적 발생 여부 등에 대한 사후평가 및 모니터링 사업을 추진해야 한다.

5. 맺음말

이제 한국은 '수원국에서 공여국으로' 지위 격상에 걸맞은 최적의 관광ODA 사업모형을 발굴하고 효율적 추진체계를 확보해야 한다. 관광ODA 사업예산 부족, 실행기관 간 중복사업, 일회성 사업, 다양성 부족 등 사업지원 시스템에 대한 전반적 혁신이 필요하다.

한국형 관광ODA 사업의 추진체계(비전, 추진방향, 추진방식, 역할분담) 등에 대한 재정비와 함께 핵심과제를 선정해야 하며, 관광ODA 사업수행을 위한 제도개선(법, 예산, 조직 등), 관광ODA 사업의 인식제고 및 사업발굴, 관광ODA 사업의 다각화 및 모델개발, 관광ODA 사업주체 간 역할분담, 국가협력전략과 관광ODA 사업의 연계화, 관광ODA 사업의 성과 평가 및 모니터링 실시 등을 추진해야 한다.

끝으로 관광ODA 사업은 관광자원이나 관광시설의 개발과 같은 하드웨어를 지향하기보다는 관광위원회 구성, 정책과 제도 개선, 재정 · 기금 확충, 현지 훈련, 초청 연수,

통계 개선, IT연계, 안내체계 개선, 공동세미나 개최 등 소프트웨어적 측면에 초점을 둘 경우 사업예산의 절약과 리스크의 최소화를 기할 수 있다. 여기에 최근 정부가 저탄소 녹색성장과 고수익형 서비스산업의 육성에 집중적인 투자를 하고 있듯이, 관광부문에서도 녹색관광, 관광두레사업, MICE, 의료관광 등 신관광비즈니스의 발굴 · 육성과 기술을 축적하여 이를 지속적으로 수출해 나가야 할 것이다.

제23장 국외여행의 가치제고 및 품질향상

1. 머리말

1989년 국외여행이 완전자유화되기 전에는 일부 비즈니스 및 문화체육 분야 등을 제외하고는 국외여행이 엄격히 제한을 받았다. 국민국외여행은 1981년 44만 명 수준에서 1988년 73만 명으로 점진적으로 증가하였으나 1989년에는 121만 명으로 급증하여 국민의 국외여행욕구가 갑자기 분출되기 시작하였다.

이에 따라 1989년 1월 1일은 우리나라 관광업계나 국민들에게는 '광복절'과 같은 날로 회자되고 있다. 1983년부터 국외여행을 연령별로 제한을 완화하였으며, 1987년까지는 30세 이상이거나 공무 · 출장 · 유학 등 목적이 분명해야 했다. 그러다 보니 국외여행자유화에 가장 열광한 부류는 신혼부부와 대학생 계층이었으며, 이로 인해 배낭여행 전문 여행사가 등장하고 여행동호회도 생겨나면서 새로운 여행풍속도를 만들어냈다(중앙일보, 2014.1.3.).

이처럼 국외여행을 보는 정책가치도 변화하고 있다. 1980년대까지는 국외여행을 국민의 자유권 신장 및 개방사회로의 전환이라는 의미가 부여되었다. 1990년대에는 국외여행의 추태, 과소비로 인하여 국가위상을 약화시키기도 하였다. 2000년대로 들어와 국외여행의 급증으로 인한 관광수지 적자가 심화되면서 부정적인 시각도 확산되었다. 2010년대에서는 국민행복, 국격상승의 관점에서 국외여행의 가치에 대한 관심이 증가하였다. 2020년대의 경우에는 국민 국외여행 3000만 명 시대에 따른 여행안전에 대한 지원 강화와 더불어 관광기업의 국외진출과 함께 외래객의 유치와 지방분산이라는 인 · 아웃바운드 관광부문 간 선순환을 도모하는 방향으로 '다목적' 국외여행정책이 모색되어야 한다.

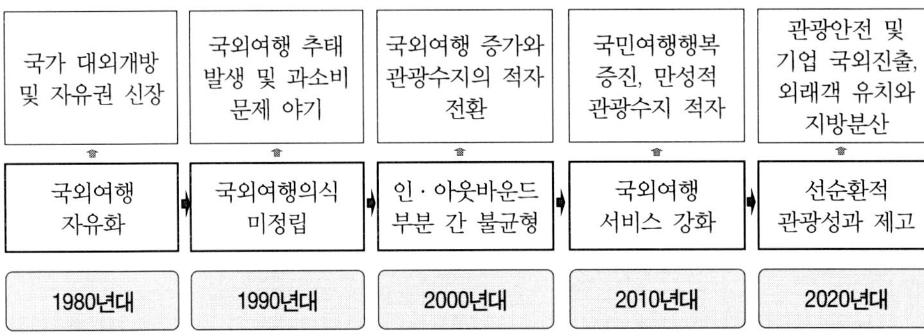

자료: 장병권(2019), 2020년대 국민관광을 논하다, 한국문화관광연구원, 문화관광인사이트, 제141호.

[그림 23-1] 국외여행을 보는 정책가치의 변화와 특징

2010년대로 들어와 정부정책 기조의 변화에 부응한 국외여행정책도 방향을 재설정하게 되었다. 박근혜 정부는 국정기조로 '국민행복'을 설정하여 기존 '국가중심 발전모델'에서 벗어나 '국민행복과 국가발전이 선순환'되고 모든 사회공동체 구성원이 화합하여 안정된 삶을 영위하는 사회를 지향할 것을 천명한 바 있다.

향후 2020년대의 경우에는 국민 국외여행 3000만 명 시대에 따른 여행안전에 대한 지원 강화와 더불어 관광기업의 국외진출과 함께 외래객의 유치와 지방분산이라는 인 · 아웃바운드 관광부문 간 선순환을 도모하는 방향으로 국외여행정책이 모색되어야 한다.

현대사회로 들어와 단순 이동의 자유를 넘어 즐거움을 추구하는 관광을 하나의 권리로 인식하고 있으며, 관광을 행복추구의 영역으로 보고 복지나 인권 차원에서 접근되고 있다. 그런데 소득, 건강 등은 행복의 전제조건이 되지만, 일반적으로 관광은 행복의 부가적인 조건으로 인식되고 있으며, 관광이 행복과 불행을 결정하기보다는 행복의 정도, 크기를 결정하는 변수로 작용하고 있는 것으로 인식되고 있다.

그러나 국외여행 증가에 따른 정책서비스의 품질제고에 대한 요구도 커지고 있다. 국외여행은 '규모증대'에도 불구하고 정책 '사각지대'에 남아있기 때문이다. 국민 국외여행 규모의 비약적 증가와 국제 관광교류상의 강점에도 불구하고 여전히 인바운드

중심의 정책기조로 인하여 국외여행자들에 대한 정책적 관심과 지원이 미흡한 상황이다. 일본은 '관광입국추진기본계획'에 풍요로운 국민생활을 위해 국외여행을 장려하고, 국제사회에 상응하는 지위와 소프트파워를 강화하는 방향으로 국외여행 정책을 추진하고 있다.

국민 국외여행의 양적 성장에 부응한 질적 수준 제고를 위한 여러 부문이 협력하는 여행서비스 품질제고 사업을 전개할 필요가 있다. 국민들은 국내여행뿐만 아니라 국외여행에 대해서도 국가차원의 공적 서비스를 제공받을 권리와 서비스를 강하게 요구하고 있다.

2. 국외여행 실태분석 및 주요 정책과제

1) 국외여행객 변화추이

국외여행은 2000년부터 출초(出超) 현상을 보이고 있으며, 2010년대에는 인바운드 관광객의 증가로 인 · 아웃바운드 간 격차가 2010년 369만 명에서 2014년 188만 명으로 다소 완화되었으나 2015년 메르스 사태로 외래객 방문이 급감하면서 격차가 608만 명으로 크게 증가하였다.

〈표 23-1〉 인바운드 및 아웃바운드 인원의 증가추이 및 격차

(단위: 명, %)

구분		2010	2011	2012	2013	2014	2015
인바운드(a)	인원	8,797,658	9,794,796	11,140,028	12,175,550	14,201,516	13,231,651
	증감률	12.5	11.3	13.7	9.3	16.6	-6.8
아웃바운드(b)	인원	12,488,364	12,693,733	13,736,976	14,846,485	16,080,684	19,310,430
	증감률	31.5	1.6	8.2	8.1	8.3	20.1
격차(a-b)	인원	-3,690,706	-2,898,937	-2,596,948	-2,673,426	-1,879,168	-6,078,799

자료: 문화체육관광부(각년도), 관광동향에 관한 연차보고서.

관광수지는 2007년의 경우 관광지출이 170억 달러로 최대를 기록하고 관광수입이 61억 달러에 그쳐 관광수지 적자폭이 109억 달러로 최대치를 기록하였으며, 2010년대

이후 외래객의 대폭 증가와 관광수입 증가로 적자폭이 2010년 40억 달러에서 2014년 18억 달러로 감소추세를 보였으나 2015년 메르스 사태로 외래객 급감에 따라 관광수지 적자가 61억 달러로 크게 증가하였다.

〈표 23-2〉 인바운드 및 아웃바운드 수입-지출의 추이 및 격차

(단위: 백만 달러, %)

구분		2010	2011	2012	2013	2014	2015
인바운드 (a)	금액	10,291	12,347	12,357	14,525	17,712	15,177
	증감률	5.4	20.0	8.2	8.7	21.9	-14.3
아웃 바운드(b)	금액	14,278	15,531	16,495	17,341	19,470	21,272
	증감률	29.4	8.8	6.2	5.1	12.3	9.3
격차(a-b)	금액	-3,987	-3,184	-3,136	-2,816	-1,758	-6,095

자료: 문화체육관광부(각년도), 관광동향에 관한 연차보고서.

2) 국외여행객의 여행실태 분석

국외여행객의 1인당 관광소비액의 변화를 보면, 국외여행의 합리소비 추세를 보이고 있다. 2008년을 기점으로 1인당 평균소비액이 관광지출을 상회하기 시작하면서 1인당 국외소비액이 안정적 수준으로 유지되고 있다. 1인당 관광수입 및 지출액은 국외여행의 건전화 추세가 이어져 국외 고가상품 쇼핑 및 고가여행 자제로 외래객의 국내 지출보다 국외여행객의 소비가 상대적으로 낮아 건전화되고 있다. 또한 1인당 관광수입과 지출격차는 2012년을 제외하고 인바운드 관광객의 1인당 관광소비가 상대적으로 더 많은 것으로 나타났다.

〈표 23-3〉 인바운드 및 아웃바운드 1인당 관광수입-지출의 추이 및 격차

(단위: 달러)

구분		2010	2011	2012	2013	2014	2015
인바운드(a)	1인당 관광수입	1,170	1,261	1,199	1,193	1,247	1,147
아웃바운드(b)	1인당 관광지출	1,143	1,224	1,201	1,168	1,211	1,102
격차(a-b)	금액	27	37	-2	27	26	45

자료: 문화체육관광부(각년도), 관광동향에 관한 연차보고서.

국외여행의 만족도는 가구여행에 비해 개인여행이 다소 낮은 상황이며, 그렇지만 전반적으로 향상되고 있으며, 가구여행 및 개인여행 모두 전반적 만족도가 향상됨에 따라 재방문 의향과 타인추천 의향도 동반 상승하는 추세이다. 전반적 만족도는 가구여행의 경우 2013년 4.16점에서 2015년 4.28점으로 향상되고 있으며, 개인여행도 2013년 4.12점에서 2015년 4.18점으로 개선되었다.

〈표 23-4〉 국외여행자의 전반적 만족도 · 재방문 의향 · 타인추천 의향

(단위: 점)

구분	연도	전반적 만족도	재방문 의향	타인추천 의향
가구여행	2013	4.16	3.91	4.01
	2014	4.18	3.95	4.09
	2015	4.28	4.11	4.21
개인여행	2013	4.12	3.96	3.99
	2014	4.14	3.96	4.02
	2015	4.18	4.04	4.10

자료: 문화체육관광부(2015), 국민여행실태조사.

한국관광공사의 국외여행트렌드 조사결과(2014), 2014년 가장 최근 국외여행에 대한 만족도를 묻는 질문에는 56.0%가 '어느 정도 만족함', 14.6%가 '매우 만족함'으로 전체 응답자의 70.6%가 긍정적으로 답변하여, 평균 3.80점의 만족도 수준을 보였다. 성 · 연령별로는 20대 여성의 국외여행 만족도가 가장 높게 나타났으며, 국외여행 목적지별로는 '미국' 여행 경험자의 만족도가 3.94점으로 가장 높고, '중국' 여행 경험자가 평균 3.59점으로 상대적으로 낮은 편이다(한국관광공사, 2014).

한편, 한국소비자원의 패키지여행에 대한 조사결과 전반적 만족도는 54.2%이며, 항목별로는 여행지 · 일정(64.1%), 숙박(65.6%)에 대한 만족도가 상대적으로 높은 반면, 가이드 · 인솔자(61.4%), 상품정보 제공수준(59.6%), 상품가격(52.6%)에 대한 만족도는 더 낮았다(한국소비자원, 2014).

한국관광공사의 국외여행인식조사 보고서에 의하면, 국외여행자들의 불편은 여행 전 단계, 여행 중 단계, 여행 후 단계로 구분할 수 있다. 국외여행 단계별 불편 경험여

부를 살펴본 결과, '여행 전 단계'와 '여행 중 단계'에서 느껴지는 불편경험률이 '여행 후 단계'보다 상대적으로 높은 것으로 나타났다. '여행 전 단계'에서는 '국외여행지 정보 수집'(64.0%)에 대한 불편경험이 가장 많았으며, 그 다음으로 '여행 계획 수립'(61.7%), '여행 상품 구매 및 예약'(58.3%) 등의 순으로 나타났다. '여행 중 단계'에서는 '여행지 내 통신/의사소통'(65.3%) 및 '여행지 내 숙박 · 음식 · 교통'(64.8%)과 관련된 불편경험률이 상대적으로 높았으며, 기타 응답으로는 '여행지 내 정보 입수'(55.5%), '여행지 내 주요 관광 활동'(52.4%) 등의 순으로 나타났다. '여행 후 단계'에서는 출입국 불편사항과 사후 처리문제가 제기되었다.

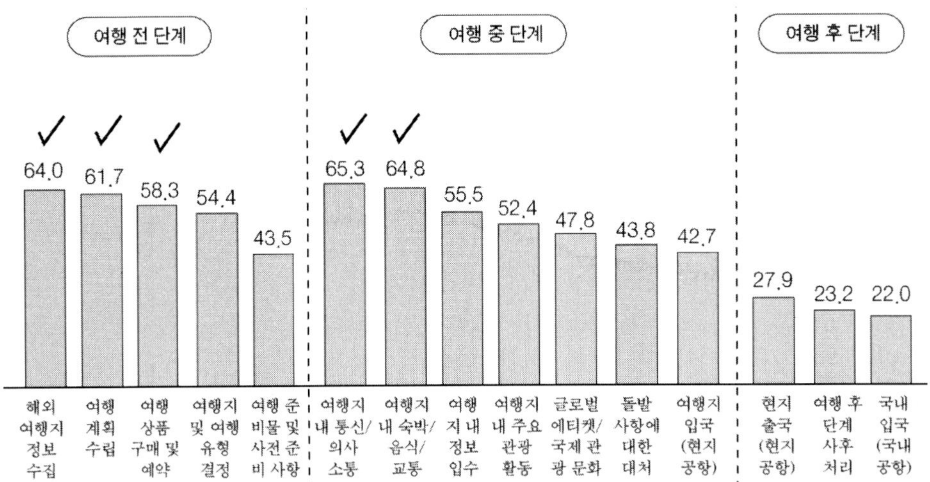

자료: 한국관광공사(2011), 국민국외여행 인식조사 보고서

[그림 23-2] 국외여행 3단계별 불편 경험 여부

한국관광공사의 관광불편신고 접수현황을 보면, 연도별로 큰 차이를 보이지 않고 있으며, 불편사항의 경우 8년간(2011~2018년) 총 9,358건이 신고되었으며 이 가운데 내국인(1,496건)의 비중이 외국인(7,960건)보다 적은 16.0%를 차지하고 있는 것으로 나타났다.

한국소비자원의 국외여행 관련 소비자 피해구제 접수현황을 보면, 2010년 366건에서 2014년 705건으로 두 배 가까이 증가하고 있는 것으로 나타났다. 피해구제 접수현황을 보면, 계약해지 및 위약금이 전체의 34.4%를 차지하고 있으며, 부당행위(27.4%),

계약불이행(불완전이행, 26.4%) 등 3가지가 전체의 88.2%를 차지하고 있는 것으로 나타났다. 또한 패키지여행 관련 분쟁조정 건수도 해마다 증가하고 있는데, 2012년~2014년 9월까지 패키지여행과 관련되어 접수된 분쟁조정은 총 234건인 것으로 조사되었으며, 이 중 여행사업자의 부당행위와 관련되어 접수된 분쟁조정이 전체의 32.91%, 계약해제 · 해지, 위약금(전체의 27.35%), 계약불이행(전체의 26.5%) 순으로 분쟁조정 접수가 많이 되고 있는 영역이다.

〈표 23-5〉 국외여행관련 소비자 피해구제 접수 추이

구분	2010	2011	2012	2013	2014
피해구제건수	366	471	426	541	706

자료: 한국소비자원(2015), 국외여행상품 실태조사 결과.

2014년 한국소비자원의 전국 국외여행경험이 있는 남녀소비자 대상 표본조사결과, 국외여행서비스 이용 시 소비자문제를 경험한 사람만을 대상으로 경험한 소비자문제의 내용을 질문한 결과, 가장 높은 소비자문제 경험률을 보인 영역은 여행계약의 조건이나 내용 등과 관련된 정보제공의 문제(71.8%), 여행지에서 가이드와 관련된 문제(65.5%), 계약과 다른 비용을 추가로 요구하는 문제(62.7%)의 순으로 조사되었다.

소비자문제의 영역별 경험률은 여행유형별로 차이가 있어, 개별자유여행 이용 소비자 중 소비자문제를 경험한 응답자의 73.1%가 여행계약 취소가 어려운 문제를, 65.4%가 각각 여행 계약의 조건이나 내용 등과 관련된 정보제공 문제와 계약과 다른 비용을 추가로 요구하는 문제를, 61.5%가 각각 여행지에서의 가이드와 관련된 문제와 여행상품의 선택이 어려운 문제를 경험하였다고 응답하였다. 패키지여행 이용 소비자 중 소비자문제 경험자의 69%는 여행지에서 가이드와 관련된 문제와 67.2%는 여행계약의 조건이나 내용 등과 관련된 정보제공 문제를, 65.5%는 계약과 다른 비용을 추가로 요구하는 문제 순으로 소비자문제를 경험하였다고 응답하였다. 에어텔 이용 소비자 중 소비자문제 경험자의 79.3%는 여행계약의 조건이나 내용 등과 관련된 부정확하고 불충분한 정보제공 문제를, 69%는 여행서비스 관련 계약내용의 불완전 또는 불이행 문제를, 63.8%는 가이드와 여행상품의 선택이 어려운 문제를 경험하였다고 응답하였다(한국소비자원, 2014).

한국여행업협회 관광불편처리센터의 불편신고 접수는 2007년 802건에서 2010년 983건, 2015년에는 1,268건으로 크게 증가하였다. 2011년~2015년 5년간 신고유형별 접수 건수는 취소수수료가 1,464건으로 가장 많았으며, 계약취소(876건), 교통(항공, 선박, 철도, 차량 등 688건), 일정변경 및 누락(598건)의 순으로 나타났다. 특히 안내원/인솔자의 불친절 및 팁, 숙박, 여행사 사업중단 및 부도, 옵션 등의 유형은 지속적으로 증가하고 있는 것으로 나타났다.

〈표 23-6〉 한국여행업협회 관광불편처리센터의 불편신고 접수추이

(단위: 건)

신고유형	2011	2012	2013	2014	2015	계
취소수수료	232	335	260	316	321	1,464
계약취소	113	171	289	177	126	876
교통(항공, 선박, 철도, 차량 등)	186	133	98	126	145	688
일정변경 및 누락	110	110	161	106	111	598
안내원/인솔자 불친절 및 팁	106	89	118	121	133	567
숙박	71	66	69	85	74	365
부당요금징수	59	66	80	80	61	346
보험(여행사고 포함)	44	73	58	61	48	284
여행사 사업중단 및 부도	32	50	69	78	40	269
쇼핑	49	53	38	40	42	222
여행사 상담서비스	16	25	46	42	64	193
수속(여권 및 비자 포함)	32	40	23	36	27	158
옵션	13	12	21	43	38	127
기타	76	57	24	50	38	245
계	1,139	1,280	1,354	1,363	1,268	6,404

자료: 한국여행업협회(2016), 2015년도 사업추진 실적보고서.

한국관광공사의 국민국외여행 인식조사 보고서에 의하면, 국외여행 영역별 개선 요구사항(한국관광공사, 2011)은 국외여행 서비스품질 개선에 대한 요구사항을 보면, 국외여행정보제공이 34.2%로 가장 많고, 여행업계(26.2%), 현지접점 서비스(12.9%), 국민인식(11.3%), 안전 위기대응(8.1%)의 순으로 나타났다. 이는 공·사적 서비스뿐만 아니라 의식개선을 위한 사회적 서비스의 제공 필요성을 제기하는 것이다.

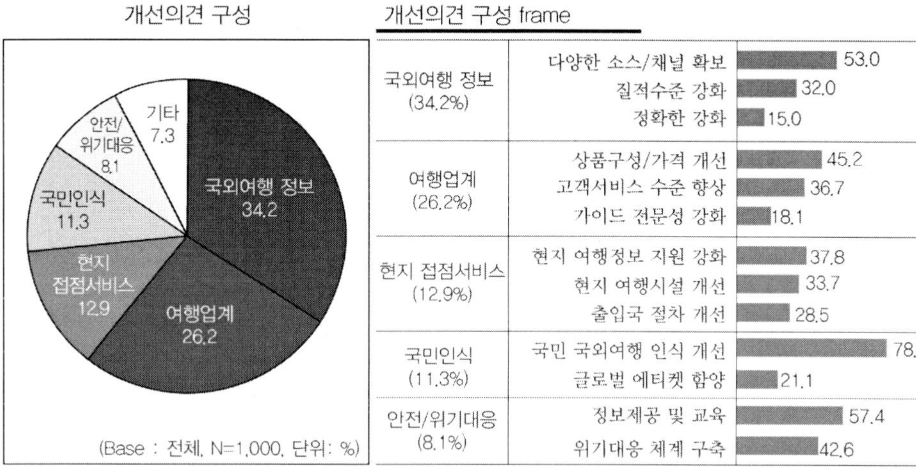

자료: 한국관광공사(2011), 국민국외여행 인식조사 보고서.

[그림 23-3] 국외여행 영역별 개선 요구사항

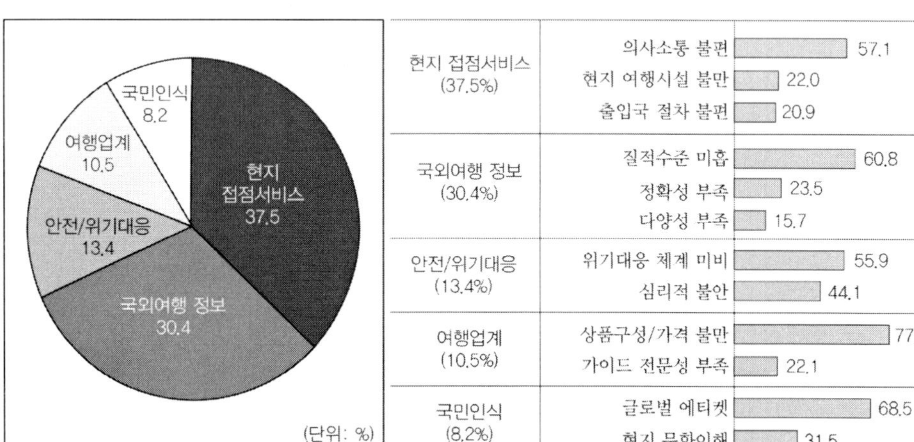

자료: 한국관광공사(2011), 국외여행 공적서비스 지원 사업계획.

[그림 23-4] '국외여행 불편사항 5개 부문' 가중치 및 세부비율

국민 국외여행 주요 불편사항은 '현지 접점서비스'(37.5%), '국외여행 정보'(30.4%), '안전/위기대응'(13.4%), '여행업계'(10.5%), '국민인식'(8.2%) 등 5개 부문으로 도출되었다(한국관광공사, 2011).

3) 국외여행객 지원시책 현황

문화체육관광부는 2007년 6월 25일 캄보디아에서 발생한 항공 사고의 대책으로 우리 국민의 국외여행 안전성 제고를 위한 실천방안을 강구하였다(문화체육부, 2007.7.4.). 첫째는 국외여행 상품 안전성 점검 및 제고를 위해 국외여행상품 계약서의 샘플링 조사를 통해 여행상품의 안전성을 종합적으로 점검하고, 동 점검 결과를 바탕으로 안전도 의심 상품과 권장 상품의 특징을 여행자에게 제공하며, 정기적으로(성수기 월1회, 비수기 분기별) 여행상품에 포함된 교통편의 위험요소, 여행사고 발생 빈도, 여행지 치안 등 안전식별정보를 제공하는 것이다.

둘째는 아웃바운드 관리 강화를 위해 위험 지역, 위험 행위 등에 관한 정보와 국외 한국공관, 여행사, 항공사 등의 비상연락처 등의 정보를 담은 팸플릿을 제작하여 여행자에게 여행사를 통해 제공하고, 문화체육관광부, 공사 홈페이지 등 온라인을 통해서도 정보를 제공하는 것이다.

셋째로 여행업계 자체 추진 실천과제는 한국여행업협회로 하여금 국외여행상품 안전 수칙을 신규로 제정하고, 여행정보센터를 조기 개통하여 여행 안전정보를 제공하며, 국외여행안전 캠페인 전개 등 다방면의 안전여행 홍보 대책을 추진하였다.

넷째로 법 · 제도적 보완대책은 랜드사(land operator)의 신고제도를 재도입하고, 관광진흥법에 여행표준약관의 준수의무 도입 등 안전한 국외여행을 위해 법 · 제도적 보완대책을 함께 마련하였다.

이와 별도로 국외여행서비스에 대한 정책수요가 늘어나면서 한국관광공사는 국외여행자 권익 및 안전제고, 국외여행 문화개선, 국외여행 서비스 기반 확충에 사업역량을 집중하고 있다.

첫째, 국외여행자 권익 및 안전제고는 여행업계 과당경쟁으로 인한 부실상품 유통으로 소비자 피해 증가, 부적절하고 부정확한 여행상품 광고 · 표시 만연, 국외여행객 사건 · 사고 증가로 인하여 예방적 보호망을 확충하기 위한 대책이다. 사업목적은 여행상품의 광고 · 안내 방식에 대한 가이드라인 제정, 핵심요소 전면 표시제 시행으로 국민들이 여행상품을 제대로 알고 선택할 수 있는 권리 보장을 통하여 여행상품정보 투명성을 개선하고, 국외여행자 안전 제고를 위하여 긴급정보, 픽토그램을 활용하여 위급 · 긴급 상황 시 그래픽으로 의사소통 할 수 있는 인쇄물(터치 페이퍼)을 제작 · 배포함으로써, 현지 언어소통 장벽 해소 및 안전사고 예방하는 것이다.

주요 추진내용은 여행상품의 광고/안내 방식에 대한 가이드라인 제정(가이드라인 제도를 바탕으로 '여행상품 핵심요소 전면표시제' 시행, 기업참여를 통한 제도 활성화 및 대국민 인지도 증대를 위한 통합 마케팅 실시), 국외여행자 안전정보 전달체계 구축(터치페이퍼 기획 및 디자인)이다.

둘째, 국외여행 문화개선 사업은 공정여행이 대두됨에 따라 국외여행 과소비 및 여행지 현지에서의 무질서한 여행 행태 등에 대한 대응책으로서 국민들에게 국외여행이 단순한 소비행위가 아닌 한국관광 홍보 효과를 창출할 수 있다는 자긍심을 고취하기 위해 추진되었다. 이 사업은 공정 국외여행에 대한 국민 인식 제고와 참여 유도를 통한 국외 여행 문화의 질적 제고, 국민 국외여행객을 한국관광 홍보요원으로 활용하고, 국외여행을 통한 국내관광자원의 가치를 재발굴함으로써 인 · 아웃바운드 및 국내관광의 상호 균형발전 도모해야 한다. 또한 내국인 국외여행객의 글로벌 관광에티켓 수준 제고를 위한 홍보캠페인 전개를 통해 국외 건전여행 유도 및 국가브랜드 이미지 개선에 초점을 두고 있다.

사업내용은 JUST ONE STEP 공정여행 캠페인(국외여행 일정 중 공정여행을 실천할 수 있는 간단한 지침 정보를 국민에게 제공하여 공정여행의 첫 발걸음을 유도하고 쉽게 참여할 수 있는 방안 제시), 국외여행자의 한국관광 홍보 요원화, 글로벌 에티켓 캠페인(홈페이지, 어플리케이션, 페이스북 통합 홍보 체계 구축을 통한 온라인 통합 마케팅 강화로 캠페인 참여 지속 확대) 등이다.

셋째, 국외여행 서비스 기반 확충은 안전하고 건전한 국외여행을 위한 정보를 제공하고 국외여행자 · 정보제공자와의 원활한 쌍방향 소통을 위한 통합적인 웹서비스 환경을 구축하는 것이다. 사업의 목적은 대국민 커뮤니케이션 채널 구축을 통한 국민 서비스 체감도 향상, 체감형 국외여행 서비스 제공을 위한 데이터베이스 구축, 국외여행 관련 국제 협력체제 기반을 마련하는 것이다.

사업내용은 대국민 커뮤니케이션 채널 구축, 저가 국외여행상품 실태조사, 글로벌 네트워크 구축(각국 관광청, ANTOR(주한외국관광청협회), 한-ASEAN 센터, UNWTO-STEP 재단 등 유관기관과의 공동 사업 추진 및 국제 협력체제 구축을 통한 사업성과 제고) 등이다.

〈표 23-7〉 한국관광공사 국외여행서비스 주요 사업 현황

사업분야	주요 사업
국외여행자 권익 및 안전제고	• 여행상품정보 가이드라인 제정(여행상품정보 가이드라인 기획 및 전략수립, 기업 참여 활성화 및 대국민 홍보)
	• 국외여행자 안전정보 전달체계 구축(터치페이퍼 기획 및 디자인, 제작 및 배포, 터치페이퍼 온·오프라인 홍보)
국외여행 문화개선	• 'JUST ONE STEP' 공정여행 캠페인('JUST ONE STEP' 국민참여 이벤트, 파워블로거 활용 공정여행 콘텐츠 제작)
	• 국외여행자의 한국관광홍보 요원화(한국관광홍보 UCC 공모전(2회) & 포켓북 제작, 대국민 공익 프로그램 운영)
	• 글로벌 에티켓 캠페인(온라인 이벤트, 오프라인 이벤트, 광고 및 대국민 홍보)
국외여행 서비스 기반 확충	• 대국민 커뮤니케이션 채널 구축(사이트 구축, 콘텐츠 확보, 홈페이지 운영 및 인력)
	• 국외여행상품 실태조사(조사 용역, 국외여행상품 모니터링 실시, 인쇄 및 발송)
	• 글로벌 네트워크 구축(ANTOR 등 연회비 및 공동사업 추진)

자료: 한국관광공사(2013), 2013년 국외여행 사업계획.

3. 국외여행정책의 추진방향

국내 관광산업의 규모와 국외여행객 규모의 비약적 성장에도 불구하고, 국민 국외여행 부문은 국가정책적 지원 대상에서 제외되어 온 게 사실이다. 그동안의 관광정책은 외래관광객 유치를 통한 외화획득이라는 경제적 측면이 강조된 인바운드 중심 정책기조를 유지하였기 때문이다. 그러나 국민들은 국내여행뿐만 아니라 국외여행에 대해서도 국가차원의 공적서비스를 제공받을 권리가 있으며 시행요구도 증대되고 있으며, 국민 1천명 설문조사에서 87.8%가 국외여행에 대한 공적서비스 제공을 요구하고 있다.

따라서 건전하고 유익하고 안전한 국민 국외여행을 육성하고, 이를 외래관광객 유치 및 국내관광 활성화로 이어지게 하는 관광산업 선순환 구조를 정립하는 게 중요하다. 국외여행 부문은 아웃바운드 시장의 양적 확대 못지않게 국민 국외여행의 질적 제고를 통한 국민의 안전과 삶의 질 향상을 위해서 중요한 정책영역인 것이다.

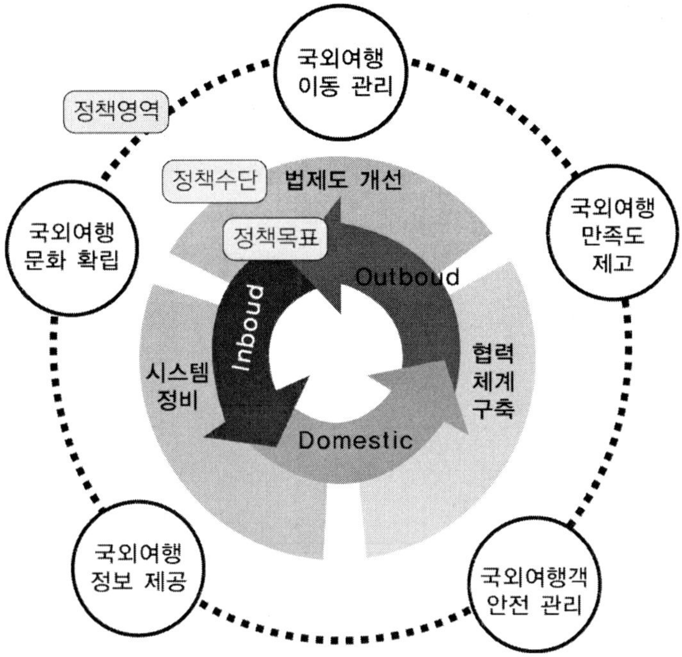

자료: 한국문화관광연구원(2008), 아웃바운드 관광정책에 관한 한중 공동연구.

[그림 23-5] 아웃바운드 관광정책의 핵심영역

아웃바운드 관광정책의 핵심영역은 국민국외여행의 이동관리, 아웃바운드 관광문화 정립, 국외여행 안전강화, 국외여행 정보 및 교육서비스 등의 5가지로 구분하기도 한다. 첫째, 국민국외여행 이동관리는 국외여행 교류 측면의 편의 증진과 관련된 것으로 출입국 및 비자수속 등의 장애 제거 등을 포함한다. 둘째, 아웃바운드 관광문화 정립은 한국의 이미지를 대표하고 현지문화 및 현지주민에게 영향을 미치는 관광객으로서의 문화와 관련되며, 건전하고 품격있는 관광문화를 통해 한국 및 한국인에 대한 긍정적 이미지의 형성이 포함된다. 셋째, 국외여행 안전강화는 최근 국제사회의 이슈가 되고 있는 테러, 사고, 재난, 재해 및 질병 등 국외에서 불시에 경험할 수 있는 각종 위기상황으로부터 국민의 신변과 건강을 보호하고 지키는 일과 관련되어 있다. 넷째, 국외여행 정보서비스는 국민 국외여행과 관련된 각종 안내 및 여행정보 서비스를 구축 및 관리하는 것이다. 다섯째, 국외여행 만족도 제고는 패키지 여행 및 개별

국외여행자에 대한 권리보장과 소비자보호를 실천하는 것을 포함한다(한국문화관광연구원, 2008).

한편 한국소비자원은 국외여행의 주요 정책과제로 여행관련 법제의 소비자 지향적 정비, 소비자정보 제공범위의 확대, 업계 자율규제 활성화 촉진을 들고 있다. 첫째는 여행관련 법제의 소비자 지향적 정비이다. 새로이 제정 · 개정될 법률안에는 새로운 유형의 여행서비스(예: 온라인여행, 개별자유여행)를 이용하는 소비자를 보호할 수 있도록 법 적용대상을 확장하는 방안을 고려하여야 할 것이다. 둘째는 소비자정보 제공범위의 확대이다. 전 세계적으로 온라인 기반의 거래가 확산되고, 개별자유여행 등 새로운 유형의 여행서비스 시장이 급속히 성장하는 등 여행산업의 지형이 바뀌고 있는 현 상황을 고려하여 사업자의 정보제공 책임 범위가 확대되어야 할 것이다. 셋째는 업계 자율규제 활성화 촉진이다. 정부의 규제보다 경직성이 덜하고 효율성이 더 높은 자율규제(self-regulation)의 활성화가 필요하다(한국소비자원, 2014).

이상의 논의를 종합할 경우 국외여행의 가치제고 및 품질향상을 위한 정책의 추진과제는 관광객 편의 · 안전 정책, 국외여행객 권익보호, 여행상품의 품질 제고, 글로벌 K에티켓 캠페인 전개를 선정하고 구체적인 실천방안을 모색할 필요가 있다.

4. 국외여행정책의 추진방안

1) 관광객 편의 · 안전 정책의 강화

국외여행 정책추진에 있어서 정부의 1차적 과제는 관광객의 편의증진 및 안전 확보이다. 국민 국외여행객들이 안전하지 못한 상황은 여행지 현지에서 위험하고 불편한 사건과 상황이 발생하고, 이러한 상황이 해결되지 않고 지속되거나 악화되는 상황으로 구분할 수 있다. 국민 국외여행객 안전정보는 위험하고 불편한 사건 및 상황이 발생하는 것을 사전에 방지하기 위한 '예방 정보'와 사건 및 상황 발생 이후 적합하게 대응하여 여행객의 피해를 최소화하기 위한 '대응 정보(도구)'로 구분할 수 있다(한국관광공사, 2012).

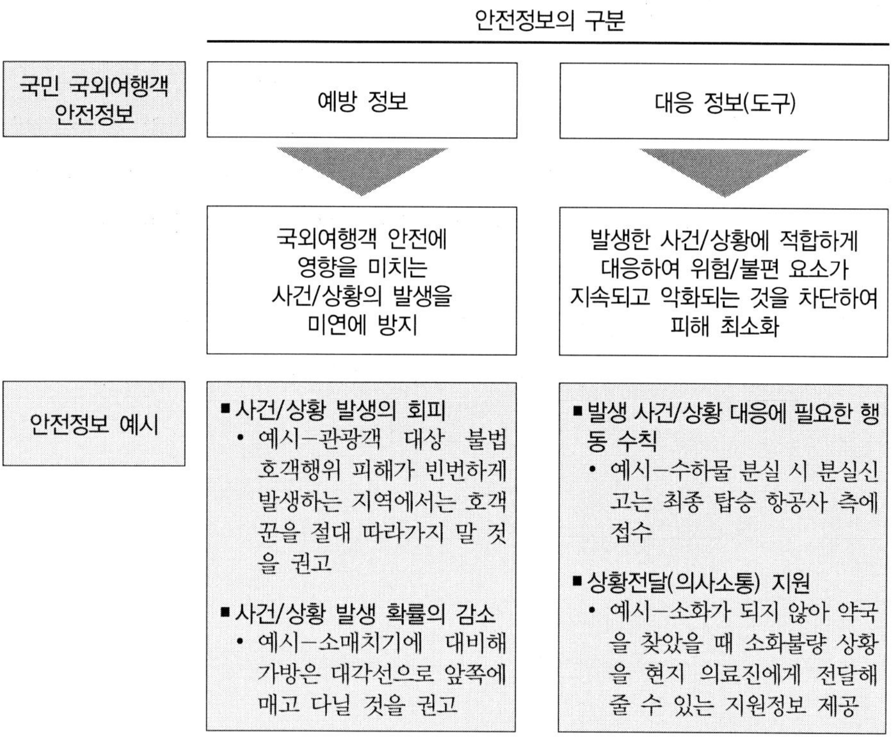

자료: 한국관광공사(2012), 국민 국외여행자 안전정보 및 대응방안 전달체계 수립.

[그림 23-6] 안전정보의 구분과 예시

첫째, 예방정보는 국가별 세관 정보, 여행 동행인 및 현지 영접인과 집결 장소, 연락방법, 연락처, 여행자 보험 가입 권고(현지 치료비 지원), 현지에서 발생빈도가 높은 관광객 대상 사건 · 사고 유형 정보와 이에 따른 주의사항, 국가별 · 지역별 전염병 발병 정보 및 예방접종 정보 등 여행자가 스스로 안전을 예방할 수 있는 정보들이다. 둘째, 대응정보는 입국심사와 보안검색 과정에서 문제 발생 시 대응 및 도움요청 방법, 수하물 분실 시 분실신고에 필요한 자료 · 정보, 비정상적 상거래 피해 발생 시 도움을 요청할 수 있는 기관 정보, 분실 사고 발생 시 대응 방법 및 신고절차 · 기관 정보 및 언어 소통 지원 등 사건이나 사고발생이 여행자가 대처할 수 있는 정보들이다.

2) 국외여행객의 권익보호

외교부의 '재외국민과 국외여행객 보호를 위한 지침'에 따르면, 국외에서의 재난 및 사고발생 시 재외국민과 국외여행 중인 우리 국민을 보호하기 위하여 국가위기관리 기본지침(대통령훈령) 및 재외국민보호 위기관리 표준매뉴얼을 근거로 작성된 재외국민 보호 위기대응 실무매뉴얼과 재외국민보호를 위한 영사업무 처리지침에 따라 조치를 취한다(김유철, 2009).

유엔세계관광기구는 '세계관광윤리강령'을 채택하여 관광객 안전 및 보안대책 마련을 강구(제1조 4항)하며, 관광객에 대한 방문국가에 대한 사전 학습, 보건과 안전을 위한 대응요령 숙지를 권고(제1조 6항)하고 있으며, 관광개발 관련 이해관계자들의 의무에 있어서도 정부와 협력을 통해 관광객 안전과 보안예방, 적절한 보험과 보상체제의 마련을 권고하고 있다(한국문화관광연구원, 2013).

세계관광윤리강령 제1조 4항에서는 "관광객과 방문객, 그들의 소지품을 보호하는 것은 공공기관의 임무이다. 공공기관들은 특히 취약할 수 있는 외국인 관광객들의 안전에 각별한 주의를 기울여야 한다. 필요에 따라 정보, 방지, 보안, 보험 및 지원의 특수한 수단 도입이 용이하도록 해야 한다."라고 규정하고 있으며, 제1조 6항에는 "관광객과 방문객은 심지어 출발 이전에도 방문예정인 국가들의 특성을 파악할 책임이 있으며 일상적인 환경을 벗어난 모든 여행에 내재되어 있는 보건 및 안전의 위함을 인식하고 이러한 위험을 최소화할 수 있도록 처신해야 한다."라고 규정하고 있다(한국문화관광연구원, 2013).

외교부의 재외국민 보호 정책을 보면 4단계의 여행경보제도가 있는데, 이를 철저하게 시행할 필요가 있다. 특정 국가(지역) 여행 · 체류 시 특별한 주의가 요구되는 국가 및 지역에 경보를 지정하여 위험수준과 이에 따른 안전대책(행동지침)의 기준을 안내하는 제도이다. 여행경보는 국외주재원, 출장자, NGO 요원, 선교사, 여행자 등 국외에 체류할 예정이거나 체류하고 있는 모든 국민들이 대상이며, 국외에서 치안정세, 테러위협, 정정불안, 자연재해 등 다양한 사건 위험이 인지되거나 발생하여 여행정보의 지정이 필요하다고 판단하는 경우 해당국가의 여행경보를 조정한다(한국문화관광연구원, 2013).

국외여행등록제 '동행'(국외여행자 인터넷 등록제)은 국외여행자가 신상정보, 국내비상연락처, 현지연락처, 여행일정 등을 인터넷에 등록하면 이를 바탕으로 효율적인 영사조력이 가능하며, 인터넷 등록과 동시에 목적지의 안전정보 이메일을 통해 확인이 가능하다. 국외에서 대규모 재난 · 재해가 발생하여 여행객의 안전을 확인해야 하는 경우, 등록한 여행정보와 현지 연락처를 바탕으로 소재를 파악하며, 국외여행 중 불의의 사고를 당하여 가족에게 알려야 하는 경우 재외공관에서 미리 등록한 비상연락처를 바탕으로 신속하게 연락할 수 있다.

3) 여행상품의 품질 제고

아웃바운드관광 3000만 시대에 있어서 국외여행자를 보호하기 위해서는 여행상품의 질적 제고를 위한 노력이 필요하며, '국외여행업 윤리강령'의 제정 · 실천운동을 전개하는 것도 적극 검토하여야 한다. 2013년 6월 세계관광기구와 업계가 '세계관광윤리강령' 서약식을 체결하였는데, 이에 그치지 않고 각 업종별 협회를 중심으로 확산하기 위한 구체적인 실천 노력이 필요하며, 한국의 실정에 맞도록 '국외여행업 윤리강령'을 제정 · 시행하여야 한다.

특히 '국외여행 우수상품' 인증제도의 강화가 필요하다. 문화체육관광부가 한국여행업협회와 공동으로 우수여행상품 인증제도를 실시하고 있는데('12년 9건 48개, '13년 13개 45개 선정), 시장지배적 대형 여행업체의 참여를 유도하고, 참가자격(여행업보증보험 의무가입 등)을 강화하며, 인증 후에도 모니터링을 통하여 인증효과 분석 및 활성화 방안을 지속 강구해야 한다.

우후죽순처럼 늘어나고 부침이 심한 여행업의 등록 시 '보증보험 가입'을 의무화해야 한다. 일부 저가 기획여행이나 사기행위로 인한 소비자 피해를 예방하기 위하여 '여행업 보증보험공제 및 영업보증금운영 규정'을 시행하고 있으나 공제회 및 보증보험 가입업체는 82%에 그치고 있다(최자은, 2013). 여행법 등록 시 보험가입을 사전요건으로 하며, 여행상품 계약시 보증보험 가입정보의 의무 고지 유도, 각종 인센티브 자격의 요건화 등을 시행하여야 한다.

한국관광공사의 '2014 국외여행 트렌드 조사' 결과, 전체 응답자의 과반수인 50.2%가 국외여행 시 매번 여행자보험을 가입한다고 응답하고 있다. 성/연령별로는 20대 남성은 여행자보험에 '매번 가입한다'는 비율이 상대적으로 낮은 반면, 20대 여성의 '매번 가입한다는' 비율이 가장 높다. 국외여행 시 여행자보험에 가입해 본 경험이 있는 응답자들에게 실제로 보상을 받은 적이 있는지 질문한 결과, 대다수가(90.3%) 실제로 보상을 받은 경험이 없는 것으로 나타났다(한국관광공사, 2014).

여행상품의 질적 제고를 위한 사후 대책으로 '국외여행 불편신고 · 처리 일원화'를 모색해야 한다. 국외여행에 대한 불편신고가 한국관광공사 관광불편신고센터, 한국여행업협회의 관광불편처리센터, 한국소비자원 등으로 분산되어 있어 소비자들의 불편처리에 애로사항이 있어 불편유형(국내 · 국외 · 외래관광)별 신고 · 처리의 일원화 · 체계화가 필요하며, 향후 여행관련 법률 정비 시 소비자피해처리기구를 설립하는 방안을 검토하여야 한다.

4) 글로벌 K에티켓 캠페인 전개

국외여행의 양적 증가와 더불어 신규 국외여행자의 지속 등장으로 국외여행 시 방문국가의 윤리 · 규범에 어긋나는 행태가 빈번함에 따라 당사자는 물론 한국인에 대한 부정적 이미지를 형성하고 있다. 한국인의 '글로벌 에티켓' 수준은 영국, 일본 등 선진국에 비해 낮은 수준에 머물러 있다는 점에서 '글로벌 K에티켓' 캠페인을 지속적으로 전개하여야 한다.

국민의식 수준의 향상에도 불구하고 국외여행 시 현지문화 경시, 방문지 환경훼손, 소비 자원의 남용, 주민과의 불평등 거래 등 다양한 문제점을 야기하고 있어 대학, 언론사, 시민단체, 파워블로거 등을 중심으로 '국외 공정여행 포럼' 구성 · 운영 및 대국민 캠페인을 전개하여야 한다.

나아가 '국외여행 실태 조사 · 연구'를 강화해야 한다. 국외여행의 양적 증가 및 행태 변화에도 불구하고 2009년 국외여행실태조사가 폐지 · 통합됨에 따라 신뢰할 만한 기초 데이터가 부족한 상황이다. 이에 따라 국외여행 행태, 불편사항 등에 대한 '국외여행 실태조사'를 별도로 실시할 필요가 있다.

5. 맺음말

이상의 논의를 바탕으로 할 때, 향후 국외여행정책의 방향은 아웃바운드관광 3000만의 관광대국 시대에 적절히 대응하기 위해서 강점과 기회를 최대한 활용하고 약점과 위협을 보완하는 데 집중할 필요가 있다. 첫째는 강점의 극대화이다. 우리의 경우 늘어나는 아웃바운드 관광시장 규모를 강점으로 삼아 한국 관광시장에 관심이 있는 국가들이 직접 한국에 관광청 조직을 설립하여 자국 관광정보를 제공하고 한국인의 신변안전 노력에 좀 더 유의할 것을 요구할 수 있다. 대표적인 예로 TV방송에서 '꽃보다 누나' 프로그램이 방영된 이후 2014년 아시아 지역 중 한국이 가장 많은 관광객을 송출함에 따라 크로아티아의 경우 2019년 12월 서울에 관광청 사무소를 개설하였다. 또한 최근 외국인 유치를 위해 'K스마일 캠페인'을 전개하였듯이, 글로벌 관광시대에 품격있는 대한국민으로 각광받기 위해서는 우리 스스로 'K에티켓 캠페인'으로 무장해야 할 것이다.

둘째는 약점의 보완이다. 아웃바운드 관광에 대한 정책적 관심 속에는 국내여행의 인기가 상대적으로 떨어지고 있는 약점 현상을 개선하기 위한 노력도 포함되어야 한다. 국민들의 국외여행 선호나 인기있는 방문지 등을 과학적으로 분석하여 국내에 그에 상응하는 관광지를 조성토록 유도하는 것도 국내관광을 활성화시키는 유효적절한 방법이 될 수 있다. 2009년부터 중단된 '국민국외여행 실태조사'를 재개하여 과학적 분석에 입각한 관광정책 개발을 모색해야 할 때이다.

셋째는 기회의 활용이다. 아웃바운드 관광정책의 수립과 효율적인 실행을 통하여 개도국의 관광부문 육성, 관광산업의 국외진출 지원, 청년 일자리 창출 등의 기회 요인으로 삼아야 한다. 즉 아웃바운드 관광부문을 한류를 확산하고 공적개발원조(ODA)를 확대하는 지렛대로 활용할 필요가 있다. 또한 국외여행 선호지역을 대상으로 관광, 건설, 토목, 유통 등 국내기업의 국외진출을 지원하여 국외여행 소비의 환수효과를 거둘 필요가 있다. 나아가 아웃바운드 전담여행업의 육성과 국외여행가이드(TC)의 채용 의무화를 통하여 청년 일자리 창출에도 기여토록 해야 한다.

넷째는 위협의 극복이다. 향후 우리나라의 아웃바운드 관광이 지속가능하게 성장하기 위해서는 테러나 질병 등 다양한 위협 요소들을 잘 극복해야 한다. 최근 파리

폭탄테러에 이어 터키 이스탄불과 인도네시아 자카르타에서 관광객까지도 염두에 둔 한 테러가 발생함에 따라 향후 세계 관광발전의 가장 큰 위협요인으로 작용할 수 있다. 이에 따라 국제기구와의 협력강화는 물론 정부 조직 간 국외여행자의 안전성 증진을 위한 협력시스템을 적절히 확보하고, 관광부문의 경우에도 실시간(Live) 국외여행 안전정보 소통채널을 구축해야 한다.

참고문헌

4차산업혁명위원회(2017), 4차 산업혁명 대응을 위한 기본 정책방향.

계기석 · 전영옥(2004), 자족적 신도시개발을 위한 기업의 참여방안 연구, 국토연구원.

고창군(2007), 복분자산업 클러스터 종합발전사업(내부자료).

과학기술정보통신부(2017), 제3차 생명공학육성기본계획(일명 바이오경제 혁신전략 2025, 2017~2025).

관계부처 합동(2010), 국제협력 선진화 방안.

관계부처 합동(2014. 8. 12), 투자활성화 대책: 유망 서비스산업 육성 중심, 제6차 무역투자진흥회의 자료.

관계부처 합동(2017. 7. 25), 새 정부 경제정책 방향(경제 패러다임의 전환).

관계부처 합동(2017. 11. 3), 방한 관광시장 활성화 방안.

관계부처 합동(2017), 지역관광 활성화 방안(제1차 국가관광전략회의).

관계부처 합동(2018), 쉼표가 있는 삶, 사람이 있는 관광(제2차 국가관광전략회의).

관계부처 합동(2019. 4), 대한민국 관광 혁신 전략(제3차 국가관광전략회의).

관광개발연구원(2011), 연수 관광지 투자유치 활성화 방안.

구운모(2001), 문화정책과 클러스터정책, 산업연구원.

국가균형발전위원회(2019), 대한민국 국가비전회의II.

국정기획자문위원회(2017), 문재인 정부 국정운영 5개년 계획.

군둘라 엥리슈 저, 이미옥 역(2002), 잡노마드 사회: 직업의 유랑자들, 문예출판사.

권영섭 · 강호제 · 박경현(2005), 지역특성화 발전을 위한 혁신 클러스터 육성방안 연구, 국토연구원.

김국태(2011), 쉼에도 색깔이 있다, 리조트의 변화, LG경제연구원, LG Business Insight(4월호).

김군수(2014), 관광산업의 외국인 직접투자 지원제도 개선방향, 한국관광공사, 관광투자 뉴스레터, 가을호.

김민정(2006), 포털사이트의 여행서비스 현황과 미래, LogIn Tourism 발표자료집, 한국관광공사.

김상태(2004), 관광산업 민간투자유치 확대방안, 한국문화관광연구원.

김상태(2009), 산업관광 활성화 방안, 한국문화관광연구원.

김성국(2013. 3. 14), 서비스 산업에서 활로 찾자, 국민일보 기사.

김성진 · 박주영(2013), 주민 주도형 관광사업의 사례연구, 한국문화관광연구원.

김성진 · 박주영(2014), 관광두레사업의 성과와 과제, 한국문화관광연구원, 가치와 전망(제45호).

김영준(2003), 관광자원 개발 법제 개선방안, 한국문화관광정책연구원.
김유철(2009), 해외여행안전문제, 어떻게 해야 할 것인가, 한국문화관광연구원 한국관광정책, 35.
김정호 · 박문호 · 김태연(2004), 지역농업클러스터의 형성과 발전방향, 한국농촌경제연구원.
김철원(2007), 관광산업의 새로운 패러다임 구축을 위한 Tourism Technology, 한국관광공사, 관광테크놀로지에 대한 실체적 접근.
김향자(2010), 관광개발 주체 간 협력방안, 한국문화관광연구원.
김향자(2012), 외래관광객 1,000만 명 시대의 관광수용태세 정비방안, 한국문화관광연구원.
김향자 외(2006), 한반도의 미래와 관광, 한국문화관광정책연구원.
김향자 · 유지윤 · 김현주(2008), 아웃바운드 관광정책에 관한 한중 공동연구, 한국문화관광연구원.
김향자 · 최자은(2017), 지역 관광자원 개발방향 연구II, 한국문화관광연구원.
김현주(2010), 국내외 지속가능한 관광의 현재와 미래(제1차 지속가능한 관광정책 포럼 토론중계), 한국문화관광연구원, 한국관광정책, 가을호, 제41권.
김현주(2012), 방한 외래관광객 지역분산을 위한 정책방안, 한국문화관광연구원.
뉴스투데이(2015. 1. 9), 정체된 여행산업, 성공전략이 필수인 까닭.
대통령직속 청년위원회 · KDI(2015), 서비스산업에 대한 청년의식 조사결과.
대한민국 정부(2004), 역동과 기회의 한국.
대한민국 정부(2013), 박근혜 정부 국정과제.
대한민국 정부(2017), 100대 국정과제.
대한상공회의소(2015), 중국인 관광객 유치실태 및 개선과제.
도경록 · 송재일 · 한상현(2011), 지역관광 거버넌스의 평가와 개선방안, 한양대 관광연구소, 관광연구논총, 제23권 제1호.
동아일보(2015. 2. 12), 中국적 관광가이드들, 유커의 엉터리 설명(출처: http://news.donga.com/3/all/20150212/69607930/1
동아일보(2015. 12. 16), 한국, 창조경제 경쟁력 8계단 상승.
류광훈(2007), 관광산업 진흥에 관한 법률제정 연구, 한국문화관광연구원.
류광훈(2012), 한국형 복합리조트 제도화 방안, 한국문화관광연구원.
마이클 포터(1998), 마이클 포터의 경쟁론, On Competition(김경묵 · 김연성 옮김), 세종연구소.
매일경제(2015. 3. 19), "EU처럼 '아시아판 문화수도' 추진…넘치는 관광개발 수요도 큰 기회".
매일경제(2017. 10. 4), 소득주도성장과 혁신성장, 무엇이 어떻게 다른가.
문화관광부(2004), 창의한국 : 문화비전(2004~2009).
문화관광부(2005), 관광진흥에 관한 연차보고서.
문화체육관광부(1999, 2004, 2009, 2014, 2018), 관광진흥 5개년 계획.

문화체육관광부(2007. 6. 25), 국민의 해외여행 안전성 제고를 위한 실천방안.
문화체육관광부(2008. 3), 제1차 관광산업 경쟁력 강화대책.
문화체육관광부(2008. 12), 제2차 관광산업 경쟁력 강화대책.
문화체육관광부(2009), 관광레저형 기업도시 관리주체 개발.
문화체육관광부(2011), 창조경제시대의 청년고용과 미래.
문화체육관광부(2012), 관광산업 인적자원 육성 체계화 방안.
문화체육관광부(2013), 관광분야 국제협력 활성화.
문화체육관광부(2013), 대중문화산업 글로벌 경쟁력 강화방안.
문화체육관광부(2014), 지속가능한 관광개발을 위한 정책비전 및 과제 수립 연구.
문화체육관광부(2014), 지속가능한 관광개발을 위한 핵심과제 추진방안 연구.
문화체육관광부(2015), 관광특성화 고교 교재개발지침 연구.
문화체육관광부(2015. 5), 관광 공적개발원조(ODA) 추진협의회 발족(보도자료).
문화체육관광부(2015. 11. 6), 세계 관광지도자들과 한국관광 성공 노하우 나눠요(보도자료).
문화체육관광부(2016), 2015 지역관광발전 지수 동향분석.
문화체육관광부(2017), 2016년 기준 관광사업체 기초통계조사 보고서.
문화체육관광부(각년도), 관광동향에 관한 연차보고서.
문화체육관광부(각년도), 국민여행 실태조사.
문화체육관광부(각년도), 외래관광객 실태조사.
문화체육관광부(각년도), 한국관광통계.
문화체육관광부 · 한국문화관광연구원(2017), 관광두레 37, 꿈과 희망을 이야기하다.
문화체육부(2007. 7. 4), 해외여행 안전성 제고 실천방안(보도자료).
문휘창 · 정진섭(2008), 클러스터 진화의 단계적 고찰과 새로운 글로벌 연계 클러스터의 생성, 한국경영사학회, 경영사학, 23(1).
민경택 · 김정호 · 석현덕(2005), 산림 · 산촌클러스터 추진을 위한 기초연구, 한국농촌경제연구원.
박경열(2013), 관광개발사업 민간투자유치 동향 및 투자활성화 방안, 한국문화관광연구원.
박광무(2013. 8. 30), 관광은 사회 전 분야 담는 그릇, 연구탁월성 높이겠다, MICEWEEK.
박문수 · 고대영 · 구진경 · 최재영(2014), 중국인 관광객 소비패턴 분석 및 산업연계 활용방안, 산업연구원.
박문수 · 이동희 · 박지혜 · 구진경(2014), 방한 중국인 관광객 증가에 따른 경제적 파급효과 분석 및 시사점, 산업연구원.
박상곤(2014), 관광 빅데이터 분석대회와 활용증진 방안, 한국문화관광연구원, 가치와 전망, 제36호.

박양우(2008), 이명박 정부와 참여정부의 관광정책 비교 고찰, 한국호텔외식경영학회, 호텔경영학연구, 제17권 제6호.
박영도(2006), 기본법의 입법모델 연구, 한국법제연구원.
박영숙 · 제롬 글렌 · 테드 고든(2010), 유엔 미래보고서 2-2020년 위기와 기회의 미래, 교보문고.
박의서(2003), 중국 관광시장 성장과 동북아 관광협력체제 구축 방안, 대한관광경영학회, 관광경영학연구, 7(1).
박종진(2007), 클러스터의 구축 및 발전전략에 관한 비교연구, 한남대학교 대학원 박사학위논문.
반정화(2013), 지속가능한 중국관광객의 유치전략, 서울연구원.
복득규(2002), 산업클러스터의 국내외 사례와 발전전략, 삼성경제연구소.
사공일(2017. 10. 14), 혁신성장은 시대적 사명이다, 중앙일보 칼럼.
산업연구원(2013), 한국의 산업분야 ODA 역량과 추진방안.
산업자원부(2002), 산업클러스터 활성화 정책 추진, 내부자료.
삼성경제연구소(2002), 주5일 근무와 소프트산업의 변화.
삼성경제연구소(2005), 전략 서비스산업의 경쟁력 강화방안.
서울연구원(2014), 2013 서울시 외래관광객 실태조사 보고서.
서울특별시(2014), 서울관광상품 실태조사(아시아 주요 6개국 비교).
서울특별시 · 서울관광재단(2019), 2018년 서울시 외래관광객 실태조사.
서원석(2019), 복합리조트(IR) 도입에 따른 법 · 제도 개선방안, 한국문화관광연구원, 한국관광정책, 여름호.
신용석(2011), 국제관광협력과 ODA, 한국문화관광연구원, 한국관광정책, 통권44호.
신용석(2017), 해외국가 인바운드 정책 및 시장사례연구.
신용석 · 심원섭(2006), 관광법제 체계화 및 개선방향, 한국문화관광연구원.
신용석 · 장병권(2007), 관광기본법의 개선방향과 추진방안, 한국관광학회, 관광학연구, 31: 3.
심원섭(2004), 지역관광혁신체계 구축방안, 한국문화관광정책연구원.
심원섭(2010), 최근 관광트렌드 변화와 향후 정책방향, 한국문화관광연구원.
심원섭(2011), 관광정책 추진체계 개편방향 연구, 한국문화관광연구원.
심원섭(2012), 미래 관광환경 변화 전망과 新관광정책 방향, 한국문화관광연구원.
안종윤(1997), 관광정책론, 박영사.
안희자 · 심원섭(2013), 창조경제시대 산업 간 융합을 통한 관광산업 발전방안, 한국문화관광연구원.
연합뉴스(2015. 4. 12), 한중일 상호인적 교류 3천만 명으로 확대 추진.
예영준(2006), 곤충 테크놀로지, 중앙일보(12월 3일자 분수대).
오용수(2014), 지방관광정책론, 백산출판사.
오준근(2002), 기본법의 행정법학상 위치에 관한 법 실증적 고찰, 현대공법학의 과제, 박영사.
옥성수(2003), 문화산업 혁신클러스터정책 연구, 한국문화관광정책연구원.

유건(2004. 4. 4), 문화컨텐츠의 관광상품화, 서울경제신문(기고문).
유광민(2012), 리조트의 생산과 소비, 한국학술정보.
유지윤(2006), 관광산업 복 · 융합화 촉진방안: 의료관광을 중심으로, 한국문화관광정책연구원.
윤주(2013), 크루즈 기항지 관광활성화 및 프로그램 육성방안, 한국문화관광연구원.
이립(2011), 복합리조트 개발동향 및 투자유치를 위한 제언, 한국관광공사, 관광투자뉴스레터, 겨울호.
이연택(2003), 관광정책론, 일신사.
이연택(2012), 관광정책학, 백산출판사.
이영주(2004), 지역 관광산업클러스터의 공간경제적 특성과 발전단계 분석, 한양대학교 대학원 박사학위논문.
이우형(2011), 오카다홀딩스 영종복합리조트 4조5천억 원 투자유리 MOU 체결 및 투자유치 진행현황, 한국관광공사, 관광투자뉴스레터, 겨울호.
이익진(2019), 지역과 도시가 포용적 성장의 주역이 될 수 있을까, KDI, 나라경제(1월호).
이종우 · 이철우(2008), 집적과 클러스터: 개념과 유형 그리고 관련 이론에 대한 비판적 검토, 한국경제지리학회지, 11(3).
이효수(2013. 4. 7), 창조경제 근간은 소통과 융합, 한국경제.
인천발전연구원(2015), 중국인 개별여행(FIT) 현황.
일본관광청(2014), 방일외국인의 소비동향(연차보고서).
일자리위원회 · 관계부처 합동(2017), 일자리정책 5년 로드맵.
임주환(2005. 3. 23), 디지털 컨버전스 시대(1): 통-융-결합과 미래, 디지털타임스.
장병권(1996), 한국관광행정론, 서울: 일신사.
장병권(2002) 역, 콜린 M. 홀 · 존 M. 잰킨스, 관광과 공공정책, 일신사.
장병권(2004), 복합관광레저도시의 개발방안, 한국문화관광정책연구원, 개원 2주년 기념 심포지엄 발표자료집.
장병권(2004), 글로칼리즘시대 복합관광레저도시의 개발방안, 여가관광학회, 여가관광연구, 제2집.
장병권(2006), 한국관광의 현황과 과제, 한국문화관광정책연구원 대토론회 자료집.
장병권(2007), 국민 국내관광의 활성화 방안, 한국관광정책, 한국문화관광연구원, 제28호.
장병권(2007. 9), 한국관광 경험과 노하우, 이젠 수출할 때다, 관광저널.
장병권(2008), 외래관광객 유치정책의 추진방향과 과제, 한국관광학회 정책포럼 발표자료집.
장병권(2008), 관광산업 경쟁력 제고를 위한 관광정책 개혁방안, 국회 고흥길의원실 관광정책 토론회 발표자료.
장병권(2009), 관광정책의 이해, 한국관광학회, 관광학총론, 백산출판사.
장병권(2009), 마이클 포터의 관광클러스터 이론에 입각한 지역 관광클러스터의 모형 탐색, 한국관광학회, 관광학연구.
장병권(2009), 광역경제권과 관광개발전략, 지역발전위원회, 2009 지역발전 국제콘퍼런스 세미나 자료집.
장병권(2010), 중국관광객 유치를 위한 수용태세 개선방안, 한국문화관광연구원.
장병권(2010), 관광정책의 미래, 미래의 관광정책, 2010 한국문화관광연구원 개원기념 문화 · 관광정책 심포지엄 자료집.
장병권(2012), 관광강국 시대의 관광산업 새 판 짜기, 한국문화관광연구원, 한국관광정책, 제49호(가을호).
장병권(2012), 중국관광객, 2020년 1천만 명 돌파 예상, 포스코경영연구원, 친디아저널, 제69권(5월호).
장병권(2013), 창조경제시대의 관광산업, 한국관광공사 · 한국문화관광연구원, 관광을 통한 창조경제 실현방안 토론회(2013.4.23, 한국관광공사).
장병권(2013), 한국형 복합리조트 조성 방안, 한국관광정책, 통권51권(봄),
장병권(2013. 9. 22), 한국형 관광ODA 사업의 추진현황과 과제, 문화체육관광부 · 한국관광공사 주최 제3차 관광분야 국제협력정책 포럼 발표자료.
장병권(2013. 9. 6), 관광산업 세출구조 개혁방안: 관광진흥개발기금을 중심으로, 문화체육관광부 주최 문화예산 세출구조 개혁을 위한 전문가포럼: 관광분야 발표자료집.
장병권(2014. 12. 6) 한국관광, 서울중심에서 벗어날 때다, 매일경제.
장병권(2014), '외래객 분산을 위한 지역관광 핵심지구 육성', 문화체육관광부 · 한국문화관광연구원, 지속가능한 관광개발포럼 발표자료집, 2014.
장병권(2014), 지속가능한 관광개발 정책목표와 과제, 지속가능한 관광개발포럼 공개세미나 발표자료.
장병권(2014), 새로운 융복합, 레저 · 스포츠를 통한 관광진흥, 한국문화관광연구원, 한국관광정책, 겨울호.
장병권(2015), 관광정책의 역사적 변동과 전개, 박광무외 9인 공저, 문화정책의 역사적 전개와 변동, 서울대학교 국가리더십연구센터 연구총서 7.
장병권(2015), 전라북도 국제관광 거점화 방안, 세미나 자료.
장병권(2015), 중국관광객 유치 활성화를 위한 대응과제, 한국경제연구원, KERI정책제언 15-22.
장병권(2015), 차이니스 프렌들리 시대 지속가능한 유커유치 방안, 머니투데이 관광포럼 발표자료, 대한상공회의소.
장병권(2015. 2. 23), 관광핵심 킬러 콘텐츠 복합리조트, 서울경제.
장병권(2016. 5. 16), 관광대국 달성을 위한 5대 전략과 10대 과제, 문화체육부 공무원 특강자료.
장병권(2017), 혁신성장 시대의 관광산업 육성전략, 교통신문.

장병권(2019), 지역관광에서 포용적 성장의 방향과 과제, 국가균형발전위원회 주최 2019 대한민국 국가비전회의II 발표자료(2019.2.12, 전주).

장병권(2019), 자원개발 아닌 산업혁신 위한 생태계 조성으로 정책전환해야, KDI, 경제정보센터, 나라경제, 제343호.

장병권(2019), 2020년대 국민관광을 논하다, 한국문화관광연구원, 문화관광인사이트, 제141호.

장병권 · 강문호(2009), 국내외 관광위기관리의 동향과 정책과제, 위기관리의 이론과 실천, 5:2.

장우종(2006), 고객만족을 위한 호텔신라의 IT서비스와 발전방향, 한국관광공사, LogIn Tourism 발표자료집.

전국시도연구원협의회(2008), 광역경제권 형성방안 및 추진전략.

전병태 · 이용관 · 김현주(2012), 창조경제시대의 일자리 창출을 위한 기초연구, 한국문화관광연구원.

전영옥(2004), 지속가능한 도시발전과 기업의 역할, 삼성경제연구소.

전자신문(2012. 12. 26), 기술기반 창조경영시대로(4): R&D에서 I&D로.

전효재(2006), 유비쿼터스 시대의 관광안내정보 서비스, LogIn Tourism 발표자료집, 한국관광공사.

정광민(2019), 한국관광경쟁력 역대 최고 수준 16위, 한국관광 변화를 위한 시점(Tipping Point), 문화관광인사이트(제136호), 한국문화관광연구원.

정명희(2012), 지역 관광개발 투자유치 어떻게 할 것인가? 한국관광공사, 관광투자 뉴스레터, 봄호.

정보통신정책연구원(2002), 콘텐츠의 산업화에 따른 시장변화 및 발전전략 연구.

정보통신정책연구원(2004), IT의 사회문화적 영향연구 총괄보고서.

정보통신정책연구원(2005), IT의 일상화에 따른 문화공간과 관광의 변화.

제18대 대통령직인수위원회(2013), 박근혜 정부 국정과제.

제주일보(2010. 2. 21), 지난해 제주올레 경제 파급효과 190억 원(기사).

조봉현(2006), 지역특성화 중심의 산업클러스터 육성과 금융지원 방안, 기업은행, 기은조사, 겨울호.

조선일보(2012. 11. 20), 카지노에서 번 돈으로 의료 복지… 싱가포르의 두 토기 잡기(기사).

조아라(2015), 방한시장과의 비교분석을 통해 본 일본의 인바운드 관광시장 분석, 한국문화관광연구원, 가치와 전망, 제57호.

조아라(2018), 해외사례 분석을 통해 본 한국형 DMO 육성과제.

주영민(2009), 관광투자 확대를 위한 과제, 삼성경제연구소.

주종원 외(1998), 도시구조론, 서울: 동명사.

중앙일보(2014. 1. 3), '자유화 25년 … 해외여행 어제와 오늘'.

중앙일보(2015. 6. 13), 중국 부자들 여행지 선호도 1등은 호주.
지식경제부(2012), 경제자유구역 내 복합리조트 허가 사전심사제 도입(보도자료).
천쉬[陈栩](2015), 유커의 한국관광 니즈 분석과 매칭 솔루션 탐색, 머니투데이 관광포럼 발표자료, 대한상공회의소.
최경은(2008), 중국 출국관광시장의 개방정책 변화와 발전추세, 지리학연구, 42(3).
최경은 · 안희자(2014), 최근 관광트렌드 분석 및 전망, 한국문화관광연구원.
최영철(2013), 경제자유구역 투기자본 특혜 영종도는 '먹튀' 자유구역?, 신동아, 1월호.
최자은(2013), 지역관광발전 추진체계 개선방안 연구, 한국문화관광연구원.
최철호(2010), 중국 관광산업의 현주소, Chindia Journal, 10월호, 포스코경영연구원.
코리안프레스(2011. 11. 21), 제3회 싱가포르 친절운동 열려.
코트라(2008), 해외동향, 마카오 세계 카지노 유망주에서 리더로.
포스코경영연구원(2013), 창조경제, 융합으로 새 시장 연다.
포스코경영연구원(2015), 급성장하는 온디맨드 경제란, POSRI 비주얼리포트, 4월호.
한국경제(2014. 11. 14), 브랜드위까지 만든 한국의 국가브랜드 27위.
한국고용정보원(2016), 관광산업의 고용변화와 인력수요 전망.
한국과학기술기획평가원(2013), 창조경제 개념과 주요국 정책분석.
한국관광공사(2005), T2(Tourism Technology) 비전 및 중장기 전략수립.
한국관광공사(2005), 관광산업의 새로운 패러다임 창출을 위한 2010 중장기 경영전략.
한국관광공사(2006), Tourism Technology 현황 및 발전방안.
한국관광공사(2007), 인트라바운드 활성화 전략.
한국관광공사(2007), 관광테크놀로지에 대한 실체적 접근.
한국관광공사(2008), 전북지역 관광활성화 방안.
한국관광공사(2008), 관광테크놀로지를 실용화한 마케팅 사례와 향후과제.
한국관광공사(2011), 국민국외여행 인식조사 보고서.
한국관광공사(2011), 국외여행 공적서비스 지원 사업계획.
한국관광공사(2012), 국민 국외여행자 안전정보 및 대응방안 전달체계 수립.
한국관광공사(2013), 2013년 국외여행 사업계획.
한국관광공사(2014), 외래관광객 모바일 인터넷 이용실태 조사 결과보고서.
한국관광공사(2014), 해외여행트렌드 조사결과 보고서.
한국관광공사(2015), 일본인 방한관광 행태 빅데이터 분석결과(2011~2014).
한국관광공사(2015), 중국 FIT 방한 숙박실태 조사.
한국관광공사(2015. 2), 2014 관광불편신고 종합분석서.
한국관광공사(2015. 3), 국민해외관광객 주요 행선지 통계.

한국관광공사(2016), 2015 관광불편신고 종합분석서.
한국관광공사(2016), 중국인 관광객 대상 설문조사 결과(2016. 4. 30~5. 2), 보도자료.
한국관광공사(2016. 5), 해외 주요 검색엔진 대상 한국관광 검색어 트렌드 분석.
한국관광공사(2018), 전국 지자체 관광경쟁력 진단 및 분석보고서.
한국관광공사(2019), 2019 지역관광지원센터 구축 사업 신청안내서(공모자료).
한국관광공사(2019), 숫자로 보는 한국관광.
한국관광학회(2012), 한국현대관광사, 백산출판사.
한국관광협회중앙회(각년도), 관광사업체 현황.
한국노동연구원(2010), 고용구조 선진화를 위한 서비스산업의 일자리창출 역량제고 방안(II): 문화산업과 관광산업.
한국노동연구원(2016), 관광산업의 고용변화와 인력수요 전망.
한국문화관광연구원(2008), 아웃바운드 관광정책에 관한 한중 공동연구.
한국문화관광연구원(2013), 관광산업 인적자원 육성정책 체계화 방안.
한국문화관광연구원(2013), 해외여행안전정책과 국민의식 제고 필요성, Hot Issue Brief.
한국문화관광연구원(2014), 지속가능한 관광개발포럼 공개세미나 자료집.
한국문화관광연구원(2015), 한국관광동향.
한국문화관광연구원(2019), 관광트렌드 분석, 투어고 인사이트, 제21호.
한국문화콘텐츠진흥원(2003), 유비쿼터스 시대가 문화콘텐츠산업에 미치는 영향.
한국소비자원(2014), 여행서비스 시장에서의 소비자보호 방안 연구: 해외여행 서비스를 중심으로.
한국소비자원(2015), 국외여행상품 실태조사 결과.
한국수출입은행(2012), 숫자로 보는 ODA.
한국여행업협회(2016), 2015년도 사업추진 실적보고서.
한국은행 전북본부(2009), 전북지역 경제구조의 특징과 시사점.
한국전산원(2006), 컨버전스에 따른 미래 패러다임 변화와 정책과제.
한국정보화진흥원(2013), 글로벌 동향을 통해 본 IT기반 창조경제.
한국카지노업관광협회(2012), 내국인의 해외 카지노 이용실태 조사.
해양수산부(2015), 마리나산업 전략적 육성 대책.
현대경제연구원(2013), 문화서비스 산업의 특징과 발전과제.
현대경제연구원(2013), 창조경제의 의미와 새 정부의 실현 전략.
현대경제연구원(2015), 외국인 관광객 증가와 경제적 파급효과 전망, 경제주평(통권 625호).
현대경제연구원(2019), 한 · 일 여행절벽의 경제적 피해와 시사점.
현대경제연구원, 경험가치(experience marketing) 마케팅, 경영리서치.
환경부(2004), 지속가능한 지역발전을 위한 환경거버넌스 구축방안.

野村綜合研究所(2011), シンガポールにおけるIR導入の効果と影響, NRI Public Review, Vol. 95.

野村総合研究所(2012), 平成23年度 知的財産権 ワー キング・ グルー プ等侵害対 策強 化事業 報告書(クリエイティブ産業に係る知的財産権 等の侵害実 態調査及び創作環境等の整備のための調査)

中國旅游研究院(2014), 中國出境旅游發展年度報告 2014.

沖縄県(2011), 「カジノ・エンターテイメント検討事業調査報告書」.

APEC AICST(2006), Plan of Action for Sustainable Tourism Management in Asia and the Pacific, Phase II(2006-2012).

Bank of America Merrill Lynch(2015), Chinese Tourists Are Headed Your Way With $264 Billion.

Bell, M., and Albu, M.(1999), Knowledge systems and technological dynamism in industrial clusters in developing countries, World Bank, 27(9).

Brown, Barry, and Matthew Chalmers(2003), Tourism and mobile technology. in Kari Kuutti, Eija Helena Karsten(eds.), Proceedings of the Eighth European Conference on Computer Supported Cooperative Work. Helsinki, Finland. 14-18 September 2003.

Cluster Navigators Ltd.(2001), Cluster Building: A Toolkit, A Manual for starting and developing local clusters in New Zealand.

Cooke, P.(2002), Knowledge Economics: Clusters, Learning and Cooperative Advantage, London and New York: Routledge.

Deloitte(2010), Deloitte Hospitality 2015: Seven Key Trends t o Shape Future Success.

Edgell, Davis L., Maria DelMastro, Allen, Ginger, Smith, and Swanson, Jason R.(2008), Tourism Policy and Planning: Yesterday, Today and Tomorrow. Elservier.

Ferreira, João, and Estevão Cristina(2009), Regional Competitiveness of Tourism Cluster: A Conceptual Model Proposal, MPRA Paper, No. 14853.

Fidelity Worldwide Investment(2015 March), China's Outbound Tourists: A Multi-Decade Investment Theme.

Frost & Sullivan Research Service(2010), World's Top Global Mega Trends to 2020 and Implications to Business, Society and Cultures.

Gunn, Clare A.(1988), Tourism Planning, 2nd ed., Taylor & Francis.

Hornecker, Eva, and Phil Bartie(2006), Technology in Tourism. Human Interface Technology Laboratory New Zealand, Technical Report TR-2006-1.

IBK경제연구소(2019), 경험경제 패러다임, IBK 경제브리프(639호).

Institute for Management Education for Thailand Foundation(2002), Study Highlights: Competitiveness of Phuket Tourism.

Japan National Tourism Organization(2015), 2015 Foreign Visitors & Japanese Departures.

Japan Tourism Agency(2014), White Paper on Tourism in Japan.

JTA(Japan Tourism Agency, 2014), Accommodation Survey.

KT 경제경영연구소(2010), 아이폰 도입 1년, 모바일 빅뱅과 생태계의 변화.

LG경제연구원(2015), 세대별 일자리 관점에서 본 한국고용의 현주소.

Mastercard(각년도), Global Destination Cities Index.

Nordin, Sara(2003), Tourism Clustering & Innovation, European Tourism Research.

OECD(2009), The Impact of Culture on Tourism.

OECD(2014), Report on the OECD Framework for Inclusive Growth.

OECD(2018), OECD Tourism Trends and Policies 2018 Highlights.

Pine II & Gilmore(1999), The Experience Economy, Harvard Business School.

Poon, Auliana(1994), The new Tourism Revolution, Tourism Management, 15: 2.

Porter, Michael E.(1998), Clusters and the new economic of competition, Harvard Business Review.

Porter, Michael E.(1999), The Competitive Advantage of Nations, Worcester: Billing & Sons Ltd.

Porter, Michael E.(2005), Kazakhstan's Competitiveness: Roadmap Toward to Diversified Economy, Harvard Business School.

PWC(2012), Global Gaming Outlook to 2015.

Raymond, Crispin(2003), Creative Tourism in New Zealand.

Regional Technology Strategies, Inc.(2003), A Report to the Montana Governor' Office of Economic Opportunity on The Experience Enterprise and Tourism Cluster.

Richards, Greg, & Wilson, Jilie(2007), Tourism, Creativity and Development, Routledge.

Rolf Jensen(1999), 서정환 역, 드림소사이어티(Dream Society), 한국능률협회.

Schmitz, Hubert, and Nadvi, Khalid(1998), Clustering and Industrialization: Introduction, World Development Vol. 27, No. 9.

Singapore Tourism Board(2013), STB Market Insights: PR China.

The Boston Consulting Group(2011), Taking Off: Travel and Tourism in China and Beyond.

The National Intelligence Council(2008), Global Trends 2025: A Transformed World.

UNWTO(2001), Tourism 2020 Vision, Madrid.

UNWTO(2006), Mega-trends of Tourism in Asia-Pacific, Madrid.

UNWTO(2009), World Tourism Barometer, Vol. 7, No. 1.

UNWTO(2011), Tourism Towards 2030: Global Overview.

UNWTO(2015), Tourism: Driving Trade, Fostering Development and Connecting People.

UNWTO(2018), Global Report on Inclusive Tourism Destinations: Model and Success Stories.

UNWTO(2019), International Tourism Highlights 2019 Edition.

UNWTO(2019), International Tourism Results 2018 and Outlook 2019.

UNWTO(2020), World Tourism Barometer, January.

WEF(2007), The Travel & Tourism Competitiveness Report 2007.

WEF(2008), The Travel & Tourism Competitiveness Report 2008.

WEF(2010), The Global Competitiveness Report 2010-2011.

WEF(2013), The Travel & Tourism Competitiveness Report 2013.

WEF(2015), The Travel & Tourism Competitiveness Report 2015.

WEF(2017), The Inclusive Growth and Development Report 2017.

WEF(2017), The Travel & Tourism Competitiveness Report 2017.

WEF(2019), The Travel & Tourism Competitiveness Report 2019.

Wikipedia(2008), Definition of Tourism Technology. http://en.wikipedia.org/wiki

Williams, Alan(2010), At the Point of World Tourism Trends: The Innovation Challenge, Saemangeum Tourism Development Symposium Proceedings.

Willms, Joachim (2008), The Future Trends in Tourism - Global Perspectives.

WTTC(2003), Progress and Priorities 2003/2004, Annual Report, London.

WTTC(2010), Travel & Tourism Economic Impact.

WTTC(2015), Travel and Tourism Economic Impact 2015(Korea, Japan, Thailand, Singapore).

WTTC(2015, 2016, 2017), Travel & Tourism Economic Impact.

Yeoman, Ian(2008), Tomorrow's Tourist-Scenarios & Trends. Future Foundation.

Zhang Guangrui(2011), Chinese Outbound Tourism: Present Situation, Future Trend and Some Hints to Korean Destination.

찾아보기

저자약력

장병권

한양대학교 사회과학대학 관광학과를 졸업하고 동 대학원에서 관광정책을 연구하여 문학박사 학위를 받았으며, 현재 호원대학교 교수로 재직하고 있다. 주요 관심사는 관광정책과 지역관광이다. 현재 한국관광학회 부회장으로 있으며 산하 관광자원개발분과학회 회장을 역임하였다.

대학 내에서 현재 항공관광학과에 재직하면서 새만금관광연구센터 소장을 맡고 있으며, 기획처장, 대외협력처장, 입학처장을 역임하였다.

대학 외에서는 문화체육관광부, 한국관광공사, 한국문화관광연구원의 자문위원 · 심사위원 · 편집위원 · 초빙연구위원으로 활동하였다. 현재 국무조정실 새만금위원회 민간위원, 새만금개발청 총괄자문위원 등을 맡고 있으며, 전라북도문화관광재단과 전북개발공사 사외이사를 역임하였다. 관광ODA와 관련하여 카자흐스탄, 동티모르, 적도기니 등을 방문하여 관광계획 수립 및 정책자문을 해주었다.

관광산업의 중요성과 육성의 필요성을 널리 알리기 위해 서울신문, 교통신문, 전라일보, 새전북신문 등의 언론에 객원필진으로 100여 편의 칼럼을 기고하였다.

주요 저 · 역서는 레저관광심리학(공역), 한국관광행정론, 국민관광론, 현대관광론(공역), 관광과 공공정책(역서), 관광학총론(공저), 문화정책의 역사적 변동과 전망(공저), 글로벌 리더로서 관광을 말하다(공저) 등이 있다.

저자와의
합의하에
인지첩부
생략

관광정책론

2020년 2월 25일 초판 1쇄 발행
2022년 1월 30일 초판 3쇄 발행

지은이 장병권
펴낸이 진욱상
펴낸곳 (주)백산출판사
교 정 박시내
본문디자인 오행복
표지디자인 오정은

등 록 2017년 5월 29일 제406-2017-000058호
주 소 경기도 파주시 회동길 370(백산빌딩 3층)
전 화 02-914-1621(代)
팩 스 031-955-9911
이메일 edit@ibaeksan.kr
홈페이지 www.ibaeksan.kr

ISBN 979-11-90323-81-9 93980
값 25,000원